rororo sport

Herausgegeben von Bernd Gottwald

Hans Eberspächer

Sportpsychologie

Grundlagen, Methoden, Analysen

rororo

Rowohlt

27.–34. Tausend

Vollständig überarbeitete
und erweiterte Neuausgabe
Veröffentlicht im Rowohlt Taschenbuch Verlag GmbH,
Reinbek bei Hamburg, Dezember 1993

Umschlaggestaltung BÜRO Hamburg
Foto Sportpressefoto Bongartz
Satz Times (Linotronic 500)
Gesamtherstellung Clausen & Bosse, Leck
Printed in Germany
2290-ISBN 3 499 19405 8

Inhalt

Individuelle Unterschiede im Sport

Forschung in der Sportpsychologie

Zum Standort der Sportpsychologie

Anhang

Vorwort

Vor ziemlich genau 15 Jahren kam der Rowohlt Verlag auf mich zu, ich sollte doch ein Buch zu meinem Film über Sport und Psychologie schreiben, den ich mit MANFRED BLÖDORN für den Norddeutschen Rundfunk gemacht hatte.

Das Ergebnis war – nach längerem Zögern – die ‹Sportpsychologie›. Zögern deshalb, weil der Erkenntnisstand der Sportpsychologie damals noch nicht so ausgebaut war, wie man es sich wünschte. Zögern auch, weil ich Zweifel hatte, ob man ein Lehrbuch schreiben könne, das die Zusammenhänge so einfach wie möglich, aber eben nicht einfacher (EINSTEIN) darstellte.

Die Sportpsychologie hat sich seither natürlich weiterentwickelt: Fleißige Datensammler, gescheite Theoretiker, aufgeschlossene Praktiker haben sich zu Wort gemeldet. Die Vielzahl der Anregungen hat mich ermutigt, das Buch zu aktualisieren. Dabei stellte ich fest, daß es wahrscheinlich leichter gewesen wäre, ein neues Buch zu schreiben, als ein bewährtes zu überarbeiten. Gleichwohl habe ich versucht, möglichst viele neue Ideen und Beiträge zu integrieren und vor allem noch leserorientierter zu schreiben.

Eine erfreuliche Zahl von Kolleginnen und Kollegen, die in den letzten Jahren für die Sportpsychologie interessante Grundlagenbeiträge publizierten, haben sich bereit erklärt, über ihre Arbeit zu berichten. Diese Beiträge sind redaktionell eigenständig als «Kästen» im Buch zu finden. Mein Dank gilt hier ANDREA ABELE und WALTER BREHM, KARL-HEINRICH BETTE, WOLFGANG FRITSCH, HANS-DIETER HERMANN, HANNES KRATZER, AUGUST NEUMAIER, FALKO RHEINBERG, EDGAR RÜMMELE, WOLFGANG SCHLICHT und GERBURGIS WESSLING-LÜNNEMANN.

HERMANN KÖRNDLE und SUSANNE NARCISS haben ein Kapitel über das stets aktuelle «motorische Lernen» beigetragen, HANS-DIETER HERMANN hat mein «Mentales Fertigkeitstraining» eingearbeitet.

Die beträchtliche Menge neuer, revidierter und bereits vorhandener

Manuskripte hat Barbara Heller umsichtig und mit viel Engagement redaktionell bearbeitet. Kerstin Weichbrodt konnte sie dabei außerordentlich kompetent unterstützen. Auch ihnen bin ich zu besonderem Dank verpflichtet, verbunden mit der Hoffnung, daß diese überarbeitete fünfte Auflage wiederum ein interessanter Leitfaden durch die Sportpsychologie geworden ist.

Hans Eberspächer Heidelberg, August 1993

Einführung

Über Sportpsychologie und über die Tätigkeit von Sportpsychologen gibt es ganz unterschiedliche Ansichten, zum Beispiel in Medienberichten. Einige Überschriften zur Arbeit des Verfassers mit Hochleistungssportlerinnen und -sportlern belegen dies zum Teil ganz lustig (vgl. Abb. 1).

Konkret befaßt sich Sportpsychologie mit dem Verhalten und Handeln von Personen. Sie fragt, warum Personen etwas tun und welche Wirkungen dies hat.

Beispielsweise gibt es Untersuchungen über die Motive und Motivationen – also das Warum – von Personen, die Sport treiben, und es gibt Untersuchungen über die psychischen Wirkungen von sportlicher Aktivität u. v. a.

Wenn man die Frage nach den Bedingungen und Wirkungen menschlichen Verhaltens und Handeln stellt und beantworten will, ist es natürlich gut zu wissen, wovon dieses abhängt. Ganz grundlegend: zunächst von der jeweiligen **Person**, also etwa ihren Gefühlen, ihrer Erfahrung, ihrem Können, ihrer Motivation und vielem anderen. Aber auch die Umgebung oder **Umwelt**, also die Bedingungen und Einflüsse außerhalb – genauer: außerhalb der Hautoberfläche der Person – beeinflußt ihr Tun.

So ist es für viele sicher schwieriger, vor zweihundert unbekannten Zuhörern ein Gedicht vorzutragen als vor zwei guten Bekannten, obwohl dieselbe Anforderung gestellt ist, nämlich ein Gedicht vorzutragen.

Was Personen tun, hat immer ein Ziel, mehr oder weniger bewußt; es gilt, **Anforderungen** zu bewältigen. Die Konstellation, daß eine Person in einer gegebenen Umwelt handelt, um zu einem gegebenen Zeitpunkt Anforderungen zu bewältigen, nennt man eine **Situation**. Dabei wird die subjektive Sichtweise, also gleichsam das innere Modell der Situation, als **subjektive** Situation verstanden. Die inneren und äußeren Bedingungen der Handlung, die unabhängig von der Bewertung einzelner Personen existieren und deren Handeln beeinflussen, werden als **objektive** Situation bezeichnet.

Die Psychotricks der Spitzensportler

Athleten brauchen Seelenmassage

Psycho-Tricks am Skihang

TURBO IM KOPF

Ein Psychologe soll den Skiläufern siegen helfen

Wer zu Eberspächer geht, hat keine Schraube locker

Abb. 1: Zeitungsüberschriften über Sportpsychologie und Sportpsychologen

Situationen können sich von einem Augenblick zum nächsten ändern, weil sich die Person, die Umwelt und/oder die Anforderungen ändern. Diese drei Bedingungen sind immer voneinander abhängig. Schon über die Änderung einer dieser Bedingungen ändert sich die (ganze) Situation.

Handlungen sind übrigens nicht aus sich heraus sportlich oder nicht, sondern werden vor dem Hintergrund normativer (Regeln, Vorschriften etc.) und/oder sachlicher Bezugssysteme (Sportverband, Sportgerät, Sportstätte etc.) als solche interpretiert und konstruiert. An dieser Stelle sollte einsichtig werden, warum es wenig aussagt, sich über *den* Sport zu äußern, sei es kritisch oder wohlwollend. Was man Sport nennt, konkretisiert sich immer in ganz bestimmten Situationen in der Wechselbeziehung zwischen Personen mit Umwelten und Anforderungen. Dazu gibt es unzählige Möglichkeiten, wie sich an der unüberschaubaren Vielfalt dessen zeigt, was man Sport nennt.

So gibt es zum Beispiel höchstwahrscheinlich ungleich mehr Menschen auf dieser Welt, die ihr täglich Brot mit dem Rudern eines Bootes verdienen und dabei in keiner Weise irgendwelche sportlichen Ideen oder Bezüge im Kopf haben, als solche, die mit dem Rudern nach sportlichem Lorbeer trachten (Fotos 1 u. 2). Man denke nur an Fischer unter einfachen Bedingungen, an Wasser-Lasttaxis in Entwicklungsländern oder auch an die Gondolieri in Venedig. Diese und viele andere Personengruppen erleben sich nicht als dem internationalen oder einem nationalen Ruderverband zugehörig, haben keine Wettfahrregeln und andere sportbezogene normative Vorgaben und Bezüge über die Art und Weise ihrer Tätigkeit, sondern sind zweckmäßigerweise an sachlich-normativen und effektiven Bezügen interessiert, um ihre Boote mit möglichst wenig Kraftaufwand möglichst wirtschaftlich zu bewegen, zum Zwecke des Broterwerbs eben. Dies schließt übrigens nicht aus, daß sie sich zum Beispiel an Feiertagen und bei Festen sportlich miteinander messen, nach eigenen Regeln, versteht sich.

Grundlegende und spezifische Bedingung der psychologischen Betrachtungsweise bei der Analyse von Situationen ist, daß **objektive** (transphänomenale) **Bedingungen** erst über die **subjektive Erfahrung** psychisch wirksam werden, d. h., daß Personen als **erlebende** Person aufgefaßt werden und die psychische, biologische und soziale Umwelt ihr immer nur über ihr Wahrnehmen als subjektive Erfahrung gegeben ist. Groeben (1986, 3) bringt es auf den Punkt: Objekt der Psychologie ist das menschliche Subjekt, also die in bezug zur Umwelt erkennende, planende, reflektierende Person.

«Die Person verhält sich nicht einer objektiven Situation gegenüber, sondern sie nimmt die objektiv gegebenen Faktoren der eigenen Person,

Fotos 1 und 1a

Abb. 2: Motorradfahrer: objektive und subjektive Sicht

der Umwelt und der Aufgabe (Anforderung – H.E.) wahr, interpretiert und bewertet sie (definiert die Situation für sich) und bezieht ihr Handeln auf diese Situationsdefinition, wobei die subjektive Sicht der Person-Umwelt-Aufgabenfaktoren als Handlungsdeterminanten wirksam sind... Die Person kann nicht nur als Organisator der Situation qua Verhalten begriffen werden, sondern die Person konstruiert erst ihre Situation über die situative Situationsdefinition. Sie verhält sich dann auch nicht bloß in einer Situation, sondern sie wirkt auf ein Ziel hin, sie organisiert ihr Verhalten absichtlich, sie handelt also.» (Hackfort 1986, 22).

Jede Person hat demnach vom ablaufenden Geschehen, seinen Bedingungen und Wirkungen ihre eigene (An-)Sicht. Ein und dasselbe (objektiv gegebene) Geschehen, ein und derselbe Sachverhalt werden von verschiedenen Personen (subjektiv) unterschiedlich erlebt und wahrgenommen, oder ein und dieselbe Anforderung wird in verschiedenen Umwelten sehr unterschiedlich erlebt. Man versuche nur einmal, den Speichel, den man notgedrungen schluckt, in eine Tasse abzufüllen und daraus zu trinken.

Abbildung 2 zeigt zum Beispiel einen Motorradfahrer mit objektiv 20° Schräglage. Subjektiv aber kann diese Schräglage ganz unterschiedlich erlebt, sozusagen abgebildet werden. Anfänger erleben sich in der Regel «schräger» als Könner.

In der Sportpraxis ergeben sich daraus oftmals Probleme, etwa bei der Vorbereitung einer Mannschaft auf einen Wettkampf. Hier muß es dem Trainer gelingen, die Sicht der gegnerischen Mannschaft, der anstehenden Ziele etc. so zu vereinheitlichen, daß die Mannschaft gemeinsam handlungsfähig wird.

Im Unterschied zum psychologischen Zugang richten andere Disziplinen der Sportwissenschaft ihr Augenmerk eher auf die objektiven Bedingungen der Person-Umwelt-Wechselbeziehung. Der Biomechaniker untersucht im Sport zum Beispiel Geschwindigkeiten, der Leistungsphysiologe zum Beispiel Muskelarbeit, der Orthopäde beispielsweise Verletzungen an Bändern, Knochen und Muskeln. Der Psychologe könnte fragen, wie eine Person diese objektiven Bedingungen subjektiv erlebt und wie sie ihr Wahrnehmen, Verhalten und Handeln in bezug zur Umwelt beeinflussen. Geschwindigkeiten kann man zum Beispiel als lustvoll erleben, Verletzungen des Kniegelenks als deprimierend (vgl. Kasten).

Der Körper ist willig, doch der Geist hat nicht trainiert: Die psychische Rehabilitation nach Sportverletzungen

von Hans-Dieter Hermann

Immer wieder berichten Trainer und Athleten davon, daß Sportlerinnen und Sportler nach einer Verletzung mit längerer Trainings- und Wettkampfpause trotz konsequent vollzogener Rehabilitation nicht an ihr früheres Leistungs- und Fertigkeitsniveau anknüpfen können. Dies erscheint insbesondere dann unverständlich, wenn die Schmerzen verschwunden sind, die Funktionstests positiv verlaufen und von sportärztlicher Seite «Alles in Ordnung» diagnostiziert wird.

In einer Befragung konnten Hermann und Eberspächer (i. Dr.) zeigen, daß verletzte Athleten in einer Rehabilitationszeit von mehr als vier Wochen psychische Beanspruchungen erleben, die sich oftmals in erheblichen emotionalen Reaktionen äußern. Genannt wurden hauptsächlich Ängste um die zukünftige körperliche Unversehrtheit und um die Karriere. Darüber hinaus gaben die Sportler Ärger, Ungeduld, Niedergeschlagenheit und Zweifel am Sinn des Sporttreibens an. Manche berichten gar über Symptome der Hilflosigkeit und der Einsamkeit mit Fortschreiten der Rehabilitationsdauer.

Als Hauptmerkmale erfolgreicher sportlicher Rehabilitanden nennen Sportmediziner die positive Einstellung zum Genesungsprozeß, die Bereitschaft, mit dem Arzt zusammenzuarbeiten und ihm zu vertrauen. Athleten mit realistischen Zielsetzungen und mit einem privaten wie sportlichen Umfeld, das auch in dieser problematischen Zeit den Kontakt aufrechterhält, scheinen leichter mit den Belastungen umgehen zu können.

In Ergänzung zu gängigen – rein körperlichen – Rehabilitationsmaßnahmen dient die psychische Rehabilitation nach Sportverletzungen der Optimierung von Handlungsvoraussetzungen zur Bewältigung verletzungsfolgebedingter Beanspruchungen zur Wiedererlangung der sportlichen Leistungsfähigkeit. Psychische Rehabilitation wird somit zu einem Genesungsziel und zu einem Teil des aktiven Aufbautrainings im Rahmen der interdisziplinären Rehabilitationsbemühungen.

Die einzelnen psychologischen Maßnahmen finden abgestimmt auf den jeweiligen individuellen Genesungsfortschritt statt. Sie beinhalten – neben der Aufstellung eines Rehabilitationsplans mit realistischen Zielsetzungen – die Einübung und die Durchführung des Mentalen Trainings, der Selbstgesprächsregulation, der Aktivationsregulation (Eberspächer 1990) und vieles mehr. Nach der Wiederaufnahme des Trainings werden zur Stützung des Selbstvertrauens und der Kompetenzerwartung der Rehabilitanden zusätzlich wettkampfnahe Trainingsformen eingesetzt. Darüber hinaus wird die soziale Unterstützung von seiten der Familie, der Freunde und des sportlichen Umfelds gezielt gefördert.

Eine interdisziplinäre Sicht- und Vorgehensweise, die neben der physischen auch die psychische Rehabilitation mit in Betracht zieht, ermöglicht eine effektivere Rehabilitation und verbessert die Voraussetzungen zur Wiedererlangung der vollen psycho-physischen Leistungsfähigkeit.

Das Psychische übernimmt gewissermaßen eine **Vermittlungsfunktion** zwischen Bio- und Sozio-System. Paul Kunath (1987) hat die vermittelnde Funktion des Psychischen zwischen Biologischem und Sozialem prägnant beschrieben. Ausgangspunkt von Kunaths Überlegungen ist die Kennzeichnung des Menschen als **biopsychosoziale Einheit**. Menschliches Verhalten und Handeln wird beschrieben in seiner Komplexität und Verflochtenheit von Biotischem, Psychischem und Sozialem. Psychisches wird hierbei als regulatorisches, vermittelndes Glied zwischen biotischen Grundlagen und sozialen Bedingungen verstanden.

«In vereinfachter Aussage könnte das heißen: Psychisches kann an biotischen Strukturen, Verflechtungen und Gesetzmäßigkeiten ebensowenig vorbei wie an sozialen Ideen, Zielen und Anschauungen, die es als Anforderungen der Tätigkeiten widerspiegelnd zu regulieren hat... Die Hervorhebung des Psychischen als Regulationsinstanz biotischer Anlagen und sozialer Bedingungen der Tätigkeit des Menschen macht es erforderlich, sportliche Tätigkeiten, Handlungen und Bewegungen in dieser Dialektik zu erfassen und wissenschaftlich zu beschreiben» (90f).

«Durch sportliches Üben und Trainieren können die dabei notwendigen biotischen Funktionen in sportlichen Leistungen nur dann optimal zur Wirkung gebracht werden, wenn sie nicht durch psychische Regulationen begrenzt oder fehlgeleitet werden. Auch die sozialen Bedingungen, vor allem gegeben durch die Ideen und Zielstellungen, die in sportlichen Tätigkeiten bzw. Handlungen zu realisieren sind, gehen nicht direkt in sportliche Leistungen über. Sie werden bewältigt, indem eine anforderungsgerechte psychische Regulation gleichzeitig und gleichermaßen bedeutsam im Übungs-, Trainings- und Wettkampfbetrieb erlernt wird... Eine nicht anforderungsgerechte Gestaltung der Übungen, sprich Tätigkeiten, Handlungen und Bewegungen, kann demzufolge eine unwirksame psychische Regulation hervorrufen, weil die biotischen Anlagen beziehungsweise Funktionen nicht «getroffen» oder «angesprochen» werden, die eine anforderungsgerechte Bewältigung der gestellten Aufgaben möglich machen. Erhöhung der Leistungsfähigkeit, Steigerung des Wohlbefindens und Vertiefung durch sportliche Betätigung fordern dazu auf, die theoretischen Grundlagen des Übens, Trainierens und der Wettkampftätigkeiten vom Standpunkt der biopsychosozialen Einheit des Menschen umfassender und realitätsgerechter auszuarbeiten» (91).

Wer sich wissenschaftlich mit **Sportpsychologie** zu befassen beginnt, wird schon bei oberflächlichem Studium auf das Problem stoßen, nicht zuwenig, sondern zuviel darüber zu erfahren. Sich auch nur einigermaßen konkrete Vorstellungen von dem verschaffen zu können, worüber Sportpsychologen in über 80 Jahren, mit rapide steigender Tendenz in den letzten zehn Jahren, nachgedacht, diskutiert und geforscht haben, gerät schnell zu einem schwierigen Unterfangen. Was in unzähligen Veröffentlichungen inzwischen vorliegt, ist vielfältig, vielschichtig und nicht selten widersprüchlich. Dies gilt für die Fragestellungen und Methoden ebenso wie für die Aussagen.

Auf den ersten Blick helfen auch die zahlreich angebotenen Definitionen der Sportpsychologie nicht weiter. Einige wenige davon sollten diesen Eindruck bestätigen:

Lawther (1972, 1; übersetzt vom Verf.): «Sportpsychologie ist ein Gebiet, das versucht, psychologische Tatsachen und Prinzipien über Lernen, Leistung und das damit verbundene Verhalten im gesamten Feld des Sports anzuwenden.»

Kunath: «Der Gegenstand der Sportpsychologie sind die psychischen Funktionen und Eigenschaften des sporttreibenden Menschen, die Prozesse des Übens, Trainierens und in wettkampfmäßigem Leistungsvergleich die Tätigkeit Orientieren (Motivieren) und Regulieren (Steuern), sich dabei Entwickeln und ihre spezifische Ausprägung erfahren» (zit. nach Ludwig 1975, 23).

Thomas (1978, 22): «Die Sportpsychologie als wissenschaftliche Disziplin untersucht die Ursachen und Wirkungen der psychischen Vorgänge und Erscheinungen, die sich beim Menschen vor, während und nach sportlicher Tätigkeit abspielen.»

Nitsch (1978, 28f): «Sportpsychologie... läßt... sich bestimmen als empirische Wissenschaft, die die psychischen Grundlagen und Folgen sportlicher Handlungen in ihrem situativen Kontext untersucht. Aus dieser Gegenstandsbestimmung leitet sich dann die allgemeine Aufgabe der Sportpsychologie ab, nämlich die Beschreibung, Erklärung und Vorhersage sportlicher Handlungen mit dem praktischen Ziel einer effektiven, auf ihre Umstände, Zwecke und Folgen hin kritisch reflektierten Handlungssteuerung. Diese Aufgabenstellung schließt sowohl Grundlagen- als auch anwendungsbezogene Forschung ein.»

Rudik (1973, 341): «Die Sporttätigkeit ist der Untersuchungsgegenstand eines speziellen Zweiges der psychologischen Wissenschaft – der Sportpsychologie... Neben der Physiologie hat die Psychologie die Aufgabe, die wichtigsten Seiten der Sporttätigkeit zu analysieren und dadurch zur rationellen Lösung vieler praktischer Probleme dieser Tätigkeit beizutragen.»

Gabler, Nitsch & Singer (1986, 22): «Die Sportpsychologie möchte Verhalten und Erleben von Personen im Sport möglichst angemessen erfassen, d. h., es nach Konstanz und Veränderlichkeit beschreiben und wenn möglich messen, die Bedingungen von Konstanz und Veränderlichkeit feststellen und den künftigen Verlauf, soweit es geht, vorhersagen und beeinflussen.»

Kunath & Schellenberger (1991, 3, 5): «Gegenstand der Sportpsychologie sind die psychisch regulierten sportlichen Tätigkeiten des Sportlers, der als Subjekt der Tätigkeit handelt. Die Sportpsychologie untersucht die Gesetzmäßigkeiten der psychischen Regulation sportlicher Handlungen der sporttreibenden Menschen. Sie ist keine Psychologie der Tätigkeit, sondern Theorie des Subjekts der sportlichen Tätigkeit.»

Bierhoff-Alfermann (1986, 11): «Sportpsychologie wird erstens als empirische (nicht ausschließlich experimentelle) Wissenschaft aufgefaßt, die versucht, Verhalten und Erleben objektiv, d. h. intersubjektiv nachprüfbar zu erfassen (zu beschreiben), zu erklären und vorherzusagen... Zweitens wird Sportpsychologie als Wissenschaft aufgefaßt, die sportliche Aktivität (und ihr Umfeld, z. B. Zuschauer) zum spezifischen Gegenstand hat und darauf auch ihre Methoden, Meßinstrumente, Theorien etc. abstellen muß. Drittens wird sie als Wissenschaft begriffen, die nicht nur äußerlich beobachtbares Verhalten, sondern auch inneres Erleben im Rahmen sportlicher Aktivität zum Gegenstand hat.»

Bakker, Whiting & Van der Brug (1992) vermeiden eine Etikettierung des Begriffs «Sportpsychologie» und stellen fest, daß «die Sportpsychologie nicht... künstlich durch die ausschließliche Berücksichtigung psychodynamischer Leistungsfaktoren eingeengt» werden darf. Sportpsychologen sollten sich, wenn sie effektiv handeln wollen, bewußt sein, daß «subjektive Faktoren, Werturteile und das Wissen über sportspezifische Situationen (...) eine (...) große (...) Rolle spielen.»

Bei genauerem Hinsehen und Vergleichen findet sich eine Gemeinsamkeit, ein kleinster gemeinsamer Nenner bei den Autoren dieser Definitionen:

> Der Sportpsychologie geht es immer um Situationen im Sport, also um die Wechselbeziehungen von **Personen** mit ihrer **Umwelt** und gestellten **Anforderungen** im sozialen **Handlungsfeld Sport**. Sie möchte zu Aussagen über die Bedingungen und Wirkungen dieser Beziehungen kommen.

Abbildung 3 stellt die elementarsten Prozesse dieser Wechselbeziehung einer Person mit den sie umgebenden Personen und Dingen, ihrer Umwelt, dar.

Die Betrachtungsweise, aus der dieses Modell zu verstehen ist, sieht die Person-Umwelt-Wechselbeziehungen als **System** im Sinne eines Gefüges von **Elementen**, zwischen denen Beziehungen angenommen werden. Prinzip ist es, keine linearen Ursache-Wirkungs-Zusammenhänge aufzuzeigen, sondern funktionale Zusammenhänge, in denen die Ergebnisse von Prozessen (zum Beispiel Handeln, Wahrnehmen) auf ihre Ausgangsbedingungen zurückwirken und umgekehrt.

Dieser systemtheoretische Ansatz ist ganzheitlich und zugleich prozeßorientiert. Damit überwindet er einerseits eine zu starke Ganzheitsper-

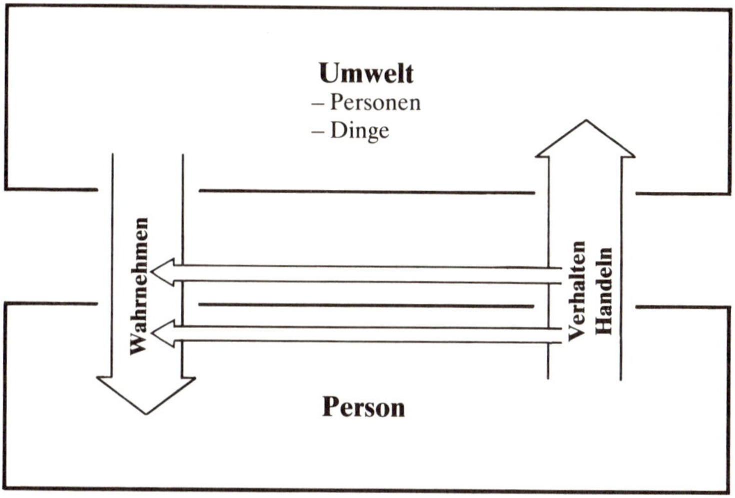

Abb. 3: Wichtige Bedingungen der Wechselbeziehung einer Person mit ihrer Umwelt aus psychologischer Sicht. Die Möglichkeit der Wahrnehmung des eigenen Verhaltens und Handelns deuten die Querpfeile an.

spektive, andererseits wird die isolierte Betrachtung von Elementen und Teilen vermieden, weil Beziehungen zwischen Elementen immer im Zusammenhang gesehen werden. Der Vorteil dieser Betrachtungsweise liegt vor allem in der Möglichkeit, Problemstrukturen **handlungspsychologischer** Ansätze, die diesem Buch zugrunde liegen, auf ein Modell zu beziehen.

Informationen über sich, ihre Umwelt und die gestellten Anforderungen erhält eine Person über ihr **Wahrnehmen**. Sie macht sich damit ein Bild ihrer Situation, indem sie diese Informationen verarbeitet, um dann mehr oder weniger situationsangemessen zu **handeln** und sich zu **verhalten**.

An dieser allgemeinen Grundproblematik setzt Sportpsychologie an, etwa mit Fragen wie: Warum treiben Menschen Sport? Welche psychologischen Voraussetzungen hat sportliche Höchstleistung? Welchen Beitrag leistet sportliche Tätigkeit zur Entwicklung der Persönlichkeit? Fördert sportliche Tätigkeit soziale Handlungskompetenz? etc.

Die hier verwendeten Begriffe lassen sich im Sinne einer ersten Orientierung in Beziehung bringen: Nehmen wir an, ein Handballspieler wirft im Spiel auf das Tor, der Torwart wehrt ab – eine Szene aus dem sportlichen Alltag. Bezogen auf Abbildung 3 ließe sich diese Situation aus der

Sicht des Spielers psychologisch vereinfacht etwa so beschreiben: Ein Handballspieler (erlebende Person) wirft (verhält sich und handelt, um eine Anforderung zu erfüllen) auf das Tor (dingliche Umwelt). Der Torwart (personale Umwelt) wehrt ab, unser Handballspieler sieht dies (Wahrnehmen), ärgert sich (Erleben) und schimpft (Verhalten und Handeln), gibt dem Trainer (personale Umwelt) ein Zeichen (Verhalten und Handeln), um ausgewechselt zu werden, der Trainer schüttelt den Kopf (Handeln), das sieht der Spieler (Wahrnehmen) und ärgert sich (Erleben) etc. Dabei können die Beteiligten nicht nur das Verhalten und Handeln anderer wahrnehmen, sondern auch ihr eigenes.

Ein Sportpsychologe, der solche Abläufe untersucht, würde zunächst beobachten und beschreiben, *was* abläuft, und dann fragen, *warum* es so und nicht anders abläuft, welche Gründe und Bedingungen also diese und keine anderen Prozesse ausgelöst haben.

Wahrnehmen, Verhalten, Handeln und Erleben einer Person stehen nicht unabhängig nebeneinander, sondern sind stets untrennbar aufeinander bezogen und nur so zu verstehen. Sie regulieren und beeinflussen sich wechselseitig. Eine Änderung an einem Element – wodurch sie auch immer bewirkt werden mag – beeinflußt das ganze System. Die Fotos 2 und 3 sollen den Eindruck von dieser wechselseitigen Regulation psychischer Prozesse bei einer Sportlerin in einer typischen Situation wiedergeben. Die dort gezeigte Tennisspielerin freut sich im rechten Bild über ihren Sieg, sie handelt und verhält sich entsprechend, und die Welt erscheint ihr – so kann man zumindest annehmen – als zugetan, erfreulich, wunderbar; alles paßt zusammen. Auf Foto 2 wirkt sie wütend; sie scheint die Welt jetzt völlig anders wahrzunehmen und handelt entsprechend. Selbst über einen guten Witz könnte sie in dieser Situation nicht lachen. In beiden Situationen kann man allerdings nicht fragen, ob der Auslöser für die Betroffene im Wahrnehmen, Verhalten oder Handeln gelegen hat, dazu bedingen sich diese psychischen Prozesse zu stark.

Für die Sportpsychologie ergeben sich folgende **Aufgaben**: Beschreibung, Erklärung durch Entwicklung theoretischer Konzepte, Vorhersagen und Verändern von Bedingungen und Wirkungen menschlichen Verhaltens und Handelns im Sport. Diese können auf **vier grundlegende Perspektiven** jeder psychologischen Betrachtungsweise bezogen sein, über die sich auch der Aufbau dieses Buches strukturiert:

- eine **allgemeinpsychologische** Perspektive,
- eine **entwicklungspsychologische** Perspektive,
- eine **sozialpsychologische** Perspektive und
- eine **differentialpsychologische** Perspektive.

Foto 2 (links) und Foto 3: Die wechselseitige Regulation psychischer Prozesse

Forschung in der Sportpsychologie (Kap. 6) hat die Aufgabe, Erkenntnisse nach wissenschaftlichen Spielregeln zu sichern, Sachverhalte zu beschreiben, zu erklären, vorherzusagen und gegebenenfalls zu verändern. Dazu muß sie bestimmte theoretische, organisatorische und methodische Probleme lösen bzw. Ansätze zu ihrer Lösung aufzeigen. Ziel dieses Kapitels ist es, die Lesenden zu befähigen, einfachere wissenschaftliche Darstellungen im Selbststudium zu erarbeiten.

Unter **allgemeinpsychologischer Perspektive** stehen Fragen nach individuellen Zusammenhängen im Vordergrund. Gefragt ist im Grundsatz nach den allgemeinen Bedingungen und dem «Funktionieren» des psychischen Systems vor, während und nach dem Handeln im Sport, wie es für alle Menschen gilt. Diese Perspektive konkretisiert sich u. a. über sportspezifische Untersuchungen von Handeln, Wahrnehmen, Gefühlen oder Einstellungen. Unter **sozialpsychologischer Perspektive** fragt man nach den Bedingungen und Wirkungen von Verhalten und Handeln in sozialen Systemen. Untersucht wurden hier beispielsweise Gruppen, Spiele und Spielen (GRUPE, GABLER & GÖHNER 1983), Aggression und Gewalt (PILZ et al. 1982).

Die **entwicklungspsychologische Perspektive** sieht psychische Prozesse und Zustände in Abhängigkeit einer lebenslangen systematischen Veränderungsreihe. In den Mittelpunkt rücken hier Fragen der motorischen und der sozialen Entwicklung sowie das Problem des motorischen und sozialen Lernens. In den letzten Jahren haben sich neben der traditionellen Frage nach den Wirkungen des Sports vor allem auf die kindliche und die jugendliche Entwicklung (NEUMANN 1964; SCHERLER 1975;

ALLMER 1983) Ansätze zur Erforschung des Sports älterer Menschen ausdifferenziert (MEUSEL 1980; SINGER 1981; BAUMANN 1992), weil man Entwicklungsprozesse zunehmend als lebenslanges Geschehen versteht.

Die **differentialpsychologische Perspektive** strebt Aussagen über individuelle Unterschiede zwischen Personen und die Bedingungen dieser Unterschiede an. Hier treten besonders drei Problemfelder hervor:

Sport und Persönlichkeit (SIMONS 1984), Geschlecht bzw. Geschlechtszugehörigkeit als Bedingung sportlichen Handelns (BIERHOFF-ALFERMANN 1977; PFISTER 1983) und Talent (RUOFF 1979; CARL 1988).

Die Person-Umwelt-Wechselbeziehung im Handlungsfeld Sport

Die im vorangegangenen Kapitel umrissene Perspektive ist ökologisch, das heißt, Personen werden nicht als passive Produkte ihrer Umwelt betrachtet, die sich nur anpassen, sondern als aktive Gestalter, die zwar von ihrer Umwelt beeinflußt werden, aber auch auf die Umwelt zurückwirken. Es wird hier die Rolle betont, die sie bei der Erschaffung und Gestaltung ihrer Umwelt haben. Diese Sichtweise geht auf Kurt LEWIN (1917) zurück.

Psychische Voraussetzungen dafür, daß sich Personen mit ihrer Umwelt in einem Handlungsfeld auseinandersetzen können, sind, so haben wir bis jetzt gezeigt, daß sie

- **wahrnehmen,**
- **handeln** und sich **verhalten** sowie
- **erleben** können.

In der Darstellung ihrer Umwelt, ihres Handelns und Verhaltens sowie ihres Erlebens und Wahrnehmens haben wir die wichtigsten psychischen Prozesse, über die eine Person in einem Handlungsfeld agiert, **beschrieben**. Um aber zu **erklären**, warum eine Person in einer gegebenen Umwelt so und nicht anders handelt, muß man die Prozesse und Bedingungen genauer analysieren, die in der Person den Person-Umwelt-Wechselbezug regulieren. Dazu werden hier zwei Strukturen unterschieden:

- **aktuelle Prozesse** und
- **überdauernde Bedingungen**.

Sie werden angenommen, um an das Wie und das Warum der Person-Umwelt-Wechselbeziehung heranzukommen. Man kann diese Strukturen nicht direkt beobachten, sondern nur erschließen. Es sind also vom Forscher konstruierte Annahmen, die man braucht, um Beobachtbares (zum Beispiel Verhalten, Erleben) sinnvoll zu machen, sogenannte **Konstrukte**.

Die **aktuellen Prozesse**, so wird hier angenommen, bedingen, steuern und regulieren Handeln, Verhalten, Erleben, und Wahrnehmen situationsbezogen. Als aktuell werden sie deshalb eingeordnet, weil sie von Situation zu Situation Veränderungen unterworfen sind und damit erst die flexible Anpassung der Person an innere und äußere Bedingungen gewährleisten; sie sichern gleichsam die Dynamik der Person-Umwelt-Wechselbeziehung in jedem Augenblick.

Bei den aktuellen Prozessen unterscheidet man
- **kognitive** und
- **emotionale**.

Als kognitiv sind sie einzuordnen, soweit sie sich auf Wahrnehmen, Denken und Motivation etc. beziehen. Emotionale beziehen sich auf das Fühlen bzw. die Gefühle einer Person.

Handeln, Verhalten, Erleben und Wahrnehmen sind aber nicht nur von Situationen, sondern auch von lebensgeschichtlich erworbenen Eigenarten der Person abhängig, von deren Eigenschaften und Dispositionen. Diese werden als **überdauernde Bedingungen** wirksam, vor deren Hintergrund die aktuellen Prozesse ablaufen. Erst durch solche überdauernden Bedingungen erhält die Person-Umwelt-Wechselbeziehung einer Person ihr individuelles, spezifisches Gepräge, sie stiften Kontinuität zwischen aktuellen Prozessen. Zielgerichtetes, erwartungsgesteuertes Handeln schließlich ist erst vor dem Hintergrund dieser Annahme denkbar.

Das in Abbildung 4 dargestellte Modell, an dem sich die Struktur des Buches orientiert, veranschaulicht die Person-Umwelt-Wechselbeziehung und differenziert wichtige aktuelle Prozesse und überdauernde Bedingungen, von denen wir annehmen, daß sie steuernden und regelnden Einfluß haben.

Die gewählte Form auch dieser Darstellung sollte genauso wie in Abbildung 3 auf Seite 21 keineswegs so gedeutet werden, daß hier psychische Prozesse auf Elemente in Kästchen reduziert werden. Vielmehr werden einige Teilsysteme des Gesamtsystems in ihren Beziehungen herausgehoben, um die Orientierung im folgenden Text und dessen Verständnis zu erleichtern.

Das Modell ist notwendig analytisch und wäre völlig sinnentleert, wenn nicht gesehen würde, daß die angenommenen Prozesse und Bedingungen in einer wahrnehmenden, handelnden, sich verhaltenden und erlebenden **Person** integriert sind, ohne die diese Zusammenhänge nicht denkbar wären. Das Modell hat vor allem heuristische Funktion, das heißt, es soll beim Finden und Zuordnen von Sachverhalten hilfreich sein, vereinfachen und veranschaulichen.

Es kann bei der vergleichsweise grob argumentierenden Einführung der Eindruck entstehen, daß hier analytisch Prozesse beschrieben wer-

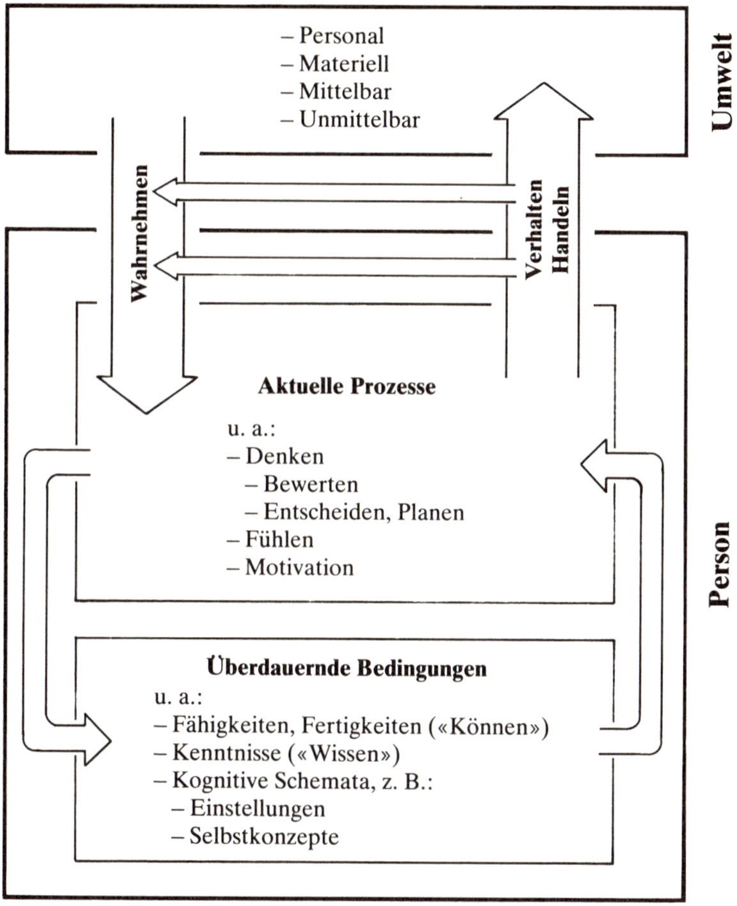

Abb. 4: Psychologische Prozesse der Person-Umwelt-Wechselbeziehung

den, die nur Psychologen bzw. Sportpsychologen interessieren, von denen aber im Alltag nichts zu bemerken ist. Tatsächlich laufen die meisten Prozesse (in der Person) ab, ohne daß sie steter bewußter Aufmerksamkeit bedürfen. Bemerkt werden sie meist erst, wenn sie eine Wirkung haben (zum Beispiel ein Gefühl, ein Denkresultat, einen Entschluß) oder wenn Störungen irgendwelcher Art auftreten, zum Beispiel, wenn einem etwas nicht einfällt oder wenn man versucht, übermäßige Nervosität zu bekämpfen.

Umwelt

Die Gesamtheit aller äußeren Bedingungen, mit denen Personen in Wechselbeziehung stehen, ist ihre **Umwelt**. Umwelt ist dabei nicht als einheitlicher Block zu betrachten, sondern als vielschichtiges System. Eine für die Praxis zweckmäßige Betrachtung unterscheidet personale und materielle sowie unmittelbare und mittelbare Umwelt (vgl. Abbildung 5).

Die personale Umwelt konstituiert sich über Personen und die durch sie übermittelten und vertretenen Normen, Werte, Ideen und Symbole. Aus Dingen und Objekten baut sich die materielle Umwelt auf. Mittelbare Umwelten setzen die Rahmenbedingungen, innerhalb derer sich unmittelbare (face-to-face) Umwelten entfalten. Entsprechend dieser Unterscheidung haben dann auch Handlungsfelder eine personale und eine materielle Dimension. Das Handlungsfeld Handball ist materiell zum Beispiel über Feldmarkierungen, Tore, Ball, Bodenbeschaffenheit, finanziellen Rahmen strukturiert, personal über Spieler, Trainer, Schiedsrichter, Zuschauer, Presse, Spielidee, Spielregeln u. a.

Umwelt	personale	materielle
mittelbare	u. a. – Politiker – Schulrat – Vereinsvorstand – Ansehen des Sports in der Bevölkerung	u. a. – öffentliche Mittel – Verkehrssystem – Lebensstandard
unmittelbare	u. a. – Familie – Freunde – Schulklasse – Trainingspartner – Nachbarn	u. a. – Kleidung – Wohnung – Schule – Arbeitsstätte – Trainingsplatz – Medien

Abb. 5: Dimensionen von Umwelt

Handlungsfelder haben einen Aufbau, eine **Struktur**, das heißt, die Beziehungen von Personen zu ihrer Umwelt sind immer geregelt, das Geschehen ist abgestimmt, aufeinander bezogen. Dies kann einmal über Vorstellungen geschehen, die Leute in ihren Köpfen haben oder die niedergeschrieben sind, also Regeln, durch die mehr oder weniger festgelegt wird, was geschehen soll, zum anderen über die Sache, gewissermaßen über die von ihr ausgehenden Zwänge.

Regeln (vgl. S. 191ff.), wie man sich zu verhalten und zu benehmen hat, sind wie anderswo zum Beispiel auch im Handlungsfeld Sportverein allgegenwärtig, geschrieben oder ungeschrieben. Geschriebene Regeln gehen aus Spielregeln, Hallenordnungen, Geschäftsordnungen etc. hervor, ungeschriebene legen fest, was man tut oder läßt, ohne daß dies irgendwo nachzulesen wäre.

Daß neben Regeln auch **Sachzwänge** die Beziehungen von Personen zu ihrer Umwelt bestimmen, erlebt jeder zum Beispiel dann, wenn er vom Dreimeterbrett eine Bauch- oder Rückenlandung macht, im Bruchharsch Ski fährt oder mit dem Fahrrad auf Schotter um die Kurve fährt u. ä. Der Umgang mit bestimmten Sachen (materielle Umwelt) zwingt Personen, auf sie einzugehen, sich ihnen anzupassen. Sachzwänge können von Natur aus gegeben (zum Beispiel Meer, Gebirge, Klima) oder in einer Kultur sozial gemacht sein, wie dies etwa bei Spielplätzen, Sportanlagen, Bädern, Geräten für Sport und Spiel, Bauwerken, Kunstwerken etc. der Fall ist. Sie regen Personen an, fordern sie auf, motivieren sie, sich handelnd damit auseinanderzusetzen, um wahrzunehmen, zu lernen, zu spielen und zu erleben.

Dahinter steht die soziale Übereinkunft zwischen Personen, Umwelt im Sinne einer Zielsetzung so und nicht anders zu gestalten. Foto 4 und 5 zeigen als Beispiele Sachumwelten abgebildet, Spielplätze unterschiedlicher Beschaffenheit, die unterschiedliche Anforderungen an das Handeln der Spielenden stellen. Das triste Gittergerüstwerk wird von Kindern erfahrungsgemäß als wenig anregend und interessant erlebt. Bevorzugt werden abenteuerliche Spielarrangements, die vielfältiges und kreatives Handeln erfordern, also nicht langweilig sind. Spielplatz-, Freizeit- und Sportstättengestaltung sollten diesen Grundprinzipien Rechnung tragen.

Fotos 4 und 5: Spielumwelten. AUTORENGRUPPE ASP/MW

Handeln und Verhalten

Der Anthropologe GEHLEN (1980) bezeichnet Handeln als anthropologische Grundkategorie und versteht darunter die Tätigkeit, die Natur zum Zwecke des Menschen zu verändern. Personen setzen sich also mit ihrer Umwelt im **Handeln** auseinander. Sie erschließen, strukturieren und verändern damit Handlungsfelder, um die eigenen Bedürfnisse und die Anforderungen der Umwelt aufeinander zu beziehen und abzustimmen.

Handlungsfelder wiederum erschließen, strukturieren und verändern Handeln. Wer zum Beispiel das Skilaufen in einem heimatlichen Handlungsfeld lernt, dessen längste Piste 200 m bei 30 m Höhenunterschied ist, wird bei vorhandenem Spaß bald versuchen, neue Umwelten für seinen Sport zu erschließen und ungleich längere und steilere Pisten im Hochgebirge aufsuchen. Diese wird er nur bewältigen können, wenn er dazulernt, neue Handlungsmuster erwirbt, alte verändert und umstrukturiert etc.

Handeln ist stets doppelt wirksam: «Durch Handlung (Tätigkeit) vermag sich das Individuum in seiner Welt zu orientieren und baut adäquate kognitive Strukturen auf. Durch Handlung verändert es aber auch selbst wieder die Umwelt und wirkt kurzfristig oder langzeitig auf den Prozeß der Umformung von Umwelt durch menschliche Gesellschaften und auf den gesellschaftlichen Veränderungsprozeß selbst ein» (OERTER 1979). Die Einheit, die Aktion im Sinne der Einwirkung auf Umwelt und Kognition im Sinne der Orientierung über die Umwelt integriert, ist die Handlung. Sie integriert das psychische und das körperliche Geschehen. Personen entwickeln sich also durch Handeln in einer durch Handeln sich verändernden Umwelt.

Eine Studie darüber, wie Handlungsfelder Personen in ihrem Handeln prägen, hat WIEGERSMAA (1972) vorgelegt. Er konnte zeigen, daß Kinder, die auf Flußschiffen aufgewachsen sind, andere Handlungsmöglichkeiten zur Lösung sportmotorischer Aufgaben entwickelten als vergleichbare Festlandskinder. Das Handlungsfeld Schiff forderte diese Kinder sozial, kognitiv und motorisch anders als solche, die im Handlungsfeld Stadtwohnung aufwuchsen. Vor diesem Hintergrund ist Handelnlernen das Erfahren und Erschließen von Handlungsfeldern. **Handlungsfähigkeit** entwickelt sich in der Bewältigung immer neuer, wechselnder Anforderungen.

Handeln konkretisiert sich immer in einer Situation, ist mit Erwartungen des Handelnden verknüpft und zielgerichtet. «Der Unterschied zwischen ‹Ziel› und ‹Zweck› von kollektiven Aktivitäten ist hervorzuheben... Ziele sind, wie aus der Diskussion der ‹Tätigkeit› hervorgeht, verbunden mit individuellen Tätigkeiten; ist das Individuum zielgerichtet tätig, so sucht es nach Wegen und probiert Mittel aus etc., wie es zum Ziel kommt. Von ‹Zwecken› sollte man sprechen, wenn einzelne Ziele bereits kollektiv erarbeitet wurden und der ganze Handlungsprozeß, der zur Erreichung des Ziels führte, in einem **Muster** fixiert und gewissermaßen konventionalisiert worden ist. Zwecke sind also in Handlungsmustern kollektiv erarbeitete, erreichte und weiterhin erreichbare Ziele» (REHBEIN 1977, 108).

Ob sein Handeln ziel- und erwartungskonform verläuft bzw. Änderungen notwendig sind, wird vom Handelnden bewertet, was prinzipiell die Wahrnehmung der eigenen Person in Beziehung zur Umwelt sowie die Regulation des Handelns voraussetzt: «Unter **Handlungsregulation** ist die Befähigung der Persönlichkeit zu verstehen, auf der Grundlage psychischer Abbilder, Operationen und Zustände ihr Handeln in einer konkreten Situation unter Beachtung übergreifender Handlungszielstellungen und unter Berücksichtigung der konkreten äußeren und personalen Handlungsbedingungen zielgerichtet und anforderungsgerecht selbständig zu kontrollieren und zu regulieren» (KONZAG & KONZAG 1980, 21).

Psychische Abbilder, Operationen, Zustände, übergreifende Handlungszielstellungen sowie die konkreten Umwelt- und Personbedingungen sind demnach wichtige Bedingungen der Handlungsregulation.

Zur genaueren Analyse von Handeln bieten sich **drei Perspektiven** an. Zunächst verläuft Handeln immer in der Zeit, es hat eine **zeitliche Struktur**, einzelne Handlungsschritte folgen aufeinander. Eine zweite Perspektive ergibt sich daraus, daß Handeln über verschiedene Bewußtseinsgrade reguliert sein kann, es hat eine **hierarchische Struktur**. Schließlich kann Handeln verschiedene **Funktionen** haben. Die folgende Darstellung dieser Perspektiven lehnt sich an ein Modell an, das von HACKER (1973) ausgearbeitet und unter anderem von NITSCH (1975, 1980) für die Sportpsychologie fruchtbar gemacht werden konnte.

Die zeitliche Struktur des Handelns

Handlungen gliedern sich in drei Phasen: In der **Antizipationsphase** baut sich eine Erwartungsstruktur auf, indem zu erwartender Aufwand und Wirkungen in einen Plan der beabsichtigten Handlung eingebracht werden. In die Tat wird der Plan in der **Realisationsphase** umgesetzt, nach der schließlich in einer **Interpretationsphase** die handelnde Person in bezug zu ihren Ausgangserwartungen den Ablauf und das Resultat der Handlung subjektiv bewertet.

«Hervorzuheben ist, daß die Teilfunktionen der psychischen Tätigkeitsregulation in allen Handlungsphasen auftreten und kein Nacheinander in der Handlungsregulation darstellen, sondern gleichzeitig ablaufen und in ihrer integrativen Einheit die psychische Regulation der Tätigkeit ausmachen. In Abhängigkeit von objektiven und subjektiven Bedingungen kommt es in den verschiedenen Phasen des Handlungsverlaufs jedoch zu Akzentuierungen, so daß jeweils bestimmte Teilfunktionen stärker in den Vordergrund treten» (KONZAG & KONZAG 1980, 21).

Die hierarchische Struktur des Handelns

Am deutlichsten wird die hierarchische Struktur des Handelns in der HACKERschen Darstellung seiner Regulationsebenen, wo von einer **intellektuellen**, einer **perzeptiv-begrifflichen** und einer **sensumotorischen** Regulationsebene ausgegangen wird. Die intellektuelle als höchste Regulationsebene umfaßt das Insgesamt des vorbereitenden, begleitenden und nachbereitenden Bedenkens und Handelns. Dieses Bedenken ist bewußt und an die Sprache gebunden. Die perzeptiv-begriffliche Regulationsebene ist unterhalb der intellektuellen einzuordnen. Hier können Handlungen zwar bewußt erlebt werden, müssen es aber nicht, sie sind **bewußtseinsfähig**, aber nicht **bewußtseinspflichtig**. Auf der sensumotorischen Ebene läuft die Regulation von Handeln unbewußt ab und kann allenfalls über exterozeptive und taktile Information bewußt werden.

WEINBERG (1978) verdeutlicht am Beispiel Volleyball die Hierarchie der drei Handlungsebenen: «Die unterste Ebene zur Regulation der Handlung Pritschen (sensumotorische Handlungsregulationsebene) umfaßt den Bewegungsentwurf. Der Bewegungsentwurf regelt die Abfolge Beineinsatz, Rumpf- und Kopfstellung sowie Armhaltung in räumlich-zeitlicher Zuordnung zur Spielsituaton und den Tätigkeitsbedingungen (Netz, Gegner, Mitspieler, Ballgeschwindigkeit etc.): Der Ball sollte oberhalb des Kopfes durch Strecken der Arme gespielt werden.

Die nächsthöhere Regulationsebene (perzeptiv-begriffliche Handlungsregulationsebene) integriert den Bewegungsentwurf in ein Handlungsschema. Entsprechend den Anforderungen der Spielsituation, dem Ziel der Sporttätigkeit sowie der individuellen Verfügbarkeit über den Bewegungsentwurf wird der Ball entweder hoch oder flach zugespielt, direkt zum Gegner oder einem Mitspieler gepaßt, oder der betreffende Spieler entscheidet sich aufgrund neuer Information für eine andere Ausführung (zum Beispiel Baggern), die wiederum einen anderen Bewegungsentwurf bedingt. Der Bewegungsentwurf kann im Stand, im Sprung, im Fallen oder rückwärts über den Kopf ausgeführt werden (Kennzeichen des Könnens vgl. VOLPERT 1971).

Auf der höchsten Ebene der Handlungsregulation (intellektuelle Handlungsregulationsebene) werden die Teilsysteme Bewegungsentwurf und Handlungsschema in einen umfassenden Plan und eine Spielstrategie eingebaut: Bewegungsentwurf und Handlungsschema für das Zuspiel ‹Pritschen› werden in kollektiven Spielsystemen (Angriffs- und Abwehrreaktionen) wirksam. Auf dieser Stufe muß der Bewegungsentwurf weitgehend automatisiert (Fertigkeit) und zugleich flexibel verwendbar (Können) sein» (151).

Die Gesamtform der Zuspielhandlung ‹Pritschen› kann auch als ‹Motorik-Superzeichen› (Volpert 1976) beschrieben werden: «Das Motorik-Superzeichen ‹Pritschen› ist ein im Prozeß der Tätigkeit herausgebildetes Insgesamt sensorischer und motorischer Informationen in sprachlich kodierter Form, das als sensumotorische Fertigkeit ein Bestandteil der (Sport-)Handlung ist.»

Beispiele aus dem Basketball, Schwimmen, Volleyballspielen und der Leichtathletik für die verschiedenen Regulationsebenen finden sich bei Weinberg (1978, 156ff).

Funktionen von Handeln

Je nach normativen und sachlichen Vorgaben hat Handeln im Sport unterschiedliche **Funktionen** (vgl. Nitsch 1982):

- **Wirken**, im Sinne der Optimierung von Person-Umwelt-Anforderungs-Bezügen.
  Beispiel: Die Entwicklung von Sportgeräten und -techniken gibt ein sehr schönes Beispiel für eine solche Optimierung. Jedes Jahr werden hier neue Ideen verwirklicht, so etwa der Triathlonlenker bei Rennrädern, Kohlefaserriemen bei Ruderbooten, neue, leichtere und festere Stahllegierungen für Rennradrahmen etc. Diese Entwicklungen sollen dazu beitragen, den Umgang von Personen, also Sportlern, mit ihrer Umwelt, also zum Beispiel Rennbahnen, besser zu bewältigen, um höhere Anforderungen erfüllen zu können und damit Leistungen zu steigern. Solche Bemühungen bleiben natürlich nicht ohne Kritik; Leistungssteigerung um jeden Preis kann nicht das Ziel von Sport sein.
- **Darstellen**, im Sinne der Präsentation einer Person und ihrer Befindlichkeit gegenüber der sozialen Umwelt.
  Beispiele sind alle Formen des Tanzes, der Pantomime, viele Bereiche der kompositorischen Sportarten wie Eislauf, Kunstturnen oder Rhythmische Sportgymnastik.
- **Erleben**, im Sinne der subjektiven Erfahrung materieller und sozialer Bedingungen (Entwicklung und Bewegung).
  Beispiel: Durch Sport kann das Erleben von Welt und sozialer Um-

gebung ermöglicht werden. Man denke nur an Gruppenerlebnisse in Sportmannschaften, an sportliche Betätigungen, die überwiegend auf das Erleben von Natur und den Elementen ausgerichtet sind wie zum Beispiel das Drachen- oder Gleitschirmfliegen, Bergsteigen etc.

In der Sportpädagogik und -didaktik gab es in den letzten Jahren einen «Paradigmawechsel»; Sport soll **alle** Funktionen von Handeln einbeziehen und sich nicht auf die Wirkungsebene reduzieren. Schon 1977 hat der Verfasser den Slogan «Sportabzeichen – dein Olympia» kritisiert und gefordert, den Erlebensaspekt beim Sport in den Vordergrund zu stellen. Inzwischen heißt der Slogan: «Sportabzeichen: Erleben, was du kannst» (vgl. Kasten).

Sportabzeichen – dein Olympia?

(Eberspächer & Hörtdörfer 1977)

Das Sportabzeichen ist ergebnisorientiert, d. h. alleiniges Entscheidungskriterium über die Verleihung ist die erbrachte, meßbare Leistung. Hier laufen wir Gefahr, die ganze Problematik des Leistungssports in den Breitensport hineinzutragen und dort zu verdoppeln. Die extern gesetzte Norm wird zum Prüfstein für Versagen oder Belohnung. Bei dieser Sichtweise, die sich ganz zweifellos assoziieren kann, würde der Sport ein zentrales Faszinosum verlieren, nämlich dadurch, daß er zum Erbringen meßbarer Leistung degeneriert. Kategorien wie Lebenserweiterung und Lebensbereicherung würden ihre Bedeutung verlieren. Unter ausschließlich zielgerichteter, leistungsorientierter Zweckbestimmung würde also sportliches Handeln seinen ursprünglichen Sinn- und Bedeutungsgehalt verlieren, nämlich die Auseinandersetzung des Sporttreibenden mit sich selbst am selbstgewählten Maßstab. Das Ziel der Überwindung, die Grenze, der Kampf mit sich selbst machen Sport ja erst zu einer Instanz der persönlichen Selbstverwirklichung. Elf Meter oder zweiundzwanzig Meter im Kugelstoßen tragen zu dieser Selbstverwirklichung per se, an sich, also gleichsam automatisch, nicht bei, wohl aber das Erleben, das Streben, das Überwinden von Widerständen, die Erschöpfung, das Erleben von Freude an der eigenen Leistung und am Vollbrachten.

Mit der Orientierung an der meßbaren Leistung, die nach Erbringung ausgezeichnet wird, fängt die Problematik an, daß der Sportler, statt nach innen zu horchen, sich selbst zu erleben, sich selbst zu prüfen, mit einem Auge zum Kampfrichter und mit dem anderen zum Zuschauer schielt. Die Art und Weise, wie sportliche Leistung zustande gekommen ist, gewinnt damit sekundäre Bedeutung, und damit würden die Prinzipien des Breitensports als Angebot für alle gebrochen.

Durch Veränderung des Leistungsverständnisses in der angedeuteten Richtung würde das Sportabzeichen durchaus nicht an Attraktivität verlieren, würde es durchaus nicht zum billigen Jakob, den sich nun nicht nur die Sportler abholen, sondern auch noch diejenigen, die es sich bisher nicht zugetraut haben. Denn würde man in der Motivierung, in der Werbung zum Beispiel, den Erlebnisaspekt, den Aspekt der Selbstprüfung in den Vordergrund stellen, erhielte die in Zentimetern, Gramm und Sekunden gemessene Leistung sekundäre Bedeutung. Die niedere Leistung würde dann nicht mehr die geringere Leistung sein, aber der Bewerber für das Sportabzeichen würde sich dem Sporttreiben in seiner sublimsten Form nähern, nämlich in der Auseinandersetzung mit sich selbst: Kreativität, Spontaneität und Selbstwahl... würden dann im Vordergrund stehen. Das Sportabzeichen würde sich nicht mehr an der tatsächlich erbrachten Leistung orientieren, sondern am Erlebnisgehalt und würde damit einen Beitrag zur Bewußtseinsbildung, zum Bewußtmachen, zur sportlichen Bildung leisten können.

In der psychologischen und auch in der sportpsychologischen Diskussion gewinnen handlungstheoretische Ansätze zunehmend an Bedeutung. Sie sind übrigens einer der wenigen Bereiche, in denen Sportpsychologie in die Diskussion der Mutterwissenschaft Psychologie Eingang gefunden hat. Zurückzuführen ist dies darauf, daß Handeln als Prozeß der aktiven Auseinandersetzung einer Person mit ihrer Umwelt bislang in der Psychologie eine eher untergeordnete Rolle gespielt hat. Man hat sich mehr mit den Bedingungen des Handelns befaßt und weniger mit dem Handeln an sich. Der Vorteil handlungstheoretischer Ansätze ist, daß damit motorische und mentale Aspekte des Handelns in einem Bezugssystem abgebildet werden können. Dies ermöglicht es etwa, Schachspielen und Tennisspielen unter dem gleichen psychologischen Aspekt zu betrachten, eben ausgehend von der Tatsache, daß Schachspielen eine sehr gering ausgeprägte motorische und eine sehr stark gewichtete mentale Komponente hat, während sich dieses Verhältnis beim Tennisspielen sehr stark zugunsten der motorischen Komponente verschiebt.

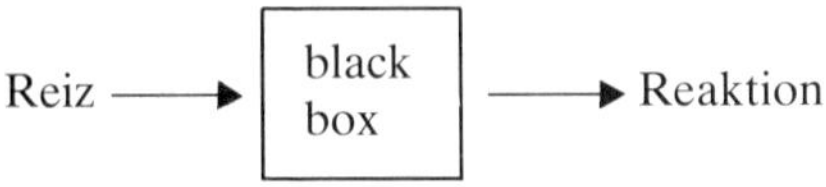

Abb. 6: Radikal behavioristisches Modell

Verhalten

Gegen Handeln setzt man **Verhalten** ab als die von außen beobachtbaren Aktionen und Reaktionen einer Person. Innere Prozesse wie das Erleben, kognitive Prozesse (zum Beispiel Erwartungen, Planen, Bewerten etc.), deren Einbeziehung bei der handlungspsychologischen Analyse notwendig ist, werden bei der Betrachtung von Verhalten ausgeklammert.

Als Verhalten wird das ganze Spektrum menschlicher Lebensäußerungen eingeordnet, von den Reflexen (zum Beispiel Kniesehnenreflex, Lidschattenreflex) über Drüsenausscheidungen (zum Beispiel Schweißabsonderung, Magensaftabsonderung), Verfärbungen (zum Beispiel Rotwerden, Erblassen) bis zu Bewegungen der Hände (Gestik), des Gesichts (Mimik), des ganzen Körpers (Pantomimik), bis hin zur Sprache.

Diese Betrachtungsweise hat psychologische Tradition, die vor allem von den **Behavioristen** (behavior = Verhalten) begründet wurde, einer Gruppe amerikanischer Psychologen. Der erste und wohl bekannteste von ihnen war John Watson (1913). In einer programmatischen Schrift faßte er zusammen, daß Psychologie, wie sie der Behaviorist sieht, ein vollkommen objektiver experimenteller Zweig der Naturwissenschaft sei, der der Introspektion (Selbstbeobachtung von Prozessen, die in der Person ablaufen), genausowenig bedürfe wie etwa Chemie oder Physik. Das Menschenbild der Behavioristen bestand, wenigstens in der von Watson so radikal vertretenen Spielart, in einem auf Reize reagierenden Organismus. Prozesse in der Person wurden wegen ihrer Subjektivität als von geringen wissenschaftlichem Wert aus der Betrachtung weitgehend ausgeschlossen. Sie werden als naturwissenschaftlich nicht exakt betrachtet, weshalb dieses Geschehen auch als in einer «black-box» ablaufend bezeichnet wurde (vgl. Abbildung 6).

Das «Black-box-Modell» zur Beschreibung und Erklärung menschlichen Verhaltens wurde nach Watson durch gemäßigtere Behavioristen relativiert, die durchaus Prozesse in der Person und als intervenierende Variablen u. ä. diskutierten. Nicht zu übersehen ist aber auch hier die Auffassung der Person-Umwelt-Wechselbeziehung als Reiz-Reaktions-Geschehen: Ein Organismus Mensch reagiert auf Reize (seiner Umwelt). In handlungspsychologischen Ansätzen wurde diese Auffassung zuneh-

Mechanistische und kognitive Theorien		
Theorie-Klassifikation	**Theorie-Struktur**	
Mechanistisch	S-R	Verhalten wird als Verbindung zwischen Reiz (S) und Reaktion (R) erklärt. Dazwischen liegende hypothetische Konstrukte werden bei der Analyse des Handelns nicht berücksichtigt. Vertreter dieser Richtung sind Skinner, Watson und andere Assoziationstheoretiker und Behavioristen.
Mechanistisch	S-Konstrukt-R	Verhalten wird als Verbindung zwischen Reiz (S) und Reaktion (R) erklärt. Dazwischen liegende Konstrukte wie Antrieb, Motivation etc. werden bei der Analyse des Handelns berücksichtigt. Vertreter dieser Richtung sind Spence, Hull, Miller, Brown und andere Neobehavioristen.
Kognitiv	S-Kognition-R	Kognitionen vermitteln zwischen der eingehenden Information und dem resultierenden Verhalten. Die wichtigste kognitive Determinante des Handelns ist eine Erwartung in bezug auf das Handlungsergebnis. Vertreter dieser Richtung sind u. a. Atkinson, Lewin, Rotter und Tolman.
Kognitiv	S-Kognition-R	Kognitionen vermitteln zwischen der eingehenden Information und dem resultierenden Verhalten. Zahlreiche kognitive Prozesse bestimmen das Handeln, so z. B. Informationssuche, Kausalattribuierungen etc. Vertreter dieser Richtung sind u. a. Helder, Festinger, Kelley und Lazarus.

Abb. 7: Überblick über mechanistische und kognitive Theorien in der Psychologie (Weiner 1972, 9)

mend aufgegeben zugunsten eines Menschenbildes, das die Person als Individuum mit Zielen und Erwartungen, Hoffnungen und Ängsten sieht, welches sich aktiv gestaltend mit seiner Umwelt auseinandersetzt und nicht als mehr oder weniger passiver Reizempfänger reagiert. Abbildung 7 zeigt die Theorieentwicklung in der Psychologie von der radikal behavioristischen Auffassung bis zu den zeitgemäßen kognitiven (Handlungs-)Modellen.

Erleben

Aus psychologischer Sicht ist Personen ihre Umwelt immer nur über ihre **subjektive Erfahrung** zugänglich, die sich im Erleben niederschlägt. Als Erleben werden hier die von der Person wahrzunehmenden, in ihr ablaufenden kognitiven und emotionalen Prozesse verstanden. Trotz der Subjektivität unseres Erlebens leben wir natürlich nicht in einer Traumwelt, sondern setzen uns tagtäglich mit der objektiven Wirklichkeit auseinander, die aber psychisch allein über das Erleben der Betroffenen wirksam wird, nachdem sie als bedeutsam wahrgenommen wurde.

Da Erleben individuell, subjektiv nur der betroffenen Person gegeben ist, ist es für andere nicht direkt beobachtbar, sondern muß vielmehr aus Äußerungen erschlossen werden, zum Beispiel aus Mimik, Gestik und Sprache. Ob ein Schüler eine Situation angstvoll erlebt, kann der Lehrer u. a. aus der leisen, stockenden Stimme, den leicht hochgezogenen Schultern und der ungewöhnlich blassen Gesichtsfarbe erschließen, also aus den bekannten typischen Ausdruckserscheinungen, die mit dem Erleben von Angst einhergehen.

Wie eine Situation erlebt wird, hängt eng mit der Wahrnehmung der jeweils angenommenen oder tatsächlich gegebenen **Handlungsmöglichkeiten** zusammen. Die Fotos 6 und 7 zeigen Basketballspieler. Die objektive Wirklichkeit ihrer Spielwelt entspricht sich, es sind Basketballkörbe nach den offiziellen Spielregeln angebracht etc. Die Rollstuhlfahrer werden beim Basketballspiel diesen Korb anders wahrnehmen und erleben, weil sie über bestimmte Handlungsmöglichkeiten nicht verfügen, wie die Spieler, die im Vollbesitz ihrer körperlichen Voraussetzungen sind. Eine Vielzahl von Handlungsmöglichkeiten scheidet für den Rollstuhlfahrer aus, worauf er sein Handeln und die Wahrnehmung seiner Handlungsmöglichkeiten einstellen wird.

Wahrnehmen

Wahrnehmung, verstanden als der **Prozeß** des Wahrnehmens wie auch als das **Sinnerlebnis** beim Wahrnehmen, vermittelt dem einzelnen Information und damit Kenntnis über sich selbst, seine gegebene (Um-)Welt und die gestellten Anforderungen. Diese Kenntnis ist Voraussetzung für die

Fotos 6 und 7: Wie eine Situation erlebt wird, hängt eng mit der Wahrnehmung und den jeweils angenommenen oder tatsächlich gegebenen Handlungsmöglichkeiten zusammen.

Orientierung über Möglichkeiten und Grenzen situationsangemessenen Handelns. Die Fülle der ständig eingehenden Informationen wird im Wahrnehmen geordnet und strukturiert. Deshalb ist Wahrnehmung weit davon entfernt, eine direkte Erfahrung der objektiven Wirklichkeit zu sein, vielmehr ist sie die **Konstruktion** und Schöpfung eines **subjektiven Modells** der gegebenen Situation, in das alle bedeutsamen gegenwärtigen und vergangenen, der Person zugänglichen Informationen zum Beispiel in Form von Erfahrungen und Erwartungen eingehen.

Die Wahrnehmung ist durch aktuelle Prozesse in der Person geprägt, zum Beispiel durch ihre Gefühle, Hoffnungen, Bewertungen, Erwartungen, Hypothesen, Vermutungen, Pläne, ihre Motivation genauso wie durch überdauernde Bedingungen wie ihr Wissen und Können oder ihre Einstellungen und Selbstkonzepte (vgl. Abb. 4, S. 27).

Der Schwerpunkt der Wahrnehmungsforschung liegt auf der **Fremdwahrnehmung**, der Art und Weise, wie eine Person Informationen über (andere) Personen, ihre Bewegungen und Dinge ihrer Welt aufnimmt. Eine Form der Fremdwahrnehmung ist die (gerichtete) **Bewegungsbeobachtung**, der im Sport eine besondere Rolle zukommt (vgl. Kasten).

Bewegungsbeobachtung – genaues Sehen: schwierig, aber trainierbar!

von August Neumaier

Grundlagen

Die visuelle Wahrnehmung von Bewegung besitzt im Sport eine wesentliche Bedeutung bei folgenden Prozessen:

- Schaffen einer Bewegungsvorstellung
- Antizipation von Fremdbewegungen (Einschätzung, Ball, Partner, Gegner etc.)
- Kontrolle der eigenen Bewegungsausführung (Regulation)
- Bewegungsbeurteilung (Lehrer, Trainer, Kampfrichter etc.)

Für die Beobachtung sportlicher Bewegungen, die beispielsweise zum Zweck einer Beurteilung durchgeführt wird (War der Bewegungsablauf korrekt oder fehlerhaft? Welche Fehler zeigt der Sportler?), lassen sich die verschiedenen Einflußgrößen vereinfachend zu drei Gruppen zusammenfassen (vgl. Abbildung):

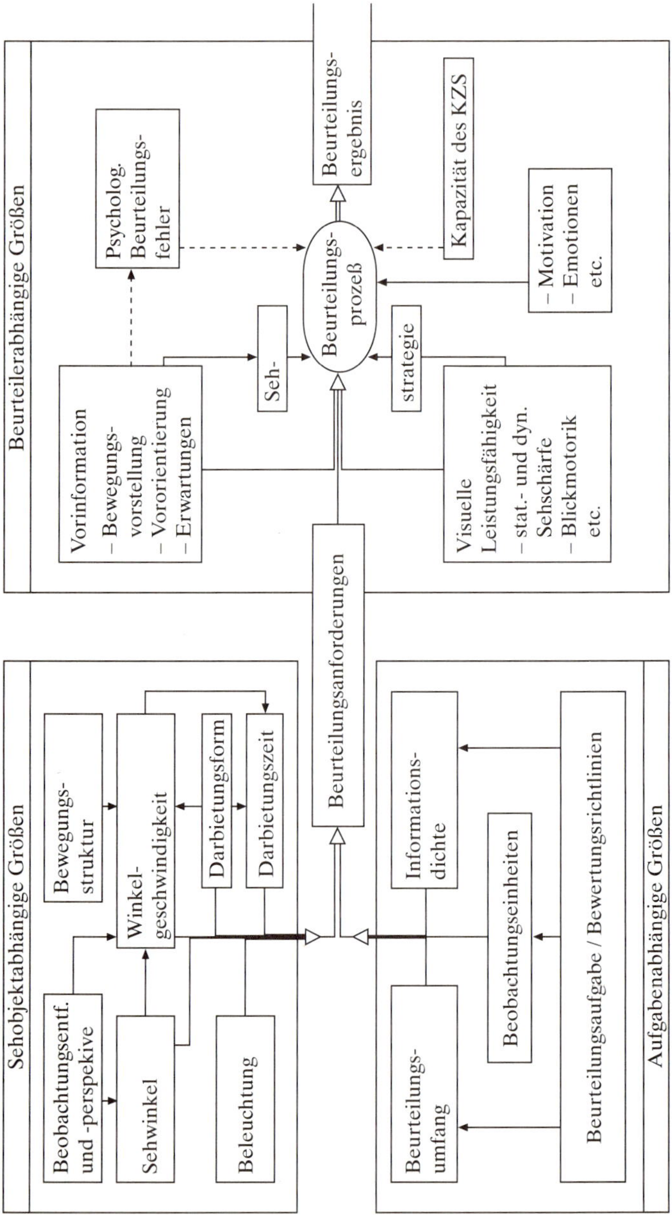

Modell zu Einflußgrößen auf die beobachtungsgestützte Bewegungsbeurteilung (aus Neumaier 1988)

Sehobjektabhängige Einflußgrößen

- Insbesondere die Beobachtungsentfernung und -perspektive, die Dynamik und Dauer der beobachteten Bewegung (Bewegungsstruktur), die Darbietungsform (z. B. Bilder, Zeitlupe oder Realsituation) sowie die Beleuchtungsbedingungen bestimmen im wesentlichen die an den Beobachter gestellten sinnesphysiologischen Anforderungen.

Aufgabenabhängige Einflußgrößen

- Diese Bedingungen umfassen v. a. die Art der zu beurteilenden Merkmale (Beobachtungseinheiten; z. B. Krafteinsatz, Bewegungsfluß oder Winkelmerkmale), den Beurteilungsumfang (einzelne oder mehrere Bewegungsdetails, Gesamtbeurteilung), die zeitliche Nähe der Merkmale (Informationsdichte) und die Genauigkeit bzw. Differenziertheit der Beurteilungsrichtlinien. Sie leiten den visuellen Wahrnehmungsprozeß, denn der Blick sucht immer nach aufgabenrelevanten Informationen.

Beurteilerabhängige Einflußgrößen

- Eine grundlegende Voraussetzung für die Bewältigung einer Beobachtungs- und Beurteilungsaufgabe ist die im wesentlichen sinnesphysiologisch bedingte visuelle Leistungsfähigkeit (z. B. Mindestanforderungen an die Sehschärfe).
- Die Vorinformation über den Beobachtungsgegenstand (Bewegungsvorstellung) bestimmt über die Entwicklung spezifischer Erwartungen und die Möglichkeiten zur Identifikation und Einordnung bekannter Merkmale den Wahrnehmungsprozeß entscheidend mit.
- Die individuelle Sehstrategie resultiert aus der visuellen Leistungsfähigkeit in Verbindung mit der spezifischen Vorinformation des Beobachters. Hierbei ist zu beachten, daß beim Einsetzen von Blicksprüngen (Sakkaden) jeweils eine kurzzeitige starke Verschlechterung der Informationsaufnahme eintritt (sakkadische Suppression; ca. 150–200 ms).
- Die begrenzte Kapazität des Kurzzeitspeichers spielt lediglich bei längerdauernden Übungen (z. B. Gerätturnen, Eiskunstlauf) eine Rolle.
- Als Ursache für Ungenauigkeiten und Fehler sind psychische Einflüsse durch eine mangelnde Motivation, starke Emotionen, Voreingenommenheiten etc. zu beachten.

Optimierung

Es gibt Hinweise darauf, daß verschiedene sinnesphysiologische Größen trainierbar sind, insbesondere die Fähigkeit zur Erfassung sich schnell bewegender Objekte mit dem Blick (dynamische Sehschärfe). Ohne Zweifel sind jedoch die wahrnehmungspsychologischen Voraussetzungen eines Beobachters besonders gut zu verbessern. Zur **Schulung der Beobachtungsfähigkeit** gibt es folgende Empfehlungen:

- Die Verbesserung der Bewegungsvorstellung (Präzisierung des Sollwerts) und die Vermittlung von Wissen über Bewegungsgesetzmäßigkeiten bilden die Grundlage, die zielgerichtetes, differenziertes Wahrnehmen erst ermöglicht.
- Durch die richtige Wahl des Beobachterstandortes (v. a. ausreichend große Entfernung und aufgabenangemessene Perspektive) sowie gute Beleuchtungsbedingungen sind günstige Voraussetzungen für eine Beobachtung zu schaffen und der Gefahr einer sinnesphysiologischen Überforderung entgegenzuwirken.
- Besonders bei schnellen Bewegungsabläufen ist eine Beschränkung auf wenige Aufmerksamkeitsschwerpunkte ratsam (ein bis zwei zu beobachtende Merkmale). Auf die Beobachtung simultan auftretender Bewegungsdetails sollte möglichst ganz verzichtet werden, da sonst wegen der Überforderung entweder mit Lücken oder unscharfen Wahrnehmungen zu rechnen ist.
- Die sakkadische Suppression macht eine Sehstrategie, mit der durch viele Blicksprünge möglichst viele Einzelheiten eines Bewegungsablaufs erfaßt werden sollen, grundsätzlich wenig effektiv. Das heißt, der Blick sollte während einer Bewegungsbeobachtung relativ ruhig gehalten werden.

Die **Selbstwahrnehmung**, in der Informationen über die eigene Person aufgenommen werden, wird oft eher beiläufig aufgegriffen. Dies dürfte wesentlich darauf zurückzuführen sein, daß die einflußreiche behavioristisch orientierte Psychologie selbst wahrzunehmende Prozesse in der Person als wenig wissenschaftlich einordnet.

Im Zuge der wieder zunehmenden Verbreitung handlungspsychologischer Ansätze gewinnt aber Selbstwahrnehmung als Informationsquelle und Forschungsgegenstand sowie Selbstbeobachtung als Forschungsmethode verstärkt an Bedeutung. Gerichtetes und suchendes Wahrnehmen wird hier verstanden als **Beobachten**. Gegenstand der Selbstwahrnehmung sind Prozesse und Zustände, die in der Person ablaufen bzw. herrschen: ihr kognitives und emotionales Erleben.

Wie wichtig das Einbeziehen der Selbstwahrnehmung in die sportpsychologische Forschung sein kann, zeigt die Erforschung von Bewegungshandlungen im Sport. Hier ist es einmal notwendig, Handlungen von außen zu beobachten und zu beschreiben (per Fremdwahrnehmung und -beobachtung), zum anderen von innen (per Selbstwahrnehmung und -beobachtung) durch die sich Bewegenden und Handelnden selbst.

«Bewegung von außen und innen gesehen» hat KAMINSKI (1972; 1973) ein Projekt zur Erforschung des Skilaufs überschrieben. «Wie funktioniert Skilauf (speziell Abfahrtslauf?» «Was geschieht beim Skilaufen (Lernen und Lehren?)» (1972, 51) waren Fragen, die mit handlungspsychologischem Ansatz erforscht werden sollten. Um die Sicht der Versuchspersonen von innen zu erhalten, wurden sie gebeten, die Wahrnehmung ihrer selbst beim Skilaufen zu berichten:

«In einem Skigelände der Schwäbischen Alb (kleiner Übungshang mit Auslauf) wurden zwei Versuchspersonen aufgefordert, sich mit Hilfe des ihnen zur Verfügung gestellten Skigeräts gänzlich nach Belieben zu bewegen. Dabei wurden sie gebeten, in kurzen Abständen möglichst viel und genau über ihre Erfahrungen in Informationen zu berichten bzw. auf entsprechende Fragen Auskunft zu geben...» (1972, 54f).

Die Interviewäußerungen der Skiläufer bei KAMINSKI zeigten einen frappierenden Inhaltsreichtum und geben einen Eindruck von den vielfältigen psychischen Prozessen beim Skilaufen.

«Sie sind nicht nur im Modus des Berichtens gehalten, sondern enthalten u.a. auch vielerlei Beurteilungen, Bewertungen, Vergleiche, metaphorische Ausdrucksweisen, Hypothesen, Antizipationen, Wunschäußerungen. Versucht man, die Äußerungen nach inhaltlich definierbaren Aussagebereichen zu ordnen, müßte man wenigstens etwa 15–20 Kategorien bilden, wenn man nicht allzu Heterogenes zusammentun will. Beispiele für derartige Kategorien wären Aussagen über aktuelle Aufgabenstellungen und Aufgabenübernahme, über Teilprozesse des aktuellen Bewegungs-Handlungs-Geschehens, über Lernprozesse, über Emotionen, Affekte, Motivationen, über Umweltgegebenheiten, über das Gerät, über die Beziehung zum Skilehrer, über das Kursprogramm, über den eigenen Körper im ganzen und in seinen Teilen, über erlebte Kompetenz, über erlebte Ich-Gerät-Umwelt-Beziehungen u.a.m.» (KAMINSKI 1972, 56).

Die Unterscheidung von **Selbst- und Fremdwahrnehmung** ist aber auch bei der Beschreibung von Lernprozessen im Sport wichtig: Beim Erlernen einer motorischen Fertigkeit gilt als gut belegte Tatsache, daß bei der Regulation von Bewegungen mit steigendem Fertigkeitsniveau Fremd-

Abb. 8: Entsprechend dem Gesetz der Geschlossenheit gruppieren – schließen – sich die abgebildeten Teile zu einer Gestalt, die als Radrennfahrer wahrgenommen wird.

wahrnehmung zunehmend durch Selbstwahrnehmung ersetzt wird. Der Lernende nimmt selbst immer besser wahr, ob er richtig oder falsch handelte; die Anweisung des (fremd-)wahrnehmenden Trainers oder Sportlehrers von außen relativiert sich also mehr und mehr, ganz im Gegensatz zum Anfängerlernen.

Wie etwas wahrgenommen wird, hängt entscheidend auch vom Umfeld ab. In Abhängigkeit von ihrem Umfeld haben Wahrnehmungsobjekte **Gruppierungstendenzen**, das heißt, sie ordnen sich für den Wahrnehmenden in systematischer Weise.

Gruppierungstendenzen von Wahrnehmungsobjekten wurden von Gestaltpsychologen (Metzger 1975) in den über 100 **Gestaltgesetzen** nachgewiesen. Ausgangspunkt war die Auffassung, daß Psychisches sich immer als organisiertes Ganzes strukturiere und nicht als Summe von Einzelempfindungen oder Elementen, wie dies die Element- und die Assoziationspsychologie annahmen. Aufgrund experimenteller Studien wurde beispielsweise das *Gesetz der guten Gestalt* formuliert, wonach sich Wahrnehmungsobjekte zu einer «prägnanten» Gesamtwirkung strukturieren. Das *Gesetz der Geschlossenheit* besagt, daß objektiv nicht vorhandene Teile oder Elemente eines Objekts in der Wahrnehmung so ergänzt werden, daß es sich zu einer Gestalt schließt (z. B. Piktogramm, Abb. 8).

Gleichartige Objekte, so besagt das *Gesetz der Gleichartigkeit*, werden eher als zusammengehörig wahrgenommen als verschieden aussehende (z. B. Trikot bei Mannschaften, Foto 8).

Das *Gesetz des gemeinsamen Schicksals* besagt, daß Wahrnehmungsobjekte, die sich gemeinsam bewegen und verändern, als Gestalt wahrgenommen werden (z. B. Massenvorführungen bei Eröffnungs- und Schlußzeremonien von Olympischen Spielen, Foto 9).

Das *Figur-Grund-Gesetz*: Unser Blick ist von Natur aus auf die Dinge (Figuren) gerichtet und nicht auf die Zwischenräume (Grund zwischen

Foto 8 (oben): Eishockeyspieler werden nach dem ‹Gesetz der Gleichartigkeit› aufgrund ihrer Kleidung als Angehörige zweier Mannschaften (Gestalten) wahrgenommen.

Foto 9: Massengymnastik – psychologisch das Nutzen von Gruppierungstendenzen und Wahrnehmung

Foto 10: Torwart im Tor, nach dem ‹Figur-Grund-Gesetz› eine Figur vor einem Grund

den Dingen). Es fällt dem Anfänger zum Beispiel häufig leichter, die Figur Torwart oder die Figur Torpfosten zu treffen als den Raum (Grund) dazwischen (Foto 10).

Die hier angesprochenen Gestaltgesetze kommen im Alltag nur selten in reiner Form zum Ausdruck. Sie überlagern sich oft oder können zueinander in Konkurrenz treten. Gruppierungstendenzen können sich aber auch gegenseitig unterstützen und ein Geschehen für die Wahrnehmung noch eindrucksvoller machen. In Massenvorführungen wie Massengymnastik (vgl. Foto 9) bei repräsentativen Veranstaltungen wird dies zum Beispiel ausgenutzt, wenn die Akteure, die ein gemeinsames Schicksal haben, sich also gleich bewegen, auch noch gleichartig sind (gleich angezogen) und Figuren vor einem Hintergrund (Figur-Grund) stellen.

In den **Konstanzphänomenen** der visuellen Wahrnehmung manifestieren sich gleichfalls selbstregulative Organisationsprozesse der Wahrnehmung: Helligkeitskonstanz, Formkonstanz, Farbkonstanz, Größenkonstanz etc. Sie zeigen, daß sich visuelle Wahrnehmungsobjekte nicht einfach in Abhängigkeit physikalischer Bedingungen wie Helligkeit, Form, Farbe oder Größe verändern, sondern die Mitteilungsfunktion der Sinneserlebnisse trotz variierender objektiver Reize erhalten bleibt!

Sinneserlebnisse scheinen also gegenüber Rahmenbedingungen gegebener Situationen stabil, während sie mit den Eigenschaften der wahrgenommenen Objekte kovariieren. Sie sind somit nicht als «wahres» Bild der physikalischen (transphänomenalen) Welt, sondern angemessener als subjektives Modell und Ergebnis eines **Konstruktions- oder Schöpfungsprozesses** zu begreifen. Daß diese wahrgenommene Welt zwar subjektiv ist, aber doch sehr real, macht THOLEY (1980, 11) deutlich: «Die Wahrnehmungswelt erscheint... als diejenige Welt, in der man lebt, handelt, mit anderen Personen kommuniziert und die man für die einzig wirkliche hält, solange man nicht gerade Erkenntnistheorie betreibt.»

Der Transformationsprozeß der transphänomenalen (objektiven) physikalischen Welt in eine phänomenale (subjektive, psychische) ist u. a. abhängig von psychischen Prozessen und Zuständen (z. B. Erwartungen, Motivation, Wissen, Können), aber natürlich auch von physiologischen Prozessen und Voraussetzungen und hier wiederum von **Rezeptoren**, die Informationen über Innen- und Umwelteinflüsse aufnehmen. Dies geschieht keineswegs vollständig; denn einerseits haben Menschen für manche Einflüsse keine Rezeptoren, andererseits haben die verschiedenen Rezeptoren ihre **Grenzen** und **Schwellen**. Ob wir dem Einfluß von Röntgen- oder UV-Strahlen ausgesetzt waren, merken wir erst dann, wenn wir über andere Sinnesorgane ihre Wirkungen wahrnehmen, z. B. als Verbrennung. Begrenzt sind Rezeptoren insofern, als sie nur an bestimmten Stellen und in bestimmten Regionen des Körpers vorhanden sind. Auch ist ihre Empfindlichkeit nicht beliebig groß. Unterschwellige Einflüsse werden nicht wahrgenommen.

Je nachdem, welche Informationen sie aufnehmen können, unterscheidet man verschiedene Arten von **Rezeptoren**: **Propriorezeptoren** vermitteln Informationen über den Halte- und Bewegungsapparat, z. B. Muskelspannung, Körperteilpositionen. **Telerezeptoren** vermitteln Informationen über das, was außerhalb der Körperoberfläche geschieht; sie liegen z. B. in der Netzhaut des Auges, im Innenohr und in den Geruchsorganen. **Exterozeptoren** liegen in der Haut und vermitteln Informationen über Einflüsse an der Hautoberfläche, z. B. Schmerz-, Tast- und Temperaturinformationen. In den inneren Organen liegen die **Interozeptoren**, die über den Wechsel im inneren Milieu informieren, z. B. darüber, daß man Magendrücken, Stuhldrang oder Herzklopfen hat.

In der **Wahrnehmungsforschung** hat die visuelle Objektwahrnehmung traditionell im Mittelpunkt des Erkenntnisinteresses gestanden. Angesichts der überragenden Bedeutung des «Gesichts» für die Information vermag dies nicht zu verwundern; sie liefert 90% der Information!

Erforscht wurden überwiegend statische und einfache Wahrnehmungen. Mit Einkehr dieser informationstheoretischen Perspektive in die Psychologie dominierten solche Ansätze auch in der Wahrnehmungsforschung, die allerdings kaum das Verständnis des Wahrnehmungsprozesses als phänomenalen, d. h. aus dem Individuum und seinen (Be-)Deutungsmustern heraus zu begreifenden Prozeß zu rekonstruieren vermögen.

Die gestaltpsychologische Perspektive (KOHL 1956) vermag hier näher an den Kern des Problems heranzukommen, insofern sie nämlich nach der Art der Abhängigkeit zwischen anschaulich erlebtem Umfeld und dem anschaulich erlebten Körper-Ich fragt, wenn sich der Wahrnehmende selbst bewegt. KOHL zeigte über die Verschränkung des anschaulichen Gesamtfeldes mit dem anschaulichen Körper-Ich die funktionale Bedeutung der Wahrnehmung für das (sportliche) Handeln auf, eine Perspektive, die in jüngerer Zeit zunehmend in der psychologischen und der sportwissenschaftlichen Wahrnehmungsforschung gesehen wird.

Man bewegt sich und handelt nicht einfach so, sondern als wahrgenommener Körper in einer wahrgenommenen Welt! Beispiel: Bei einer Flugrolle durch ein hochgestelltes Kastenteil läßt sich dies recht eindrucksvoll erleben. Obwohl man sich, wenn man sich im Stand mit den Maßen des Kastenteils vergleicht, als zu groß erlebt («Das geht nie!»), sollte man den Versuch wagen – es geht!

Besondere Bedeutung kann in diesem Zusammenhang der Arbeit GIBSONS (1982) mit seiner Theorie der Raumwahrnehmung zukommen, in der er die bedingungslose Verschränkung von Wahrnehmung und Handeln, genauer des räumlichen Verhaltens des Körpers, der muskulär-taktilen Reizung sowie der retinalen Bewegungsreizung postuliert: Wahrnehmung und Verhalten im Raum sind im visuellen Ich vereinigt.

Indem er Überlegungen KOHLS und GIBSONS aufgreift und weiter auf die sportwissenschaftliche Bewegungsforschung und Lehr- und Lernforschung überträgt, fordert LEIST (1982) die Füllung des «Wahrnehmungslochs», das bislang in der Sport-Motorik und Sport-Lernforschung gähne. Andernfalls werde hier von unangemessenen theoretischen Annahmen ausgegangen, etwa davon, daß es in der Sportmethodik darum gehe, wie sich ein physikalischer Körper in einer physikalischen Welt bewege. Dabei werde übersehen, daß das Bezugssystem sportlichen Handelns und somit auch der Sportmethodik die phänomenale Welt und nicht die physikalisch transphänomenale (vgl. auch PÖHLMANN 1980) sei.

Das Profil der sportspezifischen Wahrnehmungsforschung außerhalb der Bewegungswahrnehmung ist nicht leicht auszumachen. Zu vielfältig sind die Fragestellungen und die theoretischen Grundlagen. Drei Forschungsfelder lassen sich in erster Näherung abgrenzen:

Sportspiele, besonders Prozesse der Orientierungsregulation wie Aufmerksamkeit und Antizipation. Ferner **Soziale Wahrnehmung** in Sportmannschaften sowie die **psychische Regulation** von Sporthandlungen (Psychoregulation).

Einem zentral bedeutsamen Prozeß in allen drei Forschungsfeldern, der **Aufmerksamkeit**, kommt als gerichteter, bewußter und intensivierter Wahrnehmung im Sport eine besondere Bedeutung zu. Im aufmerksamen Wahrnehmen hebt sich etwas auf Kosten von etwas anderem qualitativ heraus. Beim Hören zum Hinhören, Sehen zum Hinsehen, geht Wahrnehmen in Beobachten über. Wer aufmerksam ist, richtet seine Wahrnehmung auf etwas, hebt es zugunsten von etwas anderem heraus, ist wach. Der Tennisspieler, der den Aufschlag seines Gegners erwartet, ist aufmerksam: hellwach, den Blick auf Gegner und Ball gerichtet, alles andere ist in dem Moment unwichtig. Um die Aufmerksamkeit des Spielers nicht zu stören, sind die Zuschauer so still, daß man eine Stecknadel fallen hören könnte.

Konzag (1972) unterscheidet für den Sport unter anderem drei wichtige Merkmale von Aufmerksamkeit:

Die **Intensität** der Aufmerksamkeit bezeichnet den Grad der Anspannung oder den allgemeinen Wachheitsgrad des Wahrnehmens. Mit dem Pfeifen eines Strafwurfes löst der Handballschiedsrichter 30 Sekunden vor Spielschluß bei unentschiedenem Spielstand eine intensivere Aufmerksamkeitszuwendung aus als irgendwann sonst im Spiel.

Der **Umfang** der Aufmerksamkeit wird durch die Anzahl der wahrgenommenen Objekte bzw. die ausgeführten Handlungen bestimmt, auf die sich die Aufmerksamkeit gleichzeitig richtet, aber auch durch die räumliche Ausdehnung des Wahrnehmungsfeldes, das eng oder weit sein kann. Bei weitem Umfang verteilt sich die Aufmerksamkeit auf mehrere Objekte und/oder Handlungen. Bei engem Umfang richtet sich die Aufmerksamkeit auf eines oder wenige Objekte bzw. Handlungen. Aufmerksamkeit wird hier zur **Konzentration**.

Ein drittes Merkmal der Aufmerksamkeit ist die **Umschaltfähigkeit**, verstanden als die Fähigkeit, sich in einer Situation schnell auf die wechselnde Bedeutung ihrer verschiedenen Faktoren zu orientieren. Dabei kann in der Richtung, dem Umfang und der Intensität der Aufmerksamkeit umgeschaltet werden. Eine zweckmäßige Dimensionierung der Aufmerksamkeit stammt von Nideffer (Abb. 9).

Als **Antizipation** bezeichnet man den Prozeß des Wahrnehmens und Bewertens der Merkmale von Eigen- und Fremdbewegungen hinsichtlich ihrer Bedeutung für den weiteren Bewegungsablauf. Antizipation gilt als

external

	weit	eng
external	**weit-external** Optimal, um komplexe Situationen zu «lesen», um Umfelder einzuschätzen. Ermöglicht hohes Maß an Antizipation	**eng-external** Erforderlich beim Reagieren auf eine situative Anforderung, Aufmerksamkeit eingeengt, fokussiert
internal	**weit-internal** Analyse des Eigenzustandes, der Gesamtbefindlichkeit, z. B. vor Entscheidungen. Wichtig für schnelles Lernen	**eng-internal** Optimal, um Sensibilität für psychische und somatische Prozesse zu erwerben («In-sich-hinein-Hören»). Erforderlich, um sich zu «zentrieren» und zu regulieren und um mental zu trainieren

internal

Abb. 9: NIDEFFERS Dimensionen der Aufmerksamkeit: innen – außen – weit – eng (NIDEFFER 1981 – übers. v. H. E.)

Voraussetzung für situationsangemessenes Entscheiden und Handeln, besonders in Situationen unter Zeitdruck und bei Unbestimmtheit (KONZAG & KONZAG 1980; RÜSSEL 1976; RITZDORF 1982).

Antizipation kann sich mehr auf das **Handlungsziel** oder auf den **Handlungsablauf** richten (KONZAG & KONZAG 1980, 24), mehr auf die Wahrnehmung im Sinne der Aufnahme von situationsspezifischer Information (**Wahrnehmungsantizipation**) oder auf die Erfahrungen in vergleichbaren Situationen (**Erfahrungsantizipation**) (vgl. RÜSSEL 1976, 88).

Soziale Bedingungen der Wahrnehmung

Angenommene und tatsächlich erfahrene Einflüsse ihrer sozialen Umgebung beeinflussen die Wahrnehmung einer Person. Unter erlebtem oder auch nur antizipiertem sozialen Druck gibt es zum Beispiel eine Tendenz zur Anpassung an die Mehrheitsmeinung.

Es spricht einiges für die Annahme, daß Kampfrichter, besonders bei offenen Wertungen wie im Eiskunstlauf oder Kunstturnen, sozialem Druck ausgesetzt sind, der ihre Wahrnehmung beeinflussen kann (Foto 11).

Foto 11: Kampfrichter sind oft sozialem Druck ausgesetzt, der ihre Wahrnehmung und Bewertung beeinflussen kann.

Die Fachöffentlichkeit, die Zuschauer, aber auch politische Erwartungen, etwa bei internationalen Veranstaltungen, erzeugen diesen Erwartungsdruck. Aus psychologischer Sicht gilt es als wahrscheinlich, daß Journalisten, zum Beispiel auf der Pressekonferenz nach Beendigung eines Fußball-Bundesligaspiels, sozialen Druck erleben. Die Sicht des Geschehens, das heißt des vergangenen Spiels, wird auf dieser Pressekonferenz diskutiert. Das Bild, das sich die als Experten erlebten Trainer oder Journalistenkollegen gemacht haben, wird von manchem bewußt oder unbewußt in mehr oder weniger großem Umfang übernommen, weil man vom Spiel eben dieses Bild hat (wenn man als Experte gelten möchte).

Bei der Regulation psychischer Prozesse im Sinne situationsangemessenen optimalen Verhaltens und Handelns, wie sie insbesondere in Situationen mit hoher Beanspruchung im Hochleistungssport erforderlich ist, kommt der differenzierten Selbstwahrnehmung bzw. der angemessenen Modifikation der Selbstwahrnehmung eine grundlegende Funktion zu (Frester 1976; Eberspächer 1979, 1990).

Bedingungen der Person-Umwelt-Wechselbeziehung

Aktuelle Prozesse

Denken als Problemlösen

Wer das erstemal in einem Renneiner rudern oder neun Punkte mit vier geraden, zusammenhängenden Linien verbinden will oder seinen ersten Sprung vom Zehnmeterturm zu tun beabsichtigt, steht vor einem Problem: Er muß nachdenken, was zu tun ist, um diese Anforderung zu bewältigen. Ausgangspunkt dazu ist die Wahrnehmung dreier Bedingungen, die im Grunde jedes Problem ausmachen (vgl. Dörner 1979): ein mehr oder weniger unerwünschter **Ausgangszustand**, der in einen erwünschten **Zielzustand** überführt werden soll – nur: zwischen Ausgangs- und Zielzustand liegt eine wie immer geartete **Barriere**, die das Überführen erschwert oder im Moment unmöglich erscheinen läßt.

Denken – oder, wie man in der Psychologie heute allgemein sagt, Problemlösen – baut immer auf Wahrnehmen auf und wird gegen diesen unmittelbar erfahrungsbezogenen Primärprozeß auch als Sekundärprozeß abgesetzt, als **Probehandeln**. Diese Unterscheidung wird mit Hilfe des TOTE-Modells (Miller, Galanter & Pribram 1960; 1973) einsichtig, das als Grundschema zur Beschreibung von Handeln gilt (Abbildung 10). Das TOTE-Modell geht davon aus, daß sich Personen über die Organisation von Veränderungs- und Bewertungsprozessen (Operationen und Tests) mit ihrer Umwelt auseinandersetzen: Eine Person nimmt einen gegebenen Zustand wahr (Test), der mit Hilfe geeigneter Operationen in einen Zielzustand überführt werden soll. Nach der Operation prüft die Person (Test), ob der gewünschte Zielzustand erreicht wurde. Wenn dies der Fall ist, gilt die Handlung als abgeschlossen, die Person geht zur nächsten Handlung über (Exit). Die Operations- und Testphasen sind nicht strikt getrennt aufzufassen, sondern gehen ständig ineinander über. Unschwer sind in die **T**est-**O**peration-**T**est-**E**xit-Abfolge die obengenannten drei Bedingungen einzuordnen: Je komplizierter das Problem, desto häufiger muß operiert und getestet (verändert und geprüft) werden, bevor die Lösung gefunden ist.

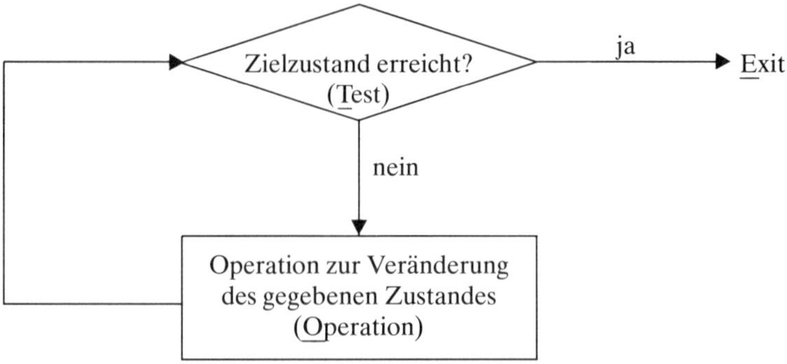

Abb. 10: Das TOTE-Modell (nach Miller/Galanter/Pribram 1960; 1973) als Grundschema von Handeln und Problemlösen

Das TOTE-Modell ist für die Sportpsychologie deshalb von großem Interesse, weil es kognitive und motorische Dimensionen von Handeln zusammenbringt. Es überwindet die Trennung von Motorik und Kognition und kann prinzipiell die Lösung eines Schachproblems oder des oben angeführten Neunpunkteproblems genauso nachvollziehen wie das Lösen eines Bewegungsproblems wie Hindernislauf, Unterschwung oder Skiabfahrt (Fotos 12 und 13).

Kaminski (1973) hat auf die Strukturverwandtschaft zwischen Bewegungshandeln und kognitivem Problemlösen auf der Basis des TOTE-Modells verwiesen und davon ausgehend Skilaufen als Mehrfachhandlung untersucht.

Mit dem TOTE-Modell wird auch deutlich, warum man Denken als Probehandeln bezeichnen kann: Es werden Operations- und Prüfprozesse im Kopf (mental) ohne Bewegungshandeln hintereinandergeschaltet, gewissermaßen zur Probe, per **innerem Sprechen**. Bei Säuglingen und Kleinkindern ist die Person-Umwelt-Wechselbeziehung noch sehr stark auf Bewegungshandeln aufgebaut. Sie handhaben und befassen ihre Umwelt buchstäblich, um sie zu begreifen, alles muß angefaßt, berührt, in Bewegung erfahren werden. Mit der Entwicklung immer vielfältigerer und vielschichtigerer Lebensräume wären wir immer weniger handlungsfähig, wenn wir nicht Handlungsverläufe in Gedanken durchspielten, probehandeln könnten, um zwischen Handlungsalternativen entscheiden, sie planen und bewerten zu können (vgl. Abbildung 10).

Dörner (1979) grenzt **Probleme** von **Aufgaben** ab. Letztere betrachtet er als Anforderungen, für deren Bewältigung Mittel und Wege bekannt sind und zur Verfügung stehen. Entsprechend erfordert ihre Lösung nur

Foto 12 (oben): Verteilung (Distribution) der Aufmerksamkeit des Spielers Nr. 13, taktile Aufmerksamkeit gegenüber 7, visuelle gegenüber dem Werfer

Foto 13: Der enge Aufmerksamkeitsumfang (Konzentration) eines Tischtennisspielers. Der Spieler sieht den Ball und hat im Moment keinen anderen Wahrnehmungsbezug zu seiner Umwelt.

reproduktives Denken: Es muß ja nur ein (bekanntes) Verfahren abgerufen werden, um über die Barriere zu kommen. Die Lösung von Problemen hingegen erfordert **produktives** Denken: Es muß etwas Neues, nämlich die Lösung, geschafft werden, das Verfahren zur Überwindung der Barriere muß erst gefunden bzw. konstruiert werden. Ob eine Anforderung als Problem oder als Aufgabe wahrgenommen wird, hängt von den Erfahrungen, vom Wissen und Können des Betroffenen ab.

Unter dem Eindruck dieser Zusammenhänge könnte man für die Sportpraxis geneigt sein, Lernenden ihren Problemdruck in neuen Situationen möglichst dadurch schnell abzubauen, daß man ihnen möglichst viele gut funktionierende Aufgabenlösungen im Sinne ökonomischen, effektiven Handelns beibringt. Beim **deduktiven** Unterrichten wird im Prinzip so vorgegangen. Dem Schüler werden beispielsweise durch methodische Übungsreihen Ausgangssituationen, Barrieren und Endzustände beigebracht, die vom Lehrer rezeptartig eingesetzt werden können. Dies geschieht nach dem Prinzip: Wenn Zielzustand zum Beispiel der Unterschwung am Reck (brusthoch) und Ausgangszustand der Schüler die Beherrschung bestimmter motorischer Grundformen sind, dann tauchen erfahrungsgemäß diese und jene Barrieren auf, zu deren Überwindung eine Folge bestimmter Handlungen beigebracht werden muß.

Deduktive Lehrstrategien, zu denen auch der Programmierte Unterricht gehört, sind zur Vermittlung von Bewältigungshandlungen, für soziale und materielle Umweltanforderungen (zum Beispiel Schwimmen, Bergsteigen, Skilaufen) für den Lernenden sehr effektiv, ökonomisch, zeitsparend und meist von vergleichsweise geringem Risiko. Es können aber nur mehr oder weniger geschlossene Handlungsfolgen eingeübt und unter bestimmten, gegebenen Bedingungen abgerufen werden. Insofern haben sie für das Unterrichten im Sport vor allem bei Lernprozessen, die mit hohem Risiko verknüpft sind, und beim Vorhandensein der entsprechenden materiellen Umgebungsbedingungen (zum Beispiel Geräte, Matten, Videotechnik, Lehrprogramme etc.) ihren Stellenwert.

Allzusehr drängt sich aber besonders dort, wo sich Schüler- und Studentendasein organisatorisch weitgehend über Prüfungen zu strukturieren scheint und hohe Objektivität der Abprüfbarkeit gefordert wird, der Eindruck auf, daß sich Unterricht in deduktivem Lehren und Lernen erschöpfen könne. Setzt man dagegen als übergeordnetes Lernziel im Sport, sei es in Schule, Universität oder Verein, die Forderung nach lebenslangem Sport, so wird Effizienzdenken aus anderer Perspektive denkbar.

Lebenslanger Sport hat zwei Voraussetzungen: Es muß gelingen, ihn in **Lebenszeit** und **Lebensraum** zu integrieren. Dies kann aber nur gelingen, wenn Lernenden auch Handlungsanregungen und -programme vermittelt werden, die nicht an das Vorhandensein von Normturnhallen, genormten methodischen Übungsreihen, Normgeräten, offiziellen Wettkampfregeln etc. gebunden sind, sondern befähigen, jeweils gegebene Bedingungen situativ aufzugreifen, also Probleme zu lösen und nicht Aufgabenlösungen abzurufen.

Die Lernenden wären also dahin zu führen, Ausgangszustände wahrzunehmen, erfahren zu können und Zielzustände bezogen auf ihre gegebenen Handlungsmöglichkeiten und -voraussetzungen zu bestimmen; und darüber hinaus Barrieren auch mit neuen, nicht festgelegten Mitteln zu überwinden, das heißt, Kreativität beim Lösen von Problemen zu entwikkeln. Dazu müßten die Lehrenden **induktiv** vorgehen, hätten also Zielzustände bzw. Lernziele so in den Lernprozeß einzubeziehen, daß die Lernenden keine Chancen hätten, beim Finden von Lösungsmöglichkeiten Kreativität, Originalität und Einfallsreichtum zu entfalten. Ziel des so verwirklichten Lernens im Sport wäre eine kreative Selbständigkeit, die dazu befähigen würde, auch unter unorganisierten Bedingungen Sportmöglichkeiten zu realisieren.

Einen für die Sportpraxis bedeutsamen Unterrichtsversuch, in dem Kreativität im Sportunterricht der Schule als kooperatives Problemlösen aufgefaßt wird, haben Röher und Veltrup (1980) beschrieben. Diese beiden Sportpädagogen fassen die Entwicklung neuer, wechselnder Freizeitsituationen jeweils angepaßter Spielformen als kooperativen Problemlösungsprozeß auf, den sie in Anlehnung an Dewey in fünf Stufen sehen:

– Erfahren einer Schwierigkeit (unerwünschter Ausgangszustand)

Foto 14: Frisbee

- Lokalisieren und Bestimmen der Schwierigkeit (Herausfinden und Beschreiben der Barriere)
- Vorschlag möglicher Lösungen
- Betrachten der Konsequenz
- Annahme einer Lösung (Strategie, die zum erwünschten Zielzustand führt)

Für ihren Unterrichtsversuch wählten RÖHER und VELTRUP Frisbee (vgl. Foto 14) als Sportart, weil ihnen damit in jeder Hinsicht weitgehend offene Anfangs- und Endzustände sowie Barrieren gewährleistet schienen. So war ihren Schülern das Gerät relativ unbekannt, Spielregeln waren kaum festgelegt. Es ist verhältnismäßig unabhängig von räumlichen Voraussetzungen, jedermann kann auf jedem Könnensniveau daran Spaß haben etc.

Die Entfaltung kreativer Bewegungsmöglichkeiten setzte im Unterricht voraus, daß nicht durch äußere Eingriffe der Spielraum der Schüler so eingeengt wurde, daß üblicher deduktiver Unterricht mit Frisbee nachgespielt wurde. Dazu mußte der Unterricht in einer Atmosphäre ablaufen, in der die Schüler sich auch trauten, neue Formen zu erproben, ohne vom Lehrer auf den «rechten Weg gewiesen oder von Mitschülern ausgelacht zu werden». RÖHER und VELTRUP versuchten also, ein offenes Unterrichtskonzept zu verwirklichen: Situationen wurden für Veränderungen offengehalten, Endverhalten nicht von vornherein definiert und die Handlungsweisen der Schüler nicht bewertet. Der Lehrer erhielt dabei die Funktion des Helfers und Beraters und nicht die eines Instruktors und Überwachers.

Die Schüler versuchten in der 3. Frisbee-Stunde, Burgball mit Frisbee zu spielen. Dies hatte Konsequenzen:

«Schon nach kurzer Zeit machte sich bei den meisten Schülern Enttäuschung breit: Die vom Burgball bekannten Spielregeln waren offensichtlich nicht geeignet, dieses Spiel auch mit der Frisbee-Scheibe spielen zu können; der große Körpereinsatz und eine enge Mannschaftsdeckung verhinderten ein genaues Werfen und ein sicheres Fangen. Die wachsende Unzufriedenheit und Resignation der Schüler veranlaßten sie, sich ratsuchend an uns (die Lehrer – H. E.) zu wenden. Um den Schülern die vorhandenen Schwierigkeiten bewußtzumachen, schlugen wir ihnen vor, die beim Spiel gesammelten Gesamteindrücke auszutauschen. Nachdem so die spielbehindernden Verhaltensweisen genannt worden waren, gelang es den Schülern recht schnell, sich auf neue – teilweise ergänzende – Spielregeln zu einigen, die einen reibungslosen Spielablauf garantieren sollten...» (RÖHER & VELTRUP 1980, 237).

Nachdem vorher andere konventionelle Ballspiele wie Brennball und

Völkerball auf Frisbee umfunktioniert worden waren, sollten in der 5. Frisbee-Stunde neue Spielideen entwickelt werden, und zwar unter Zuhilfenahme vorhandener Geräte in der Turnhalle. Die Geräte wurden nun von den Schülern aus ihrer funktionellen Gebundenheit gelöst, also kreativ zweckentfremdet:

«So dienten zum Beispiel auf kleinen Kästen aufgesetzte Keulen als Zielobjekte für Würfe aus unterschiedlichen Entfernungen; mit Springseilen an Hochsprungständer gebundene Gymnastikreifen wurden zu Toren für ein basketballähnliches Mannschaftsspiel; vor 2 Hochsprungständern mit aufgelegter Hochsprunglatte versuchte eine Schülergruppe, ihre Frisbees mit Hilfe von ‹Aufsetzern› über die vorgegebene Höhe zu werfen, und auf Weichmatten hechtete man in möglichst spektakulärer Weise nach heranfliegenden Scheiben» (RÖHER & VELTRUP 1980, 237f).

RÖHER und VELTRUP verweisen abschließend auf die Schwierigkeit, die die Schüler beim Einstellen auf die vereinbarten Freiräume erlebten. Das Erlernen neuer Problemlösungsstrategien verunsicherte, weil gewohnte, geregelte und erfahrungsgemäß positiv gewertete Verhaltensformen aufgebrochen werden mußten, um neuen Situationen entsprechen zu können. Erst die positive Erfahrung mit den neuen Handlungsformen konnte die Befangenheit der Schüler abbauen. Diese Befangenheit kann sicher auch beim Lehrer konstatiert werden und ist eine ganz wesentliche Bedingung des Widerstandes gegen offene Unterrichtskonzepte.

Solche Widerstände kann man auch bei Trainern beobachten, die an bewährten Rezepten festhalten, durch die sie als Athleten erfolgreich waren. Sie vermögen sie oft nicht abzulösen, obwohl sich die Zeiten geändert und Anforderungen umstrukturiert haben.

Fühlen

Handeln und die jeweilige Person-Umwelt-Wechselbeziehung sind immer von Prozessen des Fühlens begleitet, es geht ein mehr oder weniger intensiv erlebtes Gefühl damit einher. In manchen Situationen freut man sich, fühlt sich wohl und ist zufrieden, so der Athlet im Sieg, der Schüler nach einer guten Leistung oder der Trainer nach dem gewonnenen Aufstiegsspiel. Die Welt wird dann strahlend und himmelblau erlebt (vgl. Foto 15). Nach Niederlagen, Blamagen, Mißerfolgen fühlt man sich dagegen oft deprimiert, betrübt; die Welt erscheint einem grau und finster.

Gefühle verändern die Wahrnehmung, das Handeln und Verhalten in Situationen und sind wiederum davon abhängig. Im Alltag erlebt man sie

Foto 15: Gefühlsausdruck

als unmittelbar gegeben, sie sind wie ein Barometer unseres situativen Befindens.

Ein Gefühlszustand, den jeder Sportler schon vor Wettkämpfen oder auch jeder Prüfungskandidat erlebt hat, wird als **Vorstartzustand** beschrieben. Ausgelöst wird er durch die Antizipation des Wettkampfes oder der Prüfung als eines bedrohlichen Ereignisses. Die Erscheinungsformen des Vorstartzustandes sind vielfältig. Folgt man PUNI (1961), so schwanken sie zwischen den Polen übererregten «Startfiebers» und dumpfer «Startapathie» (vgl. Abbildung 11).

Bedingungen und Bedeutung des Vorstartzustandes beschreibt STEINBACH (1968): «Da der Vorstartzustand von den Athleten nicht immer als wohltuend und angenehm erlebt wird, sucht man häufig nach Mitteln und Wegen, ihn zu mildern oder zu beseitigen. Trainer wenden sich mitunter an Ärzte, wenn sie auf das ‹schlechte Aussehen› ihrer Schüler vor sportlichen Prüfungen aufmerksam werden. Allzugern wird in dieser scheinbar schlechten Verfassung im Vorstartzustand ein leistungsmindernder Faktor gesehen. Gehen wir der Sache aber auf den Grund, so müssen wir... erkennen, daß der Vorstartzustand eine wesentliche Vorbedingung für die Erlangung guter und hervorragender sportlicher Ergebnisse ist.» Es dominieren Symptome, die Ausdruck einer Tätigkeit des Sympathikus sind (zum Beispiel Herzfrequenz- und Blutdrucksteigerung, Hand-

	Kampfbereitschaft	**Startfieber (Übererregt)**	**Startapathie (Gehemmt)**
Physische Prozesse	Alle physiologischen Prozesse verlaufen *normal*	*Stark irradiierende Erregung,* akute vegetative Umstellungen (erhebliche Pulsbeschleunigung, Schweißausbruch, Harndrang, Gliederzittern, Schwächegefühl in den unteren Extremitäten u. ä.)	*Träge, völlig gehemmte Bewegungen,* Gähnen
Erleben	*Leichte Erregung,* freudige, etwas ungeduldige Erwartung des Kampfes, optimale Konzentrationsfähigkeit, beherrschtes Auftreten, kraftsprühend	*Starke Nervosität,* unkontrollierte Handlungen, Vergeßlichkeit, Zerstreutheit, unsicheres Auftreten, Hast, unbegründete Geschäftigkeit	Schlaff, träge, apathisch, ängstlich, *Stimmungstief;* wünscht, den Kampf abzumelden, müde, «sauer», unfähig zum Aufwärmen
Handeln	Kampf wird sehr organisiert nach dem taktischen Plan aufgenommen, klare Orientierung, die *Kampfsituation wird beherrscht,* alle verfügbaren Kräfte werden taktisch richtig zum Einsatz gebracht; das erwartete Wettkampfresultat wird erreicht oder noch übertroffen	Tätigkeit des Sportlers ist gestört, teilweise desorganisiert, er kämpft *«kopflos»,* verläßt seine taktische Linie, verliert das Tempogefühl, verausgabt sich vorzeitig; Bewegungsabläufe sind unbeherrscht, bei hohen bewegungstechnischen Anforderungen Häufung von Fehlern, *stark verkrampft*	Es wird nicht energisch gekämpft, die Willensaktivität läßt schnell nach; der *Sportler ist unfähig, seine vorhandenen Kräfte zu mobilisieren, es «läuft» nicht;* nach dem Wettkampf nicht verausgabt, weil alle Handlungen auf einem niedrigen Niveau lagen

Abb. 11: Kampfbereitschaft, Startfieber, Startapathie als psychische Prozesse bei Athleten im Vorstartzustand (nach Puni 1961, 167; modif. nach Mathesius u. a. 1974, 149)

schweiß, Harn- und Stuhldrang). Dieser Nerv des vegetativen Nervensystems wird oft als Leistungsnerv bezeichnet, weil er alle zur Leistungsbesserung notwendigen Umstellungen des Organismus reguliert. Höhere Leistung setzt gesteigerte Stoffwechselaktivität voraus mit dem Ziel höherer Energiebereitstellung. Um dieses Ziel zu erreichen, muß der Blutumsatz durch intensivere Herzarbeit und gezielte Blutzufuhr zu den arbeitenden Organen ökonomisch geregelt, die Atmung verstärkt werden etc.» STEINBACH weiter:

«So gesehen rückt der Vorstartzustand trotz seines subjektiv oft als lästig erlebten Charakters in ein ganz anderes Licht. Er ist gekennzeichnet durch die vegetative Vorbereitung der angestrebten sportlichen Leistung. Die maßgeblichen Organe richten sich auf verschärfte Tätigkeit ein, so daß eine hohe Bereitschaft die Folge ist.»

Neben physischen sind aber auch die psychischen Merkmale des Vorstartzustandes für die Leistung von Bedeutung. Sie sind Ausdruck sympathischer Erregung, verbunden mit der vermehrten Ausschüttung der «Leistungshormone» des Nebennierenmarks, Adrenalin und Noradrenalin. Die dadurch gegebene psychophysische Situation versetzt einen Menschen in die Lage, über das übliche Maß hinausgehende Leistungen zu erbringen. Ein Ziel der psychologischen Vorbereitung auf Wettkämpfe ist unter anderem die Regulation des Vorstartzustandes zu einem Gefühl, bei dem sich der Athlet erfolgszuversichtlich, aktiv und konzentriert erlebt.

Einen Eindruck von der Vielfalt menschlicher Gefühle und ihrer möglichen Ordnung am Beispiel des Gesichtsausdrucks gibt Foto 15. Dieses Modell nach SCHLOSBERG (1952; 1954) ist in der Psychologie weithin anerkannt und ordnet Gefühle in **drei Dimensionen**:

- angenehme/unangenehme Stimmung
- Zuwendung/Ablehnung
- geringste/höchste Aktivation.

In der Psychologie wird seit langem erforscht, wie Gefühle entstehen und wodurch sie beeinflußt werden. Ein Experiment, dessen Ergebnis die Diskussion dieser Problematik nachhaltig beeinflußt hat, wurde von SCHACHTER und SINGER (1962) durchgeführt. Sie erhärteten damit die Hypothese, daß bei der Entstehung von Gefühlen drei Ebenen ineinanderspielen, nämlich:

- ein gewisser physiologischer Erregungsgrad, der unter Einbeziehung von Hinweisen aus der
- gegebenen Situation
- kognitiv-bewertend gedeutet wird.

In ihrem Experiment injizierten SCHACHTER und SINGER ihren Versuchspersonen Adrenalin. Dieses Streßhormon steigert den physiologischen Erregungsgrad. Gleichzeitig boten sie verschiedenen Versuchspersonen unterschiedliche situative Hinweisreize, einmal einen ausgelassen herumalbernden Vertrauten des Versuchsleiters, in einer anderen Situation einen, der beim Ausfüllen des vorgelegten Fragebogens wütend und

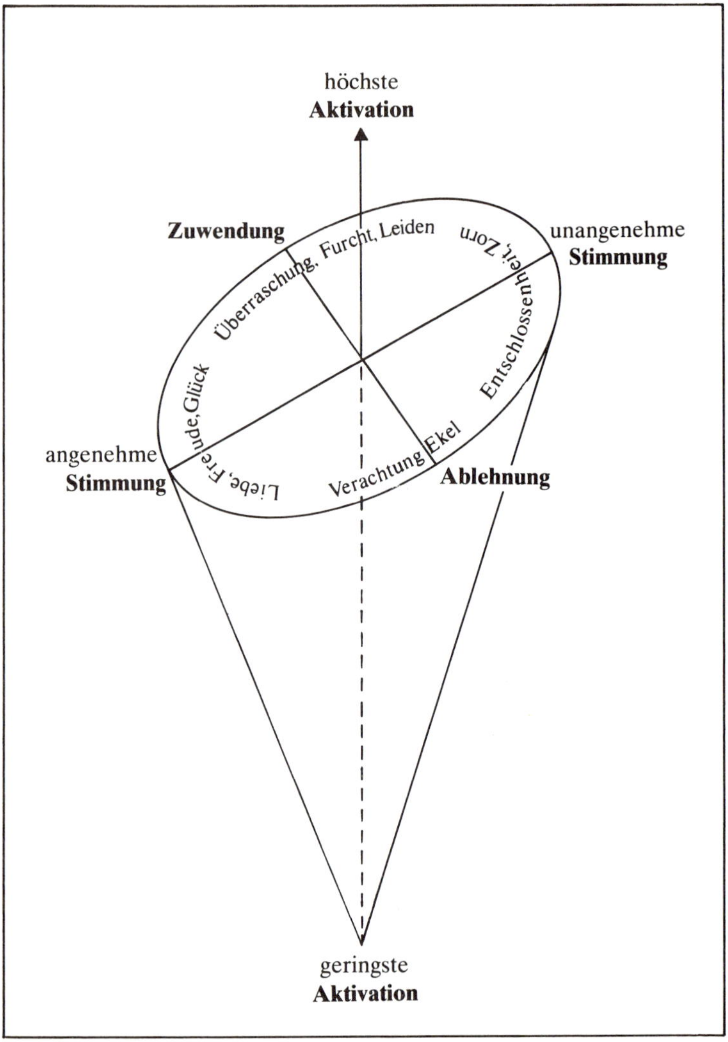

Abb. 12: Ein dreidimensionales Modell zur Beurteilung emotionaler Gesichtsausdrücke nach SCHLOSBERG (1952 und 1954)
Die Emotionen sind unter Berücksichtigung ihres maximalen Erregungsniveaus, das auf der Ordinate abgetragen ist, plaziert. Die geneigte Oberfläche zeigt, daß etwa Zorn oder Furcht ein höheres Aktivationsniveau erreichen können als Verachtung oder Freude.

aggressiv herumschimpfte. Je nach erlebter Situation gaben die Versuchspersonen an, sich wütend oder in ausgelassener Hochstimmung zu fühlen. Hier läßt sich auch die Erfahrung so mancher Trainer einordnen, daß Athleten auf Wettkampfreisen oder bei Turnieren, wenn sie in Gruppen zusammen sind, sich oft fürchterlich albern benehmen. Durch die stetige, mehr oder weniger bewußt vorhandene Antizipation der anstehenden Wettkämpfe befinden sie sich in leicht erhöhter physiologischer Erregung, die schon durch kleinste spaßige Hinweisreize umgedeutet und damit erträglicher gemacht wird und sich in entsprechenden (für den Außenstehenden oft unverständlich) intensiven lustigen Gefühlszuständen äußert.

In den letzten Jahren wurde die Theorie von SCHACHTER und SINGER dahingehend erweitert, daß tatsächliche physiologische Erregung keine notwendige Voraussetzung für die Entstehung eines Gefühls sein muß, sondern allein durch kognitive Abschätzung hervorgerufen werden kann. Man kann also durch entsprechende Vorstellungen Gefühle hervorrufen und verändern, sich durch Gedanken in einen entsprechenden Gefühlszustand hineinsteigern.

Auch in der heute wohl einflußreichsten und bewährtesten Gefühlstheorie von LAZARUS (u.a. LAZARUS & AVERILL, 1972) ist die ständig ablaufende kognitiv-bewertende Situationsanalyse von zentraler Bedeutung. Von ihr hängt entscheidend ab, was eine Person fühlt bzw. wie sie emotional reagiert. In ihr wird deutlich, daß die zugrundeliegenden Abschätzungsprozesse sowie ihre situativen und personalen Bedingungen genau bestimmt werden müssen, um die Ebbe und Flut der Emotionen verstehen zu können, welche LAZARUS als eine Folge sich ändernder kognitiver Prozesse begreift, die durch neue Informationen, Feedback auf das eigene Handeln und Überlegungen beeinflußt werden.

Lazarus nimmt an, daß Personen bewertende Organismen sind, die in der Wechselbeziehung mit ihrer Umwelt Wahrnehmungen immer hinsichtlich ihrer Wichtigkeit und Bedeutsamkeit für ihre Bedürfnisse und Wünsche bewerten, um ihr Handeln situationsangemessen regulieren zu können. Von zentraler Bedeutung in dieser ständig ablaufenden kognitiven, bewertenden Analyse ist dabei die Art und Weise, wie eine Person ihre jeweils gegebene Situation wahrnimmt und bewertet.

Hiervon hängt ab, wie die Person emotional reagiert und ob sie sich psychisch belastet, zum Beispiel angstvoll, gestreßt, hilflos erlebt. Auslöser für psychische Belastung sind also nach LAZARUS kognitive Bewertungsprozesse, die zwischen der Wahrnehmung und der Situation sowie der psychischen Belastungsreaktion vermitteln; er nennt sie **Abschätzung** (appraisal) und unterscheidet formal eine erste Abschätzung, zweite Abschätzung und die Neuabschätzung. Abbildung 13 zeigt, wie man sich in Anlehnung an LAZARUS die Entstehung und Bewältigung einer psychischen Belastung vorstellen kann.

Nimmt eine Person eine gegebene oder antizipierte Situation wahr (zum Beispiel einen Wettkampf, eine Prüfung u. ä.), so sucht sie zunächst in einem ersten Bewertungsprozeß (erste Abschätzung) bewußt oder unbewußt festzustellen, ob diese Situation für sie wichtig oder unwichtig, ob sie eher vorteilhafte oder eher schädigende Folgen haben könnte. Konsequenz der ersten Abschätzung ist eine mehr oder weniger intensiv erlebte und entsprechend getönte Emotion bzw. ein Gefühlszustand, der mit einer Steigerung des **Aktivationsniveaus** (Erregungszustand) einhergeht. In normalen Anforderungssituationen gilt diese Steigerung gewissermaßen als Anlasser, um die notwendige physische und psychische Leistungsbereitschaft zu erreichen, und wird im Sport als Vorstartzustand beschrieben.

Nimmt die erlebte Anforderung hingegen zum Beispiel bedrohlichen Charakter an, hat dies beim Betroffenen im allgemeinen Streß zur Folge (im Falle antizipierter vorteilhafter und positiver Perspektiven wäre es nach LAZARUS Freude). Körperliche Symptome bei Streß sind übermäßiges Herzklopfen, Magendrücken, Durchfall, trockener Mund, Schweiß an Handinnenflächen, Zittern von Stimme und Händen, weiche Knie, Verkrampfung etc. Bedrohung wird erlebt, wenn eine antizipierte Situation potentiell schädigend eingeschätzt wird. Solche Schädigungsmöglichkeiten können sich auf physische (zum Beispiel Schmerz, Verletzung), soziale (zum Beispiel blamieren, bloßstellen), psychische (zum Beispiel Angst vor dem Versagen) und materielle Sachverhalte beziehen.

Eine für den Sport besonders wichtige Unterscheidung trifft LAZARUS, indem er zwischen **Bedrohung** und **Herausforderung** differenziert. Der Unterschied liegt für ihn in der emotionalen Tönung. Bedrohung wird eher negativ, Herausforderung positiv erlebt. Der Bedrohte hebt in seiner Abschätzung die potentielle Schädigung einer Situation hervor, der Herausgeforderte die schwer erreichbare, möglicherweise riskante, aber mit positiven Folgen verbundene Bewältigung. Wesentlich hängt die Bewertung einer Situation als bedrohlich oder herausfordernd mit den Überzeugungen der Person über ihre Bewältigungsmöglichkeiten zusammen.

«Einige Personen scheinen durch einen Denkstil gekennzeichnet zu sein, der sie eher zur Herausforderung als zur Bedrohung disponiert. Überdies schätzen und bemühen sich die Menschen gewöhnlich darum, den Dingen gelassen entgegenzusehen, die Kraft des positiven Denkens auszuüben, im Unglück Haltung zu bewahren etc. Hierbei liegt die implizite Annahme darin, daß Herausforderung ein besserer seelischer Zustand als Bedrohung ist, eine wirksamere Art, zu leben und tätig zu sein

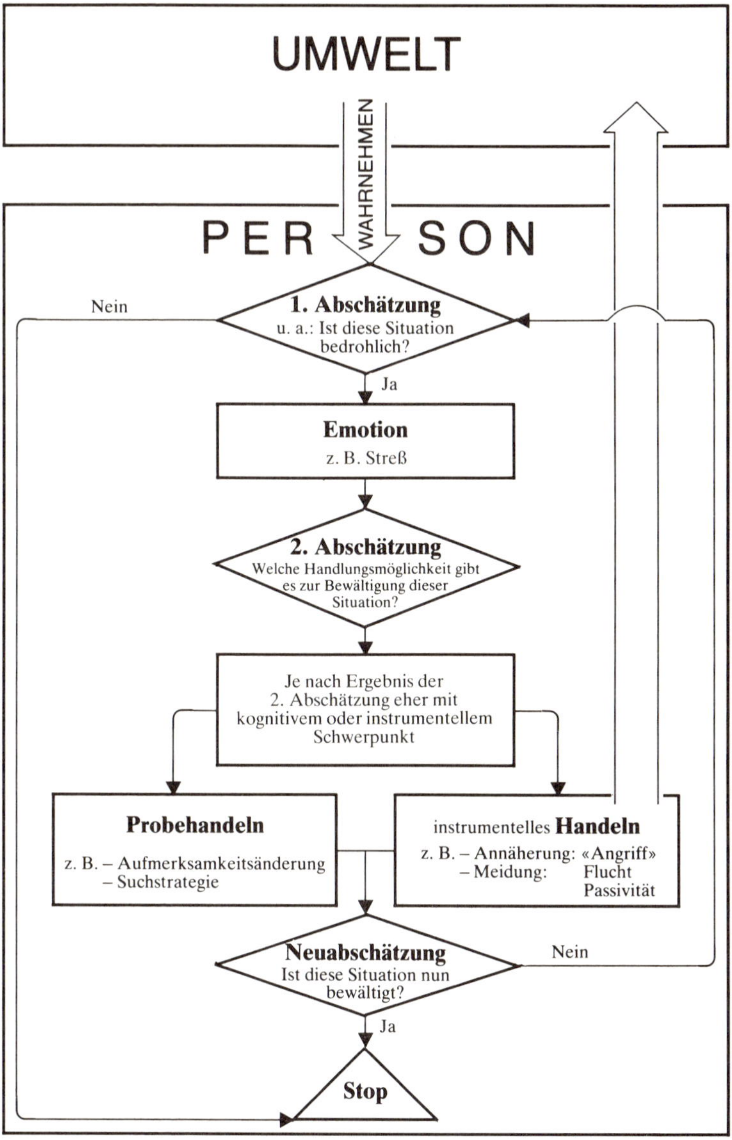

Abb. 13: Streß – seine Entstehung und Bewältigung (vereinfacht in Anlehnung an LAZARUS 1966; LAZARUS/AVERILL 1972)

und möglicherweise ein Weg, um bessere körperliche Gesundheit zu erlangen» (Lazarus & Launier 1981, 236).

Entscheidend für den weiteren Verlauf der so determinierten Person-Umwelt-Wechselbeziehung ist nun nicht, *daß* Bedrohung oder Herausforderung im Sinne psychischer Belastung erlebt werden, sondern *wie* sich der Betroffene bewältigend damit auseinandersetzt. Diese bewältigende Auseinandersetzung setzt mit einem zweiten Abschätzungsprozeß ein, in dem die Person prüft, welche Handlungsmöglichkeiten ihr zur **Bewältigung** (coping-Strategien) der wahrgenommenen Situation zur Verfügung stehen. Vorgehen kann sie dazu in zwei Ebenen: durch direktes instrumentelles Handeln und/oder Probehandeln. Beide laufen aufeinander bezogen ab, sind also keine Entweder-oder-Alternativen, sondern Schwerpunkte der Bewältigungsstrategie.

Im Probehandeln oder (tatsächlich ausgeführten) instrumentellen Handeln wird dann versucht, die Situation zu bewältigen. Die Neuabschätzung schließlich entscheidet über Ende oder Fortführung des Bewältigungshandelns.

Motivation, der Antrieb des Handelns

Mit der Frage nach der Motivation ist immer die Frage nach dem «Warum» oder «Warum nicht» und damit nach der Veranlassung von Verhalten und Handeln gestellt. Entsprechend gilt die Fähigkeit, andere zu motivieren, sie zu veranlassen, sich mit einem bestimmten Erfahrungsbereich auseinanderzusetzen, als besonderes Kompetenzmerkmal von Eltern, Erziehern, Lehrern oder Trainern.

Auch im Sport wird nach der Motivation besonders in Situationen gefragt, die für den Außenstehenden unverständlich sind, sei es, daß sie als extrem oder einfach nur als überraschend erlebt werden. Was kann einen Menschen dazu treiben, im Paddelboot den Atlantik zu überqueren oder ohne Sauerstoff den Mount Everest zu besteigen – welche Motivation steckt dahinter? Aber auch überraschendes Handeln, das uns aus allen Wolken fallen läßt, drängt die Frage nach der Motivation auf: «Warum konnte er mir das antun?» fragt der Trainer, dessen Talent den Verein wechselt, oder was mag jemanden dazu bewegt haben, von heute auf morgen die Schuhe, den Helm, die Handschuhe o. ä. an den Nagel zu hängen? Aber nicht nur bei anderen, von außen, sondern auch bei uns selbst nehmen wir wahr, daß wir keine Lust haben, daß uns keine zehn Pferde irgendwohin bringen könnten und daß wir uns nicht für viel Geld zu diesem oder jenem entschließen könnten.

Bezogen auf solche Problemlagen soll Motivation die **Zielgerichtetheit** von Handeln allgemein erklären, aber auch die Wahl zwischen **Handlungsalternativen**, der **Intensität** und der **Ausdauer** von Handeln. Warum hat sich beispielsweise der Atlantiküberquerer für Paddeln und nicht für Rudern (Handlungsalternativen) entschieden, warum jeden Tag stundenlang hart für sein Vorhaben trainiert (Intensität), und wie hält er 60 oder 80 Tage durch (Ausdauer)?

Individuell gibt es für sportliche Betätigung sehr unterschiedliche Motivationen, zum Beispiel:

«– die Freude an bestimmten sportspezifischen Bewegungsformen, an besonderen ästhetischen oder kinästhetischen Erfahrungsmöglichkeiten,
- die Lust an der Bewegung schlechthin, am spannenden Geschehen, am Spiel,
- die Suche nach Selbsterfahrung und Selbsterkenntnis, nach körperlicher Herausforderung und Selbstüberwindung, nach Risiko und Abenteuer,
- das Streben nach Leistung zur Selbstbestätigung, aber auch zur sozialen Anerkennung,
- die Möglichkeit zur Präsentation der eigenen Person und zum Erreichen von Prestige und Macht oder das
- Streben nach Gesundheit, Fitneß und körperlicher Tüchtigkeit,
- nach Zerstreuung, Abwechslung und Naturerlebnis, nach Kontakt,
- Anschluß, Geselligkeit und Kameradschaft, aber auch nach materiellen Gewinnen und sozialem Aufstieg» (GABLER 1986: 65).

Das Problem der Handlungsveranlassung wird aber erst seit vergleichsweise kurzer Zeit theoretisch auch als Motivation zugeordnet. Als einer der ersten hat ACH (1935) diesen Begriff gebraucht. Auf breiter Front setzte sich der Motivationsbegriff dann seit Mitte der 50er Jahre durch.

In der Vergangenheit wurde Motivation oft als Antrieb des Verhaltens verstanden, der eine Person (von innen) antreibt, der Druck ausübt, ein Ziel anzustreben (Druck-Modell). Wurzeln dieser Motivationstheorien lassen sich bis in die Bewußtseinspsychologie des Fühlens und Wollens von WUNDT, die Trieblehre von FREUD und die Instinktlehre der Ethologen LORENZ und TINBERGEN zurückverfolgen.

In jüngerer Zeit geht man im allgemeinen eher von einem Zug-Modell der Motivation aus. Danach wird Motivation durch **kognitive** Prozesse (Erwartungen, Abwägungen von Wahrscheinlichkeiten etc.) angetrieben und verändert. Diese Auffassung gilt seit der «kognitiven Wende» in der Motivationsforschung Anfang der siebziger Jahre.

Dieser wesentlich durch ATKINSON und auch MCCLELLAND, seinen

Lehrer, beeinflußten kognitiven Wende in der Motivationspsychologie ging die Einsicht voraus, daß Verhalten und Handeln eben nicht in erster Linie auf Reizen oder (inneren) Antrieben, Trieben und Instinkten beruhe, sondern auf der subjektiven, kognitiven Repräsentation der jeweiligen Situation. Motivierend sind demnach im wesentlichen die Erwartungen bezüglich subjektiv bedeutsam bewerteter Ergebnisse und Folgen einer Handlung. Neben der subjektiven Sicht des Individuums sowie den Erwartungen und Wertzuschreibungen gehen beim kognitiven Verständnis von Motivation systematische Personenunterschiede in die Analyse ein. Dazu wird der Begriff des **Motivs** eingeführt.

HECKHAUSEN, der die Motivationspsychologie, aber auch die sportwissenschaftliche Motivationsforschung – allerdings mit einer Einengung auf die Leistungsmotivation – maßgeblich geprägt hat, hat diese Theorie aufgegriffen und weiterentwickelt.

Die zentrale Problematik eines (kognitiven) Zug-Modells der Motivation umreißt HECKHAUSEN (1974b, 141ff – Hervorhebungen von H. E.) allgemein so: «Wie verschiedene Personen sich in einer gegebenen Situation verhalten, ist zu einem guten Teil von den besonderen **Anregungsbedingungen**, eben dieser Situation abhängig. Es sind die **erlebten Wahrscheinlichkeiten** der möglichen Handlungsausgänge sowie die Erwartung der daran geknüpften weiteren Folgen, die zu einem situationsangemessenen Verhalten **motivieren**, und zwar werden solche Handlungen ausgewählt und ausgeführt, die zu möglichst positiven (erwünschten) oder zu möglichst geringen negativen (unerwünschten) Folgen zu führen versprechen... Es sind jedoch selbst in gleichen Situationen... immer noch individuelle Unterschiede des Verhaltens zu beobachten. Die individuellen Unterschiede sind nicht zufällig, sie zeigen lebensgeschichtlich eine gewisse Stabilität. Um diese verbleibenden individuellen Unterschiede des Verhaltens bei sonst gleichen Anregungsbedingungen der Situation zu erklären, verwendet man in der neueren Motivationspsychologie den Erklärungsbegriff **Motiv**. Er soll auf überdauernde Voreingenommenheiten kognitiver Prozesse verweisen, mit denen die einzelnen Individuen die gleiche Situation verschieden auffassen und den Ausgang ihres Handelns und dessen Folgen verschieden bewerten.»

Motiviertes Handeln ist also nicht ausschließlich über die gegebenen situativen Bedingungen zu erklären, vielmehr wirken auch «kognitive Voreingenommenheiten» und «überdauernde Wertungsdispositionen» in der Person (vgl. HECKHAUSEN 1974b; 1977; 1980) im Sinne einer individuellen Verhaltensausprägung, die Motive.

Man nimmt nun nicht für jede konkrete Situation ein Motiv an – sonst würde man eine Inflation von Motiven erleben, sondern faßt sie für bestimmte Grundsituationen zusammen, für die, so nimmt HECKHAUSEN an, Personen im Laufe ihrer Entwicklung bestimmte Wertungsvoreingenommenheiten erlernen, zum Beispiel für Leistung, Hilfe, Aggression, Macht, Geltung. Situationen mit dieser Thematik begegnen jedem im Laufe seines Lebens immer wieder, und er verhält sich ihnen gegenüber individuell motiviert (also in gewisser Weise schematisch). HECKHAUSEN spricht daher auch von Motiven als von «wiederkehrenden Anliegen», die erlernt werden.

Ein alternder, nur noch mäßig trainierter Sportler mit einem ausgeprägten Leistungsmotiv, der hohe Ansprüche an sich zu stellen gewohnt ist, wird sich wahrscheinlich auch dann durch eine Situation wie einen Volkslauf intensiv anregen lassen, leistungsmotiviert zu handeln, wenn er dies körperlich nicht mehr verträgt, sich so möglicherweise überfordern.

Motivation ist im Gegensatz zum Motiv ein situationsabhängiges, aktuelles und kurzfristiges Geschehen. Man bezeichnet damit alle aktuellen Faktoren und Prozesse, die unter gegebenen situativen Anregungsbedingungen zu Handlungen führen und diese bis zum Abschluß in Gang halten.

Einige Grundzüge der Bedingungen und Wirkungen von Motivationsprozessen lassen sich anhand eines Modells von MEYER (1973, 157ff) vergleichsweise übersichtlich darlegen. In Abbildung 14 haben wir versucht, den Text ins Bild umzusetzen.

Das Modell von MEYER bezieht sich besonders auf den Bereich der **Leistungsmotivation**, der als am intensivsten erforscht gilt. Andere Motivationsbereiche sind zum Beispiel Aggressionsmotivation, Hilfemotivation, Machtmotivation, soziale und Geltungsmotivation.

Den Ablauf des Motivationsgeschehens bestimmen nach MEYER die Person und die jeweilige konkrete Beziehung zur Umwelt, also die Situation. Er unterscheidet dementsprechend fünf Eingangsvariablen (antezedente Bedingungen), zwei situative und drei personale, die den Motivationsprozeß bedingen (vgl. Abbildung 14).

Als **situative Bedingungen** des Motivationsprozesses sieht MEYER
- die Aufgabe, die es zu bewältigen gilt, und
- die Instruktion, die Anweisung, die dem Handelnden diese Aufgabe vermittelt.

Aufgabe und Instruktion können sowohl durch Außenstehende als auch durch die betroffene Person selbst gestellt und formuliert werden.

Personale Bedingungen, die den Motivationsprozeß über Aufgabe und Instruktion hinaus weiter bestimmen, sind
- das Leistungsmotiv. Es hat nach MEYER zwei Komponenten: das

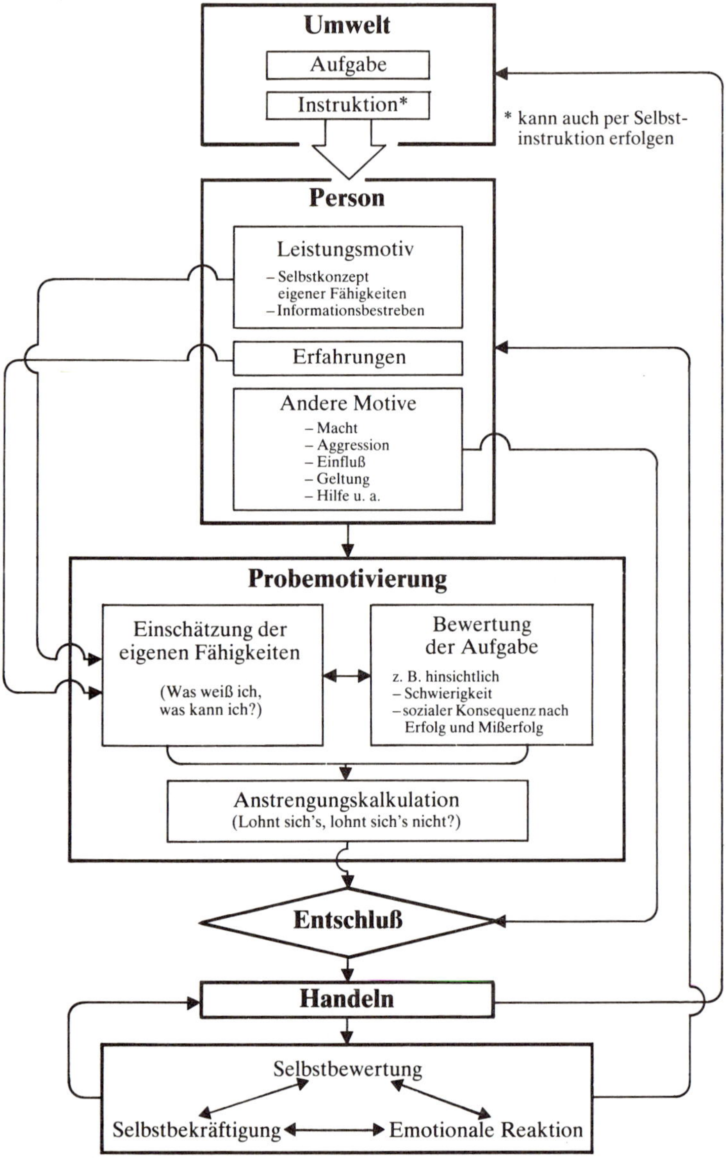

Abb. 14: Bedingungen und Wirkungen von Motivationsprozessen (i. A. a. Meyer 1973)

Selbstkonzept der eigenen Fähigkeiten (wie sehe ich mein Wissen und Können?) und das Informationsstreben als Bestreben, Informationen über die eigenen Fähigkeiten zu erhalten (ich möchte wissen, ob ich es schaffe!). Schließlich verfügt jede Person über

- zurückliegende Erfahrungen mit ähnlichen Aufgaben wie der anstehenden und
- andere Motive (zum Beispiel Macht, Aggression, Einfluß, Geltung, Hilfe).

Zurückliegende Erfahrungen und das Selbstkonzept einer Person nimmt MEYER als relativ unabhängig an, obwohl Erfolgs- und Mißerfolgserlebnisse natürlich die Entwicklung von Selbstkonzepten entscheidend beeinflussen. Allerdings räumt er ein, daß wohl nicht jedes Leistungsergebnis Einfluß auf Selbstkonzepte nimmt; dies dürfte in hohem Maße von der Häufigkeit und der Beschaffenheit der gemachten Erfahrungen abhängen. Mehrmaliger Erfolg oder Mißerfolg wird wahrscheinlich eher als ein einmaliger zur Veränderung oder Stabilisierung von Selbstkonzepten führen.

Bevor nun situative Bedingungen, also die Aufgabe und die Instruktion, das Leistungsmotiv anregen und das motivierte Handeln auslösen, nimmt MEYER die Aktualisierung einer noch unspezifischen **Probemotivierung** an. Darunter versteht er Bewertungsprozesse, aufgrund deren sich eine Person überhaupt erst entscheidet, ob sie eine Aufgabe in Angriff nimmt oder nicht. In der Probemotivierung – dies gilt für leistungsthematische Situationen – werden unter anderem die zu erwartenden Schwierigkeiten, die sozialen Konsequenzen von Erfolg (zum Beispiel Anerkennung) und Mißerfolg (zum Beispiel Spott) kalkuliert und zu den eigenen Fähigkeiten in Beziehung gesetzt. Dies geschieht in Abhängigkeit vom jeweiligen Selbstkonzept und von bislang gemachten Erfahrungen in ähnlichen Situationen. Positive Selbstkonzepte und positive Erfahrungen wirken sich auf die Einschätzung der Fähigkeiten für die anstehende Aufgabe im allgemeinen positiv aus, negative Selbstkonzepte und negative Erfahrungen entsprechend negativ.

Das Abwägen der Aufgabenschwierigkeit und der Einschätzung der eigenen Fähigkeiten bestimmt die Anstrengungskalkulation, aufgrund derer schließlich der **Entschluß** gefaßt (oder nicht gefaßt) wird, eine Aufgabe zu beginnen, zu handeln. Der Entschluß zu handeln kann natürlich außer durch das Leistungsmotiv auch durch andere Motive der Person beeinflußt werden (vgl. Abb. 14).

Ein Beispiel kann den bisher grob skizzierten Prozeß leistungsmotivierten Handelns in seinen Grundzügen praxisnah veranschaulichen. Nehmen wir an, ein Leichtathlet laufe normalerweise 800 und 1500 Meter. Bei einem wichtigen Mannschaftswettkampf fällt nun ein 5000-Meter-Läufer der Mannschaft aus, und unser Athlet soll einspringen. Da es durchaus angenehmere Tätigkeiten gibt, als 5000 Meter auf Zeit zu laufen, muß er motiviert werden bzw. sich selbst motivieren.

Die situativen Ausgangsbedingungen sind augenscheinlich: Aufgabe ist es, 5000 Meter zu laufen. Die Instruktion etwa des Trainers könnte lauten: «Der Lauf ist morgen früh um 10 Uhr, 16:30 Minuten sind in der Planung. Du solltest versuchen, sie zu erreichen.» Unser Läufer wird sich in einem ersten Schritt zu einem Entschluß durchringen müssen (Probemotivierung), die gestellte Aufgabe überhaupt in Angriff zu nehmen. Er wird dazu die Schwierigkeiten der Aufgabe und seine eigenen Fähigkeiten gegeneinander abwägen. Beeinflußt wird dieses Abwägen durch sein Selbstkonzept, aber auch durch zurückliegende Erfahrungen mit vergleichbaren Läufen. Eine große Rolle spielen bei der Probemotivierung neben dem Leistungsmotiv natürlich auch seine sonstigen Motive: Unter Umständen motiviert ihn zum Laufen die Möglichkeit, damit soziale Anerkennung und Geltung zu erlangen (Geltungsmotiv), die er mit einem schlechten Lauf über 5000 Meter gefährdet sieht. Nach sorgfältigem Abwägen aller dieser hier vereinfacht dargestellten Gesichtspunkte entschließt sich unser Läufer zum Start und läuft seine Strecke.

Nach diesem Beispiel zurück zu MEYERS Motivationsmodell: Nach Abschluß der Handlung (des Laufs) wird die erreichte Leistung (Istwert) in einem Prozeß der **Selbstbewertung** mit der erwarteten Leistung (Sollwert) verglichen, also die Ist-Soll-Diskrepanz festgestellt. Die erwartete Leistung orientiert sich an einem Gütestandard, den der Handelnde allgemein als verbindlich erlebt und der sich für jeweils gegebene Anforderungen in einem Anspruchsniveau konkretisiert. Hat die gebotene Leistung das Soll erreicht, nicht erreicht oder übertroffen? Je nachdem, zu welchem Ergebnis man bei dieser Selbstbewertung kommt, werden nun als Ursachen dafür verschiedene Begründungen geprüft, sogenannte **Kausalattribuierungen**. Personen können eine ganze Reihe von Verursachungsfaktoren für ihren Erfolg (Erreichen oder Übertreffen des Sollwerts) oder Mißerfolg (Nichterreichen des Sollwerts) erleben und als verantwortlich sehen. WEINER et al. (1971, 2) haben die wichtigsten Verursachungsfaktoren hinsichtlich ihrer Stabilität über die Zeit und ihrer Personabhängigkeit klassifiziert (vgl. Abbildung 15).

Ob jemand durch eine erbrachte Leistung selbst bekräftigt bzw. verstärkt wird, ob er die Konsequenzen seines Handelns als motivierend für weiteres Handeln erlebt oder nicht, hängt eng damit zusammen, welche Gründe oder Ursachen für diese Leistung angenommen (attribuiert) werden.

Stabilität über die Zeit \ Personabhängigkeit	Internal	External
Relativ Stabil	Fähigkeit	Aufgaben-schwierigkeit
Variabel	Anstrengung	Zufall

Abb. 15: Erlebte Verursachungsfaktoren von Erfolg und Mißerfolg (nach WEINER u.a. 1971, 2)

Am Beispiel unseres 5000-Meter-Läufers – unterstellen wir, der Läufer habe für seine Verhältnisse schlecht abgeschnitten, also statt 16:30 nur 17:50 erreicht – lassen sich Attribuierung und Selbstbekräftigung nach Nichterreichen des Solls verdeutlichen. Er sagt sich vielleicht, er habe sich nicht richtig angestrengt, er attribuiert also internal; im übrigen sei die Bahn schlecht gewesen, d.h. er attribuiert darüber hinaus external. Er bekräftigt sich und kommt vielleicht zu dem Entschluß, sich beim nächsten Mal auf einer besseren Bahn mehr anzustrengen, um seine eigentliche, diesmal noch verfehlte Soll-Leistung zu erreichen. Er bekräftigt und motiviert sich also selbst. Die Kunst des Motivierens besteht demnach letztlich darin, jemandem Argumente zu liefern, die Selbstbekräftigung fördern. Man kann sich auch selbst motivieren, indem man sich diese Argumente selbst zusammenstellt.

Kausalattribuierung im Training

«Die Auseinandersetzung in der Sportpraxis mit dem Prozeß der Ursachenerklärung wird vor allem dann bedeutsam, wenn man berücksichtigt, daß nicht nur der Sportler oder Schüler Ursachenerklärungen für seine Handlungsergebnisse vornimmt (Selbstattribuierung), sondern daß auch der Trainer oder der Lehrer die Handlungsergebnisse des Schülers erklärt (Fremdattribuierung). Zwischen Selbstattribuierung und Fremdattribuierung können Übereinstimmungen, aber auch Diskrepanzen bestehen. Für den Fall, daß die Ursachenerklärung des Trainers mit der Ursachenerklärung des Sportlers übereinstimmt, ergibt sich nicht notwendigerweise eine soziale Konfliktsituation, und es werden von beiden kaum unterschiedliche Handlungskonsequenzen zu erwarten sein. Für den Fall, daß Trainer und Sportler in der Ursachenerklärung nicht übereinstimmen, wird es zu Belastungen der Trainer-Sportler-Beziehungen und zu unterschiedlichen Vorstellungen über weitere Handlungskonsequenzen kommen können. Wenn beispielsweise der Trainer ein schlechtes Spielergebnis auf mangelnde Einsatzbereitschaft (Anstrengung – H. E.) der Spieler zurückführt, kann er entweder den Trainingsaufwand erhöhen oder bestimmte Sanktionen aussprechen. Diese Maßnahmen werden dann auf Widerstand stoßen, wenn die Spieler das schlechte Spielergebnis mit dem schlechten taktischen Konzept des Trainers erklären und als Konsequenz entweder mehr Mitbestimmung im Training oder sogar einen Trainerwechsel erwarten. Aus diesem Beispiel sollte deutlich geworden sein, daß soziale Konfliktsituationen auf unterschiedlichen Ursachenerklärungen der an der Konfliktsituation Beteiligten basieren können» (ALLMER 1978, 13).

Kausalattribuierung ist aber auch ein vermittelnder Prozeß zwischen Handlungsausgang (-ergebnis) und Handlungszufriedenheit, also **emotionale Reaktionen**, wie dies ALLMER (1978) herausstellte. Je nachdem, welche Gründe man für eine Leistung sieht, reagiert man emotional, ärgert sich oder freut sich, was wieder auf die Selbstbekräftigung und Selbstbewertung bzw. Kausalattribuierung zurückwirkt. Dies braucht nicht bewußt zu werden, kann aber ganz bewußt und systematisch zur Regulation psychischer Prozesse eingesetzt werden.

ALLMER hat auch auf die psychoregulative Wirkung der Kausalattribuierung hingewiesen: Eine bestimmte Ursache und Erklärung wird mehr oder weniger bewußt eingesetzt, um die emotionalen Begleitprozesse bei der Zielerreichung bzw. der Zielverfehlung zu verarbeiten (ALLMER 1978, 13).

So kann man sich bei einer selbstverschuldeten Niederlage einreden, daß eigentlich ein anderer die Schuld daran trage (etwa der Trainer oder das Wetter, also externe Gründe). Solche «psychohygienischen» Attribuierungsstrategien scheinen zum Beispiel bei Ruderern recht verbreitet zu sein, wie eine Untersuchung von EBERSPÄCHER (1975b) erweisen konnte. Abbildung 16 zeigt, daß Erfolge weitgehend über interne Bedingungen attribuiert wurden, was bedeutet, daß sich die untersuchten Athleten weitgehend als selbst dafür verantwortlich erlebten: Ihr Kampfgeist, ihre Ausdauer, Technik, Wettkampfleistung und Schnelligkeit, ihr Trainingsfleiß und ihre Kraft haben aus ihrer Sicht «großen» oder «sehr großen» Einfluß auf ihre Erfolge. Externe Bedingungen (Trainer, Gegner, Verein, Glück und Zufall etc.) wurden in ihrem Einfluß auf Erfolge und Mißerfolge als «gering» bis «mäßig» eingestuft. Dies verwundert insbesondere für die Bedingung Trainer und Gegner, ja es scheint jeder Vernunft zu widersprechen. Aber gerade dies kann als Hinweis darauf gedeutet werden, daß die Regulation erträglicher emotionaler Befindlichkeit über kognitive Attribuierungsstrategien (nicht nur) zur sportlichen Alltagswirklichkeit gehört.

Die Rekonstruktion leistungsmotivationaler Prozesse in den sehr einflußreichen Modellen HECKHAUSENS hat zumindest in zwei Richtungen Überlegungen einer Relativierung und Erweiterung angeregt, weil den Modellvorstellungen ein zweckrationales Menschenbild zugrunde liegt. Handelnde setzen sich als Kalkulierende, Abwägende zu Handlungszielen und -erwartungen vernünftig in Beziehung. Hier setzt die Warnung THOMAES (1982) an, der die Überbetonung rationaler, zweckrationaler intellektualistischer Bedingungen gegenüber physiologisch-affektiven Erregungsprozessen wie Trieben, Erwartungen und wohl auch Instinkten für unangemessen hält. Diese Überbetonung scheint ihm immer da gegeben, wo die Erklärung motivierten Handelns allein aus kognitiven Prozessen abgeleitet wird. Solche kognitive Reduktion bringt nach THOMAE eine ebenso verhängnisvolle Vereinfachung wie die Reduktion des Verhaltens auf Triebe. Er sieht das Problem der Motivationspsychologie vielmehr in einer Interaktion zwischen so verstandenen motivationalen und kognitiven Prozessen.

In eine ähnliche Richtung stößt RHEINBERG (1982, 1989, 1991) mit seiner Anregung, neben Handlungserwartungen und der rationalen Zweckorientierung die Anreize der Tätigkeit an sich in ihrer Bedeutung für die Handlungsveranlassung zu berücksichtigen (vgl. Kasten).

Ein Modell zur Motivationsanalyse

von FALKO RHEINBERG

Wie kommt es, daß sich jemand allabendlich auf sein Fahrrad schwingt und heftig tretend viele Kilometer zurücklegt? Wenn wir die Person befragen, können wir einige Hinweise bekommen. So könnte sie radfahren, um sich gesundheitlich fit zu halten, sie könnte für die Langstreckendisziplin des Sportabzeichens trainieren, könnte ihren Winterspeck abarbeiten wollen und vieles andere mehr. Fragt man genauer nach, so kann man meist feststellen, daß solche unmittelbaren Ziele/ Handlungsresultate deshalb angestrebt werden, weil sie weitere positive Folgen haben bzw. negative abwenden. So mag beispielsweise das

Kausalattribuierung als Psychohygiene?

Einschätzung des Einflusses verschiedener «Verursachungsfaktoren» auf

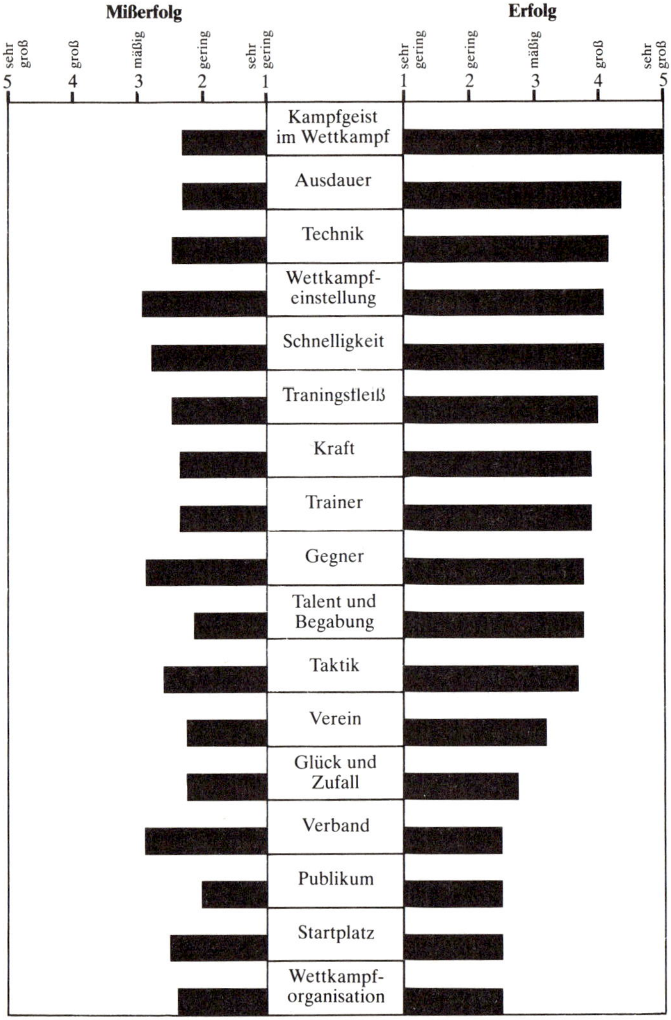

Abb. 16: Internale und externale «Versuchsfaktoren» (Bedingungen), die Hochleistungsruderer (N = 105) hinsichtlich ihres Einflusses auf Erfolg und Mißerfolg von «sehr gering» bis «sehr groß» einschätzen. Die Items sind Allmer (1973) entnommen (Eberspächer 1975b)

angestrebte Sportabzeichen als Indikator für eigene Tüchtigkeit und Willenskraft geschätzt werden. Vielleicht ist es jemandem auch bei der Selbstdefinition «sportlicher Typ» hilfreich oder verspricht ihm Anerkennung von anderen (Freunden, Arbeitskollegen, Ehefrau etc.).

Diese und viele andere Dinge müssen sich dabei keineswegs ausschließen. Entscheidend ist an dem Beispiel, daß man (sportliche) Aktivitäten (auch) deshalb engagiert betreiben kann, weil man auf ein Ergebnis zielt, das wegen seiner Folgen wichtig, bedeutsam, erstrebenswert ist. Damit solche Ergebnisfolgen tatsächlich zur Aktivität veranlassen, müssen nach Heckhausen (1981) aber vier Bedingungen erfüllt sein:

a) Die Folgen müssen der Person hinreichend wichtig sein (hoher Folgenanreiz). Weiterhin muß sich die Person b) hinreichend sicher sein, daß das Ergebnis die gewünschten Folgen auch tatsächlich nach sich zieht (hohe Ergebnis-Folgen-Erwartung), wobei sie zudem überzeugt sein muß, daß sie c) in der Lage ist, durch eigenes Handeln dieses Ergebnis herbeizuführen (hohe Handlung → Ergebnis-Erwartung), und d) daß sich das Ergebnis nicht schon durch den Gang der Dinge, also auch ohne eigenes Zutun, einstellt (niedrige Situations → Ergebnis-Erwartung). Die nachfolgende Abbildung stellt eine solche **zweckzentrierte Motivationsstruktur** als aussagenlogische Abfragesequenz dar.

Wenn man diese Struktur auf das Beispiel des sportabzeichenbegierigen Radfahrers anwendet, so wäre als «Handlung» eben sein Radfahren zu setzen, als «Ergebnis» der Erwerb des Abzeichens und als Folgen all das, was aus seiner Sicht mit diesem Abzeichenerwerb verknüpft ist (Tüchtigkeitsrückmeldung, Anerkennung etc.). Zur Bestimmung seiner Motivationsstärke müßten wir jetzt nur noch die Stärke der Folgenanreize und die Höhe der drei Erwartungen kennen, die Situation, Handlung, Ergebnis und Folgen verknüpfen. Orientiert an diesem Schema, läßt sich in vielen Fällen die Motivationsstruktur zielgerichteter Aktivitäten rekonstruieren.

Allerdings ist gerade im (Freizeit-)Sport dieses zweckzentrierte Analyseschema nicht allein hinreichend. Was ist beispielsweise mit dem Radfahrer, der uns auch nach gründlichem Nachdenken kein besonderes Ziel oder angestrebtes Resultat nennen kann, das sich als Endpunkt seines Radfahrens einstellen soll. Statt dessen könnte er uns sagen, er fahre in erster Linie deshalb Rad, weil ihm diese Art der Bewegung einfach Spaß mache. Er genieße das Erlebnis eigener Kraftentfaltung beim flüssigen Treten, den Luftzug und das Reifensurren bei schneller Fahrt, die aufregenden Schräglagen in Kurven, die vorbeiziehenden Landschaftsbilder, das völlige Abschalten und Aufgehen

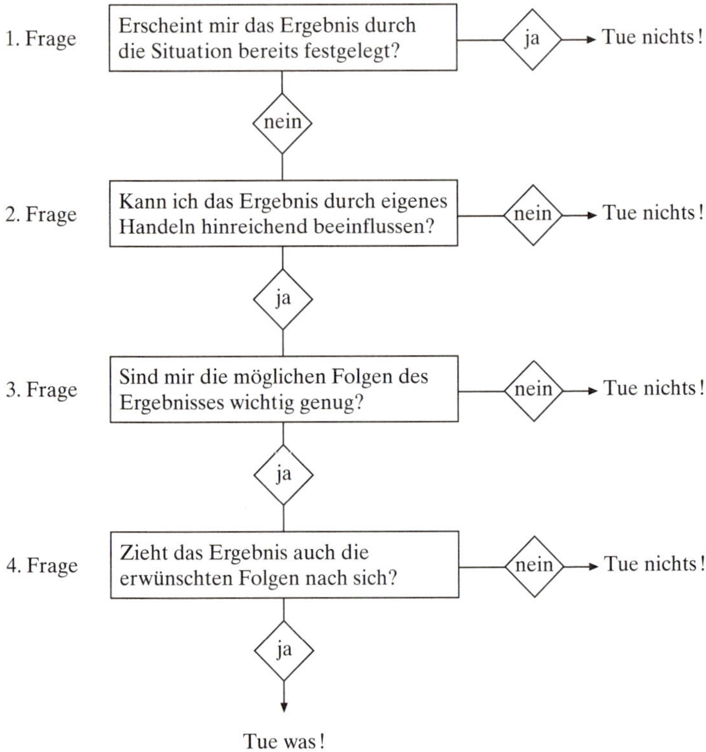

Aussagenlogische Fassung des erweiterten kognitiven Motivationsmodells nach HECKHAUSEN & RHEINBERG (1980)

in der beanspruchenden Tätigkeit und anderes mehr. Solche Anreize gehen offenbar nicht erst in handlungsbewirkte Ergebnisfolgen ein, sondern liegen im Vollzug der Tätigkeit selbst (sog. **tätigkeitszentrierte Anreize**; RHEINBERG 1989). Bei manchen Sportaktivitäten würde eine zweckzentrierte Anreizsuche beim Handlungsendpunkt sogar kraß in die Irre führen. So fährt ein Skifahrer kaum deshalb schnell einen Hang hinunter, um das Ergebnis «Am Lift stehen» mit der Folge «Frieren» zu haben. Der Anreiz liegt hier eindeutig im Vollzug der Tätigkeit, weswegen ein tätigkeitsbeendendes «Ergebnis» sogar unerwünscht sein kann. Die folgende Abbildung zeigt ein Modell, in dem sowohl zweck- wie tätigkeitszentrierte Anreize verankert sind.

Bei der Motivationsanalyse unterschiedlicher Sportaktivitäten

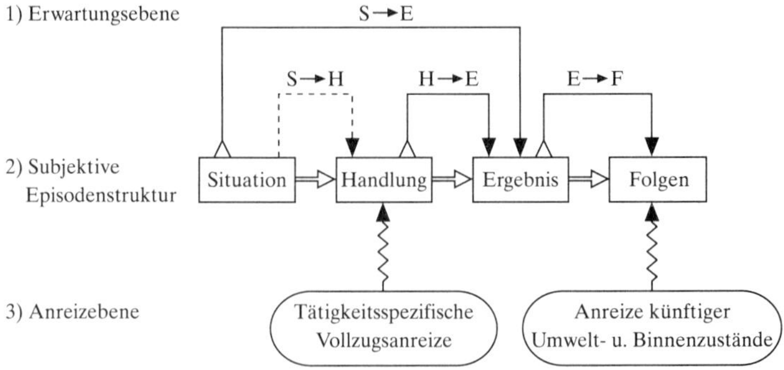

Drei Ebenen zur Motivationsanalyse einer Handlungsepisode: Ein Modell zur Verankerung von zweck- und tätigkeitszentrierten Anreizen nach RHEINBERG (1989)

wurde inzwischen eine breite Palette von Tätigkeitsanreizen zusammengestellt: Bewegungsgeschmeidigkeit, Zusammenspiel, Präzisionsgenüsse, Angstprickeln, Krafterlebnisse, spezifische Naturwahrnehmung und vieles mehr (RHEINBERG 1989; 1993). Eine wichtige Klasse solch tätigkeitszentrierter Anreize ist das sog. **Flow-Erleben**. Gemeint ist das freudvolle Aufgehen in einer flüssig ablaufenden Tätigkeit. Man fühlt sich optimal beansprucht (weder unter- noch überfordert), die Handlungsschritte sind klar und gehen glatt ineinander über, die Konzentration kommt wie von selbst, man vergißt die Zeit und mitunter sich selbst (CSIKSZENTMIHALYI 1985).

Wenngleich Personen im Flow auf hohem Funktionsniveau operieren, scheint er bei potentiell gefährlichen Aktivitäten wie etwa dem Motorradfahren im Straßenverkehr nicht unproblematisch. Wenn nämlich die Person gänzlich im schnell laufenden Geschehen aufgeht, können übergeordnete Regulationsstandards (z. B. stets defensiv zu fahren) leicht den Zugang zur momentanen Ablaufsteuerung verlieren (RHEINBERG 1991). Abgesehen von solchen Sonderfällen sind flowvermittelnde Aktivitäten aber eher positiv zu bewerten, scheinen sie doch nach CSIKSZENTMIHALYIS Entzugsexperimenten zu einer zufriedenstellenden Lebensführung zu gehören. Man kann darüber spekulieren, ob manche Sportaktivitäten vielleicht schon deshalb immer wieder ausgeführt werden, weil sie zuverlässig ein reflexionsfreies Aufgehen in der Tätigkeit ermöglichen und so der Person einen Zustand vermitteln, den sie, je nach Lebens- und Arbeitsbedingungen, anderweitig nicht in gleicher Weise erreichen kann.

Die von RHEINBERG vorgeschlagene Erweiterung könnte sich zur Interpretation motivierten Handelns im Sport deshalb als weiterführend erweisen, weil sie eine empirische Begründung der bislang vielfach nur programmatisch diskutierten Zweckfreiheit sportlichen Handelns zu fundieren in der Lage wäre. Freude und intrinsische, sich aus der Tätigkeit ergebende Motivation würden damit wissenschaftlich zuzuordnende Kategorien bei der Analyse sportlichen Handelns. CSIKSZENTMIHALYI (1975, dt. 1985, 1992) bezeichnet das Erleben, das sich aus solcher Form der Tätigkeit ergibt, als **Flow-Erlebnis**. Handelnde sind sich dabei ihrer Handlung, aber nicht ihrer selbst bewußt, vergessen sich sogar und zentrieren ihre Aufmerksamkeit auf ein beschränktes Stimulusfeld, wobei sie sich und ihre Umwelt unter Kontrolle haben und offensichtlich keine Ziele und Belohnungen außerhalb ihrer selbst suchen.

Ein erfolgreicher Tennisspieler beschrieb uns sein Flow-Erlebnis folgendermaßen: «Mein Schläger schien die direkte Verlängerung meines Arms zu sein, und trotz der weißen Begrenzungslinien hatte der Platz in meinen Augen eine enorme Weite.

Ich bemerkte bei mir gleichzeitig höchste Konzentration und das aufregende Gefühl kribbelnder Aktiviertheit – trotzdem war ich völlig entspannt und freute mich auf jeden Ball, der auf mich zuflog.

Ich war mir absolut sicher, daß ich mit dem nächsten Schlag den Ball praktisch an jeder Stelle im gegnerischen Feld plazieren konnte. Dabei hatte ich immer genügend Zeit, um mir die Ecke auszusuchen und den Schlag technisch vorzubereiten. Die Ausholbewegung, der Schlagvorgang und der Flug des Balles waren dann eigentlich nur noch das erwartete Resultat meiner Gedanken.

Irgendwie entstand so eine Art Rhythmus in meinen Schlägen, der mein Tennis automatisch, fast schon spielerisch leicht werden ließ, ohne daß ich das Gefühl hatte, mich übermäßig anstrengen zu müssen.»

In der sportspezifischen Motivationstheorie brachte erst der 1970 durchgeführte Kongreß zum Thema Motivation eine Neuorientierung, die wohl auch für die einsetzende Metamorphose der Theorie der Leibeserziehung zur Sportwissenschaft stand. Motivation wurde konzeptionell für manche zu konsequent an theoretischen Vorstellungen der Psychologie ausgerichtet. Bestimmend war hier der Duktus HECKHAUSENS. Bis dato galten in der Theorie der Leibeserziehung Motive wie Freude an der Bewegung oder Zweckfreiheit durchaus als pädagogisch hoch eingeschätzte Kategorien. Ihre wissenschaftlich begründete und nicht nur auf persönlichen Eindrücken beruhende Analyse scheint allerdings kaum geleistet worden zu sein. Darauf wenigstens verweisen die Beiträge auf den thematischen Kongressen des Ausschusses der Deutschen Leibeserzieher (ADL), «Das Spiel» (1958), «Der Wetteifer» (1961), «Die Leistung» (1964).

Sportwissenschaftliche Forschungsbemühungen setzten nach 1970 im Leistungssport, etwas später im Schulsport an. Zur Erforschung sportspezifischer Leistungsmotivation entwickelte ALLMER (1973) ein diagnostisches Inventar. GABLER (1972) modifizierte den von HECKHAUSEN zur Motivationsanalyse weiterentwickelten Thematischen Apperzeptionstest (TAT) von MURRAY in eine sportthematische Version. Obwohl sich beide Methoden in der Folge nicht recht etablieren konnten, waren sie zu ihrer Zeit doch wichtige sportpsychologische Arbeiten in einem anerkannten Forschungsfeld der Psychologie. Motivationsverläufe und -änderungen in Abhängigkeit des Engagements im Hochleistungssport untersuchten u. a. GABLER (1976a), SACK (1980) und KAMINSKI und RUOFF (1979).

Neben der dominierenden Leistungsmotivationsforschung im Hochleistungssport entwickelten sich in den letzten Jahren Forschungsaktivitäten in anderen Bereichen und im Schulsport. ERDMANN (1979, 1987) untersuchte Anschlußmotivation und Einflußstreben im Schulsport. Die gesellschaftspolitische Problematik der Aggression im Sport wurde in einer Reihe von Beiträgen zur Aggressionsmotivation exploriert (PILZ et al., 1982).

Forschungsbemühungen im Feld des Schulsports initiierte HECKER vor dem Hintergrund der HECKHAUSENschen Motivationsmodelle, die in einer Serie von schulsportspezifischen Arbeiten weitergeführt wurden. WESSLING-LÜNNEMANN (1985) entwickelte beispielsweise Motivationsförderungsprogramme für Schulkinder durch ein Trainingsprogramm für leistungsmotivationsförderndes Lehrerverhalten im Sportunterricht (vgl. Kasten).

Motivationsförderung im Sportunterricht

von GERBURGIS WESSLING-LÜNNEMANN

Die Motivationsforschung hat sich in einigen punktuellen Ansätzen auch mit den Motivationseffekten im Unterricht beschäftigt. Da dem Leistungsmotiv eine besondere Bedeutung für die schulische Lern- und Leistungsentwicklung zuerkannt wurde, bemühten sich Motivations- und Unterrichtsforschung (seit 1961) zunächst um Programme zur Beeinflussung des Leistungsmotivs. Diese Arbeiten bauten im wesentlichen auf den Annahmen sog. Erwartungs-mal-Wert-Theorien auf. Mit der Weiterentwicklung in Richtung einer kognitiven Motivationstheorie (HECKHAUSEN, 1977) konnten einzelne Determinanten des Motivationsprozesses gezielt geschult werden.

Bereits 1971 wurden die ersten Programme für den Sportunterricht durchgeführt. Daraus folgten unterschiedlich angelegte Studien in jeweils verschiedenen Schulstufen. Sie lassen sich vier – zum Teil ineinander verzahnten – Forschungsbereichen zuordnen:

(1) HECKER (1974) stellte einen Kanon sportmotorischer Aufgaben für eine optimale Lern- und Leistungsmotivierung auf. Dabei erwies sich die Schulung der realistischen Anspruchsniveau-Setzung als besonders förderlich (vgl. WESSLING-LÜNNEMANN 1983).

(2) Mit dem Ziel einer ökonomischen und praxisnahen Förderung der Leistungsmotivation wurden Lehrertrainingsprogramme konzipiert (vgl. u. a. BEIER 1980; KLEINE 1980; WESSLING-LÜNNEMANN 1985). Intendierte Veränderungen, die weitgehend mit der individuellen Bezugsnorm-Orientierung der Lehrer in Zusammenhang standen, hatten bei den Schülern gewünschte Effekte erzielt (vgl. WESSLING-LÜNNEMANN 1982): Versuchsschüler zeigten nach einem Jahr im Gegensatz zu den Kontrollschülern eine stärkere Ausprägung der Erfolgsorientierung bei gleichzeitigem Abbau der Leistungsangst.

(3) Der Forschungsansatz wurde – angeregt durch entwicklungspsychologische Arbeiten von ERDMANN (1983) auf das Gesellungsmotiv und das Machtmotiv ausgeweitet. Diese sozialen Motive konnten nach entsprechender Interventionszeit stabilisiert werden. Damit ließ sich auch auf die besondere Bedeutung des positiven Selbstkonzeptes eigener Fähigkeiten (Komponente des Leistungsmotivs bei der Ausbildung des «sozialisierten Einflußstrebens» (Hoffnungskomponente des Machtmotivs) hinweisen.

(4) Der Blick richtete sich nun auf Motivkomplexe, deren methodische Erfassung mit Hilfe des Motivgitters (KLEINE 1982) und die daraus ableitbaren Interventionsmaßnahmen (vgl. ERDMANN 1987).

Mit diesen Befunden konnten weitreichende Aussagen zu den Entwicklungsbedingungen des Leistungs-, Gesellungs- und Machtmotivs auch über den Schulsport hinaus gemacht werden.

In der empirischen und theoretischen Konzeption der Durchführung und Auswertung solcher Motivationsschulungsprogramme zeichnet sich eine für die Weiterentwicklung der Sportpsychologie grundlegend wichtige

Tatsache ab, nämlich die Kooperation mit der Psychologie, insofern Anregungen und Erkenntnisse sportpsychologischer Forschung in die Grundlagenwissensbestände der Psychologie zurückfließen, durch die sie angeregt wurden.

Überdauernde Bedingungen

Handeln, Verhalten, Erleben und Wahrnehmen werden nicht nur über die bis hierher dargestellten Prozesse wie Denken, Fühlen, Motivation situationsabhängig gesteuert, sondern auch durch **überdauernde Bedingungen** (vgl. Abb. 4, S. 27). Unter letzteren versteht man die lebensgeschichtlich erworbenen Eigenarten und Dispositionen einer Person, durch die ihre Wechselbeziehung zur Umwelt ein personspezifisches, individuelles Gepräge erhält und die im aktuellen Geschehen Kontinuität stiften. Zielgerichtetes und erwartungsgesteuertes Handeln schließlich ist erst vor dem Hintergrund der Annahme überdauernder Bedingungen denkbar.

Aus der Vielzahl möglicher überdauernder Bedingungen des Handelns, Verhaltens, Erlebens und Wahrnehmens kommen in den folgenden Kapiteln einige zur Darstellung, die für sportpsychologische Fragestellungen besonders bedeutsam erscheinen: das **Können** und **Wissen**, also die **Fähigkeiten, Fertigkeiten** und **Kenntnisse** einer Person, ihre **Einstellung** sowie das Bild, das sie in verschiedenen Lebensräumen von sich selbst hat, ihre **Selbstkonzepte**.

Können und Wissen: Fähigkeiten, Fertigkeiten und Kenntnisse

«Gewußt, wie...» und «Gekonnt ist gekonnt...» sind als Bemerkungen immer dann zu hören, wenn es jemandem gelungen ist, Anforderungen einer Situation besonders sicher, schnell und wirksam zu bewältigen. Voraussetzung für solche Leistungen sind **Wissen** und **Können**, die im Laufe der Entwicklung, oft durch intensive Lern- und Trainingsprozesse erworben wurden. Man ordnet sie als überdauernde Bedingungen der Person-Umwelt-Wechselbeziehung ein, weil sie sich nicht von Augenblick zu Augenblick verändern, sondern jemanden befähigen, in bestimmten Situationen recht zuverlässig in bestimmter Weise zu handeln.

Bewegungskönnen etwa betrachten MEINEL und SCHNABEL (1976, 54) als «entwickelte und voll beherrschte Fähigkeit zu sicherer, schneller und erfolgreicher Lösung von Bewegungsaufgaben». Nimmt man es allerdings genau, so sind Wissen und Können nur als *relativ* überdauernde psychische Bedingungen einer Person einzustufen, denn durch Lernen, Üben, Trainieren können sie einerseits verbessert und perfektioniert, durch Nichtlernen, -üben und -trainieren andererseits abgebaut, verlernt und vergessen werden. Wenn man «lange nichts mehr tut, kommt man aus der Übung», eine Erfahrung, die jeder aktive Sportler nach Beendigung seiner Laufbahn erlebt.

Besonders das Können, hier verstanden als Fertigkeiten und Fähigkeiten, ist sportlich relevant, entsprechend gilt es hier näher darauf einzugehen. Das verfügbare Wissen, die Kenntnisse einer Person dagegen, sind ein derartig komplexes Feld, daß es in verschiedenen Zusammenhängen, etwa dem Denken, der Motivation, dem Lernen etc. immer wieder aufgegriffen wird.

Im Alltag bewältigt man Routineanforderungen mit **Fertigkeiten**. Sie werden als relativ schnell ablaufende, gut koordinierte und runde Abläufe erlebt, und zwar vom Ausführenden wie von außenstehenden Beobachtern. Im Sprachgebrauch wird nach VOLPERT (1976), an den sich die folgende Darstellung anlehnt, Fertigkeit mehr als «sensumotorische Fertigkeit» verstanden, und in diesem Sinne soll der Begriff hier verwendet werden. Es sind «strukturelle Folgen von Teilbewegungen», die eine Anpassung «an sich wiederholende Bedingungen der Praxis» (BOIKO 1956, zit. nach VOLPERT 1976, 36) ermöglichen.

Fertigkeiten sind besonders über drei Merkmale bestimmt, ihr Ablauf ist im allgemeinen relativ starr und unflexibel, kaum angepaßt an Störungen. Sie verlaufen automatisch, grundsätzlich ohne Bewußtseinskontrolle, aber intern kinästhetisch durch niedere Zentren des Zentralnervensystems geregelt. Ein drittes Merkmal ist ihre **Programmsteuerung**, was bedeutet, daß der Ablauf der Fertigkeit nach einem vorgegebenen Programm gesteuert und allein dadurch bestimmt wird, daß auch eine kinästhetische Rückmeldung im Sinne einer Regelung nicht angenommen werden kann. Deshalb wird ein physiologischer Mechanismus angenommen, der einer Programmsteuerung entspricht» (VOLPERT 1976, 37).

Durch Automatisierung und/oder Programmsteuerung werden die Ökonomie gesteigert und die Ablaufzeit von Fertigkeiten verkürzt. Obwohl die Kontrolle der Koordination nicht bewußten Regulationsebenen zugeordnet wird, können diese ablaufenden Prozesse uns mit bewußt sein, wir wenden uns ihnen gegebenenfalls mit Aufmerksamkeit zu. Dies geschieht besonders dann, wenn Störungen des Ablaufs eintreten oder wenn wir es besonders gut machen wollen. Letzteres macht den Elfmeterschützen zum schlechten Elfmeterschützen: Er greift bewußt in die Fertigkeit des Elfmeterschießens ein und stört damit den runden, gut koordinierten Ablauf.

Aber nicht nur in den Ablauf kann bewußt eingegriffen werden, auch das Abrufen einer Fertigkeit kann bewußt geschehen, wobei die Kontrolle des Ablaufs selbst durchaus unbewußt bleiben kann. Der Speerwerfer, der anläuft und seinen Wurf bewußt auslöst, den Verlauf der ausgelösten Bewegung aber nicht mehr bewußt wahrnimmt, kann hier eingeordnet werden.

Höhere, bewußte Regulationsebenen können steuernd auf untere Regulationsebenen einwirken, wobei diese eine relative Eigenständigkeit und eine ihrer Ebene gemäße Informationsverarbeitung einhalten. Steuerung von oben und Regelung auf unterer Ebene sind somit einander ergänzende Prinzipien und nicht Annahmen, die sich gegenseitig ausschließen. Durch das Delegieren bestimmter Aufgaben auf niedere Regulationsebenen werden die höheren nicht ausgeschaltet, sondern entlastet.

Fertigkeiten wurden als relativ starre Handlungsprogramme für stereotype, wiederkehrende Anforderungen der Umwelt beschrieben. Die Auseinandersetzung mit ihrer Umwelt stellt eine handelnde Person aber nicht nur vor sich wiederholende, sondern oft vor neue, sich ändernde und sehr komplexe Anforderungen. Hier muß sie adäquate, komplexe Programme für Handeln erlernen, üben und trainieren, um sie zur Verfügung zu haben: **Können** bzw. **Fähigkeiten**. Sie ermöglichen die «bewußte Anpassung an die sich ändernden Anforderungen» (Boiko 1956, zit. nach Volpert 1976, 41). Dies gilt in zweifacher Hinsicht: zum einen als Voraussetzung zur Lösung bestimmter Aufgaben, also etwas zu leisten, zum anderen als Voraussetzung, die dafür notwendigen Handlungsprogramme und -möglichkeiten zu erwerben, zu lernen.

Fertigkeiten sind danach relativ starre Handlungsprogramme, die in das umfassende Programm Können bzw. Fähigkeit eingebaut sind. Im Bild versucht Volpert (1976, 46) dies zu verdeutlichen: Fertigkeiten sind Teile, die aus «Bausteinen» nach bestimmten «Bauprinzipien» zusammengefügt sind und in das flexible Ganze des Könnens bzw. der Fähigkeiten eingesetzt werden. Der Teil selbst wird dabei immer weniger flexibel. Die Fertigkeit wird also gewissermaßen in den Dienst der Fähigkeit gestellt und kann im Rahmen der Fähigkeit abgerufen werden.

Volpert veranschaulicht den Unterschied zwischen Fertigkeit und Fähigkeit am Beispiel des Autofahrens, eines fraglos hochkomplexen Handlungsprogramms: «Eine Fertigkeit im Rahmen dieses ‹Könnens› ist die Folge, ‹auskuppeln, einen anderen Gang einlegen, einkuppeln›. Im Normalfall löst **ein** Initialimpuls ‹schalten› diese Folge aus» (1976, 76). Dabei läuft die Fertigkeit Schalten oft automatisch ab, man braucht nicht darauf zu achten. Für den Autofahrer ist dies eine Entlastung; er kann diese Fertigkeit auf unterbewußte bzw. mit bewußte Regulationsebenen delegieren und sich dafür kognitive und konzentrative Kapazität freimachen, den Verkehrsablauf sehr bewußt und aufmerksam zu verfolgen und situationsadäquat flexibel zu handeln.

Kognitive Schemata

In der dynamischen Wechselbeziehung mit ihrer Umwelt muß eine Person ständig große Informationsmengen verarbeiten, muß sie ordnen und bewerten, muß ihr Handeln entsprechend entscheiden und planen, um in der jeweiligen Situation angemessen und effektiv sein zu können. Diese situationsangemessene und effektive Verarbeitung von Information kann in psychischen Belastungssituationen stark irritiert sein. Athleten und auch Trainer verlieren in solchen Situationen manches Mal den Überblick, was nichts anderes bedeutet, als daß sie die einfließende Information in der zur Verfügung stehenden Zeit mit den zur Verfügung stehenden Mitteln nicht mehr zu ordnen vermögen. Sie handeln dann kopflos, eben nicht mehr situationsangemessen und effektiv.

Oftmals ist man aber gerade gezwungen, in Situationen zu handeln, obwohl sie unübersichtlich sind, weil sie zu viele (noch ungeordnete und unbewertete) oder zu wenige Informationen vermitteln, vielleicht noch dazu unter Zeitdruck. Hier helfen **kognitive Schemata** als subjektive Koordinationssysteme oder Ordnungssysteme, die Dinge zu ordnen, vergleichbar den «naiven Theorien» (LAUCKEN 1974) und «impliziten Theorien» (HOFER 1969).

Allgemein haben kognitive Schemata die Funktion, Beziehungen einer Person und ihre Orientierung in der Umwelt zu erleichtern, die Last und die Ungewißheit in neuen, ungewohnten und schwierigen Situationen abzubauen. Sie stiften automatisch Sinnzusammenhänge und haben dadurch Entlastungsfunktion. Am ehesten deutlich wird die Wirkung kognitiver Schemata im Bereich der Vorurteile und Stereotype. Man weiß, daß «die» Ausländer diese und jene Verhaltensweisen bevorzugen und so und so aussehen. Man weiß, daß Eishockey «brutal», Gymnastik «ästhetisch», Schwimmen «gesund» ist etc. Man weiß von sich selbst, ob man ein guter Spieler, ein mäßiger Skiläufer oder ein sportlicher Autofahrer ist.

Für unseren Zusammenhang greifen wir zwei für die Sportpsychologie wichtige kognitive Schemata heraus, die als relativ überdauernde Bedingungen von Handeln, Erleben und Wahrnehmen im sozialen Handlungsfeld Sport wirksam werden können: **Einstellungen** und **Selbstkonzepte**.

Einstellungen

«Es würde mir nie in den Sinn kommen, jeden Tag fünf Kilometer zu laufen, nur weil es gesund sein soll!» lautet der Standpunkt eines neunzehnjährigen Primaners in der Diskussion mit seinem Freund, der einwendet, daß es ihm «einfach Spaß» mache, täglich zu laufen.

Beide haben erklärt, was ihnen Laufen bedeutet. Sie haben angedeutet, wie sie einem Sachverhalt Laufen gegenüber zu reagieren bzw. sich ihm gegenüber zu verhalten bereit sind, kurz, sie haben ihre **Einstellung** zum Ausdruck gebracht. Unter Einstellungen – soweit kann man die Gemeinsamkeiten der vielen Definitionen dieses Begriffs in etwa zusammenfassen – verstehen Psychologen mehr oder weniger überdauernde, erlernte und erworbene Verhaltens- und Reaktionsbereitschaften, die auf einen bestimmten Sachverhalt oder eine Klasse von Sachverhalten bezogen sind.

Lange Zeit schien das Interesse an der Erforschung von Einstellungen wesentlich von der Annahme getragen, daß Einstellung und Verhalten direkt funktional zusammenhängen. Diese Annahme ist in der Tat verlockend: Denn wenn sie zuträfe, könnte man aus der Kenntnis der Einstellungen einer Person ihr Verhalten verändern. Einstellungen wären dann also so etwas wie ein Hebel, um Verhalten und auch Handeln zu steuern.

Diese Annahme hat auch Einfluß auf die Curriculum-Diskussion des Sportunterrichts genommen, denn hier wurde und wird noch immer auf die Notwendigkeit hingewiesen, im Sportunterricht positive Einstellungen gegenüber dem Sport zu fördern. Hintergrund solcher Lernziele ist natürlich die Erwartung, daß zum Beispiel durch die Entwicklung solcher positiver Einstellungen auch die Bereitschaft, außerhalb der Schule oder über die Schule hinaus Sport zu treiben, günstig beeinflußt wird (vgl. BECKER 1976; BIELEFELD 1981). SINGER/EBERSPÄCHER/BÖS/REHS (1980, 7f) in diesem Zusammenhang: «Es ist daher auch nicht verwunderlich, daß sich sportwissenschaftliche Untersuchungen, in denen das

Einstellungskonzept verwendet wurde, meist mit der Erfassung von Einstellungen zu Problemen des Sportunterrichts beschäftigten.»

Allerdings gab es schon früh kritische Stimmen und Untersuchungsbefunde, die den postulierten Zusammenhang zwischen Einstellung und Verhalten (LA PIERRE 1934) fragwürdig erscheinen ließen.

Am Breiten- und Freizeitsport läßt sich vielleicht plausibel machen, daß zwischen Einstellung und Verhalten eine beträchtliche Kluft bestehen kann: Die weit überwiegende Mehrzahl der Bundesbürger gibt an, daß man Sport treiben sollte. Wenn man nun davon ausginge, daß Einstellungen das Verhalten bestimmen, dann müßten unsere Sportstätten umgehend wegen Überfüllung geschlossen werden.

Nun sind Diskrepanzen zwischen Einstellungen und Verhalten nicht überraschend, sollten sogar teilweise erwartet werden, weil das tatsächlich an den Tag gelegte Verhalten in konkreten Situationen dem Einstellungsobjekt gegenüber nicht nur von der jeweiligen Einstellung, sondern von einer ganzen Reihe weiterer Person- und Situationsmerkmale mitbestimmt werden dürfte. Ganz allgemein ist (nach SINGER et al., 1980) die Liste der Variablen, die die Höhe des Zusammenhangs zwischen Einstellung und Verhalten beeinflussen können, recht lang und umfassend, dabei spielen personale wie situationale Faktoren eine Rolle, so zum Beispiel:

- andere Einstellungen
- konkurrierende Motive
- Fähigkeiten
- Aktivationsniveau
- normative Vorschriften über angemessenes Verhalten bzw. Rollen
- die Gegenwart anderer
- der Grad der Spezifizität des Einstellungsobjektes
- die Verfügbarkeit alternativer Handlungsmöglichkeiten und deren antizipierte Konsequenzen.

Die Problematik der möglichen Diskrepanz zwischen Einstellung und Verhalten sei hier beispielhaft aufgezeigt. Nehmen wir an, eine Studentin würde gern Fußball spielen; sie habe gegenüber dem Fußballspielen eine durchaus positive Einstellung: Tatsächlich spielt sie aber nicht Fußball; denn es wirken konkurrierende Motive wie das Bedürfnis nach sozialem Ansehen in ihrer Umwelt. Normative Vorschriften über angemessenes Verhalten bzw. Rollen können ebenfalls den Entschluß, Fußball spielen zu wollen, behindern («eine Frau tut das nicht!»). Zwar könnte durchaus die Bereitschaft vorhanden sein, Fußball zu spielen, wenn keine Zuschauer anwesend wären; aber die Gegenwart anderer wird als sehr intensive Hemmbedingung erlebt etc.

Hinweise darauf, daß Einstellung zum Sport und sportliche Aktivität durchaus in positivem Zusammenhang stehen können, liefert die Arbeit von SINGER et al. (1980), die eine deutschsprachige Version (ATPA-D) der englischen Skala «Attitudes towards physical activity» (ATPA) standardisierten. Ausgehend von einem «Strukturmodell» des Sports, dessen Komponenten mögliche instrumentelle Werte sportlicher Aktivitäten darstellen, hat KENYON (1968) eine Einstellungsskala vorgelegt, die sechs relativ unabhängige Dimensionen erfassen soll: Sportliche Aktivität als Möglichkeit,

- bestimmte soziale Bedürfnisse zu befriedigen (soziale Erfahrung)
- Gesundheit und Fitneß zu verbessern (Gesundheit/Fitneß)
- Spannung und kontrolliertes Risiko zu erleben (Spannung/Risiko)
- ästhetische Bedürfnisse zu befriedigen (ästhetische Erfahrung)
- emotionale Spannungen abzubauen bzw. abzureagieren (Katharsis)
- beim Anstreben hoher Leistungen eine Art asketischer Erfahrung zu machen (asketische Erfahrung).

Geprüft wurde von SINGER et al. (1980) u.a. folgende Hypothese: «Personen weisen um so höhere Einstellungswerte auf, je höher der Grad ihres allgemeinen sportlichen Engagements ist, und umgekehrt. Diese Beziehung zeigt sich bei allen Subskalen des ATPA-D, mit Ausnahme der Subskala ‹Gesundheit/Fitneß›». Um diese Hypothese zu überprüfen, wurden die Versuchspersonen in vier Gruppen eingeteilt:

- **Leistungssportler** (L). Darunter wurden Personen verstanden, die in einer Sportart mehr als 2,5 Stunden pro Woche im Sportverein trainierten und in dieser Sportart auch Wettkämpfe bestritten.
- **Freizeitsportler mit Vereinsbindung** (V). Darunter wurden Personen verstanden, die zwar in einem Sportverein Sport trieben, aber nicht an Wettkämpfen teilnahmen und in keiner Sportart mehr als 2,5 Stunden pro Woche trainierten.
- **Freizeitsportler ohne Vereinsbindung** (F). Darunter wurden Personen verstanden, die sich zwar sportlich betätigten, aber keinem Sportverein angehörten.
- **Nicht-Sportler** (N). Darunter wurden Personen verstanden, die sich nicht sportlich betätigten oder, genauer ausgedrückt, keinerlei sportliche Aktivität angaben, weder im Verein, noch außerhalb des Vereins.

Wie Abbildung 17 zeigt, fanden sich zwischen diesen vier Gruppen, die sich hinsichtlich des Ausmaßes ihres Sportengagements unterschieden, in den Subskalen «Soziale Erfahrung», «Spannung/Risiko», «Katharsis» und «Asketische Erfahrung» bei den Männern wie bei den Frauen jeweils signifikante Unterschiede, die in der erwarteten Richtung liegen. So ist die Einstellung gegenüber diesen vier potentiellen instrumentellen Wer-

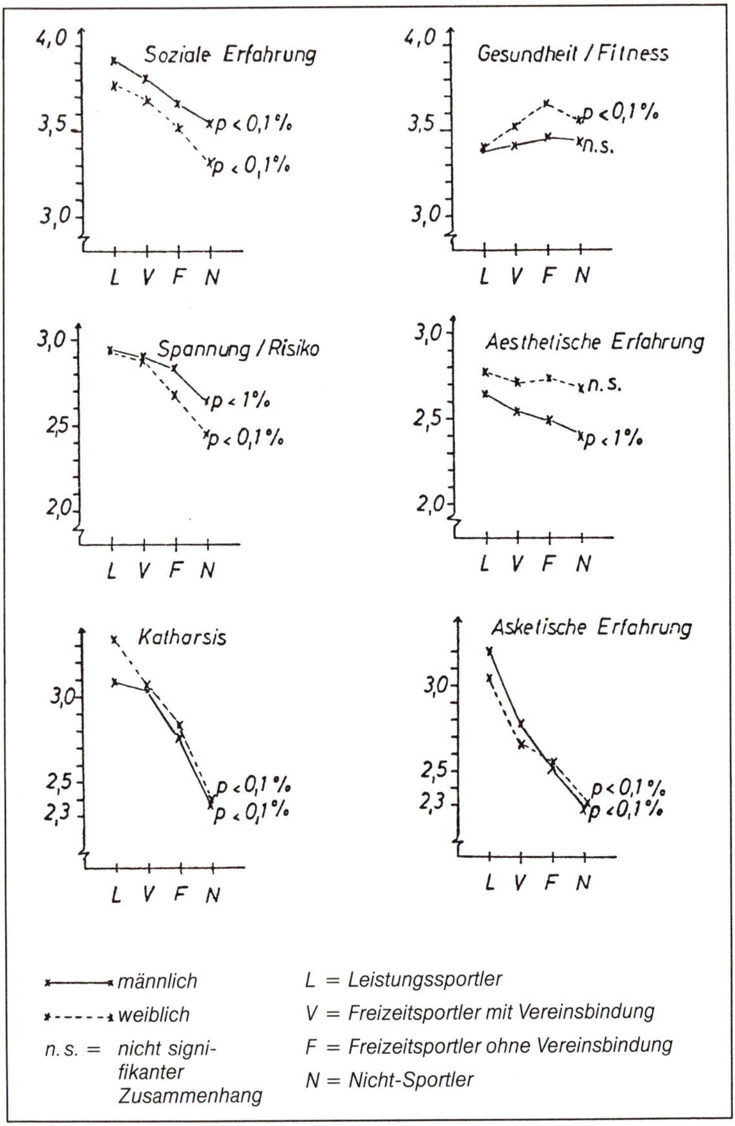

Abb. 17: Durchschnittliche Skalenwerte in der ATPA-D-Einstellungsskala zum Sport von weiblichen und männlichen Sportlern unterschiedlichen Engagements (SINGER, EBERSPÄCHER, BÖS & REHS 1980, 113; N = 2989)

ten sportlicher Aktivität jeweils bei den «Leistungssportlern» am positivsten und nimmt über die «Freizeitsportler mit Vereinsbindung» zu den «Freizeitsportlern ohne Vereinsbindung» und zu den «Nicht-Sportlern» hin deutlich ab.

Solche Ergebnisse belegen, daß Einstellungsforschung auch im Sport durchaus ihren Stellenwert hat. Differenzierte Einsichten in die Zusammenhänge zwischen Einstellungen und Verhalten können sich aber immer nur aus differenzierten Fragestellungen ergeben. Die Frage kann also nicht sein, ob Einstellungen und Verhalten im Zusammenhang stehen, sondern unter welchen Bedingungen.

Selbstkonzepte

Die Menge und Vielfalt an Information, die man permanent zu verarbeiten hat, übersteigt bei weitem die menschliche Aufnahme- und Verarbeitungskapazität. Um die handelnde Orientierung in der Welt aufrechtzuerhalten, ist man gezwungen, Information zu selektieren und zu organisieren. Ein grundlegendes Bezugssystem, das darüber entscheidet, wie solche Informationsreduktion verläuft, ist das Bild, das Personen von sich selbst haben, ihr Selbstbild oder **Selbstkonzept**, das als wichtiger Orientierungsrahmen von Handeln gilt (Filipp 1979).

Man handelt nicht einfach so, sondern immer als jemand in bezug zu etwas. Deshalb ist es auch wenig zweckmäßig, davon auszugehen, daß jeder nur *ein* Selbstkonzept im Sinne *eines* durchstrukturierten Gesamtkonzepts der eigenen Person hätte. Vielmehr legt die Überlegung, daß sich Selbstkonzepte immer auf etwas beziehen, nahe, daß man situationsspezifisch verschiedene aktualisieren kann, die zum Teil sogar im Widerspruch zueinander stehen können. Selbst für jemanden, der sich zum Beispiel als guten Tennisspieler sieht, ist es nicht ungewöhnlich, daß er sich gleichzeitig als miserablen Verteidigungsspieler, andererseits aber als recht guten Angriffsspieler einordnet, mit einem sehr guten Aufschlag u. ä.

Selbstkonzepte werden erlernt, sie bauen sich im Laufe der Persönlichkeitsentwicklung auf. Sie sind unter anderem das Ergebnis des Wahrnehmens der eigenen Person, des Nachdenkens über sich selbst und des sozialen Vergleichs. Im Sport wird die Problematik von Selbstkonzepten kaum diskutiert, obwohl etwa in der neueren Motivationsforschung gezeigt werden konnte, daß der Entschluß, sich einer Aufgabe zuzuwenden, und die entsprechenden Folgebehandlungen wesentlich vom Bild der eigenen Fähigkeiten und Möglichkeiten bestimmt werden (vgl. Kasten S. 77ff.).

Beim leistungsmotivierten Handeln werden zum Beispiel die eigenen Fähigkeiten und Schwierigkeiten der anstehenden Aufgabe gegeneinander abgewogen.

Hier wird deutlich, daß jemand mit einem überzeugten Bild der eigenen Fähigkeiten zu anderen Entscheidungen kommt als ein anderer, der kein solch stabiles Selbstbild mit Überzeugung erlebt. Im Schulsportalltag wird sich zum Beispiel derjenige Lehrer, der sich als Experte für Basketball sieht, anders im Basketballunterricht einsetzen und darstellen als derjenige, der ein weniger konkretes Selbstbild als Basketballer besitzt.

Gerade weil Selbstkonzepte Handeln steuern und regulieren, ist es sportpsychologisch und sportpädagogisch wichtig zu wissen, wie sie entstehen, vor allem, aus welchen **Quellen** Personen Informationen über sich selbst beziehen und Wissen über sich aufbauen. In Anlehnung an FILIPP (1979, 131) lassen sich systematisch fünf Informationsquellen zusammenstellen, aus denen Selbstkonzepte über die Zuweisung von Merkmalen gespeist werden.

Bei **direkten Merkmalszuweisungen** durch andere Personen werden einem von der sozialen Umwelt Merkmale zugeschrieben, die man unter bestimmten Bedingungen in sein Selbstkonzept einbaut. Der Trainer, der einen Jugendlichen nach Hause schickt, mit der Feststellung: «Du lernst es ja doch nie!» hat solch eine Zuschreibung ebenso vorgenommen wie der Journalist, der einen Volleyballspieler als ein zu «einigen Hoffnungen berechtigendes Talent» qualifiziert. Bei beiden Athleten können diese Informationen sehr unterschiedliche Folgehandlungen auslösen: Den ersteren werden sie unter Umständen zu einer «Jetzt erst recht»-Reaktion anstacheln, letzterer vermindert vielleicht sein Training, weil er nun als Talent – es steht sogar in der Zeitung – Training nicht mehr so nötig zu haben glaubt.

Aus der Interpretation des Verhaltens anderer schlußfolgern Personen oft auf die Einschätzungen und Bewertungen, die ihnen entgegengebracht werden. Solche **indirekten Merkmalszuschreibungen** erfährt zum Beispiel der Fußballtrainer, der immer dann verpflichtet wird, wenn es eine Mannschaft vor dem Abstieg zu retten gilt, oder der Mannschaftskapitän, den der Trainer immer dann konsultiert, wenn es schwierigere Probleme zu lösen gilt. Sie erfahren über solche indirekten Merkmalszuweisungen, daß ihr Rat geschätzt wird, integrieren diese Information in ein entsprechendes Selbstkonzept und erleben sich als Experten für bestimmte Probleme.

Personen bauen aber nicht nur dadurch Selbstkonzepte auf, daß sie passiv Erfahrungen und Zuschreibungen aufnehmen, sondern sie besorgen sich auch aktiv Informationen im Vergleich mit anderen. Solche **ver-**

gleichenden Merkmalsselbstzuweisungen führen zu positiven, neutralen oder negativen Selbstbeurteilungen, die natürlich in ihrer Qualität davon abhängen, welche Bezugspersonen und -gruppen als Vergleichsmaßstab herangezogen werden. In Vorwettkampfphasen versuchen Athleten oft per Vergleich mit anderen ihr Selbstkonzept zu stabilisieren: «Ich bin stärker als B, den ich geschlagen habe, er aber hat meinen nächsten Gegner E besiegt, also müßte ich gegen E bestehen können» und ähnliches. Oftmals wird bei solchen Stabilisierungsstrategien Psychohygiene betrieben, indem ganz systematisch das Selbstkonzept gefährdende Informationen übersehen und andere stabilisierende einbezogen werden.

Als eine wesentliche Quelle selbstbezogener Informationen bezeichnet FILIPP (1979) die Kompetenz von Menschen, aus der Selbstbeobachtung ihres eigenen Handelns und Verhaltens Rückschlüsse über sich, ihre Fähigkeiten, Fertigkeiten, Einstellungen etc. zu ziehen. Solche **reflexiven Merkmalsselbstzuweisungen** lassen möglicherweise einen höheren Grad an Unabhängigkeit gegenüber externen Quellen selbstbezogener Informationen zu, Personen, die dazu neigen, können sich mit Umweltanforderungen oft stabiler auseinandersetzen. Wettkampfstabile Athleten schöpfen erfahrungsgemäß ihr Selbstbewußtsein und ihre Nervenstärke oft aus reflexiven Merkmalsselbstzuweisungen.

Eine fünfte Informationsquelle sind **ideationale Merkmalsselbstzuweisungen**. Ermöglicht werden sie dadurch, daß Personen in der Lage sind, gespeicherte Erfahrungen über den Umgang mit sich selbst abzurufen und dadurch sozusagen neue Informationen über sich zu strukturieren. Hier wird also selbstbezogene Information aufgebaut, indem Menschen über sich selbst nachdenken und Vergangenes reproduzieren. Dies geschieht oft nach Wettkämpfen, wenn Athleten das Geschehen rekonstruieren und ihre Stärken und Schwächen schließlich so zu einem Bild strukturieren, daß am Ende ein positives Selbstbild resultieren kann und man das Gesicht nicht verloren hat oder als Versager dasteht.

Ableitbar wird aus diesen Ausführungen die Bedeutung der Rolle von Eltern, Erziehern, Sportlehrern und Trainern bei der Kontrolle von Merkmalszuweisungen und Merkmalsselbstzuweisungen, die die ihnen anvertrauten Personen durch ihre Umwelt und durch die Wahrnehmung ihrer selbst erfahren. Vertreter von Erziehungs- und Ausbildungsmaßnahmen, die Erfolgreiche und Versager, Zugelassene und Abgewiesene produzieren, müssen hier auf die weitreichenden möglichen psychischen Konsequenzen für das Selbstverständnis und Handeln der jeweils Betroffenen hingewiesen werden.

Entwicklungsprozesse im Sport

Entwicklung als Veränderungsreihe

Personen verändern sich in der Wechselbeziehung zu ihrer Umgebung im Laufe ihres Lebens. Diese Veränderungen vollziehen sich aber nicht nur aufgrund von Zufällen und unvorhersehbaren Ereignissen wie Krankheiten, Unfällen, Verletzungen und Vergiftungen, sondern auch systematisch und nicht umkehrbar. Mit den Bedingungen und Prozessen solcher systematischer und nicht umkehrbarer Veränderungen im Lebenslauf befaßt sich die Entwicklungspsychologie. Was verändert sich durch die Entwicklung?

ALLMER (1983, 43ff) versteht Entwicklung als Veränderung der psychischen Handlungsregulation, also der kognitiven und emotionalen Regulation von Handlungen. Wie wir wissen, ist Handeln Auseinandersetzung mit einer Umwelt. Was sich also ändert, sind die kognitiven und emotionalen Bedingungen des Handelns und das Handeln selbst. Dabei ist einerseits davon auszugehen, daß kognitive und emotionale Bedingungen des Handelns sich wechselseitig beeinflussen, was sich zum Beispiel an bewährten Gefühlstheorien (vgl. SCHACHTER und SINGER auf S. 63f) deutlich machen läßt. Andererseits ist es wichtig zu verstehen, daß weder «das Individuum» noch «die Umwelt» oder «Umweltausschnitte» überhaupt in ihrer Isolierung betrachtet und einander gegenübergestellt werden können, denn beide sind a priori (nur) Teil der Handlung, sie existieren deshalb a priori in ihrer funktionalen Verknüpfung (ECKENSBERGER 1978).

Besonders eindrucksvoll lassen sich die Veränderungen von Personen und der Wechselbeziehung zu ihrer Umgebung in den ersten Lebensabschnitten beobachten. Wohl hauptsächlich deshalb hat sich Entwicklungspsychologie lange Zeit auf das Studium des Kindes- und Jugendalters beschränkt. Die vorgeburtliche Entwicklung sowie die Entwicklung im Erwachsenenalter wurden kaum beachtet.

Dies hat sich geändert. Heute wird, zwar nicht ganz unumstritten (vgl. THOMAE 1978), Entwicklung überwiegend als Prozeß von der Empfängnis bis zum Tod begriffen: pränatal bis prämortal (vgl. Kasten).

Drei Thesen zur Entwicklung als lebenslangem Prozeß

These 1:
«Der Entwicklungsprozeß ist nicht zu einem bestimmten Zeitpunkt abgeschlossen, sondern intraindividuelle Veränderungen finden zu allen Zeitpunkten des individuellen Lebenslaufes statt.»

Dies bedeutet, daß Entwicklungsveränderungen sich nicht auf bestimmte Phasenstadien oder Altersstufen beziehen, sondern zu allen Zeiten stattfinden. «Ausmaß, Richtung und Abfolge von Entwicklungsänderungen im Wechsel mit Konstanz sind bedingt von Stabilität beziehungsweise von Veränderungen des Person-Umwelt-Systems über die Zeit hin» (RUDINGER 1977, 128).

These 2:
«Der psychomotorische Leistungsrückgang basiert nicht nur auf biologischen Abbauprozessen, sondern resultiert wesentlich aus den unterschiedlichen Anforderungsstrukturen und Anforderungsintensitäten.»

Das immer wieder konstatierte frühe Absinken der psychomotorischen Leistungsfähigkeit im Sportbereich ist darauf zurückzuführen, daß die Anforderungen im Alltag und die im Sport sich nicht entsprechen. Es gibt also keine zwingenden Anhaltspunkte dafür, «daß der Entwicklungsprozeß zu einem bestimmten Zeitpunkt (Lebensalter) abgeschlossen ist und anschließend Abbauprozesse einsetzen. Es ist im Gegenteil davon auszugehen, daß Struktur und Intensität der Anforderungen psychomotorische Leistungsminderungen hervorrufen oder vermeiden» (ALLMER 1983, 38).

These 3:
«Die Entwicklung ist nicht vom Lebensalter determiniert, das Lebensalter hat keine erklärende Funktion» (39). Alter ist demnach eine physikalische, keine psychologische Variable; es gilt zwischen tatsächlichem und erlebtem Lebensalter zu differenzieren!

«Unter diesem Gesichtspunkt kann der Untersuchungsbefund, daß mit zunehmendem Alter die Diskrepanz zwischen Befürwortung der sportlichen Tätigkeit und tatsächlicher sportlicher Aktivität immer größer wird (vgl. Abb. 18), damit erklärt werden, daß ältere Menschen sich an Erwartungen (zum Beispiel, Sporttreiben sei ein Privileg der Jugend) anpassen und die sportliche Aktivität meiden. Zum Problem können altersbezogene Erwartungen dann werden, wenn die gestellten Verhaltenserwartungen dem individuellen Wunsch nach sportlicher Aktivität nicht gerecht werden («Ich möchte zwar Sport treiben, aber...»)» (Allmer 1983, 5).

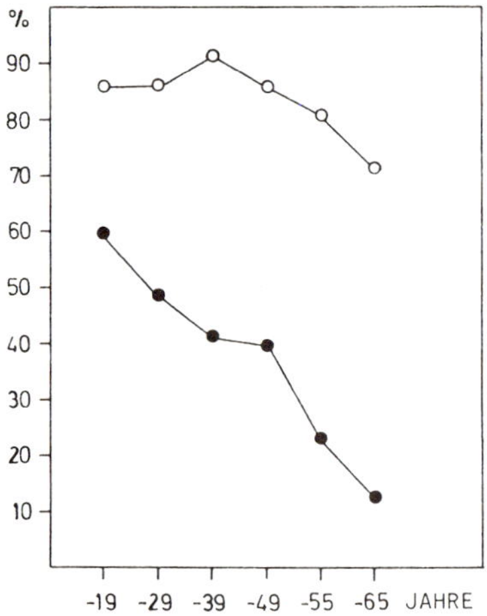

Abb. 18: Veränderungen der Sportbefürwortung (oben) und Sportaktivität (unten) (nach Meusel et al. 1980, 22, 26 aus Allmer 1982, 42)

«Wir hören nicht deshalb auf, Sport zu treiben, weil wir alt werden, sondern wir werden alt, weil wir mit dem Sport aufhören» (Mateef 1966, 104).

Das Lebensalter gilt nicht als Ursache der Entwicklung, sondern lediglich als Maßstab oder Rahmen zur Ordnung der komplexen und differenzierten Prozesse psychischer Entwicklung. Entsprechend ist die weithin anerkannte Definition von Thomae (1959, 10) formuliert: Entwicklungspsychologie befaßt sich mit der Reihe von miteinander zusammenhängenden Veränderungen, die bestimmten Orten des zeitlichen Kontinuums eines individuellen Lebenslaufs zuzuordnen sind.

Entwicklung wird verstanden als geordnete Sequenz aufeinander bezogener Veränderungen. Die bisherige Entwicklung wird entweder als sachlogische oder probabilistische Bedingung für den weiteren Entwicklungsverlauf aufgefaßt. Erklärbar werden diese Sequenzen aufeinander bezogener Veränderungen, wenn die ihnen zugrundeliegenden Gesetzmäßigkeiten aufgefunden worden sind (ALLMER 1983, 29; vgl. dazu auch RAUH 1979).

Ein Beispiel für solch eine geordnete Sequenz ist die psycho-motorische Entwicklung von Aufrichten zum Fortbewegen in Abbildung 19 (nach MUSSEN et al. 1976, 171).

Von Entwicklungspsychologen werden sowohl **quantitative**, d. h. mengenmäßig erfaßbare Veränderungen erforscht (z. B. die Proportionen des Körpers) als auch **qualitative**, also nur hinsichtlich ihrer Beschaffenheit erfaßbare (z. B. die Art und Weise des Bewegens oder Spielens).

In der Sportpsychologie führte die Entwicklungsperspektive bis in die jüngste Zeit ein Schattendasein in der Forschung. Vielleicht liegt dies daran, daß lange Zeit in der Praxis des Sports Phasenlehren akzeptiert wurden, die Entwicklung als Phasenabfolge beschreiben. Solche Ansätze lassen das hochkomplexe Entwicklungsgeschehen leicht überschaubar erscheinen, und entsprechend wurde von vielen psychische Entwicklung damit wohl als hinreichend erforscht erlebt.

Ein weiterer Grund für die defizitäre sportspezifische entwicklungspsychologische Forschung ist darin zu sehen, daß man schwerpunktmäßig motorische Entwicklung erforscht hat. Aspekte etwa der affektiven, sozialen und kognitiven Entwicklung sind darüber vernachlässigt worden. Eine theoretische Integration der verschiedenen Dimensionen von Entwicklung steht bis heute aus. In dieser Hinsicht spiegelt die Sportpsychologie den Stand der Entwicklungspsychologie wider, wo ebenfalls sehr unterschiedlich gewichtete, vielfältige inhaltliche, theoretische, methodische Ansätze nebeneinanderstehen und kaum integriert werden.

Heute wird Entwicklung meist als komplexer vielschichtiger Prozeß verstanden, bei dem **Erbanlagen** und **Umweltbedingungen**, also ererbte und erfahrbare Bedingungen und Prozesse, mit mehr oder weniger großen Anteilen in Reifungs- und in Lernprozessen zusammenwirken.

Mit **Erbanlagen** bezeichnet man die bei der Befruchtung festgelegte genetische Ausstattung des Menschen. Vererbt werden aber nicht Merkmale wie Kopfform, Augenfarbe oder Körpergröße, sondern **Gene**, das sind Desoxyribonukleinsäure-Ketten (DNS-Ketten), die auf 23 Chromosomenpaaren lokalisiert sind und sämtliche Informationen zur Ausbil-

Abb. 19: Entwicklung von Haltung und Fortbewegung bei Kleinkindern (aus: MUSSEN et al. 1976, 171)

dung solcher Merkmale tragen. Die Gesamtheit des individuellen Genmaterials eines Menschen, das die Basis für die Entwicklung einzelner Merkmale ausmacht, bezeichnet man als **Genotyp**, das jeweils am Menschen beschreibbare zugehörige Merkmal, also seine Auswirkungen, als **Phänotyp**.

Der Genotyp steckt, so könnte man vereinfacht sagen, den Rahmen ab, innerhalb dessen sich der Phänotyp je nach spezifischen Umweltbedingungen entwickeln kann. Dieser Rahmen ist auch gleichzeitig eine Grenze des Verhaltens- und Handlungsspielraums von Personen, die nicht überschritten werden kann. Tittel und Wutscherk (1972, 10) sprechen im Zusammenhang mit sportanthropometrischen Untersuchungen von einer «genetischen Leistungsbegrenzung».

Der Phänotyp ist eine variable Größe, allerdings vom (unveränderlichen) Genotyp abhängig. In der Regel hängen phänotypische Merkmalsausprägungen vom Zusammenwirken vieler Gene ab; man spricht deshalb auch von **Polygenie**, was die Analyse der Genwirkungen erschwert. Der Grad der Abhängigkeit wird von den zwischen Genotyp und Phänotyp wirksamen Prozessen bestimmt. Eine starke Abhängigkeitsbeziehung besteht bei morphologischen Merkmalen wie zum Beispiel Körperbau, Augenfarbe, Gesichtsform etc. Die Abhängigkeit psychischer Merkmale vom Genotyp ist dagegen nur indirekt, beeinflußt durch eine Vielzahl von Umwelteinflüssen, weshalb es, abgesehen von der weitgehend als Reifungsprozeß zu beschreibenden pränatalen Entwicklung, gegenwärtig schwierig ist zu bestimmen, welche Faktoren in welchem Ausmaß psychische Entwicklung bestimmen.

Theorien der Entwicklung

In verschiedenen Theorien zur Beschreibung, Erklärung und Vorhersage entwicklungspsychologischer Bedingungen und Prozesse sind (Erb-)Anlage und Umweltbedingungen in ihrem Einfluß auf das Entwicklungsgeschehen in unterschiedlicher Weise gewichtet und eingebunden worden. Im wesentlichen lassen sich drei Theoriealternativen unterscheiden.

Reifungstheoretische Ansätze betrachten die Entwicklung weitgehend als biologisch vorprogrammiertes Geschehen, in dem Umwelteinflüssen nur nebengeordnete Bedeutung zukommt. Als Beispiel können die Phasenlehren gelten, die im Sport etwa von Neumann vertreten wurden (S. 104ff).

Milieutheoretische Ansätze verstehen Entwicklungsgeschehen als im wesentlichen durch Umwelteinflüsse (Milieu) bedingt; ererbte Voraussetzungen spielen dabei eine mehr oder weniger untergeordnete Rolle.

Ein konsequenter Verfechter dieser Auffassung war der Behaviorist John WATSON (S. 107ff).

In **interaktionstheoretischen Ansätzen** wird davon ausgegangen, daß Anlage und Umweltbedingungen immer in ihrer Wechselbeziehung (Interaktion) Entwicklung vorantreiben. Entsprechend der in diesem Buch dargestellten Auffassung der Psychologie als Wissenschaft von der dynamischen Person-Umwelt-Wechselbeziehung werden hier solche Ansätze als die tragfähigsten angesehen. Als Beispiel dienen die Theorien von PIAGET (S. 108ff) und die Entwicklungsaufgabentheorie (S. 111ff).

Neben diesen wissenschaftlichen Entwicklungstheorien fließen in Erziehungs- und Ausbildungsprozesse auch **naive Entwicklungstheorien** ein.

Naive Entwicklungstheorien

Als naiv gelten Theorien, die vorwissenschaftlich sind, aber vom Einzelnen als «offensichtlich richtig» erlebt werden. «Naive Entwicklungstheorien stellen vorwissenschaftliche Annahmen über entwicklungsbezogene Phänomene dar. Sie sind individuell entwickelt, begrenzt kontrolliert und subjektiv gültig» (ALLMER 1973, 10).

Vergleichbare Begriffe sind «naive» Entwicklungspsychologie (EDELMANN 1980, 13), «implizierte Entwicklungstheorie» (OERTER 1977, 23); HECKHAUSEN (1974a) spricht davon, daß jeder sein eigener Entwicklungspsychologe sei.

Üblicherweise wird bei solchen Theorien das Lebensalter als Maßstab verwendet. Daraus resultieren Entwicklungserwartungen von Eltern, Lehrern und Trainern.

«Die Angemessenheit von Entwicklungserwartungen ergibt sich keineswegs zwangsläufig aus der Feststellung, daß die Entwicklung ‹planmäßig› verläuft. Bei der ‹Es-ist-alles-in-Ordnung›-Feststellung wird nämlich übersehen, daß sich Handlungen an den Entwicklungserwartungen orientieren und durch diese mehr oder weniger beabsichtigte Entwicklungsbedingungen geschaffen werden können, die eine Bestätigung der Entwicklungserwartung – im Sinne sich selbst erfüllender Prophezeiungen – begünstigen.

Eltern, die der Auffassung sind, daß Sport Männersache sei, und mit der Tochter demzufolge keiner systematischen sportlichen Tätigkeit nachgehen, werden zu einem bestimmten Zeitpunkt feststellen, daß sich die Tochter (erwartungsgemäß) für den Sport nicht sonderlich interessiert und motorisch leistungsschwach ist. Gleiches Verhalten von Jungen wird dagegen als Diskrepanz zu den Entwicklungserwartungen erlebt, das nicht toleriert werden kann und Änderungsüberlegungen in Gang setzen wird» (ALLMER 1983, 15f).

«Naive Entwicklungstheorien bestehen darüber hinaus aus **Verlaufsannahmen** und **Kausalannahmen**. Verlaufsannahmen dienen der Beschreibung von Entwicklungsprozessen. Kausalannahmen liefern Erklärungen für den Entwicklungsprozeß und beinhalten Kontrollierbarkeits- und Effektivitätsannahmen» (ALLMER 1983, 17). ALLMER gibt Beispiele für Aussagen, denen Verlaufsannahmen zugrunde liegen: «Auf einmal ist es ihm gelungen»; «Von einem Tag auf den anderen konnte er schwimmen».

Naive Kausalannahmen kommen nach ALLMER in Aussagen wie den folgenden zum Ausdruck: «Er ist außerordentlich sportlich begabt»; «Er ist ein Ausnahmeathlet»; «Er ist nicht sehr talentiert, hat sich aber alles erarbeitet» etc. Naive Kausalannahmen beinhalten Kontrollierbarkeitsannahmen und Effektivitätsannahmen. Hohe Kontrollierbarkeit sehen beispielsweise Vertreter eines Umweltkonzepts, geringe Kontrollierbarkeit Anhänger von Anlagekonzepten.

Über naive **Effektivitätsannahmen** werden Mittel und Zeitpunkte der Mittelanwendung in Einklang gebracht, in der Überzeugung, auf diese Weise Entwicklungsziele am effektivsten erreichen zu können, z. B.:
- «Je früher, desto besser»
- «Man muß den Anfängen wehren»
- «Man muß das Eisen schmieden, solange es heiß ist»
- «Strafe zur rechten Zeit hat noch niemandem geschadet».

«Entwicklungspsychologische Erkenntnisse führen nicht notwendigerweise zur Veränderung von naiven Entwicklungstheorien. Sicherheitsstrategien wie Leugnung, Rationalisierung, Akzentuierung und Relativierung bewahren naive Entwicklungstheorien vor Veränderungen. Naive Entwicklungstheorien können ihrerseits die wissenschaftliche Entwicklungspsychologie beeinflussen» (ALLMER 1983, 25).

Reifungstheorie am Beispiel der Phasenlehre

Phasenlehren betrachten Entwicklung als einen weitgehend biologisch programmierten, durch endogene Bedingungen gesteuerten Verlauf in einer Abfolge von **Phasen** und **Stufen**. Entwicklung wird hier nicht als kontinuierlicher Prozeß aufgefaßt, sondern durch Schübe und Einschnitte gekennzeichnet, die dann die Entwicklung innerhalb der angenommenen Phasen als relativ geschlossen und charakteristisch erscheinen lassen. Folgt man etwa BUSEMANN (1959), so liegt zum Beispiel zwischen dem 12. und dem 14. Lebensjahr bei Jungen das «Flegelalter», zwischen dem 16. und 17. die «Jugendkrise».

Unter naiven Entwicklungspsychologen, Lehrern, Trainern, Erziehern, Eltern (vgl. S. 102f) und anderen hat dieser historisch älteste entwicklungstheoretische Ansatz bis in die Gegenwart die überzeugtesten Anhänger. Das gilt besonders für den Sport, wo er noch lange in der Literatur zu finden war. Als die heutigen Institute für Sportwissenschaft noch Institute für Leibesübungen hießen, also bis Mitte der 60er Jahre, haben sich entwicklungspsychologische Grundlagen von Lehrinhalten im Sportunterricht nahezu ungebrochen an der Phasenabfolge der Entwicklung orientiert. In der wissenschaftlichen Entwicklungspsychologie werden Phasenlehren als Erklärungsansätze kaum noch diskutiert.

Zur wissenschaftlichen Fundierung der Phasenabfolge der Entwicklung glaubte NEUMANN (1964) mit seinem Buch «Die leibseelische Entwicklung im Jugendalter» nicht unerheblich beigetragen zu haben; sein Anspruch war die «Verifizierung der Phasentheorie anhand der Persönlichkeitsdiagnostik in sportlichen Situationen». Als theoretische Grundlage seiner Untersuchungen wählte er die Entwicklungsmodelle dreier Autoren aus, «weil in ihnen die Ganzheit leib-seelisch-geistiger Entwicklung durchgehend gewahrt ist» (23, vgl. Abb. 20).

Diese Abbildung vermag tatsächlich den Eindruck zu erwecken, als bestünde hinsichtlich der Phasen der Entwicklung relative Übereinstimmung. Beim Studium weiterer Phasenmodelle anderer Autoren erweist sich dieser Eindruck jedoch als nicht mehr haltbar; zu unterschiedlich sind die Kriterien, nach denen Phasen eingeteilt werden. Aus der Abbildung entnimmt man aber leicht, warum Phasenlehren gerade im Sport und auch in anderen Erziehungsbereichen so nachhaltige Wirkungen hinterlassen haben: Sie vermögen das hochkomplexe Entwicklungsgeschehen scheinbar übersichtlich zu ordnen. Sie scheinen ferner zu erlauben, Kinder hinsichtlich ihres Entwicklungsstandes zu beurteilen, ein Unterfangen, das für Lehrer in Jahrgangsklassen sicherlich große Bedeutung hat.

In der Entwicklungspsychologie werden gegen die Phasenlehren überwiegend kritische Argumente vorgebracht. In der Sportpsychologie hat besonders der Beitrag von RETTER (1969) Gewicht. Seine und die Vorbehalte anderer Entwicklungspsychologen (zum Beispiel OERTER 1973; HECKHAUSEN 1974a; TRAUTNER 1978) seien hier im Überblick zusammengestellt und hinsichtlich ihrer sportpädagogischen Konsequenzen

ZELLER (1952)	BUSEMANN (1959)	REMPLEIN (1958)
Vorpuberale Phase J: bis 12;0 M: bis 10;0	Reife Kindheit J: 9;0 – 12;0	Spätes Kindesalter J: 9;0 – 12;0 M: 9;0 – 10;6
1. Puberale Phase J: 12;0 – 15;0 M: 10;6 – 13;6	Flegelalter J: 12;0 – 14;0	1. Phase der Reifezeit (Vorpubertät) J: 12;0 – 14;0 M: 10;6 – 13;0
2. Puberale Phase J: 15;0 – 18;0 M: 13;6 – 16;6	Pubertät J: 14;0 – 16;0	2. Phase der Reifezeit (Pubertät) J: 14;0 – 16;0 M: 13;0 – 15;6
	Jugendkrise J: 16;0 – 17;0	Jugendkrise J: 16;0 –17;0 M: 15;6 – 16;0
Maturität J: ab 18;0 M: ab 16;6	Adoleszenz J: 17;0 – 24;0	3. Phase der Reifezeit (Adoleszenz) J: 17;0 – 21;0 M: 16;6 – 20;0

Abb. 20: Entwicklungspsychologische Phasenlehren erwecken oft den Eindruck einheitlicher Phasenabfolge (J = Jungen, M = Mädchen; Strichpunkt bedeutet, daß die letzte Zahl Monate angibt: 13;6 = 13 Jahre und 6 Monate) (aus NEUMANN 1964, 23).

eingeschätzt. Entwicklungspsychologische Phaseneinteilungen sind beschreibend. Sie erklären also nicht, warum bestimmte Phasen angenommen werden; trotzdem werden zwischen Alter und Entwicklungsphasen oft Wenn-dann-Beziehungen geknüpft: Wenn dieses Alter erreicht wird, dann befindet sich der Jugendliche oder das Kind in einer «Trotzphase» o. ä.

Sie erwecken ferner den Eindruck der schrittweisen biologischen Vorprogrammierung von Entwicklungsverläufen. HETZER (1948, 8): «Dem Menschen ist sein Entwicklungsplan ebenso vorgegeben wie der Pflanze die Stufenfolge.» Biologische Reifung dominiert aber allenfalls in einigen Entwicklungsmerkmalen wie der Geschlechtsreifung sowie im ersten Lebensjahr. Als phasenspezifisch werden ganz bestimmte (nicht biologische) sozial determinierte Merkmale angesehen (zum Beispiel «Flegelalter» bei BUSEMANN und REMPLEIN). Dies widerspricht den Grundannahmen dieses Theorieansatzes, besonders derjenigen der endogenen Steuerung.

Der **schubweise Verlauf** des Entwicklungsprozesses wird in den Phasenlehren dadurch vorgetäuscht, daß eines oder wenige Merkmale aus dem Zusammenhang gelöst und für ein bestimmtes Alter als dominant für den gesamten Entwicklungsverlauf angenommen werden. Solche Merkmale sind Körpergestalt (zum Beispiel bei ZELLER 1952), Wachstumsgeschwindigkeit (zum Beispiel bei HURLOCK 1972) oder Aspekte sozialen Handelns (zum Beispiel bei BUSEMANN 1959; REMPLEIN 1958). Da verschiedene Autoren verschiedene Merkmale heranziehen, ergibt sich insgesamt ein uneinheitliches Bild der Phaseneinteilungen. Andere Merkmale würden möglicherweise zu anderen Phaseneinteilungen führen bzw. Schübe verschwinden lassen.

Die Annahme von Phasen vernachlässigt interindividuelle Differenzen der Entwicklung und läßt innerhalb der jeweiligen Phase das Geschehen einheitlicher erscheinen, als es tatsächlich ist. Ein Beispiel für eine solche Vereinheitlichung gibt NEUMANN (1964, 97): «Keine entwicklungspsychologische Abhandlung kann an dem Phänomen vorübergehen, daß sich um das 17./18. Lebensjahr eine unverkennbare, wenn auch oft nur kurz dauernde Krisenphase abhebt. Die Krisenhaftigkeit dieser Zeitspanne äußert sich in Fehlfunktionen mannigfacher Art.» Die Jugendkrise, so NEUMANN, unterbricht demnach den Fortgang der psychischen Harmonisierung, die sich in den Jahren der zweiten puberalen Phase angebahnt hat.

Auf zwei wissenschaftshistorisch bedeutsame Verdienste der Phasenlehren weist OERTER (1973, 58ff) hin: Sie lösten die Betrachtung des Kindes als eines kleinen Erwachsenen ab und gestanden Kindern eigene Entwicklungsverläufe zu. Des weiteren erbrachten die Versuche, Phasenlehren wissenschaftlich zu belegen, zahlreiches Anschauungs- und Beschreibungsmaterial.

Pädagogisch ergeben sich aus den vorgetragenen Gesichtspunkten bezüglich der Phasenlehren problematische Konsequenzen: Weil Kinder bestimmten Phasen zugeordnet werden, für die ein bestimmtes entwicklungsgerechtes Erziehungsprogramm vorgegeben ist, kann es zu systembedingten Über- und Unterforderungen kommen, weil eine Einheitlichkeit angenommen wird, die tatsächlich nicht vorhanden ist.

Pädagogische Maßnahmen zur frühzeitigen Anregung und Förderung werden oft deshalb nicht oder nur eingeschränkt eingesetzt, weil ein Kind die entsprechende Entwicklungsphase angeblich noch nicht erreicht hat. Nach RETTER führt dies u. a. zu einer Vernachlässigung der Leibeserziehung im frühen Kindesalter bzw. zur Unterforderung: Seit etwa zehn Jahren scheinen hier Ansätze der «Bewegungserziehung» und Motopädagogik (zum Beispiel HAHMANN und ZIMMER 1980) Entwicklungen einzuleiten.

Milieutheorie am Beispiel des Behaviorismus

Milieutheoretische Entwicklungsauffassungen sehen im Menschen einen weitgehend durch seine Umwelteinflüsse bestimmten und veränderbaren Organismus. **Milieu** ist ein heute veralteter Ausdruck für Umwelt. Dahinter stehen spezifisch behavioristische Auffassungen des psychischen Geschehens, die menschliches Handeln als Verhalten im Sinne der Reaktionen auf Reize beschreiben (vgl. Abb. 6, S. 38), erklären und vorhersagen. Daß Behavioristen oft auch an die nahezu vollständige Steuerungsmöglichkeit von Entwicklungsprozessen durch Reiz-Reaktions-Prozesse glauben, demonstriert die radikale vielzitierte Aussage des Begründers des Behaviorismus und mit am bekanntesten gewordenen Behavioristen John WATSON (1976, 123):

«Gebt mir ein Dutzend gesunde, wohlgebildete Kinder und meine eigene Umwelt, in der ich sie erziehe, und ich garantiere, daß ich jedes nach dem Zufall auswähle und es zu einem Spezialisten in irgendeinem Beruf erziehe, zum Arzt, Richter, Künstler, Kaufmann oder zum Bettler und Dieb, ohne Rücksicht auf seine Begabungen, Neigungen, Fähigkeiten, Anlagen und die Herkunft seiner Vorfahren.»

Hier wird davon ausgegangen, daß durch Umwelteinflüsse bzw. «Reize» (im Sinne der Behavioristen) Verhaltensweisen in nahezu beliebiger Weise und Differenziertheit gelernt und übernommen werden können – eine Auffassung, die sich in der Entwicklungspsychologie so radikal nicht durchsetzen konnte. Für die hier von WATSON formulierte Aussage konnten sich deshalb auch noch keine wissenschaftlich überzeugenden Belege finden lassen, u. a. weil das ethische Problem für eine experimentelle Überprüfung solcher Hypothese ein unüberwindliches Hindernis sein dürfte.

Interaktionstheorie am Beispiel von Piaget

Für Jean Piaget (u. a. 1967) vollzieht sich Entwicklung in einem permanenten Austauschprozeß, einer Wechselbeziehung zwischen Person und Umwelt. Voraussetzung dafür ist einerseits, daß die Person ihr eigenes Handeln in seinen kognitiven und emotionalen Bedingungen organisiert. Andererseits muß sie sich anpassen. Anpassung wird dabei besonders unter zwei Aspekten gesehen, als **Assimilation** und als **Akkomodation**.

Das Einwirken einer Person auf ihre Umwelt kann man nach Piaget im weitesten Sinne als Assimilation bezeichnen, insofern dieses Einwirken von früheren Handlungen, die dasselbe oder ein ähnliches Objekt zum Gegenstand haben, abhängig ist. Das Spezifikum der so charakterisierten Person-Umwelt-Wechselbeziehung ist es nun, daß die Person wiederum ihre Umwelt nicht passiv erleidet, sondern ihrerseits verändernd wirkt, indem sie diese Umwelt strukturiert. «So verändert auf physiologischem Gebiet der Organismus die von ihm assimilierten Substanzen, indem er sie der eigenen anpaßt. Auf psychologischem Gebiet sind die Prozesse ganz ähnlich, nur daß die Veränderungen hier nicht substantiell, sondern funktionell sind und von der Motorik, der Wahrnehmung und den wirklichen oder virtuellen Tätigkeiten (Denkoperationen etc.) bestimmt werden. Die gedankliche Assimilation besteht aus der Einverleibung der Objekte in die Verhaltensschemata, **Schemata**, die nichts anderes sind als verfügbare Handlungen, die der Mensch in der Wirklichkeit effektiv wiederholen kann.

Umgekehrt wirkt auch die Umwelt auf den Organismus ein, und man kann, dem allgemeinen Brauch der Biologen folgend, diese umgekehrte Wirkung als Akkomodation bezeichnen, wobei es selbstverständlich ist, daß kein lebendes Wesen die Einwirkung der es umgebenden Objekte als solche passiv erleidet, sondern daß die Akkomodation nur den Assimilationszyklus ändert, indem sie sich den Eigentümlichkeiten der Situation anpaßt. Auf der psychischen Ebene finden wir denselben Prozeß wieder. Der Druck der Umwelt führt niemals zu einer passiven Unterwerfung, sondern zu einer einfachen Veränderung der sich auf sie beziehenden Handlung. Man kann also nun die Anpassung als ein Gleichgewicht zwischen der Assimilation und der Akkomodation definieren, was nichts anderes bedeutet als ein Gleichgewicht der Austauschprozesse zwischen Subjekt und Umwelt» (Piaget 1967, 10f).

Der Antrieb des Entwicklungsprozesses liegt für Piaget in dem instabilen Gleichgewicht zwischen Assimilation und Akkomodation, das ständig neu von der Person über ihr aktives Handeln hergestellt werden muß.

Diesen Prozeß nennt PIAGET **Äquilibration**. Als Intelligenz wird dann die Form der Anpassung aufgefaßt, die nach Äquilibration strebt, also der Gleichgewichtszustand, «...zu dem alle aufeinanderfolgenden... Anpassungen sowie alle Austauschprozesse zwischen Organismus und Umwelt streben» (PIAGET 1967, 14).

Im Laufe der Entwicklung einer Person entfaltet sich die Äquilibration in den ersten beiden Lebensjahren zunächst in der Auseinandersetzung mit konkreten materiellen Objekten der Umwelt. Später wird diese Konkretheit verinnerlicht, die Objekte werden also per Vorstellung und in Symbolen kognitiv repräsentiert. Das Kind kann dann probehandeln.

Die kognitive Entwicklung zu immer «höheren» Gleichgewichtszuständen (Intelligenz) verläuft nach PIAGET in **fünf Stufen:** In der ersten, der **senso-motorischen Stufe** (bis ca. 2 Jahre) bestehen Tätigkeiten (der sensomotorischen Intelligenz) ausschließlich darin, «aufeinanderfolgende Wahrnehmungen und ebenfalls aufeinanderfolgende wirkliche Bewegungen miteinander zu koordinieren. Sie können also lediglich eine Aufeinanderfolge von Zuständen erzeugen. ... die senso-motorische Intelligenz geht wie ein langsam abrollender Film vor, bei dem man nacheinander alle Bilder zwar sieht, aber unabhängig voneinander, ohne die zum Verständnis des ganzen unerläßliche kontinuierliche Schau» (PIAGET 1967, 137). Senso-motorische Intelligenz strebt nur nach praktischer Erfüllung und zum Erfolg der Handlung, sie umfaßt dabei nur den engsten Raum zwischen Person und Umwelt.

Der Übergang von der senso-motorischen Intelligenz zu den Stufen der **begrifflichen Intelligenz**, also zur bewußten gedanklichen Ebene, der sich zwischen dem zweiten und dem zwölften Lebensjahr entfaltet, ist an drei Voraussetzungen gebunden: an die erhöhte Geschwindigkeit der Strukturierung von Erkenntnissen, an das Bewußtwerden von Handlungsabläufen und schließlich an das Vervielfachen von Entfernungen, was die Grenzen des nahen (Greif-)Raumes überwinden hilft.

Mit dem Auftreten der Sprache (nach 1,5 bis 2 Jahren) schließt die Stufe der senso-motorischen Intelligenz ab, und es beginnt die Stufe des **symbolischen und vorbegrifflichen Denkens** (bis ca. 4 Jahre). Hier wird dann die Wirklichkeit im Denken durch Zeichen und Symbole repräsentiert, die von den bezeichneten Gegenständen verschieden sind. Das Kind kann also mit Gegenständen (in Gedanken) umgehen, ohne sich mit ihnen materiell auseinandersetzen zu müssen.

In der Stufe des **anschaulichen Denkens** (bis ca. 8 Jahre) kann das Kind, wie PIAGET es ausdrückt, eine Art Karte der Wirklichkeit zeichnen, was die mit der ihr nahen Wirklichkeit verkettete senso-motorische Intelligenz noch nicht konnte. Diese Karte ist aber noch bildhaft, mit großen weißen Flecken durchsetzt und besitzt keine genügende Koordination, um von einem Punkt zum anderen überzugehen. Mit der vierten Stufe der **konkreten Operationen** (bis ca. 12 Jahre) erfaßt dann das Denken keine festgelegten Zustände und Wege mehr, sondern die Transformation selbst, so daß Kinder von einem Punkt zu einem anderen übergehen können und umgekehrt. Auf diese Weise wird die gesamte Wirklichkeit zugänglich. Es ist aber noch immer nur die vorgestellte Wirklichkeit.

Mit der fünften Stufe der **formalen Operationen** (ab dem 12. Lebensjahr) überschreitet das Kind dann die Grenzen der Wirklichkeit, denn es eröffnen sich ihm die Zugänge zur «Welt des Möglichen» (Piaget 1967, 17), die das Denken der wirklichen Welt gegenüber frei machen. Piaget nennt als Beispiel das mathematische Denken, dessen rein formale Operationen keinen Wirklichkeitsbezug haben.

Eine Verbindung der Entwicklungstheorie Piagets zum Handlungsfeld Sport versuchte Scherler (1975) herauszuarbeiten. Er diskutierte dazu u. a. die Voraussetzungen, die erfüllt sein müssen, damit Kinder, aber auch Jugendliche und Erwachsene materielle Erfahrungen sammeln können und wollen. Er verweist darauf, daß es vor allem «gemäßigt neue» Objekte und Situationen seien, die Interesse erzeugen, erkundenswert erscheinen und Handlung im Sinne von Äquilibrationsprozessen in Gang bringen. Bei der Organisation von Erfahrungssituationen ist deshalb zu beachten, daß die Handelnden über entsprechende Handlungsvoraussetzungen verfügen, die ihnen die Umwelt als «gemäßigt neu» erscheinen lassen. Die angebotenen Situationen sollen offen, das heißt veränderbar sein, damit im Verlauf der Handlungen Wirkungen als Veränderungen in der Umwelt erfahrbar werden.

Scherler beschreibt die Organisation von Situationen, in denen Vorschulkinder materielle Erfahrungen sammeln können, auf der Grundlage von Piagets Konzept der «aktiven Erziehung», das er durch zwei Forderungen charakterisiert, einmal die Berücksichtigung des Rechts des Kindes auf Selbstbestimmung und weiter durch die Förderung der Selbsttätigkeit des Kindes in der konkreten Lernsituation.

In seinem Ansatz akzentuiert Scherler den Prozeßcharakter der Erfahrungsgewinnung, bestimmt also materielle Erfahrung zum Beispiel im Vorschulalter nicht inhaltlich, sondern nennt vielmehr die für den Erfahrungsprozeß günstigen Faktoren. Hinsichtlich der Forderung nach Selbstbestimmung und Selbsttätigkeit ist die Erfahrungssituation demnach so zu organisieren, daß das Kind einen seinen Schemata angemessenen Handlungsspielraum erlebt, innerhalb dessen es ihm auch tatsächlich freisteht, sein Wissen und Können einzusetzen. Zusätzlich muß ein Entdeckungsspielraum für experimentelles Handeln gegeben sein. Die Situationen sollen also so offen sein, daß dem Kind die Wirkungen seiner Handlungen im Erleben zugänglich werden.

Auf die Sportpraxis übertragen bedeutet dies, daß Sportgeräte zum Beispiel nicht nur im Rahmen ihrer üblichen Funktionen und innerhalb der gewohnten sozialen Bedingungen Verwendung finden sollten, sondern durch Veränderung ihrer räumlichen und zeitlichen Anordnung immer neue, vorher nicht festgelegte Funktionen erfüllen und so neue Erfahrungen ermöglichen sollen, wie dies etwa im Konzept des offenen Sportunterrichts umgesetzt wird.

Entwicklung als Bewältigung von Entwicklungsaufgaben

Das Konzept, das Entwicklung als Bewältigung von Entwicklungsaufgaben versteht, scheint uns geeignet, derzeit als bewährt geltende theoretische Perspektiven der Entwicklungsforschung zu integrieren. Als solche Perspektiven gelten:
- Entwicklung ist ein lebenslanger Prozeß (Baltes 1979)
- Entwicklungsprozesse als Entfaltung von Person-Umwelt-Wechselbeziehung (Bronfenbrenner 1980)
- Entwicklung als aktiver, bewußter, zielbezogener Prozeß (Piaget 1967; Heckhausen 1980).

Die aktive Auseinandersetzung mit den Anforderungen, die sich durch die Interaktion mit der Umwelt ergeben, kann als kontinuierliches Aufarbeiten von **Entwicklungsaufgaben** betrachtet werden (Havighurst 1956; Olbrich & Todt 1984). Jede Altersstufe stellt bestimmte Anforderungen, die das Individuum bei der Auseinandersetzung mit neuen Aufgaben und Rollen bewältigen muß.

Entwicklungsaufgaben in der Adoleszenz und im frühen Erwachsenenalter (12–18/18–30 Jahre) sind zum Beispiel:

In der Adoleszenz (12–18 Jahre):
- Neustrukturierung des Körperschemas, d. h. Verarbeitung psychosomatischer Veränderungen und deren Integration in ein neues Körperschema
- Neustrukturierung des Selbstkonzepts, d. h. Entwicklung der psychosexuellen Identität

- Neustrukturierung der sozialen Beziehungen, d. h. Emanzipation von Eltern und anderen Erwachsenen, Zuwendung zur Gruppe der Gleichaltrigen
- Kognitive Neustrukturierung, d. h. Herausbildung eines eigenen Wert- und Einstellungssystems

Für junge Erwachsene (18–30 Jahre):
- Aufbau einer stabilen Partnerbeziehung
- Aufbau eines geregelten Arbeitslebens (d. h. Berufsausbildung, Berufseinstieg, berufliche Entwicklung)
- Gründung einer Familie, Familienversorgung
- Haushaltsorganisation
- Übernahme staatsbürgerlicher Verantwortung
- Aufbau eines stabilen Freundes- und Bekanntenkreises

Beispielhaft seien im folgenden die Entwicklungsaufgaben «Neustrukturierung des Körperschemas» und «Neustrukturierung des Körperschemas in der Adoleszenz» konkretisiert.

Neustrukturierung des Körperschemas in der Adoleszenz

Die psychosexuelle, -somatische und psychosoziale Entwicklung stellt die Adoleszenz als Periode des Übergangs dar, in der neben relativ raschen und erlebnisintensiven sozialen, ökologischen und psychischen Veränderungen vor allem körperliche Wandlungen auftreten (vgl. Seiffge-Krenke & Olbrich 1982).

Körperliche Veränderungen sind besonders in der frühen Adoleszenz relativ deutlich erfahrbar. So werden etwa die lästigen Hautprobleme, die häufig auftretenden neuromuskulären Gelenkbeschwerden als besonders erlebnisintensiv beschrieben. Für die einzelnen Jugendlichen haben diese Veränderungen oft Überraschungs- und hohen Neuigkeitswert.

Die Verarbeitung der starken körperlichen Veränderungen und deren Integration in das Körperschema als das Bild vom eigenen Körper stellt eine der großen Entwicklungsaufgaben in der Adoleszenz dar. Hierbei interagieren sowohl interne (personspezifische) als auch kontextuelle (soziale und kulturelle) Variablen mit den biotischen.

Biotische Veränderungen in der Adoleszenz sind zum Beispiel:
- **Endokrinologische** Veränderungen wie die Umstellung des Hormonhaushalts, die vermehrte Ausschüttung von Sexualhormonen und die veränderte Wirkung der gonadotropen Hormone.
- **Morphologische** Veränderungen, die sich auf äußerliche Veränderungen der Geschlechtsmerkmale, der Körpergröße, der Muskelmasse,

der Körperproportionen etc. beziehen. Bei Mädchen nimmt beispielsweise der Prozentsatz an Fettgewebe erheblich zu, das Becken verbreitert sich etc. Kurz: Sie bekommen die typischen weiblichen Rundungen.
- Die **Fortpflanzungsfähigkeit** wird erreicht. Mit der Menarche bei der jungen Frau und mit der Samenproduktion und Emission beim jungen Mann geht eine Veränderung der sexuellen Ansprechbarkeit und Erregbarkeit einher.

Neustrukturierung des Selbstkonzepts in der Adoleszenz

Die beschriebenen biotischen Variablen wirken sich auf das Verhalten bzw. Handeln, auf die Veränderung des Körperschemas und des Selbstkonzepts Jugendlicher und auf deren veränderte soziale Beziehungen aus. Ferner bestimmen Aspekte der individuellen Sozialisation den Einfluß der körperlichen Veränderung auf die Entwicklung. Wichtige Merkmale sind zum Beispiel Einstellungen, subjektive Wert- und Zielvorstellungen, die Verarbeitung emotionaler und affektiver Zustände (Stimmungsschwankungen), Informationsverarbeitungsstrategien (vgl. Lazarus, S. 67), Attribuierungsvoreingenommenheiten und Leistungsmotivation (vgl. Heckhausen, S. 70ff), Selbstkonzept (vgl. Fillip, S. 93ff), Bindung an Bezugspersonen bzw. Bezugsgruppen.

Einflüsse aus der unmittelbaren Umgebung von Jugendlichen oder von der Gesellschaft definierte Interpretationen von körperlichen Veränderungen wirken auf den individuellen Entwicklungsprozeß. So prägen etwa gesellschaftliche Normen oder Idealvorstellungen, wie «ein junges Mädchen» oder «ein Jugendlicher» auszusehen haben, wie sie sich zu geben bzw. nicht zu geben haben, den Umgang mit den entwicklungsbedingten Veränderungen (Seiffge-Krenke & Olbrich 1982). Eine wesentliche Rolle spielen hierbei offene oder verdeckte Kommunikation über die körperlichen Veränderungen sowie deren mehr oder minder offene Bewertungen.

Probleme bei der Bewältigung von Entwicklungsaufgaben ergeben sich auch daraus, daß bisherige Handlungsorientierungen plötzlich als problematisch und wenig stabil erlebt werden. Bei der Bewältigung von Entwicklungsaufgaben im Sinne einer Wiedergewinnung bzw. eines Neuaufbaus stabiler Handlungsorientierungen gibt es deshalb zahlreiche Probleme zu bewältigen, die sich in Anlehnung an Brandtstädter (1985) als Diskrepanz-, Konflikt-, Verständigungs- und Sinngebungsprobleme klassifizieren lassen:

Diskrepanzprobleme

Damit sind Probleme angesprochen, die sich ergeben, zum Beispiel

- zwischen sozialen Entwicklungsforderungen und subjektiven Entwicklungsmöglichkeiten (der Mythos des schwachen Geschlechts steht z. B. gegen Höchstleistungen im Kugelstoßen),
- zwischen individuellen Entwicklungsinteressen und sozialen Entwicklungsangeboten (z. B. frauenunspezifische Sportarten als Leistungssport betreiben),
- zwischen Entwicklungsforderungen eines sozialen Umfeldes (z. B. Leistungssport) und Entwicklungsforderungen anderer sozialer Umfelder (z. B. Schule, Berufswelt, Freundeskreis).

Konfliktprobleme

Hier sind Unverträglichkeitsbeziehungen zwischen handlungs- und entwicklungsbezogenen Zielorientierungen gemeint, die sich zum Beispiel aus der Überlagerung von Verhaltenserwartungen seitens der Familie und anderer sozialer Gruppen ergeben. Ein Beispiel wäre das Dilemma der Sportlerinnen, die kompositorische Sportarten betreiben. Im Sport sollen sie so klein und so leicht wie möglich bleiben, ihre körperliche Entwicklung soll möglichst langsam verlaufen, das außersportliche Umfeld fordert jedoch eine «normale» Entwicklung.

Verständigungsprobleme

Handlungspartner können die Entstehungs- und Begründungszusammenhänge ihres Handelns wechselseitig nicht angemessen nachvollziehen bzw. rekonstruieren, weil ihnen die jeweils handlungsleitenden Kognitionen, Werte und Regelorientierungen unzugänglich oder nicht einsichtig sind. Ein Beispiel gibt hier die Aussage einer Kugelstoßerin auf die Frage nach den Reaktionen der Umgebung auf ihren Sport: «... Aber dadurch, daß ich halt viel Zeit für's Training verwende und meine ganze Freizeit am Wochenende für Wettkämpfe verbringe oder im Training. Das stört schon so die anderen ein wenig. Die wären also zumindest nicht bereit, so Opfer zu tragen.» (Schenten 1984, 41)

Sinngebungsprobleme

Hier ist das Fehlen oder Verlust einer subjektiven Orientierungsbasis angesprochen, die dem Handeln personale Identität verleiht. Das Fehlen einer solchen Basis, die es dem jungen Menschen ermöglicht, sein Handeln in einen Sinnzusammenhang zu stellen bzw. sich mit dem eigenen Tun zu identifizieren, führt unter Umständen zu Entfremdungsprozessen und/oder Sinnverlust.

Merkmalsebenen der Entwicklung

Die hochdifferenzierten und komplexen konkreten Prozesse jeder Entwicklung lassen sich für einen ersten Überblick auf fünf Merkmalsebenen beschreiben, die je nach theoretischem Standpunkt mit je unterschiedlicher Gewichtung einzuordnen sind:
- **Wachstum**
- **Reifung**
- **Lernen**
- **motorisches Lernen** und
- **Sozialisation.**

Wachstum

Kinder wachsen, Bedürfnisse und Ausgaben ebenso wie Bevölkerung, Wirtschaft oder Muskeln. Der Begriff Wachstum wird also sehr vielfältig verwendet; aber es geht immer um die mengenmäßige (quantitative) **Zunahme** von Strukturen und Systemen, sei es hinsichtlich ihrer Größe, Zahl, Intensität, Dauer oder Zeit u. ä. Für den hier gewählten Zusammenhang wird physisches und psychisches Wachstum als erste Merkmalsebene bei der Erfassung von Entwicklungsprozessen aufgestellt. Dieser Zugang ist immer beschreibend, erklärt also nicht, warum eine Zunahme eingetreten ist. Aussagen über die Beschleunigung des durchschnittlichen Körperwachstums in unserer Gesellschaft – Kinder wachsen heute schneller als früher – erklären zum Beispiel nicht, warum dieser Sachverhalt zu beobachten ist. Gleichwohl kann die Beschreibung von Wachstum diagnostisch wichtig sein, etwa bei der Feststellung von Entwicklungsstörungen oder -verzögerungen. Ein Beispiel dafür geben WILLIMCZIK und ROTH (1983, 263f).

Graphisch lassen sich Wachstumsprozesse in **Wachstumskurven** darstellen. Beispielhaft sollen im folgenden die Wachstumskurven einiger auch sportpsychologisch interessanter Merkmale dargestellt und kommentiert werden: Körperhöhe und Körpergewicht, Laufausdauer, Gewandtheit, Intelligenz.

Bei den komplexen, mehrdimensionalen Merkmalen Gewandtheit und vor allem Intelligenz werden die Grenzen der wissenschaftlichen Brauchbarkeit von Wachstumskurven deutlich. Denn im Prinzip wird ja nur ein

Aspekt unter vielen herausgehoben, nämlich der der mengenmäßigen Zunahme, andere dagegen völlig vernachlässigt.

Körperhöhe und Körpergewicht

Die der Beobachtung wohl am leichtesten zugänglichen Merkmale der Entwicklung sind Körperhöhe und Körpergewicht. TITTEL und WUTSCHERK (1972, 39) kommentieren Körpergrößen- und Gewichtswachstum aus sportanthropometrischer Sicht (die Anthropometrie befaßt sich mit der Messung des menschlichen Körpers): «Fast während der gesamten Kindheit zeichnen sich die Jungen gegenüber den Mädchen durch eine größere Körperlänge aus. Nur zwischen dem 5. und 7. Lebensjahr weisen letztere eine Längenwachstumsakzeleration (Beschleunigung bzw. Vorverschiebung – H. E.) auf, die mit dem allerersten Beginn der Keimdrüsentätigkeit (erste Streckung) zusammenfällt. Im 7. bis 9. Lebensjahr nehmen bei beiden Geschlechtern die männlichen Prägungsstoffe, die Androgene..., im Blut und Harn zu... Im 10. bis 12. Lebensjahr beginnt bei den Mädchen (und nur gering bei den Jungen) die Ausscheidung der weiblichen Prägungsstoffe, der Östrogene, zuzunehmen, wodurch es zum zweitenmal zu einer erheblichen Beschleunigung des Körperlängenwachstums der Mädchen kommt, so daß letztere im Alter von 12 bis 14 Jahren um durchschnittlich 4 cm länger als die gleichaltrigen Jungen sind, was auch – wenn auch nicht so ausgeprägt – für einige andere Längenmaße (insbesondere im Bereich des Rumpfes) zutrifft.

Jenseits des 15. Lebensjahres überrunden die Jungen in ihrer Körperlänge erneut die Mädchen, deren Längenentwicklung nach Beendigung der Pubertät (gekennzeichnet durch die Geschlechtsreife – H. E.) relativ rasch zum Abschluß kommt und somit in der Regel um etwa 10 bis 12 cm hinter der des männlichen Geschlechts zurückbleibt.»

«Die Entwicklung des Körpergewichts ähnelt – bei einer Gegenüberstellung der beiden Geschlechter – sehr der der Körperlänge. In der **Präpubertät** (Zeit unmittelbar vor der Pubertät) sind die Jungen im Durchschnitt etwas schwerer, während sie zu Beginn der **Pubertät** von den Mädchen überholt werden; 12–14 Jahre alte Mädchen sind im Mittel um etwa 4,5 kg schwerer als gleichaltrige Jungen. Gegen Ende der Pubertät überholen letztere gewichtsmäßig die Mädchen (was vor allem auf die stärkere Ausbildung der Skelettmuskulatur zurückzuführen ist)» (TITTEL & WUTSCHERK 1972, 39).

Für die Sportpraxis erscheint bedeutsam, daß mit dem Größen- und Gewichtswachstum **Schübe** und **Proportionsverschiebungen** des Körpers einhergehen (Foto 16). Arme und Beine etwa wachsen zeitweilig schneller als der Rumpf. Diese Verschiebungen ziehen oft qualitative Verände-

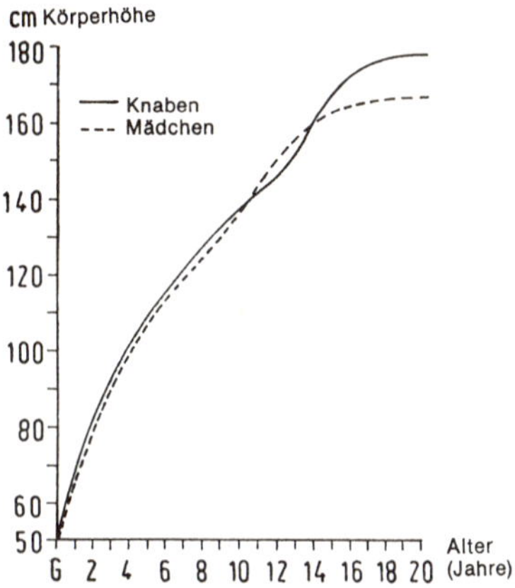

Abb. 21: Körperhöhe-Wachstum bei Jungen und Mädchen nach MALINA (1975)

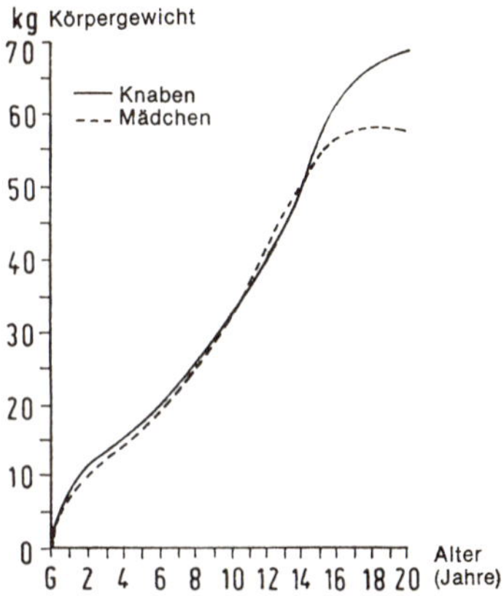

Abb. 22: Körpergewichts-Wachstumskurve bei Jungen und Mädchen nach MALINA (1975, aus EIBEN 1979, 12)

rungen vor allem bei koordinativ anspruchsvollen sportlichen Handlungen wie etwa dem Gerätturnen nach sich. Längen-, Hebel- und Gewichtsverhältnisse und damit die Biomechanik des Körpers erschweren dann bestimmte Bewegungsabläufe in einem Maß, daß es nicht selten zu Leistungseinbrüchen kommt. Dieser Sachverhalt hat bei der allgemeinen Kennzeichnung der motorischen Entwicklung während der Pubertät in der entwicklungspsychologischen Fachliteratur, besonders in der sportspezifischen, jahrzehntelang zu teilweise außerordentlich negativen Einschätzungen geführt. Es war die Rede von Zerfalls- und Auflösungserscheinungen, von Krisenzeit und Umsturz. Nicht nur MEINEL und SCHNABEL (1976, 367) halten diese Einschätzung für weitgehend sachfremd und schlagen statt dessen vor, die Pubertät als Phase der **Umstrukturierung**, des Umbaus von motorischen Fähigkeiten und Fertigkeiten zu kennzeichnen und diesen Prozeß als einen normalen Entwicklungsvorgang und nicht als Krise zu betrachten (vgl. auch MARTIN 1980, 306).

Laufausdauer

Die quantitative Veränderung des konditionell (und weniger koordinativ) bestimmten Merkmals der Laufausdauer ist in der Wachstumskurve in Abbildung 23 dargestellt. Es zeigt sich, daß sie bei Jungen und Mädchen bis zum 10. Lebensjahr sehr rasch zunimmt und sich ab dem 11. Lebensjahr geschlechtsspezifische Unterschiede bis zum 17. Lebensjahr

Foto 16: Schübe und Proportionsverschiebungen bei Körperwachstum zu Beginn der Pubertät

sehr deutlich ausprägen. Bei Mädchen ist ab dem 15. Lebensjahr sogar ein Minuswachstum zu beobachten. Sie haben ihren Leistungshöhepunkt, was die Laufausdauer anbetrifft, überschritten, sofern sie nicht weiter trainieren.

Gewandtheit

Gewandtheit gilt als koordinative Fähigkeit, Leistungen in diesem Bereich hängen sehr eng mit neuro-muskulären Prozessen zusammen. Winter (1969, zit. nach Meinel & Schnabel 1976, 345) hat die Wachstumskurve im standardisierten Gewandtheitslauf für das Olympialeistungsabzeichen der DDR publiziert (vgl. Abb. 24). Diese Läufe prüfen vor allem die «motorische Steuerungs- und die motorische Kombinationsfähigkeit». Hier zeigt sich eine typische Wachstumskurve insofern, als ein steiler Anfangsanstieg allmählich verflacht und sich einem Grenzwert annähert. Die oben angesprochene Veränderung und Umstrukturierung der Körperproportionen während der Pubertät scheint in dieser Abbildung eine Bestätigung im vorübergehenden Minuswachstum der Jungen und der Stagnation der Mädchen zwischen dem 13. und 15. Lebensjahr zu finden. Dieser Eindruck wird durch andere Befunde Winters (vgl. Meinel & Schnabel 1976, 345 f) bestätigt.

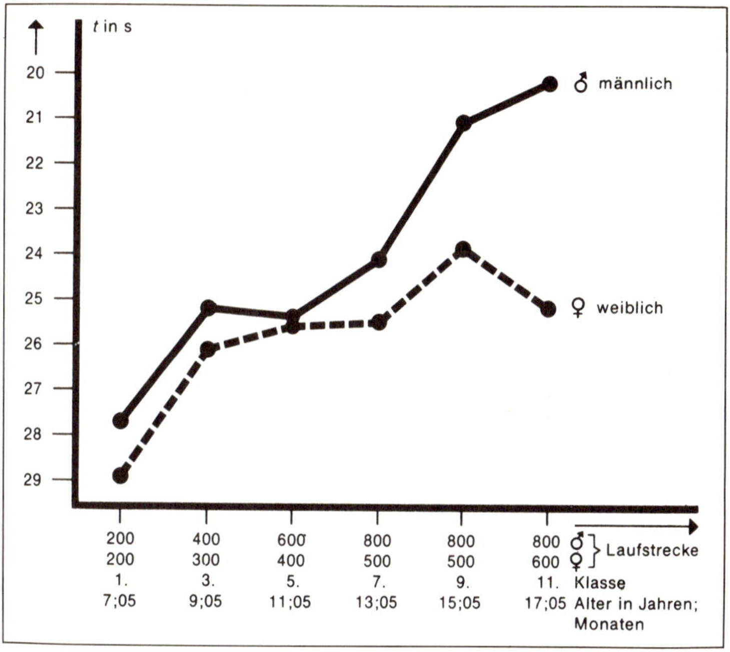

Abb. 23: Laufausdauer bei Jungen und Mädchen – Laufleistungen über unterschiedlich lange Strecken – umgerechnet auf 100-m-Zeiten (nach STEMMLER 1968, aus MEINEL & SCHNABEL 1976, 343)

Intelligenz

Die außerordentlich vielschichtige und traditionsreiche Diskussion und Theorie der Intelligenz soll hier nicht aufgegriffen werden. Es soll lediglich eine Kurve des Wachstums der Intelligenz vorgestellt werden, die vereinfacht als die Fähigkeit, Probleme zu lösen (vgl. S. 54ff), umrissen werden kann. Abbildung 25 zeigt die Wachstumskurve der Intelligenz nach WECHSLER (1964), der einen der verbreitetsten Intelligenztests konstruiert hat.

Auf die Problematik der rein quantitativen Darstellung solch komplexer Merkmale wurde eingangs verwiesen; strenggenommen handelt es sich bei der Kurve in Abbildung 25 nicht um die Darstellung von Wachstum, sondern um Durchschnittswerte in einem Test in Abhängigkeit vom Alter der Getesteten. Diese Kurve zeigt einen Höhepunkt bei ca. 25 Jah-

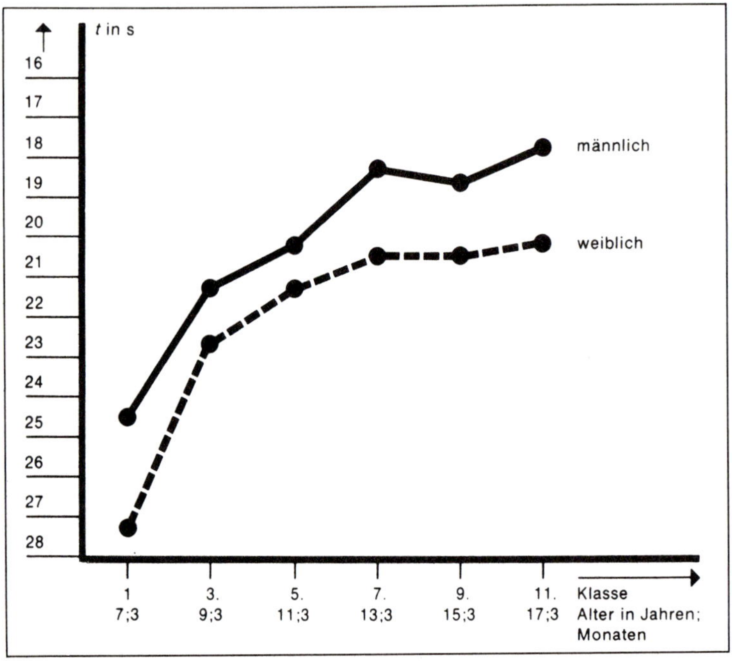

Abb. 24: Leistungen von Jungen und Mädchen in «Gewandtheitsläufen» (Kasten-Bumerang-Lauf) (nach WINTER 1969, aus MEINEL/SCHNABEL 1976, 345)

ren, danach einen langsamen und mit zunehmendem Alter schnelleren Abfall. Die Beachtung qualitativer Aspekte sowie anderer Kriterien könnte solch eine Darstellungsform des altersabhängigen Intelligenzverlaufs durchaus anders ausfallen lassen.

Reifung

Reifung wird verbreitet als die Entfaltung psychischer und physischer **Erbanlagen** beschrieben. Umwelteinflüsse haben auf Reifungsprozesse zwar keinen determinierenden; aber doch bahnenden und unterstützenden Einfluß. Als eindrucksvolles Beispiel kann hier die Auswirkung von Umwelteinflüssen auf das Körperwachstum gesehen werden (vgl. Kasten).

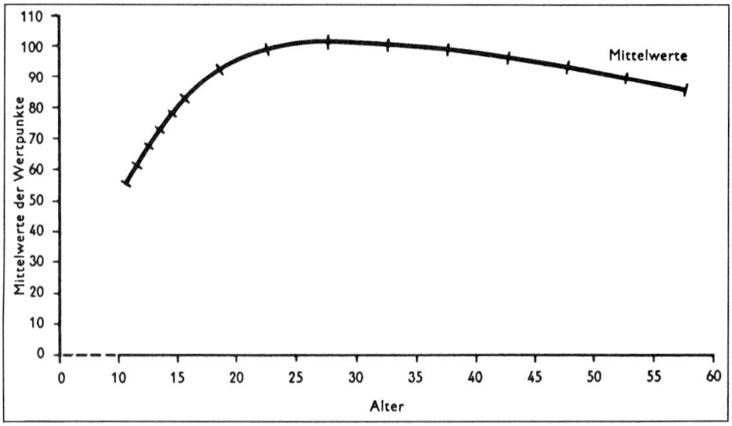

Abb. 25: Kurve des Intelligenzanstiegs und -abfalls für den HAMBURG-WECHSLER-Intelligenztest für Erwachsene im Alter von 10 bis 60 Jahren (WECHSLER 1964, 39)

Wachstum und Umwelt

(WILLIMZCIK & ROTH 1983, 263f)

«Der (wenn in den meisten Fällen auch geringe) Einfluß der Umwelt auf das körperliche Wachstum ist in zahlreichen Untersuchungen nachgewiesen worden. Dabei muß die Umwelt (auch hier) differenziert gesehen werden. Bisherige Untersuchungen haben zu folgenden empirisch gesicherten Einzelergebnissen geführt:

- Stadtkinder sind gegenüber Landkindern größer und schwerer, das heißt körperlich akzeleriert. Als Ursache hierfür wird allgemein eine stärkere sensorische Stimulation angenommen (vgl. EIBEN 1979).
- Das Wachstum unterliegt in stärkerem Maße jahreszeitlichen Schwankungen. Es kann im Frühjahr bis zu zwei- bis dreimal so groß sein wie im Herbst (TANNER 1970, 138).
- Schlechte Ernährung führt zu einer Verzögerung des Wachstums. Anhaltende Mangelernährung kann sogar zu einem vorzeitigen Stillstand des Wachstums führen. Besonders anschaulich ist dies für die Zeit der beiden Weltkriege in Deutschland nachgewiesen worden. Diesbezügliche genetische Unterschiede zeigen sich insofern, als

sich eine Mangelernährung bei Mädchen in geringerem Umfang negativ auswirkt als bei Jungen (Tanner 1962, 141f).

- Die Entwicklung von Größe und Gewicht wird auch von der Sozialschicht und der Größe der Familie bestimmt (Tanner 1962, 151).

Aus Abbildung 26 ist deutlich zu ersehen, daß Kinder aus höheren Sozialschichten größer sind als aus niedrigen und die Variable «Geschwisterzahl» negativ mit der Variablen «Körperlänge» korreliert. Bei ungünstiger Kombination dieser beiden Merkmale (niedriges Sozialmilieu/große Familie) kann sich gegenüber einer günstigen Konstellation (hohes Sozialmilieu/kleine Familie) eine durchschnittliche Differenz von 7 cm ergeben!

- Psychische Störungen können sich negativ auf das Wachstum auswirken (Tanner 1962, 148).
- Der Einfluß des Trainings auf das Wachstum ist sehr unterschiedlich zu beurteilen. Für Merkmale des passiven Bewegungsapparates ist er als äußerst gering, für die Skelettmuskulatur, das Herz und die meisten ausdauerrelevanten physiologischen Parameter dagegen als sehr hoch anzusehen (vgl. dazu im einzelnen Parizkova 1973).»

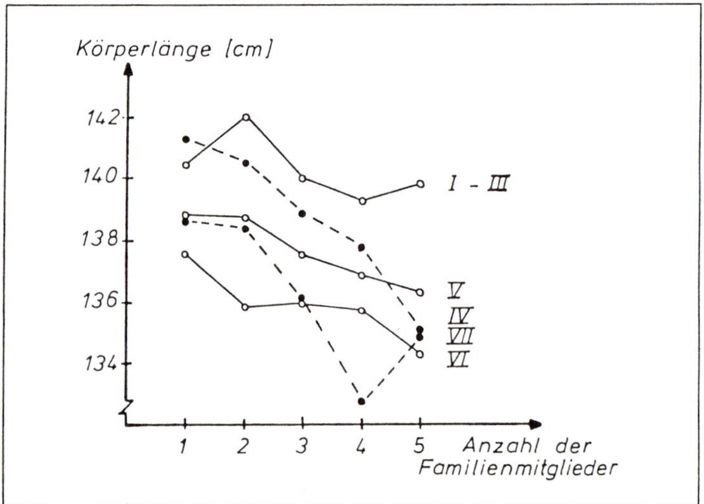

Abb. 26: Nach Sozialschicht (I–VII) getrennt dargestellte Beziehungen zwischen Körperlänge von elfjährigen Kindern und der Größe der Familien (nach Tanner 1962)

Allgemein geht man in der Entwicklungspsychologie davon aus, daß Reifungsprozesse vor allem während der frühen Kindheit den Entwicklungsprozeß besonders beeinflussen und in ihrer Bedeutung mit zunehmendem Alter abnehmen.

Reifungsprozesse werden besonders aus zwei Gründen thematisiert: Sie setzen Grenzen für das Wirksamwerden von Umwelteinflüssen, und sie schaffen darüber hinaus für eine Vielzahl von Entwicklungsprozessen erst die psychischen und physischen Voraussetzungen. Ein Beispiel dafür gibt PEIPER (1961, zit. nach SCHMIDT 1970, 225) mit seiner Beobachtung an einem sechs Monate alten Mädchen, das wegen doppelseitiger angeborener Hüftgelenksverrenkung ein Jahr lang eingegipst liegen mußte: «Als es 1,6 Jahre alt war, wurde der Verband durch eine offene Schale ersetzt. Eines Tages, kurz vor dem Wechsel, befreite sich das Kind aus dieser Schale, fiel dabei aus dem Bett und erschien im Nebenzimmer – aufrecht gehend!» Dieser Vorgang zeigt, daß trotz nur minimalen Übungs- und Lernaufwands sich das Verhaltens- und Handlungsmuster Gehen entwikkelte, weil sein Manifestwerden zu einem umschriebenen Zeitraum genetisch «programmiert» ist (vgl. auch Abb. 19, S. 100).

Erkennen lassen sich Reifungsprozesse besonders daran, daß Merkmale in einem eng umgrenzten Altersbereich universell auftreten, ihre Ausbildung nachholbar und nicht umkehrbar ist, und weiterhin, daß Veränderungen ohne Erfahrung und Übung eintreten. Um Reifungsprozesse zu erforschen, kann man nicht experimentieren, sondern ist aus ethischen Gründen auf die Beobachtung vorgefundener Bedingungsunterschiede angewiesen (TRAUTNER 1978, 63). Ein methodischer Zugang zur Untersuchung dieser Problematik ergibt sich allerdings über Untersuchungen an eineiigen Zwillingen, vor allem dann, wenn sie jeweils in unterschiedlichen Umgebungen aufwachsen.

Lernen

Das Verhaltens- und Handlungsrepertoire, über das Menschen bei Geburt aufgrund vorgeburtlicher Wachstums- und Reifungsprozesse verfügen, ist äußerst karg. In der ersten Zeit helfen vor allem angeborene Verhaltensmuster, **Reflexe**, die lebensnotwendigen Anpassungsleistungen an die neue Umwelt zu erbringen, etwa zu greifen und zu saugen. Inwieweit (ererbte) Instinkte und Triebe zur Erklärung menschlicher Anpassungsleistungen herangezogen werden können, ist eine umstrittene Frage, die hier nicht weiter zu verfolgen ist.

Im Laufe seines Lebens muß demnach jeder Mensch für immer komplexere Anforderungen seiner Umgebung ein immer komplexeres Verhalten und Handeln entwickeln. Dies gelingt, weil er Erfahrungen machen, das heißt lernen kann. Im Kern ist **Lernen** der Erwerb relativ überdauernder Erfahrungen, die Verhalten und Verhaltensmöglichkeiten verändern. Viele dieser Erfahrungen ergeben sich beiläufig, unabsichtlich; man spricht dann von **latentem** oder **inzidentellem** Lernen (Kinder lernen zum Beispiel von Kindern beim Spielen auf der Straße). Andere Erfahrungen werden vorsätzlich, absichtlich durch **intentionales** Lernen (Schule organisiert solche intentionalen Lernprozesse) erworben.

Angenommen, eine Studentin nimmt ein Studium außerhalb ihres Heimatortes auf. Weil sie Spaß am Volleyball hat, schließt sie sich dem örtlichen Turnverein, Abteilung Volleyball, an. Schon bald wird sie in der ersten Mannschaft aufgestellt; dies gelingt ihr aber nur, weil sie vom ersten Tag ihres Eintretens in den Verein an Erfahrungen gesammelt hat, sie mußte lernen. Vieles dabei hat sie einfach mitgekriegt, unbeabsichtigt; so hat sie etwa gelernt, daß der Hallenwart ein unfreundlicher Patron oder die Halle meist zu kalt ist. Aber eine Reihe von Erfahrungen hat sie vorsätzlich, intentional, erworben, etwa, sich in das Spielsystem der Mannschaft einzufügen.

Erfahrungen, die man durch Lernen sammelt, können sich auf alle Bereiche menschlichen Handelns erstrecken (vgl. Lehrziele im Sportunterricht, S. 275). Man lernt **motorisch** einen bestimmten Bewegungsablauf oder eine bestimmte Technik (vgl. S. 149ff), lernt **sozial** (vgl. S. 170ff), mit anderen umzugehen, Konflikten aus dem Weg zu gehen oder sie zu regulieren; **kognitiv** lernt man durch Wahrnehmen, Nachdenken darüber, wie man bestimmte Regeln, Spielzüge, Trainingsprogramme etc. erwirbt. **Emotionales** Lernen schließlich bezieht sich auf Gefühle gegenüber bestimmten abstrakten oder konkreten Sachverhalten wie beispielsweise einem Sportgerät, einem Bewegungsablauf, einer Person (Angstgegner). Emotional kann unsere Studentin auch gelernt haben, mit ihrer neuen Mannschaft beim Punkterückstand nervöser als früher zu sein, weil sie erfahren mußte, daß dann der Mannschaft oft das Spiel aus der Hand gleitet.

Obwohl es sehr unterschiedliche Ansätze zur Beschreibung und Erklärung von Lernen gibt, lassen sich zwei durchgängige Prinzipien festhalten. Man lernt immer durch Handeln und Probehandeln in der Wechselbeziehung zur Umwelt, und Lernprozesse lassen sich in Phasen beschreiben. Abbildung 27 zeigt einen Vorschlag von Gagné (1970), der bei Lernprozessen vier Phasen unterscheidet.

Um den Begriff Lernen gegen jedwede Art von Verhaltensänderung

1. Phase **Aufmerken**	2. Phase **Erwerb**	3. Phase **Speicherung**	4. Phase **Reproduktion**
In dieser «Auffassungsphase des Lernens» führt Aufmerken auf einen Reiz zu dessen Wahrnehmung und Kodierung.	Nach der Phase des Erwerbs verfügt der Lernende über einen vorher noch nicht gekannten Inhalt.	Ein neuer Inhalt muß nach dem Erwerb im Gedächtnis gespeichert werden, wenn Lernen stattfinden soll. Notwendige Voraussetzung: sensorisches Register (Ultra-Kurzzeitspeicher)	Wird eine Person aufgefordert, gelernte Inhalte zu zeigen, muß sie diese reproduzieren.

Abb. 27: Phasen des Lernprozesses nach Gagné (1970, 63ff)

abzugrenzen (auch nach unmäßigem Alkoholgenuß ändert sich Verhalten) und ihn nicht bis zur Bedeutungslosigkeit zu überfrachten, sei noch auf einige Gesichtspunkte verwiesen.

Lernen bezieht sich nicht nur auf die Veränderung tatsächlich gezeigten Verhaltens, sondern auch auf den Erwerb von **Verhaltensmöglichkeiten**, die dann zu einem gegebenen Zeitpunkt zur Anwendung kommen können. In diesem Zusammenhang wird Lernen auch gegen Leistung abgehoben, Leistung gilt als Ergebnis der Veränderung von Erfahrung, Lernen als Prozeß der Veränderung von Erfahrung.

Man spricht von Lernen nur dann, wenn gesichert ist, daß es sich um relativ **überdauernde Veränderungen** von Verhalten bzw. Verhaltensmöglichkeiten handelt. Kurzfristige oder einmalige Veränderungen, die vorher und nachher nie mehr auftreten, zum Beispiel der Sonntagsschuß eines Fußballspielers, würden nicht als erlernt gelten.

Verhalten und Verhaltensmöglichkeiten können auch durch Ermüdung, Erschöpfung, Gift, Drogeneinnahme, Reifen, Altern, Organverschleiß und andere Prozesse verändert werden. Man spricht aber nur dann von Lernen, wenn sich Verhalten und Verhaltensmöglichkeiten aufgrund von **Erfahrungen** im weitesten Sinne verändern. Einem Athleten, der durch Drogeneinnahme eine Leistungssteigerung erzielt hat, wird man also nicht bestätigen können, daß er gelernt habe.

Fortschritte in Lernprozessen, besonders beim Erwerb neuer Verhaltens- und Handlungsmuster, lassen sich in **Lernkurven** veranschaulichen; das sind graphische Darstellungen der Beziehung zwischen dem Lernaufwand (gemessen in Zeit- oder Lerneinheiten) und dem Lernfortschritt (gemessen in Punktwerten, Anzahl, richtiger Reaktion pro Zeiteinheit etc.). Lernkurven zeigen typischerweise einen starken Anstieg zu Beginn und einen geringer werdenden im weiteren Verlauf des Lernprozesses. Individuelle Lernkurven weisen häufig **Lernplateaus** auf, das sind Abschnitte, in denen sich die Kurve nach vorausgehendem Anstieg abflacht und danach einen weiteren Anstieg zeigt. Während dieser Perioden macht die Person unter den o. g. Bedingungen keinen Lernfortschritt. Plateaus treten häufiger in komplexen Lernprozessen auf.

Die bisher dargestellten Zusammenhänge eignen sich recht gut, um Lernprozesse zu **beschreiben**, sie sind auch kaum umstritten. Bei der **Erklärung** von Lernen allerdings ist die Einigkeit noch nicht so weit gediehen. Hier konkurriert eine Vielzahl von Theorien und Hypothesen. Sie im einzelnen darzustellen würde indes den Rahmen dieses Buches sprengen, zumal Lernen als eines der am besten erforschten Gebiete mit langer Tradition in der Psychologie gilt, was den Überblick über die Ergebnisse nicht gerade erleichtert. Hier sei deshalb nur auf einige der einflußreichsten theoretischen Positionen eingegangen, in denen zentrale Lernprinzipien deutlich werden, die auch für die sportpsychologische Lehre und Forschung von Bedeutung sind:

- **Signallernen** (Pawlow 1927; 1953)
- **Lernen durch Verstärkung** (Skinner 1974)
- **Lernen am Modell** (Bandura 1976; 1979)
- **Lernen durch Einsicht** (Wertheimer 1964; Koffka 1935; Köhler 1917)
- **hierarchisches Lernmodell** (Gagné 1970).

Signallernen

Ein junger Judoka ist als Wettkämpfer auf Landesebene recht erfolgreich; er hat schon lange nicht mehr verloren. Über internationale Turniererfahrung verfügt er noch nicht. Aufgrund seiner Leistungen nominiert ihn sein Verband eines Tages für ein internationales Turnier, für das auch japanische Teilnehmer gemeldet sind. Ihn beschäftigt dies nicht weiter, er fühlt sich stark und selbstbewußt: «Japaner kochen auch nur mit Wasser». In seinem ersten Kampf wird er gegen einen unbekannten Japaner gelost, der ihm eine schmerzhafte Niederlage beibringt. Diese hat zur

Folge, daß er es in Zukunft schon bei dem Gedanken, gegen einen Japaner kämpfen zu müssen, mit der Angst zu tun bekommt, die sich beim Anblick eines japanischen Judoka, gegen den er möglicherweise antreten muß, noch steigert. Sein Trainer meint nach der nächsten Niederlage gegen einen Japaner: «Er hat eine regelrechte Japaner-Angst».

Dieser Fall könnte so durchaus vorkommen. Er soll zeigen, daß ein ursprünglich neutraler Reiz (Japaner), der keinerlei besondere Reaktionen auslöst (...kochen auch nur mit Wasser), dadurch eine **Signalwirkung** erhält (Japaner-Angst), daß er mit einem üblicherweise Angst auslösenden Prozeß (schmerzhafte Niederlage) ein- oder mehrmals zusammenfällt. Nach diesem Lernprozeß genügt bereits der Anblick eines japanischen Judoka, um Angst auszulösen (Aussage des Trainers: Japaner-Angst). Ein vorgestellter oder tatsächlich anwesender japanischer Judoka wird praktisch zum Signal, das Angst auslöst.

Unser Judoka hat durch Signallernen (Synonyme: klassisches Konditionieren, reaktives Lernen, klassisches Bedingen) die Angst vor japanischen Judoka gelernt. Wie dieser Lernprozeß abgelaufen sein könnte, läßt sich stark vereinfacht mit Hilfe der Theorie des **Signallernens** darstellen. Von Lerntheoretikern wird dieser Versuch sicher als problematisch eingeordnet, weil sich solche in Labors entwickelten Theorien in die Wirklichkeit des Alltagslebens meist nicht mit der notwendigen Exaktheit übertragen lassen.

Prinzip des Signallernens ist es, daß ein bestimmter unbedingter Reiz (beispielsweise Schmerz), der regelmäßig eine bestimmte unbedingte Reaktion (Angst, Furcht) auslöst, durch einen anderen, ursprünglich neutralen Reiz (z. B. japanischer Judoka), der bis dato keinerlei besondere Reaktionen ausgelöst hat (bedingter Reiz), ersetzt wird und damit die gleiche Reaktion auslöst (bedingte Reaktion). Voraussetzung ist dabei, daß unbedingter und bedingter Reiz zeitlich verknüpft auftraten.

Das in Abbildung 28 dargestellte Grundschema nennt man seit PAWLOW einen **bedingten Reflex**. PAWLOW ist der Öffentlichkeit besonders durch seine Hundeversuche bekannt geworden. Er hat Hunden über das «Einschleifen» bedingter Reflexe neue Verhaltensformen beigebracht und glaubte, im bedingten Reflex ein Grundprinzip des psychischen Geschehens erkannt zu haben. Er sah darin den Ausgang zur Erforschung weit komplexerer Formen des Lernens.

Eine besondere Bedeutung der Theorie des Signallernens liegt im Bereich emotionalen Lernens. Starke Affekte, emotionale Einstellungen und Ängste vor bestimmten Objekten und Situationen beispielsweise werden häufig auf diese Weise erworben. Konsequenterweise setzen entsprechende Therapien hier an, indem gelernt wird, die Verknüpfung zwi-

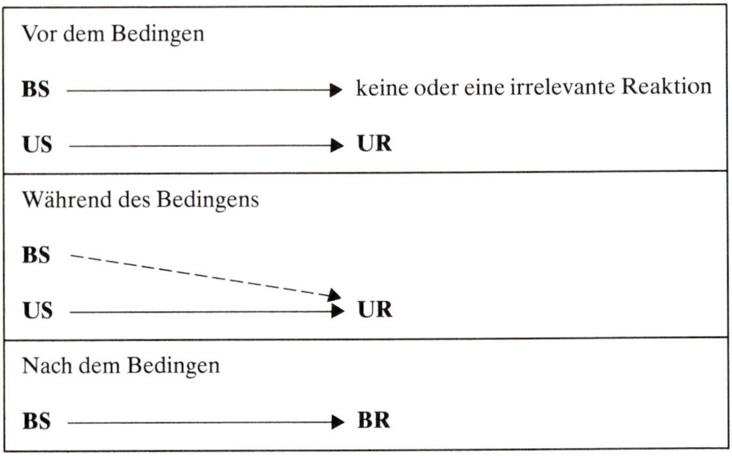

Abb. 28: Schema des Signallernens (nach EDELMANN 1978, 22)
Abkürzungen:
US = unbedingter (angeborener) Reiz
BS = bedingter (ursprünglich neutraler) Reiz
UR = unbedingte (angeborene) Reaktion
BR = bedingte (erlernte) Reaktion

schen Affekt und Signal zu verlernen. Der Klient oder die Klientin wird durch **Gegenkonditionierung** desensibilisiert, indem der bedingte Reiz über längere Zeit ohne den unbedingten angeboten wird, wodurch sich der bedingte (erlernte) Reflex abschwächen und schließlich auslöschen kann.

WOLPE (1974) hat diese Methode in entscheidender Weise entwickelt und popularisiert. Um das Verlernen unangepaßter Reaktionen zu unterstützen, macht man sich bei der Desensibilisierung die Erfahrung zunutze, daß körperliche Entspannung und psychische Spannung, wie sie etwa bei starken Affekten erlebt wird, sich ausschließen. Jemand, der entspannt ist, kann also kaum gleichzeitig Angst haben und umgekehrt. In der Therapie geht man dabei im Prinzip so vor, daß der Klient sich systematisch, schrittweise unter Entspannung an das Angst-besetzte Signal förmlich herantastet und so versucht, seine Angst-Reaktion zu verlernen. Das schrittweise Verlernen wird durch das vorherige Erstellen einer Hierarchie der Angst auslösenden Signale (von: stärkste Angst auslösend bis: keine Angst auslösend) unterstützt. Ziel der Therapie ist es, den ursprünglich Angst auslösenden Sachverhalt entspannt und damit angstfrei zu erleben.

Lernen durch Verstärkung

Die zentrale These des prominentesten Vertreters dieses Theorieansatzes (Synonyme: Bekräftigungslernen, instrumentelles Konditionieren, operantes Konditionieren), B. F. Skinner, lautet, daß Verhalten und Handeln durch ihre Konsequenzen kontrolliert werden. Dazu ein Beispiel: Eine Sportlehrerin erarbeitet mit ihrer Klasse eines Tages das Lernziel «Aufschwingen in den Handstand und Abrollen in den Stand». Die Schüler beginnen unter ihrer Anleitung zu üben, einigen von ihnen gelingt die Übung auf Anhieb. Andere schwingen auf, werden von der Hilfestellung nicht richtig unterstützt, fallen über und schlagen in voller Länge auf den Rücken, weil sie nicht abrollen (können). Diese Erfahrung ist unangenehm und schmerzhaft. Einem Schüler passiert dies einige Male hintereinander, weswegen ihn die Lehrerin auch noch zum Vormachen seines Fehlers vor die Klasse holt. Daraufhin stellt der Schüler sein Üben ein und ist nicht mehr zum Weitermachen zu bewegen.

In der Fachsprache der Lerntheoretiker würde man sagen, daß die Konsequenzen seines Verhaltens (Handstandaufschwingen) diesen Schüler nicht **verstärken**; denn durch das schmerzhafte Aufschlagen und die Demonstration wird die Wahrscheinlichkeit, daß sich die richtige Technik des Handstandaufschwingens einstellt, nicht erhöht. Um zu lernen, müßte also nach Ansicht der Vertreter dieser Theorie durch entsprechende Konsequenzen die Auftretenswahrscheinlichkeit des gewünschten Verhaltens erhöht werden. Maßnahmen, die dazu geeignet sind, bezeichnet man als **Verstärkung** (Synonym: Bekräftigung); sie können sehr vielseitig sein, reichen vom anerkennenden Blick über ein Lob bis hin zur Urkunde und Auszeichnung.

Tausch u. a. (1969) führten ein Experiment durch, in dem sie den Einfluß von ermutigenden (verstärkenden) Lehreräußerungen auf das Verhalten von 92 Grundschülern beiderlei Geschlechts im Sportunterricht untersuchten. Sie fanden, daß bereits wenige Ermutigungen bei sehr ängstlichen Schülern, verglichen mit entsprechend ängstlichen Schülern derselben Klasse ohne derartige Ermutigungen, zu Verbesserungen in den Leichtathletikleistungen führten.

Wichtig ist die Unterscheidung zwischen positiver und negativer Verstärkung. Erstere entsteht durch Hinzufügen eines angenehmen Reizes; negative Verstärkung dagegen wirkt dadurch, daß ein unangenehmer Reiz entfernt wird. Durch beide Strategien wird eine Verhaltensweise in der Wahrscheinlichkeit ihres Auftretens beeinflußt.

Neben der Verstärkung wird Verhalten auch durch **Bestrafung** kontrolliert. Dies geschieht immer dann, wenn in einer Situation entweder

	Angenehmer Reiz	Unangenehmer Reiz
Wird einer Situation nach einer Reaktion hinzugefügt	Positive Verstärkung	Bestrafung
Wird einer Situation nach einer Reaktion entfernt	Bestrafung	Negative Verstärkung

Abb. 29: Verstärkung und Bestrafung beim Lernen durch Verstärkung

ein angenehmer Reiz entzogen oder ein unangenehmer Reiz hinzugefügt wird. Definiert wird die Bestrafung also ebenso wie die Verstärkung im Hinblick auf ihre Wirkung. Bei der Bestrafung jedoch besteht die Wirkung nicht in der Stärkung, sondern in der Unterdrückung des Verhaltens. Das bedeutet, daß einige Reize unter bestimmten Umständen bestrafend wirken können, unter anderen Umständen nicht. Ebenso werden einige Reize von manchen als Bestrafung empfunden, von anderen jedoch nicht. Abbildung 29 systematisiert die verwendeten grundlegenden Begriffe der Theorie des Lernens durch Verstärkung.

Ein Beispiel für die Anwendung der Prinzipien des Lernens durch Verstärkung geben Brüggemann und Ernst (1977). Sie fanden heraus, daß eine leistungsbestimmende Größe beim Rennrodeln der Luftwiderstand ist, der wiederum durch die Haltung des Kopfes und der Füße des Fahrers beeinflußt wird. Sie konstruierten nun ein Winkelmeßgerät (Goniometer), das Fuß- und Nackenwinkel des Fahrers permanent maß und die Abweichung von einem Optimum (Sollwert) durch ein akustisches Signal über Kopfhörer dem Fahrer sofort rückmeldete. Wie stark die Abweichung vom Sollwert war, hörte der Fahrer an der Tonhöhe des akustischen Signals; es stand in linearem Zusammenhang mit der Abweichung vom Sollwert. Im Sinne der dargestellten Zusammenhänge wirkt das akustische Signal als Bestrafung, sein Ausbleiben als negative Verstärkung (vgl. Abb. 29). Es sollte die Wahrscheinlichkeit des Auftretens abweichender Kopf- und Fußhaltungen verringern.

Holland und Skinner (1974, 99f) selbst erklären das Prinzip des Lernens durch Verstärkung am Beispiel des Hochsprungs. Ein Hochspringer wird bei einem Wettkampf verstärkt, wenn er die Latte überspringt. Dabei ist die Höhe der Latte ausschlaggebend dafür, welche Art und welche

Stärke der Reaktion (Sprung) zum Erfolg führt, also verstärkt wird. Wenn ein Trainer die Latte für seinen Springer immer etwas höher legt, verstärkt er durch sukzessive Annäherung an das gewünschte Lernziel. Techniken, mit denen der Springer die Latte reißt, also nicht überwindet, werden demnach nicht verstärkt, sondern gelöscht. Von **differentieller Verstärkung** sprechen die Autoren dann, wenn nur eine bestimmte Art und Stärke einer Reaktion verstärkt wird und andere, ähnliche nicht.

Skinner (1972) betrachtet sein Modell des Lernens durch Verstärkung als tragfähig, um menschliches Verhalten und Handeln umfassend zu erklären und zu verändern. In seinem Zukunftsroman «Walden two» (deutsch: «Futurum zwei») zeichnet er die «Vision einer aggressionsfreien Gesellschaft». Solch eine Gesellschaft läge «in der Reichweite aller intelligenten unvoreingenommenen Menschen», vorausgesetzt, sie wendeten die Prinzipien an, «die sich heute durch die wissenschaftliche Erforschung menschlichen Verhaltens im Hinblick auf die Planung einer neuen Kultur abzeichnen». Gemeint sind die Prinzipien des Lernens durch Verstärkung.

Aber auch für die Theorie des Lernens durch Verstärkung wie für andere lerntheoretische Ansätze gilt, daß sie zwar für bestimmte Handlungs- und Situationsbedingungen durchaus Erklärungs- und prognostischen Wert besitzt, für andere dagegen weniger. Grenzen des Modells werden an verschiedenen Stellen deutlich. Es muß dem Lernenden zum Beispiel bekannt sein, was verstärkt wird, der Bezug zwischen Verhalten und Verstärkung muß ihm also deutlich werden. Der Lernende ist weiter stark abhängig vom Verstärker (als Person), was seine Kreativität und Selbständigkeit beim Angehen neuer Aufgaben und Probleme einschränken kann. Der Erwerb von neuen Verhaltens- und Handlungsnormen ist schwer mit dem Modell der Verstärkung zu erklären, weil ja immer bereits gekonntes Verhalten verstärkt wird. Ein weiterer Punkt ist, daß Verstärker zueinander in konflikthafter Beziehung stehen können und sie ihre Wirkung erst durch den sozialen Vergleich erhalten. Dasselbe Handlungsergebnis kann, je nachdem, auf welche soziale Norm es bezogen wird, sehr unterschiedliche Wirkung haben, kann als Belohnung oder als Bestrafung wirken.

Die bekannteste und konsequenteste Anwendungsform der Prinzipien des Lernens durch Verstärkung ist die **programmierte Instruktion** im programmierten Unterricht. Hierzu liegen auch im Sport beachtliche praktische wie theoretische Erfahrungen vor. Vorgegangen wird dabei nach dem Prinzip der maximierten Verstärkung durch Optimierung von Steuerungsprozessen beim Erreichen von Lernzielen.

Lernen am Modell

Wenn ein Sportlehrer seinen Schülern einen bestimmten Bewegungsablauf demonstriert, wenn ein Skilehrer vorfährt oder die Erzieherin ihre Kindergruppe auffordert, wie ein Frosch zu hüpfen, und es vormacht, steckt dahinter die Annahme, daß man durch Beobachten und Nachahmen der von Modellen repräsentierten Verhaltens- und Handlungsmuster lernen kann.

Modelle können von Personen oder über Medien vorgegeben sein: Der Skilehrer kann selbst vorfahren und/oder einen Film, Bilder, Zeichnungen etc. vorführen. Eine der Hauptfunktionen von Modellen besteht darin, Beobachtern Informationen darüber zu vermitteln, wie Handlungen organisiert werden müssen, damit die zu lernenden Handlungsmuster gebildet werden können (vgl. Foto 17).

Neben Lerneffekten bringen modellierte Ereignisse zwei weitere unterscheidbare Nachbildungsleistungen hervor (vgl. BANDURA 1976), durch die zwar kein neues Verhalten erlernt, wohl aber vorhandenes ausgelöst bzw. angeregt oder gehemmt wird. Es handelt sich um **Hemmungs-** und **Enthemmungseffekte**, die wie immer bedingte Widerstände gegen die Ausführung bestimmter Handlungsmuster ab- oder aufbauen. Nach Motorradrennen soll man hier und da beobachten können, daß die zweiradmotorisierten Fans anschließend auf der Landstraße ihre Vorbilder ungehemmt nachahmen. Die Beobachtung eines Unfalls kann dann umgehend zu Hemmungen führen.

Eine zweite Wirkung des Modellernens sind oft **Auslösungseffekte**, die bereits beherrschte Handlungsmuster auslösen können. Der Fußballzuschauer in der Stehkurve wird vielleicht durch die möglicherweise unbewußte Beobachtung seiner sozialen Umgebung ein Verhalten an den Tag legen, das er in anderer sozialer Umgebung sorgsam verdeckt.

Durch Lernen am Modell ist es möglich, beim erstenmal zu lernen; die einmalige Repräsentation eines Modells genügt unter Umständen, um neue Verhaltensweisen zu erwerben.

Der theoretische Ansatz des Lernens am Modell ist besonders mit dem Namen ALBERT BANDURA verknüpft, der als einer der schärfsten Kritiker behavioristischer Lerntheorien (z. B. Signallernen, Lernen durch Verstärkung) hervortrat, die Lernen weitgehend über die Verknüpfung von Reizen mit Reaktionen beschreiben und erklären, wobei sie den mentalen (*in* der Person) ablaufenden Prozessen so gut wie keine Bedeutung beimessen.

BANDURA kritisiert an diesen Ansätzen vor allem die erkennbare Diskrepanz zwischen Bücherwissen und gesellschaftlicher Wirklichkeit. In

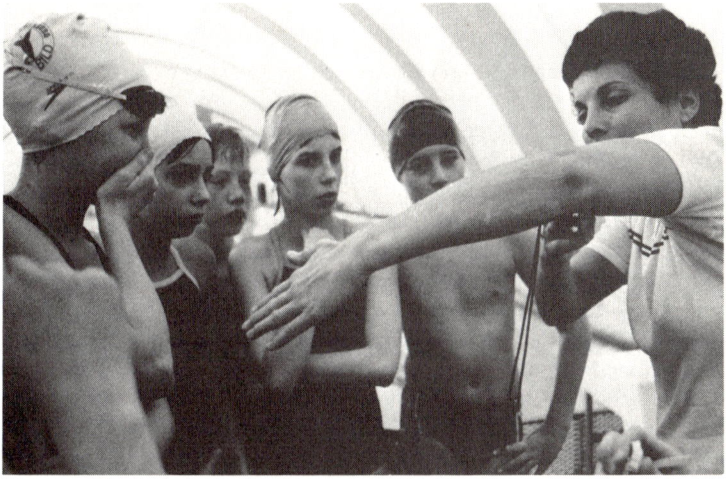

Foto 17: Schwimmer lernen am Modell ihrer Trainerin.

ihren experimentellen Lernstudien würden in der Regel Situationen konstruiert, die unter natürlichen Bedingungen bedeutungslos wären, was wiederum die praktische Brauchbarkeit solcher Untersuchungsergebnisse sehr stark einenge:

«Die Versuchsleiter schaffen in ihren Laboruntersuchungen vergleichsweise harmlose Verhältnisse, in denen Irrtümer ohne fatale Folgen für den Organismus bleiben. Doch in der natürlichen Umgebung wirken sich solche zufälligen Irrtümer oft genug tödlich aus. Es wäre demnach äußerst unsinnig, wollte man sich auf die differentielle Verstärkung von Versuch-Irrtums-Reaktion beschränken, wenn man die Absicht hat, Kinder im Schwimmen, junge Leute im Autofahren, Medizinstudenten im Operieren zu unterweisen, oder wenn man Erwachsene dazu anleiten will, komplexe berufliche und soziale Fähigkeiten auszubilden. Unter realistischeren Versuchsbedingungen hätte man die Tiere, die sich ... in den verschiedenen Labyrinthen abquälen und dabei – weil sie ohne Anleitung waren – zwangsläufig Fehler begehen, zur Strafe für diese Irrtümer ertränken, durch elektrischen Strom töten, zerstückeln oder zumindest grün und blau schlagen müssen. Dann wäre man rasch auf die Grenzen instrumenteller Konditionierung (Lernen durch Verstärkung – H. E.) gestoßen» (Bandura 1976, 10f).

Konsequenterweise entwickelte Bandura, der in früheren Arbeiten übrigens auch sehr entschieden behavioristisch argumentierte, seine **sozial-kognitive Theorie** des Lernens am Modell, in der zwei selbstregulierende kognitive Prozesse zentrale Bedeutung für die Beschreibung und Erklärung von Lernprozessen erhalten: stellvertretende Verstärkung und Selbstverstärkung. **Stellvertretende Verstärkung** bedeutet, daß die Verstärkung der modellierten Handlung, welche das Modell erfährt, auch auf den Beobachter als Verstärkung wirkt. **Selbstverstärkung** bedeutet, daß Handlungen auch durch (kognitiv) antizipierte selbstgeschaffene Konsequenzen zu kontrollieren sind. Der Beobachter vereinbart also sozusagen mit sich selbst eine Belohnung für seine Nachahmungsleistung. Gerade durch diese beiden grundlegenden kognitiven Prozesse wird die Modellierung von Verhalten ohne gleichzeitige externe Verstärkung durch einen Lehrer, Trainer o. ä. erst möglich.

Unter diesen Voraussetzungen erweist sich Lernen am Modell nicht so sehr als ein Prozeß des mechanischen Kopierens, sondern vielmehr als aktives, auf kognitive Prozesse gegründetes Handeln. BANDURA spricht daher auch eher von Modellierung als von Nachahmung oder Identifikation, weil das psychologische Wirkungsfeld der Modellierungseinflüsse viel weiter gesteckt sei als die einfache Mimikry, die durch die Begriffe Nachahmung und Identifikation eher bezeichnet werde.

«Die Tatsache, daß Beobachtungslernen den Aneignungsprozeß abkürzt, ist für die Entwicklung wie Überleben von entscheidender Bedeutung. Da Fehler uns teuer zu stehen kommen oder sogar tödlich ausgehen können, hätten wir in der Tat geringe Überlebenschancen, wenn wir nur dadurch lernen könnten, daß wir die Konsequenzen von Versuch und Irrtum erlitten ... je weitreichender und gefährlicher mögliche Fehler sich auswirken können, um so ausschließlicher verläßt man sich auf das Beobachtungslernen anhand geeigneter Beispiele» (BANDURA 1979, 22–23).

Lernen am Modell führt natürlich nicht zwangsläufig zu fehlerfreien Reproduktionsleistungen, womöglich noch nach dem ersten Versuch. Vielmehr sind auch hier oft zeitaufwendige Lern- und Trainingswiederholungen notwendig. Die Gründe dafür werden über Abbildung 30 einsichtig, die vier Teilprozesse zwischen Modellierungsreiz und Modellierung durch den Beobachter annimmt (in Anlehnung an BANDURA). Problematisch an dieser Darstellung ist allerdings, daß sie den Eindruck erwecken kann, als seien ausschließlich lineare Zusammenhänge zwischen den Teilprozessen gegeben. Angemessener sollte man auch hier funktionale Wechselwirkungen annehmen. Gleichwohl muß der Beobachter diese vier Teilprozesse durchlaufen, um schließlich zu lernen.

Selbst wenn es also gelänge, das zu Lernende zu behalten, wären damit noch nicht zwangsläufig die Voraussetzungen gegeben, es zu reproduzieren. Dies kann an mangelnden körperlichen Voraussetzungen liegen oder daran, daß die Regulierung der Bewegung vom Modell unsichtbar erfolgt

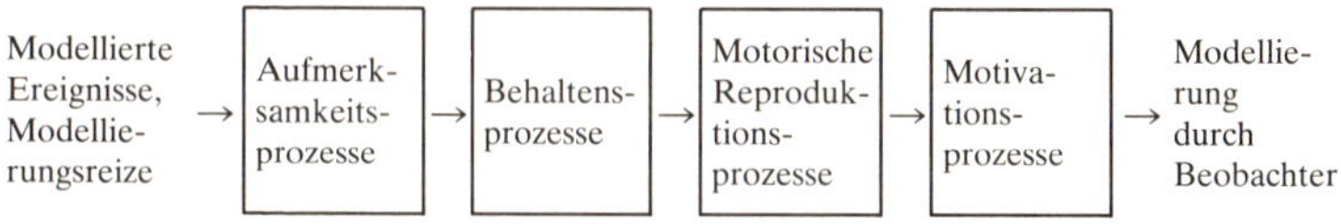

Abb. 30: Teilprozesse, die nach der sozial-kognitiven Lerntheorie Banduras Lernen am Modell steuern (1979, 32)

und damit der Beobachtung entzogen ist. Besonders schwierig wird das Modellieren dann,

«... wenn es sich um in hohem Maße koordinierte motorische Fähigkeiten handelt, wie z. B. das Golfspielen, bei dem man den größten Teil der Reaktionen, die man ausführt, nicht sehen kann und bei denen man sich deshalb primär auf propriozeptive Feedback-Reize und auf das von Zuschauern sprachlich Wiedergegebene verlassen muß. Es ist außerordentlich schwierig, Handlungen zu steuern, die schwer zu beobachten sind, oder sich die Korrekturregulierung anzueignen, die notwendig ist, um das symbolische Modell und die offene Ausführung aneinander anzugleichen» (Bandura 1976, 46).

Ein methodischer Kunstgriff in der Sportpraxis, um Modellierungsleistungen zu erleichtern, ist es, bei Lernprozessen an Handlungen und Bewegungen anzusetzen, die dem Lernenden vom Alltag bzw. aus anderen Zusammenhängen bereits verfügbar sind. Um Skilaufanfänger dazu zu bringen, das Gewicht auf ein Bein zu verlagern, kann man sie bitten, sich mit der rechten bzw. linken Hand an der entsprechenden Kniekehle zu kratzen oder sich hangwärts auf einen imaginären Stuhl zu setzen etc. Mit diesem Anknüpfen am motorischen Vorverständnis und Bewegungsvorrat der Lernenden erleichtert man ihnen das Behalten und Reproduzieren der vom Modell repräsentierten Verhaltens- und Handlungsmuster so, daß diese als «gemäßigt neu» erlebt werden und sich keine Lernbarrieren aufbauen. **Motivationsprozesse** schließlich sind entscheidend dafür, daß das behaltene und reproduzierbare Verhalten auch tatsächlich ausgeübt wird. Sie sind gewissermaßen der Antrieb für das tatsächliche Ausführen (vgl. S. 68ff).

Aus der Vielzahl vorliegender Befunde zu Motivationsbedingungen des Lernens am Modell lassen sich ohne Anspruch auf Vollständigkeit einige sportpsychologisch bedeutsame zusammenstellen. Dies geschieht ohne Rangfolge und ohne Berücksichtigung der Bezüge zwischen den einzelnen Bedingungen:

- Eine Person wird als Modell wahrscheinlicher dann gewählt, wenn der Lernende andernfalls befürchtet, daß ihm affektbezogene Verstärkung

(z. B. Liebe und Zuneigung) entzogen wird: «Wenn du nicht fleißig das machst, was der Trainer sagt, ist dir die Mama aber böse!» (Liebesentzug)
- Eine Person wird als Modell wahrscheinlicher dann gewählt, wenn sie um die erhaltenen Belohnungen bzw. Verstärkungen von anderen beneidet wird (Statusneid).
- Eine Person wird als Modell wahrscheinlicher dann gewählt, wenn der Lernende sich hinsichtlich bestimmter Merkmale ihr als ähnlich erlebt (Ähnlichkeit).
- Als sachkompetent erlebte Modelle werden mit größerer Wahrscheinlichkeit nachgeahmt (Sachkompetenz).
- Die Nachahmungsbereitschaft ist nach Mißerfolgen der Lernenden größer als nach Erfolgen, erfolgreiche soziale Partner werden eher nachgeahmt als erfolglose.

Wichtig scheint es zu sein, daß bei der Modellierung die Konsequenzen auf sein Handeln den Beobachter eher beeindrucken als die Modellmerkmale. Zwar kann ein Modell mit entsprechendem Prestige und mit Anziehungskraft jemanden dazu veranlassen, eine bestimmte Handlungsfolge zu versuchen; sollte sich diese jedoch durch negative Konsequenzen als unbefriedigend erweisen, wird sie aufgegeben, und der künftige Einfluß des Modells wird sich verringern.

Der Bezug zum sportlichen Alltag, besonders im Breitensport, liegt hier, wie es scheint, auf der Hand: Ein Ungeübter beobachtet ein internationales Rennen im Skilanglauf und beschließt daraufhin, sich Langlaufskier zu kaufen. Er ahmt also ein Modell, den Spitzenläufer, nach. Schon der erste Versuch aber könnte erfahrbar machen, daß aller Anfang schwer ist. Die negativen Konsequenzen können überwiegen, was dann dazu führt, die Langlaufski in den Keller zu stellen und bis auf weiteres nicht mehr anzurühren. – Ähnliche Prozesse kann man sicherlich in einer Vielzahl anderer Breitensportarten wie Radfahren oder Jogging beobachten. Hier dürfte die Argumentation darin begründet liegen, nicht Spitzenathleten als Vorbilder für Jedermannsportler zu wählen, sondern solche Modelle, die dieselben Probleme und Schwierigkeiten haben und zeigen, wie sie diese bewältigen.

Lernen durch Einsicht

Eine bestimmende theoretische Grundhaltung der Psychologie im ersten Drittel des 20. Jahrhunderts war die **Elementenpsychologie**. Ihre Verfechter gingen davon aus, daß psychische Prozesse sich aus Elementen,

Reizen und Reaktionen zusammensetzen, daß Lernen entsprechend über die Verknüpfung von Elementen und von Reizen mit Reaktionen zu beschreiben und zu erklären sei. In Opposition zu dieser Sichtweise setzten sich die **Gestaltpsychologen** (WERTHEIMER 1912, 1967; KÖHLER 1933; KOFFKA 1935 u. a.). Nach ihrer Auffassung lassen sich psychische Prozesse nicht durch die Verknüpfung von Elementen erklären; entsprechend wird Lernen als eine Form der Einsicht verstanden, die das Erfahrungsfeld einer Person (oft plötzlich) neu organisiert und strukturiert, aber nicht Elemente zu neuen Inhalten verknüpft. Die Position der Gestaltpsychologen läßt sich mit der Formel charakterisieren, daß für sie das Ganze mehr und anders ist als die Summe seiner Teile. Auf psychische Prozesse bezogen bedeutet dies, daß nicht mehr die Elemente in ihrer additiven Verknüpfung zueinander zur Erklärung herangezogen werden, sondern daß stets das Ganze im Vordergrund steht, welches gegenüber der Summe seiner Elemente eine neue und andere Qualität besitzt.

Die Beziehung zwischen dem Ganzen und seinen Teilen ist nach Prinzipien organisiert, die in Gestaltgesetzen beschrieben worden sind (vgl. S. 46f). Das grundlegende Gestaltgesetz ist das «Gesetz der guten Gestalt» oder, nach WERTHEIMER, das Prägnanzgesetz. Nach METZGER (1975, 65) ist Prägnanz «für jedes Wesen, sofern es sich überhaupt in Gefügen äußert, ein ganz bestimmtes Gefüge, in dem es sich am reinsten und zwingendsten verwirklicht. Dies nennt man ‹ausgezeichnet› oder ‹prägnant›.»

Zentraler Punkt der Auseinandersetzung zwischen elementaristischen Theoretikern (z. B. THORNDIKE 1913; 1932) und Gestalttheoretikern war die Kontroverse «Lernen durch Versuch und Irrtum» gegen «Lernen durch Einsicht». Beim Lernen durch Versuch und Irrtum, das THORNDIKE über das Gesetz des Effekts erklärt, kommt die Veränderung des Verhaltens dadurch zustande, daß nacheinander Verhaltensmuster zur Lösung eines Problems durchprobiert werden, bis schließlich eines vom Erfolg gekrönt wird. Veranschaulichen ließe sich dies am Beispiel eines Mannes, der einen Schüsselbund in der Hand hält, aber nicht weiß, welcher Schlüssel in das Schloß der Tür paßt. Es scheint plausibel, daß er per Versuch und Irrtum lernt, welcher Schlüssel paßt, um beim nächstenmal sofort den richtigen Schlüssel zu verwenden. Beim Lernen durch Einsicht dagegen findet in aller Regel kein sichtbarer Versuch statt; vielmehr wird per Probehandeln am entscheidenden Punkt das Feld umstrukturiert, was zu einer plötzlichen Zusammenschau führt, oft verknüpft mit einem Aha-Erlebnis, bei dem einem «ein Licht aufgeht».

WERTHEIMER selbst beschreibt (1964, 148f) einen sozialen Lernprozeß durch Einsicht, an dem er die Grundzüge dieser Lernstrategie eindrucksvoll nahebringt.

Foto 18: Einer gegen den anderen oder miteinander spielen?

Zwei Jungen, ein zehn- (B) und ein zwölfjähriger (A), spielten im Garten vor Wertheimers Fenster Federball. Der Zehnjährige verlor jedes Spiel, weil er nicht in der Lage war, die von dem älteren scharf und präzise gespielten Bälle zurückzuspielen. Schließlich warf er entmutigt den Schläger ins Gras und wollte nicht mehr weitermachen. A versuchte, zunächst vergeblich, B zu einer Fortsetzung des Spiels zu bewegen, was nach einiger Zeit doch gelang. Das Ziel ihres Spiels hatte sich nun allerdings geändert. Der Große spielte nicht mehr gegen den Kleinen, bemüht, ihn zu schlagen, sondern mit ihm. Sie zählten, wie oft sie den Ball hin- und herspielen konnten, ohne daß er den Boden berührte.

Der Lernprozeß von A bis zur Bewältigung seines Problems (B wieder so zum Mitspielen zu veranlassen, daß dieser Spaß erlebte) läßt sich im Sinne Wertheimers etwa so darstellen: Das Problem trat für A auf, weil er zunächst die Situation nur von seinem Standpunkt aus gesehen hatte. Er als Mittelpunkt des Geschehens (vgl. Abb. 31) wollte das Spiel gewinnen, sein Können beweisen. B wies er in dieser Sichtweise lediglich die Funktion eines Mittels zum Zweck zu, so lange, bis B durch seinen Rückzug das Spiel kaputtmachte. Nach dem ersten Ärger dämmerte es A allmählich, daß aus der Sicht von B, das heißt mit B im Zentrum der Situation (Abb. 31), das Spiel und auch der Mitspieler A kein Anlaß zur reinen Freude sein konnten.

Diese **Umzentrierung** machte A klar, daß das Spiel selbst zum Mittelpunkt der Überlegungen gemacht werden mußte und daß seine Interessen und die seines Mitspielers in bezug zur Struktur des Spiels zu sehen waren. Er bemerkte auf einmal, daß dieses Spiel, so wie sie es spielten, für beide eigentlich keinen Sinn mehr hatte. Die Unterschiede im Können waren zu groß, als daß das Streben nach Erfolg mit dem Wunsch, Freude und Freundschaft dabei zu erleben, vereinbar gewesen wäre. Es galt, das Spiel strukturell zu verändern. Dies gelang, indem beide nicht mehr gegeneinander, sondern miteinander spielten und gemeinsam Erfolg hatten. Allen Teilen des Handlungsgeschehens war nun eine andere Bedeutung zugewiesen. Der Mitspieler sollte den Ball jetzt erreichen und zurückspielen können, er war Partner und nicht mehr Gegner, den es auszuspielen galt.

Die drei Schritte, die zu dieser geschilderten Einsicht, zu dieser Leistung des Umzentrierens führten, veranschaulicht Abbildung 31.

Wertheimer faßt die entscheidenden kognitiven Schritte der geschilderten Entwicklung und damit die Grundzüge jeden Lernens durch Einsicht zusammen (1964, 154):

«Jeder Lernprozeß durch Einsicht setzt an einer Operation der Umzentrierung an, sie schafft den Übergang von einer einseitigen Ansicht zu der Zentrierung, die von der objektiven Struktur der jeweiligen Situation gefordert ist. Die zweite Phase des Einsichtsprozesses bringt einen Wechsel in der Bedeutung der Teile gemäß ihrer strukturellen Stelle, Rolle und Funktion mit sich. In einer Betrachtung der Lage unter dem Gesichtspunkte der guten Gestalt wird weiter geprüft, ob alles zu den strukturellen Forderungen paßt. Schließlich erlebt derjenige, der eine Einsicht hat, einen Drang, geradewegs auf den Grund vorzustoßen, ins Auge zu fassen, worauf es ankommt, und die Folgerungen daraus zu ziehen.»

Köhler (1917) betont in seinen Phasen des Einsichtsprozesses die äußerlich beobachtbaren Veränderungen beim Lernenden. Dies aus ein-

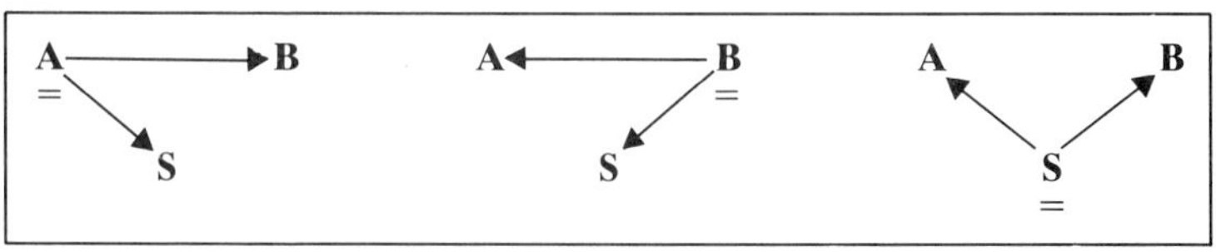

Abb. 31: Die Umzentrierung einer Spielsituation (A = Spieler; B = Spieler; S = Spiel) nach Wertheimer (1964, 154).

leuchtendem Grund, er hat diese Zusammenhänge bei seiner Intelligenzforschung mit Primaten entdeckt und erforscht:

- **Plötzlichkeit** der Problemlösung
- **glatter Verlauf** einer zum Ziel führenden Handlungsreihe
- **Verhaltens-** und **Ausdrucksänderung** kurz vor der eigentlichen Endhandlung (das Aha-Erlebnis)
- subjektive **Neuartigkeit** der Problemlösung.

Ein Beispiel aus einem schulalltäglichen motorischen Lernprozeß mag dies illustrieren: Ein Schüler erlernt das Delphinschwimmen. Er beherrscht inzwischen zwar den Beinschlag, aber die Wellenbewegung will nicht so recht gelingen. Der Lehrer erkennt als Fehlerursache die Haltung des Kopfes – der Kopf bleibt bei diesem Schüler während des Schwimmens im Nacken. Er erklärt dem Schüler, daß der Kopf auf die Brust genommen werden muß, um die Beugung der Hüfte zu ermöglichen (Prinzip: Kopf steuert die Bewegungsrichtung): Der Schüler übt weiter, und plötzlich klappt es (Plötzlichkeit der Problemlösung), die Bewegungen werden jetzt immer flüssiger, rhythmischer (glatter Verlauf einer zum Ziel führenden Handlungsreihe). Bevor diese beiden Verhaltensqualitäten beobachtbar sind, hat der Schüler am Beckenrand die Erklärung des Lehrers verstanden: «Aha, jetzt begreif ich das» (Verhaltens- und Ausdrucksänderung kurz vor der eigentlichen Endhandlung). Das neue Schwimmen wird vom Schüler als ganz anders, viel leichter als sein bisheriges Schwimmen erlebt (subjektive Neuartigkeit).

Weil Lernen durch Einsicht Prinzipien und Strukturen von Zusammenhängen begreifbar macht, sind die so gelernten Inhalte besonders gut auf andere Situationen und Anforderungen übertragbar (vgl. S. 143ff).

Das hierarchische Lernmodell von Gagné

Alle bisher dargestellten lerntheoretischen Ansätze besitzen nur einen gewissen mehr oder weniger eng umschriebenen Erklärungswert. Aus dieser Erkenntnis heraus versuchte Gagné (1970) eine Integration der jeweils in verschiedenen (Lern-)Situationen, bei Gagné «Lerntypen», durchaus tauglichen theoretischen Ansätze in ein möglichst umfassendes Lernmodell. Er unterscheidet dazu acht Lerntypen, das heißt acht verschiedenartige Lernsituationen, die er in eine hierarchische Ordnung bringt. Der Erwerb eines Inhalts in einem in der Hierarchie höher stehenden Lerntyp setzt die Beherrschung des entsprechenden Lernstoffs der niedereren Lernstufen voraus. Welcher Lerntyp vorherrscht, hängt davon ab, was der Lernende schon kann (Voraussetzungen der Person) und welche Lernvoraussetzungen in der Umwelt herrschen.

Jeder der acht Lerntypen geht von einem anderen Ausgangspunkt des Lernenden aus und führt zu zunehmend komplexeren Handlungsfolgen. Der hierarchische Aufbau, von dem allerdings Lerntyp 1 (Signallernen) ausgenommen ist, weil er nicht sicher als notwendige Voraussetzung für die folgenden betrachtet werden kann, sei an einem Beispiel aus dem Sport erläutert (GAGNÉ geht auf Sporthandlungen in dieser Form nicht ein):

Ein Jugendlicher möchte das Handballspielen lernen. Zu dem, was er anfangs lernen muß, gehört auch die Abwehrgrundstellung. Der Trainer kann sie ihm beibringen, indem er erste Versuche des Lernenden, die geforderte Körperhaltung einzunehmen, verbal unterstützt oder selbst dessen Arme und Beine in die gewünschte Stellung bringt und weitere Versuche bekräftigt. Der Jugendliche lernt hier nach dem Prinzip des Reiz-Reaktions-Lernens oder des Lernens durch Verstärkung eine genau beschriebene, sehr einfache Bewegungsreaktion (Lerntyp 2). Danach erst ist er in der Lage, mehrere dieser so gelernten einfachen Bewegungen zu einer Sequenz oder Kette zu verbinden (Lerntyp 3), wie etwa aus der Abwehrgrundstellung heraus einem in Ballbesitz kommenden Angreifer in kurzen Nachstellschritten entgegenzutreten und nach der Ballabgabe sich wieder in den Deckungsverband einzuordnen.

Bevor unser Handballer in einer Mannschaft effektiv mitspielen wird, hat er über solche Bewegungsketten hinaus wesentlich anderes zu lernen. Er muß zum Beispiel Begriffe wie Fallwurf, Sprungwurf, Handgelenkpaß, Ballseite, Wurfarm, Nachstellschritt etc. kennen, um sich in der Abwehr entsprechend verhalten zu können. Voraussetzung für den Erwerb von Begriffen (Lerntyp 6) ist allerdings, daß er die Objekte oder Sachverhalte, die von den Begriffen bezeichnet werden, diskriminieren gelernt hat (Lerntyp 5). Dann aber ist er imstande, bestimmte Regeln, in denen Begriffe zueinander in Beziehung gebracht werden, zu lernen (Lerntyp 7) und zu trainieren, wie sie zum Beispiel für Abwehrspieler gelten (dem Ball-besitzenden Gegenspieler mit Nachstellschritten entgegengehen, den Wurfarm abdecken, den Ball bei der Ausholbewegung zum Wurf herausspielen, weil er sich dann nicht im Blickfeld des Werfers befindet etc.). Diese Regeln kann er (auf der höchsten Lernstufe) schließlich in kombinierter Form bei der Bewältigung von Problemen (Lerntyp 8) einsetzen, etwa wenn er eine Abwehrstrategie gegen einen Angreifer lernen will, der ihn mit einer neuen Wurfvariante schon mehrmals versetzt hat.

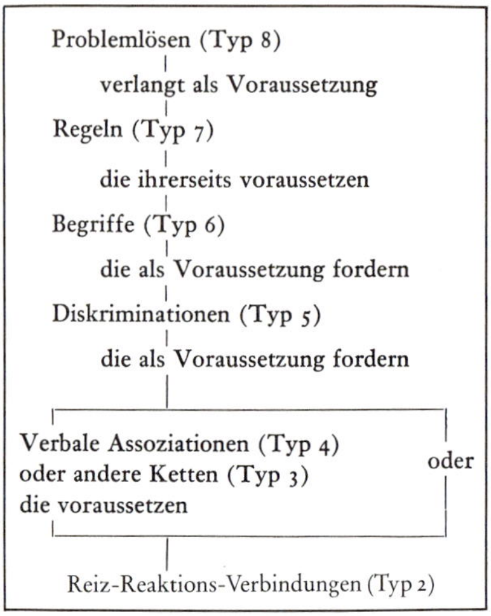

Abb. 32: Hierarchie der Lernvoraussetzungen und Lerntypen aus Gagné (1970, 59)

Der Lerntyp 4, das Erlernen sprachlicher Ketten, ist als Gegenstück im verbalen Bereich zum Lerntyp 3 noch nachzutragen. Er hat im Sport eigentlich nur dort Bedeutung, wo rein verbale Assoziationen gelernt werden. Beispielsweise kann sich beim Segeln der Anfänger über Eselsbrükken Luv und Lee merken, indem er sprachliche Ketten bildet: Luv – auf den Wind **zu**, Lee – vom Wind **weg** u. ä.

Nach Gagné weisen alle acht Lerntypen als Gemeinsamkeit eine einheitliche zeitliche Abfolge von vier am Lernprozeß beteiligten Phasen einer Lernsequenz auf (vgl. Abb. 31). Die ersten beiden Phasen des Lernprozesses bezeichnet er mit **Lernen**, die beiden letzten mit **Gedächtnis**. Grundsätzlich ist die Möglichkeit des Lernens an die Existenz zweier komplexer psychischer Systeme bzw. Prozesse gebunden, an **Transfer** und an **Gedächtnis**. Über Transfer oder Lernübertragung können vorausgegangene Erfahrungen in spätere Lernprozesse eingehen. Gedächtnis gewährt die Verfügbarkeit über erlernte Inhalte.

Transfer

Handeln lernt man, indem man sich einen relativ überdauernden Erfahrungshintergrund aufbaut, der weiteres Lernen in zwar sehr unterschiedlichem Ausmaß, aber doch zwangsläufig beeinflußt. Diese Beeinflussung von Lernen durch vorangegangene Lernprozesse nennt man **Transfer** (Synonym: Lernübertragung, Mitübung). Die Analyse von Transferprozessen kann sich eher auf den **Prozeß** oder eher auf das **Ergebnis** richten. Gemeint ist damit nach EGGER (1975a, 12), daß der Begriff Transfer sowohl den Vorgang, der zu einem Lernleistungsunterschied führt, als auch das Resultat dieses Unterschieds bezeichnen kann.

Transfer kann in zwei Richtungen verlaufen: vertikal und lateral. Im Anschluß an GAGNÉ (1970) versteht EGGER (1975a, 13) unter **vertikalem Transfer** die Übertragung der in einem bestimmten Lernprozeß erworbenen Erfahrung auf ähnliche Lernprozesse (Lernprozeß A → Lernprozeß B). GAGNÉ spricht in diesem Zusammenhang von der Wirkung erlernter Fähigkeiten eines Niveaus auf das Erlernen weiterer Fähigkeiten auf einem höheren Niveau. **Lateraler Transfer** ist die Übertragung der in einer bestimmten Lernsituation erworbenen Erfahrung auf ähnliche Lernsituationen (Lernsituation 1 → Lernsituation 2) Nach GAGNÉ ist dies die Generalisierung, die sich auf eine umfassende Gruppe von Situationen auf etwa demselben Komplexitätsniveau erstreckt.

Neben der Richtung von Transferprozessen werden im allgemeinen auch ihre Wirkungen differenziert. Man unterscheidet **positiven Transfer**, bei dem vorangegangene Erfahrungen Lernen erleichtern, und **negativen Transfer**, bei dem sie erschwerend wirken.

Ein problematischer Begriff in der Transferdiskussion ist der der Ähnlichkeit, der sich auf sehr unterschiedliche Bedingungen von Lernprozessen und -situationen beziehen kann. Daher ist man bei der Planung von Transfer (z. B. im Bereich methodischer Übungsreihen) gehalten, sehr sorgfältig zu prüfen, ob auch tatsächlich Ähnlichkeit im Sinne positiver Transfervoraussetzungen gegeben ist.

EGGER (1975b) gibt ein Beispiel dafür: Der Mühlaufschwung wird methodisch oft nach dem Knieaufschwung eingeführt. Weil beide Bewegungen ihrer Form nach sehr ähnlich sind, wird oft angenommen, daß das Beherrschen des leichteren Knieaufschwungs das Erlernen des schwereren Mühlaufschwungs begünstige, daß also positiver Transfer eintritt. Die Praxis bestätigt dies nicht. Das Erlernen des Mühlaufschwungs wird nach diesem Vorgehen oftmals sogar behindert. Der vorausgegangene Lernprozeß zum Knieaufschwung übt einen negativen Einfluß aus, weil Teilbewegungen mit übertragen werden. Der Grund für diesen negativen

Transfer liegt darin, daß zwar formale, also morphologische, nicht aber strukturelle Ähnlichkeit bei der Bewegung gegeben ist:

«Beim Knieaufschwung erfolgt der Impuls für den Pendelschwung durch den Einsatz des Schwungbeines – beim Mühlaufschwung durch die Schwerpunktverlagerung und durch die deutliche Kippbewegung. Eine Vermengung beider Bewegungsprinzipien führt zu Störungen des Bewegungsablaufes. Werden beide Elemente in zeitlicher Nähe unterrichtet, so erstaunt es deshalb nicht, daß negative Transferwirkungen vom bereits stabilisierten Knieaufschwung zum Mühlaufschwung auftreten» (EGGER 1975b, 295).

Die theoretischen Positionen zum Transferproblem lassen sich stark vereinfacht zwei Richtungen zuordnen: Die Vertreter der einen nehmen, ausgehend von THORNDIKE (1922), an, daß Transfer im Prinzip durch die Identität von Elementen zwischen früheren und neuen Lernsituationen bestimmt werde. Für die andere Richtung wird Transfer dadurch möglich, daß Regeln, Prinzipien und Einsichten in ein Geschehen erworben worden sind (zurückgehend auf JUDD 1908). JUDD erläutert diese Auffassung mit einem mehrfach bestätigend replizierten Experiment. Demnach ist mit Transfereffekten vor allem dann zu rechnen, wenn die Einsicht in eine allgemeine Regelhaftigkeit auf strukturell ähnliche Probleme anwendbar ist.

In seinem Experiment ließ JUDD Versuchspersonen mit Pfeilen auf eine Zielscheibe unter Wasser schießen. Eine Gruppe wurde vor Beginn des Versuchs über die physikalischen Prinzipien der Lichtbrechung im Wasser informiert. Die anderen zielten ohne dieses Wissen. Das Wissen um die physikalischen Zusammenhänge hatte nun so lange keinen Einfluß auf die Treffgenauigkeit, wie die Zielscheibe auf unveränderter Wassertiefe festlag. Sobald jedoch die Entfernung Scheibe–Wasseroberfläche verändert wurde, schnitten die Informierten besser ab. Sie erlebten also positiven Transfer.

Nach WEINERT (1974, 689) bestätigten OVERING und TRAVERS (1966) JUDDS Befunde, stellten jedoch fest, daß das Ausmaß der Lernübertragung in beachtlicher Weise von der besonderen Art des benutzten Lernverfahrens abhänge. Für die Sport- und Lernpraxis gilt, daß Transferwirkungen immer von den Bedingungen des jeweiligen Lernprozesses abhängig sind, insbesondere von den personalen Voraussetzungen des Lernenden, der Aufgabenstellung und den eingesetzten Methoden.

In Anlehnung an ELLIS (1965) hat WEINERT (1974, 705ff) einige transferfördernde Bedingungen zusammengestellt (vgl. auch EGGER 1976). Demnach hängen Art und Ausmaß von Transfer u. a. von folgenden Bedingungen ab:

- Kognitiven Voraussetzungen der Lernenden: Es konnte in einer Reihe von Untersuchungen gezeigt werden, daß intelligentere Schüler im allgemeinen größere Transfereffekte erzielen.
- Ähnlichkeit zwischen Lern- und Transferaufgaben ist eine weitere wichtige Bedingung von Transfer. Ähnlichkeit kann dabei sowohl als Grad der Übereinstimmung zwischen den beiden Lernsituationen aufgefaßt werden als auch als jene Teilmenge an Vorkenntnissen, die für die Lösung beider Aufgaben erforderlich ist. «Im einzelnen dürfte es sich dabei um bestimmte Fertigkeiten, Begriffe, Prinzipien, Methoden und Einstellungen handeln. Aufgabe des Unterrichts ist es, die Lernsituationen im Hinblick auf die günstigsten Bewährungs- und damit Transfersituationen zu planen. Hier liegt eines der wichtigsten Probleme der Curriculum-Forschung (WEINERT 1974, 706).
- Transfer wird auch durch die Art der Auseinandersetzung mit der ursprünglichen Lernaufgabe wesentlich gesteuert. Als besonders förderlich haben sich nach WEINERT (1974, 706) dabei die Intensität und die Variabilität des Übens sowie der Umfang des einsichtigen und selbst entdeckenden Lernens erwiesen: «Durch intensives Üben der ursprünglichen Lernaufgabe... wird im allgemeinen der positive Transfer gesteigert und die Wahrscheinlichkeit negativen Transfers verringert (sofern die ursprüngliche Lernaufgabe positive Transferwirkungen hat – H. E.)... Die Bedeutung des sinnvollen Übens gerade für das produktive Lernen und kreative Lernübertragungen wird oft unterschätzt.»

Übung kann natürlich auch Negativeffekte haben, wenn etwa durch geringe Variabilität unerwünschte Mechanisierungen von Handlungs- und Denkabläufen eintreten. WEINERT verweist weiter darauf, daß sich im allgemeinen feststellen läßt, daß die Möglichkeit der Lernübertragung mit dem Grad der Einsicht in die Struktur der Aufgabenlösung steigt.

Dem Umfang des selbst entdeckenden Lernens, also «... der reflektierten, möglichst häufigen Erfahrung richtiger und falscher Lernübertragung kommt ebenso große Bedeutung zu wie der Vermittlung effektiver Problemlösungsstrategien und positiver Einstellungen dazu. Für die produktive Anwendung dieser Strategien spielt offenbar das kritische Selbstvertrauen des Lernenden in seine Fähigkeit eine große, in Forschung und Praxis häufig unterschätzte Rolle» (WEINERT 1974, 107f).

Diese Ausführungen machen deutlich, daß Transfer kein Geschehen ist, das sich automatisch einstellt. Positiver Transfer ist vielmehr von der systematischen Gestaltung transferfördernder Lernbedingungen abhängig, setzt also Transferplanung, -anregung und -kontrolle voraus (EGGER 1976, 181f).

Egger fordert in diesem Zusammenhang, daß Transferziele in die Lernplanung aufgenommen und so präzisiert werden, daß angestrebter und tatsächlich erreichter Lernfortschritt mit hinreichender Genauigkeit zu evaluieren sind. Ferner müssen die vielfältigen motorischen, kognitiven, emotionalen und sozialen Lerngelegenheiten im Sport so angeboten werden, daß sie zum Transfer in andere Handlungsfelder anregen. Hier ist ein wichtiger Ansatz zu Lebenszeit- und Lebensraumsport zu erkennen, der sich aus Schulen und Vereinen heraus entwikkeln kann.

Gedächtnis

Lernprozesse verlaufen in Phasen. Abbildung 30 auf S. 135 zeigt, wie man sich deren Abfolge vorstellen kann und daß nur dann gelernt werden kann, wenn Erfahrungen gespeichert und abrufbar zur Verfügung stehen. Voraussetzung dafür ist unser **Gedächtnis**. Die Turnerin auf Foto 19 bereitet sich gerade mental auf eine Bodenübung vor. Sie hat den Laufweg ihrer Übung im Gedächtnis gespeichert, um sie fehlerfrei turnen zu können.

Gedächtnisstrukturen und -prozesse wurden von der sportpsychologischen Forschung bislang kaum aufgegriffen, weshalb hier nur einige Grundbezüge angedeutet werden können.

Eine in der einschlägigen Literatur verbreitete Auffassung begreift das Gedächtnis als **Mehrspeicherstruktur**. Dabei wird nach Bredenkamp und Wippich (1977, Bd. 2, 70) angenommen, daß Information zwischen ihrer Aufnahme (Erwerb) und Abgabe (Reproduktion) verschiedene Stadien der Verarbeitung durchläuft. Der Informationsfluß wird durch Kontrollprozesse (z. B. Aufmerksamkeit) geregelt, und die jeweiligen Ergebnisse der Verarbeitungsprozesse werden verschiedenen Gedächtnisstrukturen (Speichern) zugeordnet (vgl. Abb. 33):

- **Ultrakurzzeitspeicher** (sensorische Register, sensorisches Gedächtnis)
- **Kurzzeitspeicher** (Arbeitsgedächtnis, Kurzzeitgedächtnis)
- **Langzeitspeicher** (Langzeitgedächtnis).

Nach der Aufnahme durch die Sinnesorgane wird Information so umgebaut (kodiert), daß sie im Ultrakurzzeitspeicher aufgenommen werden kann. Dabei wird die Bedeutung der Information noch nicht erfaßt. Die Speicherzeit für visuelle Information nimmt man nach einer Übersicht von Bredenkamp und Wippich mit ca. 250 Millisekunden an, für akustische bis zu 2 Sekunden.

Diejenigen Informationen des Ultrakurzzeitspeichers, die nicht verges-

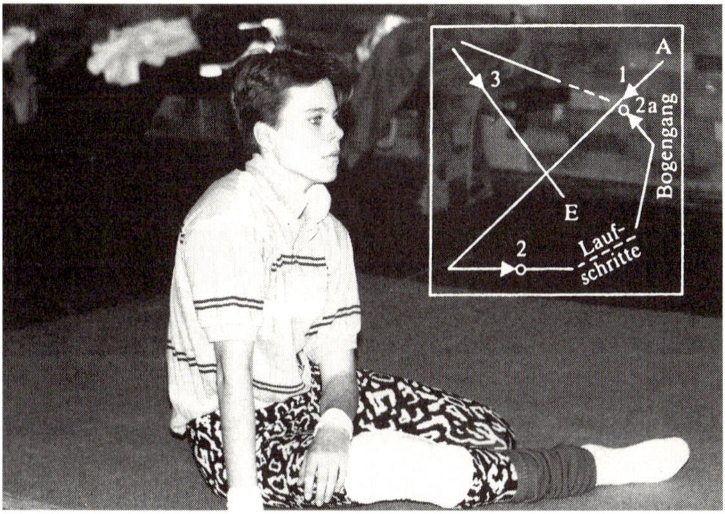

Foto 19: Die Turnerin muß vor Beginn ihrer Übung ihren Laufweg und ihre Übung im Gedächtnis gespeichert haben.

sen werden, werden an den Kurzzeitspeicher weitergeleitet, ein System, in dem die Information bewußt gemacht und verarbeitet wird. Kontrollprozesse wie Aufmerksamkeit oder Auswendiglernen verlängern die Speicherzeit im Kurzzeitspeicher und erleichtern die Weiterleitung der Informationen an den Langzeitspeicher.

«Die Kapazität des Langzeitspeichers, zumindest des semantischen... (der semantische soll das dem Rezipienten gegebene Wissen über verbale Symbole im besonderen und allgemein das Wissen von der Welt repräsentieren)... scheint unbegrenzt zu sein. Einmal in den Langzeitspeicher kopierte Informationen scheinen permanent verfügbar zu sein» (BREDENKAMP & WIPPICH 1977, Bd. 2, 73). Vergessen bedeutet dann, daß Informationen nicht mehr zugänglich sind.

Hinweise auf die Mehrspeicherstruktur des Gedächtnisses ergeben sich u. a. aus einer Untersuchung von YARNELL und LYNCH (1970, zit. nach HELLER & NICKEL 1978, 193). Sie berichten von amerikanischen Footballspielern, daß diese sich wenige Minuten nach einem Foul nicht erinnern konnten, wie und von wem sie gefoult worden waren. Befragte man die Spieler jedoch unmittelbar nach dem Vorfall (in einer Zeitspanne von max. 20 Sek.), so war es ihnen möglich, das Geschehen detailliert zu schil-

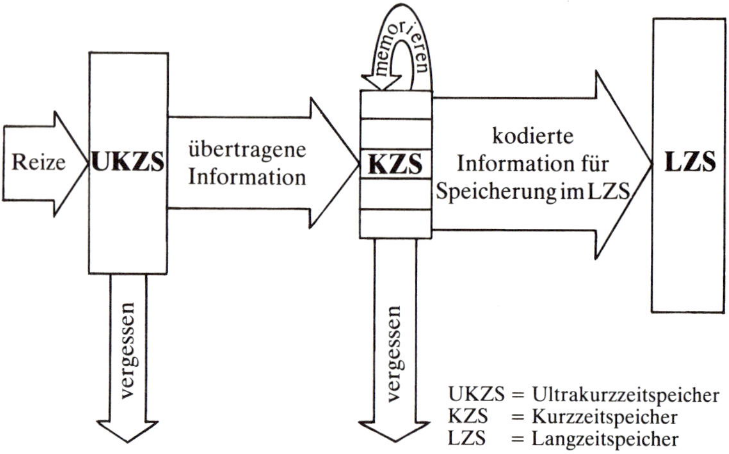

Abb. 33: Gedächtnismodell (vereinfacht nach ATKINSON & SHIFFRIN 1968, aus BREDENKAMP & BREDENKAMP 1975, 646)

dern. Die sofort nach dem Foul befragten Spieler waren auch noch später in der Lage, sich präzise an den Vorfall zu erinnern, sehr wahrscheinlich deshalb, weil die Befragung ihre Aufmerksamkeit auf das Foul lenkte und damit das Abspeichern im Kurzzeitspeicher forderte. Dieser Befund läßt sich als Beleg für die Mehrspeicherstruktur unseres Gedächtnisses interpretieren. Auch eine Vielzahl anderer Studien, etwa an hirnverletzten Patienten, stützte diese Annahme.

Jüngere Entwicklungen der Gedächtnisforschung, die sich durchaus noch in kontroverser Diskussion befindet, scheinen eher auf die Untersuchung des Gedächtnisses als Prozeßgeschehen hinzulaufen und weniger auf mehr oder weniger feste Strukturen (vgl. dazu EBERSPÄCHER/NARCISS/REISCHLE/THOMAS 1991).

Motorisches Lernen

(von Hermann Körndle & Susanne Narciss)

Unter **motorischem Lernen** versteht man den relativ überdauernden Erwerb von Bewegungsabläufen, die nicht zum natürlichen Verhaltensrepertoire gehören. Dabei kann es sich um gänzlich neue Bewegungen handeln (z. B. sportliche Techniken) oder um solche, die einer schon gekonnten ähnlich sind.

In vielen Bereichen des Alltags, z. B. bei der Arbeit, in der Rehabilitation, im Kindergarten, vor allem auch im Sport stellen sich Fragen, wie neue Bewegungen erlernt werden, welche Verteilung von Lernphasen und Pausen günstig ist, welche Instruktionen das Bewegungslernen unterstützen usw. Zur Beantwortung solcher Fragen kann man einmal auf die im vorangegangenen Kapitel skizzierten Erkenntnisse der allgemeinen Lernpsychologie zurückgreifen und anwenden. Eine andere Möglichkeit besteht darin, im Bereich der Motorikforschung nach Antworten zu suchen. Verfolgt man diesen zweiten Weg, steht man, wie so oft bei praktischen Fragen an die Wissenschaft, einer Fülle von Material gegenüber. Im vorliegenden Kapitel sollen Wege durch dieses Material aufgezeigt werden.

Bevor drei Modelle des motorischen Lernens genauer dargestellt werden, sei auf fünf wesentliche Merkmale menschlicher Bewegung eingegangen (vgl. Stelmach & Diggles 1982):

Fünf Merkmale menschlicher Bewegung

1. Bewegungen können gelernt werden

Wie für das Lernen allgemein gibt es auch für das motorische Lernen keine einheitliche Lerntheorie. Dennoch läßt sich im Hinblick auf motorische Lernprozesse folgendes festhalten:

Es gibt zahlreiche Möglichkeiten, (motorische) Lernprozesse zu beeinflussen. Zu nennen sind hier beispielsweise spezifische Informationsangebote, systematisch und kontrolliert eingesetzte Trainingsverfahren oder auch die spezifische Gestaltung von Lernumwelten. Von grundlegender Bedeutung ist hierbei die Berücksichtigung von Lernprinzipien und -regeln wie z. B. des Kontiguitätsprinzips (räumlich-zeitliche Nähe, Guthrie 1935), des Prinzips der funktionalen Äquivalenz (Ach 1921;

HOFFMANN 1990), der THORNDIKE'schen Lernregeln («Law of Effect», «Law of Readiness», «Law of Exercise»; THORNDIKE 1932), der gestaltpsychologischen Gesetze (WERTHEIMER 1945; KÖHLER 1947) oder auch die Beachtung von motivationspsychologischen Erkenntnissen (HULL 1943; HECKHAUSEN 1980).

Die Einflußgrößen motorischer Lernprozesse sind nicht voneinander unabhängig. Art und Umfang der Wechselwirkungen zwischen den Einflußgrößen ändern sich im Verlauf des Lernens: So können beispielsweise dieselben Trainerinformationen bei Anfängern ganz andere Lerneffekte bewirken als bei Könnern.

Die Fortschritte werden während des Lernprozesses zunehmend geringer, was in dem im vorangegangenen Kapitel erwähnten typischen Lernkurvenverlauf zum Ausdruck kommt.

Für das motorische Lernen ist von besonderer Bedeutung, daß nicht alle Bewegungscharakteristika durch Lernen veränderbar sind. Zu erwähnen sind hier beispielsweise Reflexe (z. B. der Patellar-Sehnen-Reflex) oder auch anatomisch begründete Einschränkungen der motorischen Freiheitsgrade.

2. Bewegungen werden von einem komplexen System erzeugt (motorische Komplexität)

Der menschliche Bewegungsapparat ist sehr komplex aufgebaut. Er besteht aus zahlreichen Knochen, Gelenken, Muskeln, Sehnen, Bändern etc., die unterschiedliche Bewegungsmöglichkeiten, d. h. unterschiedliche Freiheitsgrade, besitzen. Die Komplexität des motorischen Systems läßt sich durch die Anzahl dieser unabhängig voneinander zu steuernden Freiheitsgrade verdeutlichen. BERNSTEIN (1967) errechnete dafür 127, während die Zählweise von TOMOVIC und BELLMANN (1970) 792 Freiheitsgrade ergibt. Um sich bewegen zu können, müssen diese Freiheitsgrade koordiniert bzw. reduziert werden. Eine angemessene Theorie der Bewegungsregulation bzw. des Bewegungslernens muß demnach Mechanismen beschreiben, die eine Reduktion solcher Komplexität leisten können. Von besonderem Interesse ist hierbei, daß bestimmte anatomische Gesetzmäßigkeiten wie z. B. Form und Art der Gelenke, Sehnen, Bänder und Muskeln spezifische Einschränkungen dieser Freiheitsgrade mit sich bringen, so daß nicht alle Freiheitsgrade beliebig genutzt und kombiniert werden können (vgl. BERNSTEIN 1967; STELMACH & DIGGLES 1982).

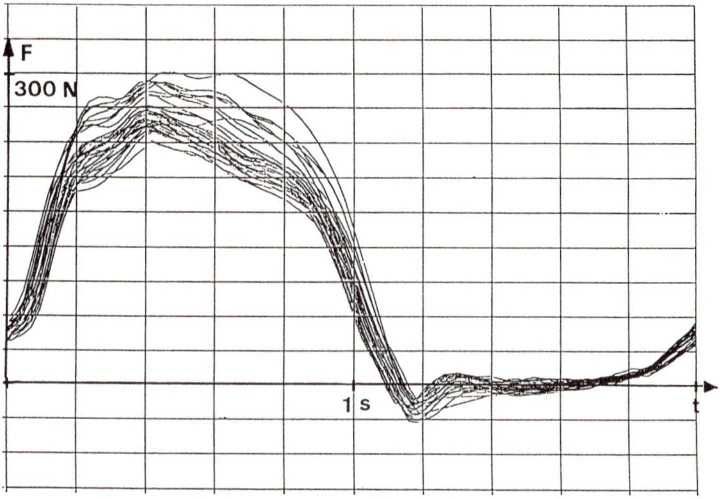

Abb. 34: Variabilität einer Kraft-Verlaufskurve beim Rudern

3. Gleiche Bewegungen können auf unterschiedliche Weise ausgeführt werden (motorische Äquivalenz)

Aus der motorischen Komplexität kann fast unmittelbar die motorische Äquivalenz abgeleitet werden: Der komplexe Aufbau des menschlichen Bewegungsapparates erlaubt es, die gleichen oder einander ähnliche Bewegungen durch das Zusammenspiel unterschiedlicher Muskelgruppen zu erzeugen. So kann beispielsweise das Greifen und Zum-Mund-Führen einer Tasse durch unterschiedliche Kombinationen der verschiedenen Armmuskeln erfolgen (Hebb 1949; Lashley 1930, 1938).

4. Bewegungen weisen Variabilität auf (motorische Variabilität)

Selbst auf einem sehr hohen Fertigkeitsniveau und bei konstanten situativen Bedingungen können keine völlig identischen Bewegungen ausgeführt werden. Untersucht und registriert man Bewegungen, die identisch erscheinen, so stellt man trotz konstant gehaltener Ausgangsbedingungen Variationen in den kinematographisch oder elektromyographisch erfaßten Bewegungsabläufen fest, unabhängig davon, ob es sich um zyklische oder azyklische Bewegungen handelt (Bartlett 1932; Gentner, Grudin & Conway 1980; Glencross 1980; Schmidt 1975). Abbildung 34 zeigt ein Beispiel für solche Variabilität hochtrainierter sportlicher

Techniken. Die Kraft-Verläufe der Ruderschläge einer Fahrt, bei der der Ruderer die Aufgabe hatte, möglichst gleichmäßige Bewegungen auszuführen, sind in dieser Abbildung übereinandergelegt. Kein Ruderschlag ist einem anderen gleich.

5. Bewegungen können sehr flexibel ausgeführt werden (motorische Flexibilität)

Der menschliche Organismus ist im Gegensatz zu rein mechanischen Apparaten in der Lage, sich an ständig verändernde Umweltbedingungen anzupassen. Selbst unvorhergesehene Störungen können, falls sie nicht zu schwerwiegend sind, ausgeglichen werden. So konnten beispielsweise PAULIGNAN, MARTENIUK, MACKENZIE und JEANNEROD (1991) nachweisen, daß Greifbewegungen nach einem Holzzylinder auch dann erfolgreich ausgeführt werden, wenn dessen Position kurz nach Beginn der Greifbewegung geändert wird. Die Korrektur der Greifbewegung, d. h. die Reaktionszeit, ist hierbei wesentlich kürzer (100 msec.), als dies normalerweise auf visuelle Signale zu erwarten wäre (vgl. auch KELSO, TULLER, VATIKIOTIS-BATESON & FOWLER 1984; MUNHALL & KELSO 1985).

Vor dem Hintergrund dieser fünf Merkmale lassen sich drei Modellklassen des Bewegungslernens darstellen und bewerten.

Modelle des motorischen Lernens

Ausgangspunkt für die Untersuchung motorischen Lernens sind Modelle der **Bewegungsregulation**. Da Bewegungsabläufe auf sehr unterschiedlichen Ebenen analysiert werden können – das Spektrum reicht von der neurophysiologischen Untersuchungsebene bis zur systemtheoretischen Interpretationsebene –, existieren zahlreiche Modelle der Bewegungsregulation. Aus der Vielzahl der Modelle, die die Kontrolle und das Erlernen von Bewegungen beschreiben und erklären, werden kurz drei Klassen vorgestellt.

In den letzten Jahren wird in der Motorikforschung eine engagierte Diskussion um die Rolle und den Stellenwert der internen Bewegungsrepräsentation geführt. Aus der Sicht der

– **Informationsverarbeitungs-Ansätze** beruhen motorische Koordinationsleistungen mehr oder weniger ausschließlich auf einer internen Repräsentation, während die Vertreter des
– **ökologischen Realismus** solche Leistungen als Resultate der Inter-

aktion von Organismen mit ihrer Umwelt verstehen. Im Gegensatz zu diesen beiden Ansätzen faßt die

- **Gestaltpsychologie** Bewegungen als Resultate von Organisationsprozessen im Organismus oder in Organismus-Umwelt-Einheiten auf, die durch einige Randbedingungen angeregt und kontrolliert werden.

Diese drei Ansätze werden im folgenden näher erläutert:

Motorisches Lernen als Informationsverarbeitung

In handlungstheoretischen Modellen, wie sie z. B. von Miller, Galanter und Pribram (1960), Hacker (1978) und Norman (1981) entwickelt wurden, wird Bewegungsregulation nach Prinzipien der Informationsverarbeitung analysiert (vgl. z. B. Keele 1968; Adams 1971; Schmidt 1975; Keele & Summers 1976; Rosenbaum 1985). Diese Modelle nehmen interne Mechanismen oder Strukturen an, die Informationen über die Umwelt und Informationen über die eigene Bewegungsregulation verarbeiten und intern abbilden – d. h. intern repräsentieren. Die Ausführung einer Bewegung wird hier als Resultat von Prozessen aufgefaßt, die auf der Grundlage dieser internen Bewegungsrepräsentation ablaufen. Inhalt, Form und.Funktion der internen Bewegungsrepräsentation stehen daher im Mittelpunkt des Forschungsinteresses der Informationsverarbeitungsansätze.

Im allgemeinen versteht man unter interner **Repräsentation** die Abbildung eines Gegenstandsbereichs in einen Bildbereich. Zwischen der Menge der Elemente des Gegenstandsbereichs und der Menge der Elemente des Bildbereichs bestehen hierbei systematische Zusammenhänge. Wesentliche Aufgaben eines Repräsentationssystems sind Speicherung, Systematisierung und Strukturierung von Informationen. Der internen Repräsentation zum Beispiel von Bewegungen kommt daher die Funktion einer Führungsgröße für die Aufnahme und Verarbeitung neuer Informationen zu.

Beim motorischen Lernen spielen unterschiedliche **Sinnesmodalitäten** eine Rolle. Es ist also plausibel anzunehmen, daß die interne Repräsentation eines Bewegungsablaufs kein einheitliches Gebilde darstellt, sondern die Informationen der an der Bewegungsregulation beteiligten Wahrnehmungssysteme abbildet. Empirische Befunde legen es nahe, mindestens vier verschiedene Repräsentationsanteile zu unterscheiden:

- einen motorischen,
- einen kinästhetischen,

- einen bildhaft-räumlichen und
- einen sprachlich-symbolischen Anteil (vgl. HEUER 1985, 1990).

Da diese Repräsentationsanteile aufeinander bezogen sind, kann motorisches Lernen als Aufbau einzelner Repräsentationsanteile sowie als Ausbildung der Relationen zwischen den einzelnen Anteilen betrachtet werden (HEUER 1983).

Die Idee, daß die interne Repräsentation eines Bewegungsablaufs als Führungsgröße für dessen Ausführung dient, läßt sich mit Hilfe eines einfachen Bewegungsprogramms für das Gehen verdeutlichen (Abb. 35).

Nach dem Start des Bewegungsprogramms «Gehen» (vgl. Abb. 35) wird zunächst eine Situationsbestimmung durchgeführt, z. B. die Bodenbeschaffenheit (z. B. rauh/glatt/eisig) und der Bewegungsanlaß (z. B. gemütlich spazierengehen/zum Bahnhof eilen) geprüft. Danach werden Bewegungsparameter festgelegt, mit denen die gewünschte Bewegung variabel an unterschiedliche Situationen sowie im Hinblick auf das ausgewählte Handlungsziel angepaßt werden kann. Zum Beispiel erfordert das Gehen auf Eis andere Stütz- und Abdruckkräfte als das Gehen auf Teppichboden.

Damit sind die Vorbedingungen für die Bewegungsausführung gegeben, die sowohl seriell (Bein nach vorne führen, Bein aufsetzen...) wie parallel für das linke und rechte Bein durchgeführt wird (REASON 1988). In zwei darauffolgenden Testphasen wird nun geprüft, ob die Bewegungsausführung gelungen ist, ob z. B. für die Bewegung auf Eis die Parameter passend gesetzt wurden, und wenn ja, ob die gewünschte Distanz zurückgelegt wurde. Wenn nein, würden diese Testphasen zu einer neuerlichen Situationsbestimmung und Parametersetzung führen oder zu einer weiteren Durchführung der Gehbewegungen.

Anhand dieses Beispiels lassen sich die grundlegenden Annahmen der Informationsverarbeitungs-Ansätze herausarbeiten:

- Bewegungen werden durch zentral gespeicherte motorische Kommandos gesteuert,
- diese zentralen Kommandos werden vor der Bewegungsausführung festgelegt,
- eine Korrektur dieser zentralen Kommandos kann erst nach der Bewegungsausführung erfolgen.

Im Hinblick auf die oben skizzierten fünf charakteristischen Merkmale menschlicher Bewegung lassen sich für die Informationsverarbeitungs-Ansätze folgende Punkte festhalten:

Das Problem der **motorischen Komplexität** wird folgendermaßen berücksichtigt: Erstens sind nicht für alle Varianten von Bewegungsabläu-

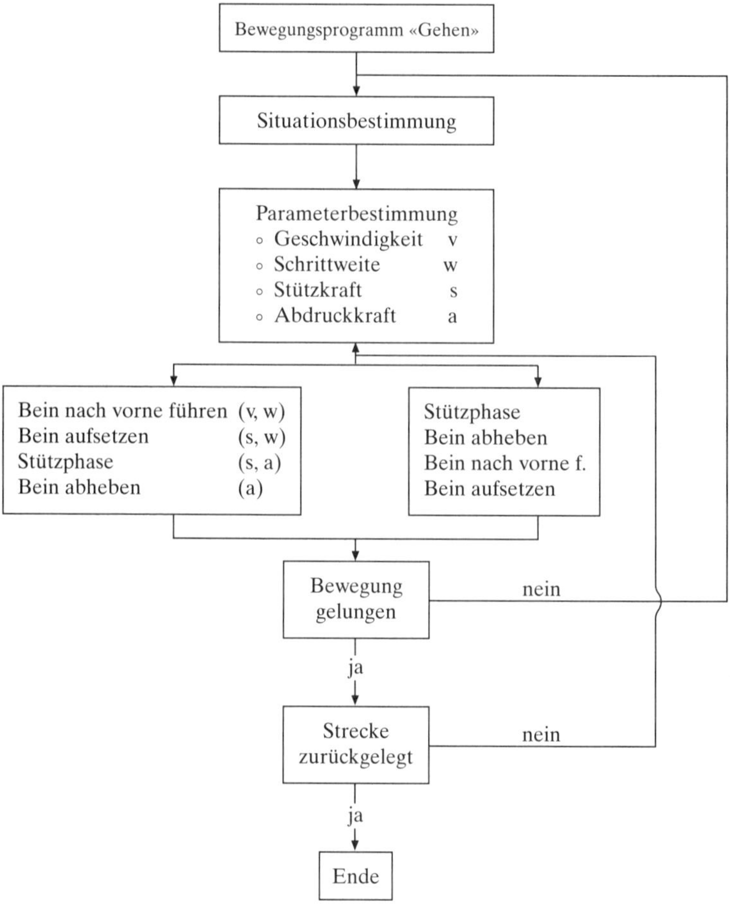

Abb. 35: Vereinfachte Darstellung eines motorischen Programms «Gehen»

fen eigene Programme erforderlich, sondern ein Programm kann durch die variable Festlegung von Bewegungsvarianten eine Klasse von Bewegungen (z. B. schnelle oder langsame, heftig aufstampfende oder sacht schleichende Gehbewegungen) erzeugen (vgl. SCHMIDT 1975). Zweitens genügt bei zyklischen Bewegungen die wiederholte Ausführung einer Programmschleife, die die für einen Zyklus notwendigen Kommandos steuert. Diese Kommandos müssen also nicht für jeden Bewegungszyklus erneut Schritt für Schritt in einer langen, sich wiederholenden Folge von

Kommandos gespeichert werden. Bezüglich der **motorischen Äquivalenz** und der motorischen Variabilität liefern die Informationsverarbeitungs-Ansätze kaum Erklärungshilfen: Genauso wie die wiederholte Ausführung eines Computerprogramms immer wieder denselben Lösungsweg nehmen und dasselbe Resultat liefern sollte, müßte dies auch für motorische Programme gelten. Offensichtlich erklärt dieses Modell die beiden Phänomene nicht.

Auch die **motorische Flexibilität** kann mit Hilfe motorischer Programme nicht erklärt werden, solange angenommen wird, daß die Festlegung der Parameter vor Beginn der Bewegungsausführung stattfindet und Rückkopplungsprozesse erst nach der Bewegungsausführung verarbeitet werden.

Motorisches Lernen würde man im Rahmen von Informationsverarbeitungs-Ansätzen als Erwerb bzw. Differenzierung motorischer Programme erklären. Transfer (vgl. S. 143ff) läßt sich in diesem Zusammenhang verstehen als Festlegung und Anpassung der Parameter eines motorischen Programms im Hinblick auf neue Bewegungssituationen.

Motorisches Lernen aus der Sicht des ökologischen Realismus

Bewegungen und Aktionen von Organismen werden hier als Resultat von **Wechselwirkungen** zwischen Organismus und Umwelt verstanden. Den Bewegungsangeboten der Umwelt (affordances) stehen die Bewegungsmöglichkeiten des Organismus (effectivities) gegenüber. Bewegungen entstehen bei diesen Ansätzen aus der Wechselwirkung von «affordances» und «effectivities». In der Tradition von Gibson (1977, 1979), der Wahrnehmung als direkte, nicht vermittelte Aufnahme von Information aus der Umwelt versteht, wurden diese Ideen von Forschern wie Turvey (1977), Shaw (1971) auf die Motorik übertragen (vgl. auch Turvey, Shaw & Mace 1978). In ihrer extremsten Ausprägung verzichten diese Ansätze auf die Annahme einer internen Repräsentation.

Interessant ist in diesem Zusammenhang, daß man diese doch sehr abstrakte Annahme, daß Bewegungen als Organismus-Umwelt-Interaktion ohne jegliche interne Repräsentation entstehen können, an manchem Holzspielzeug praktisch verwirklicht findet (vgl. Abb. 36).

Das in der Abbildung gezeigte Holzspielzeug hat vier voneinander unabhängige, als Pendel aufgehängte Beine. Läßt man auf dieses Gebilde eine horizontale Zugkraft wirken und bringt dieses System durch einen kurzen seitlichen Stoß aus der Ruhelage, bewegen sich die Beine der

Abb. 36: Darstellung eines Holzspielzeugs, das bei Einwirkung einer Horizontalkraft F dem Gehen ähnliche Bewegungen zeigt

einen Seite gegenphasig zu denen der anderen Seite. Das Holzspielzeug zeigt eine realistische Gehbewegung. Dieses Beispiel unterstreicht die Tragfähigkeit ökologischer Ansätze: Offensichtlich kann man auch mit einfachen mechanischen Apparaten Bewegungen erzeugen, für die die Informationsverarbeitungsansätze relativ umfangreiche interne Repräsentationen, zum Beispiel in Form des weiter oben dargestellten Programms, annehmen müssen.

Das Problem der **motorischen Komplexität** kann also offensichtlich stark vereinfacht werden. Das gilt ebenso für die **motorische Variabilität**, die sich z. B. deutlich an diesem Spielzeugtier beobachten und durch geringfügige Veränderungen der Lauffläche (weich–hart; rauh–glatt) systematisch beeinflussen läßt. Möglich ist es auch, die **motorische Äquivalenz** als Eigenschaft mechanisch ungenau passender Systeme zu verstehen (z. B. Bein-Boden-Kontakt). Sie ist jedoch an diesem einfach gebauten Spielzeug mit seinen wenigen mechanischen Teilen nicht zu beobachten. Bei der Erklärung der **motorischen Flexibilität** weisen die Ansätze des ökologischen Realismus jedoch erhebliche Defizite auf: Das Holzspielzeug kann beispielsweise nicht über eine Kante «gehen», eine Steigung oder ein Gefälle bewältigen, auch keine deutlich unterschiedlichen Gehgeschwindigkeiten produzieren, da seine Schrittfrequenz von der Länge seiner Beine abhängig ist.

Radikale ökologische Ansätze haben darüber hinaus Schwierigkeiten bei der Erklärung von Lernprozessen. Sie gehen davon aus, daß sich die «effectivities» und die «affordances» im Laufe der Evolution gemeinsam entwickelt haben. Im Grunde ist durch diese Koevolution prinzipiell das Bewegungsrepertoire festgelegt. Eine Bewegung aus diesem Repertoire braucht zu ihrer Ausführung nur die passenden Situationen. Direkte Aussagen zu Lernprozessen machen diese Ansätze nicht.

Gestalttheoretische Überlegungen zum motorischen Lernen

Gestalttheoretiker gehen davon aus, daß Bewegungsabläufe als **Gestalten** aufgefaßt werden können. Bewegungsgestalten liegen dann vor, wenn die Teile einer Bewegung eine bestimmte Ordnung zueinander haben. Die typische Sichtweise der Gestalttheorie soll wiederum am Beispiel des Bewegungsablaufs «Gehen» verdeutlicht werden: Eine Gehbewegung hat bezüglich eines Beines folgende Teile (vgl. Abb. 35):

- Bein nach vorne führen
- Bein aufsetzen
- Stützphase auf dem Bein
- Bein abheben.

Für die Bewegungsgestalt «Gehen» müssen diese Teile in einer bestimmten Ordnung zueinander stehen. Diese Ordnung läßt sich folgendermaßen beschreiben:

- Wenn das eine Bein nach vorne geführt wird, muß das andere in der Stützphase sein.
- Wenn das eine Bein aufsetzt, muß das andere abheben.

Beide Ordnungsbedingungen können von einer Vielzahl von Varianten des «Gehens» erfüllt werden. Im Gegensatz dazu läßt das Bewegungsprogramm «Gehen» (vgl. Abb. 35), sobald die Bewegungsparameter gesetzt sind, nur eine bestimmte Form des Gehens zu.

Welche Variante des «Gehens» ausgeführt wird, muß dagegen aus gestalttheoretischer Sicht nicht intern repräsentiert sein. Dies wird vielmehr autonomen, durch die Interaktion zwischen Organismus und Umwelt bestimmten Teilprozessen überlassen, solange die Bewegungsgestalt «Gehen» mit ihren Ordnungsbedingungen aufrechterhalten werden kann. Zu den Vertretern dieser Ansätze gehören u. a. Lewin (1926), Koffka (1935), Wertheimer (1945), Köhler (1947), Metzger (1963), Zimmer & Körndle (1988, 1993).

Das Problem der **motorischen Komplexität** wird in der Gestalttheorie folgendermaßen reduziert: Bewegungen entstehen auf der Grundlage von Ordnungsprozessen, in denen nicht alle Bewegungsdetails vollständig geplant und intern repräsentiert sein müssen. Es genügt, vor dem Hintergrund der intern repräsentierten Ordnungsbedingungen, zu kontrollieren, ob die gewünschte Bewegungsgestalt erreicht wird oder nicht. Da zum Erreichen einer Bewegungsgestalt keine vollständige Planung des Bewegungsablaufs notwendig ist, weisen Bewegungen Variabilität auf. Auch die **motorische Äquivalenz** läßt sich gestalttheoretisch einfach verdeutlichen: Genauso wie bei einem Spiel die Spielregeln unterschiedliche Spielzüge zulassen, so erlauben die Ordnungsbedingungen auch unterschiedliche «Wege» zur Bewegungsgestalt.

Zur Beschreibung und Erklärung motorischen Lernens unter gestalttheoretischen Gesichtspunkten ist es notwendig, die Veränderung der Ordnungsprozesse wiederzugeben, die zu Bewegungsgestalten führen. Für die Motorik haben Zimmer (1990) und Zimmer & Körndle (1988) dazu ein Modell der Schemaintegration vorgeschlagen, das im folgenden anhand eines komplexen Bewegungsablaufs, des Brustschwimmens, verdeutlicht werden soll:

Schemata bestehen hier in Anlehnung an Cassirer (1944) aus

- einer Menge elementarer (motorischer) **Einheiten** (z. B. Teilhandlungen des komplexen Bewegungsablaufs Brustschwimmen, vgl. Abb. 37),
- einer Menge von **Organisationsregeln**, die die Anordnung dieser grundlegenden Einheiten festlegen (z. B. Regeln für die zeitliche Kopplung der Arm- und Beinbewegung beim Brustschwimmen), und
- einer Menge zulässiger **Transformationen**, welche die aus a) und b) gebildeten Bewegungen in ihrer Eigenart unverändert lassen (z. B. kann beim Schwimmen die Geschwindigkeit in einem bestimmten Bereich variiert werden, ohne daß charakteristische Koordinationsmuster des Schwimmens wesentlich verändert werden).

Abbildung 37 zeigt das Modell der Schemaintegration am Beispiel des Brustschwimmens. Die **A**rmbewegung besteht aus den elementaren Einheiten $\mathbf{A}_a$ (auswärts), $\mathbf{A}_e$ (einwärts), $\mathbf{A}_r$ (rückholen) und $\mathbf{A}_g$ (gleiten). Die **B**einbewegung besteht aus den elementaren Einheiten $\mathbf{B}_a$ (auswärts), $\mathbf{B}_e$ (einwärts), $\mathbf{B}_g$ (gleiten) und $\mathbf{B}_r$ (rückholen).

Diese elementaren Einheiten werden durch Lernen und Trainieren zu einem Armzug bzw. Beinschlag höher integriert (≫). Durch die Organisationsregeln (⟶) werden die zeitlich richtigen Abfolgen der elementaren Einheiten festgelegt: Auf $\mathbf{A}_a$ folgt $\mathbf{A}_e$ folgt $\mathbf{A}_r$ folgt $\mathbf{A}_g$ folgt $\mathbf{A}_a$ etc., auf $\mathbf{B}_a$ folgt $\mathbf{B}_e$ folgt $\mathbf{B}_g$ folgt $\mathbf{B}_r$ folgt $\mathbf{B}_a$ etc.

Die so gebildeten Schemata für Armzug und Beinschlag werden durch folgende Kopplungsregeln (........) zum Schema Brustschwimmen integriert (≫):

Ka: Die Auswärtsphase der Arme beginnt, wenn die Beine die Einwärtsphase gerade beendet haben.

Kb: Die Auswärtsphase der Beine beginnt, wenn die Arme die Rückholphase beendet haben.

Kp: Die Beine bleiben so lange gestreckt, bis die Arme die Auswärtsphase und fast die Einwärtsphase beendet haben.

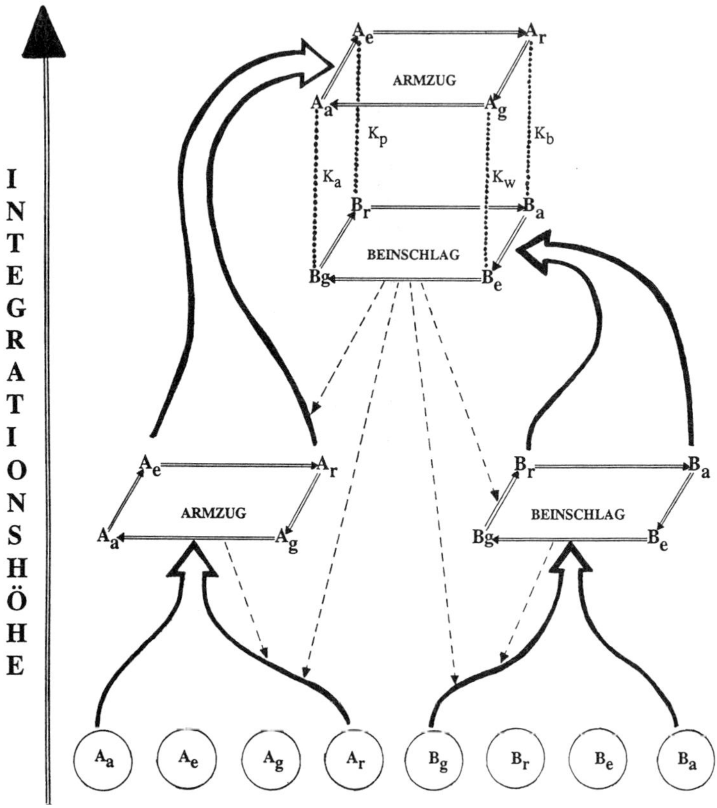

Elementare Einheiten:

A_a = Auswärts-Anteil Armzug
A_e = Einwärts-Anteil Armzug
A_r = Rückholphase Armzug
A_g = Weites Vorstrecken/Gleiten

B_a = Auswärts-Anteil Beinschlag
B_e = Einwärts-Anteil Beinschlag
B_r = Rückholphase Beinschlag
B_g = Gleitenlassen der Beine

Kopplungsregeln:

Ka Die Auswärtsphase der Arme beginnt, wenn die Beine die Einwärtsphase gerade beendet haben.
Kb Die Auswärtsphase der Beine beginnt, wenn die Arme die Rückholphase beendet haben.
Kp Die Beine bleiben so lange gestreckt, bis die Arme die Auswärtsphase und fast die Einwärtsphase beendet haben.
Kw Während die Beine die Einwärtsphase beenden, werden die Arme weit nach vorne gestreckt, um einen flüssigen Übergang zur Auswärtsphase der Arme zu gewährleisten.

= wird integriert zu übergeordnetem Schema

- - -► = bestimmt Randbedingungen für die Ausführung

═══► = legt zeitliche Reihenfolge für die Ausführung fest

Abb. 37: Beispielhafte Darstellung der Schemaintegration am Beispiel des Brustschwimmens

Kw: Während die Beine die Einwärtsphase beenden, werden die Arme weit nach vorne gestreckt, um einen flüssigen Übergang zur Auswärtsphase der Arme zu gewährleisten.

Die zunehmende Integration der Schemata führt dazu, daß für die Korrektur eines Bewegungsablaufs, der hoch integriert ist, nicht direkt auf darunterliegende Schemata oder elementare Einheiten zugegriffen werden kann (---►).

Beim Lernen werden die elementaren Einheiten durch Organisationsregeln zu Schemata verknüpft und mit fortschreitendem Lernprozeß zu komplexeren Einheiten zusammengefaßt, d. h. immer höher integriert. Diese Anordnung von Bewegungen in einer Schemaintegrations-Hierarchie liefert eine Reihe von Erklärungen für Abläufe, die beim motorischen Lernen von Anfängern, aber auch beim Techniktraining von Spitzenathleten immer wieder zu beobachten sind.

Leistungseinbußen im Spitzensport lassen sich mit dem vorgeschlagenen Modell beispielsweise so erklären: Bei einem auf hohem Integrationsniveau ausgebildeten automatisierten Bewegungsablauf sind spezifische Korrekturen, die elementare Einheiten in der Schemahierarchie betreffen (in der Schemahierarchie zum Brustschwimmen z. B. «Einwärts-Anteil Armzug»), häufig nicht direkt möglich. Aus dem auf hohem Integrationsniveau existierenden Schema (z. B. Brustschwimmen) und dem damit erzeugten automatisierten Bewegungsablauf kann man z. T. nicht unmittelbar auf elementare Einheiten zugreifen und sie damit auch nicht unmittelbar verändern.

Will man im Techniktraining dennoch eine Veränderung von elementaren Einheiten erzielen, müssen diese aktiviert werden. Dies bedeutet aber, daß die Integrationshöhe verringert wird, d. h. die Schema-Integration zum Beispiel durch massive Änderungen der Ausführungssituation aufgebrochen wird. Dies führt in der Regel zur Ausführung von nicht-automatisierten Bewegungen. Damit verschlechtert sich häufig zwangsläufig die Leistung, doch wird andererseits die gewünschte Veränderung an den elementaren Einheiten ermöglicht. Danach muß die Leistungsverringerung durch erneutes Automatisieren, d. h. durch eine erneute Integration der Teilschemata des Bewegungsablaufs überwunden werden. Daraus läßt sich der Schluß ziehen, daß Änderungen in automatisierten Bewegungsabläufen gerade durch Trainingsphasen zu erzielen sind, in denen ein vorübergehender Verlust von automatisierten Teilhandlungen provoziert wird. Eine Änderung in solchen Bewegungsabläufen ist nur um den Preis einer vorübergehenden Leistungsverringerung zu erzielen!

Ein einfaches Modell der Bewegungsregulation

Unter pragmatischen und anwendungsorientierten Aspekten läßt sich der vorangegangenen Diskussion unterschiedlicher Motorikmodelle ein sehr vereinfachtes Modell eines (menschlichen) Organismus entwerfen, der eine Bewegung lernt bzw. ausführt (Abb. 38).

Grundlegende Elemente dieses Modells sind die interne Repräsentation mit ihren motorischen, verbal-symbolischen, bildhaft-räumlichen und kinästhetischen Anteilen und die Bewegungsausführung.

Aufgrund handlungstheoretischer Überlegungen können die folgenden grundlegenden Annahmen formuliert werden: Jede Bewegungsausführung kann zu Veränderungen der internen Repräsentation führen, wenn der Organismus entsprechende Rückmeldungen über die Bewegungsausführung erhält. Die veränderte Repräsentation hat wiederum eine Veränderung der Bewegungsausführung zur Folge. Es besteht also eine Interaktion zwischen der (internen) Repräsentation einer Bewegung und ihrer Ausführung.

Empirische Belege für die Gültigkeit dieser Annahmen finden sich zum Beispiel in zahlreichen Untersuchungen zum Mentalen Training (vgl. z. B. Feltz & Landers 1983; Narciss 1993) oder in Untersuchungen zum motorischen Lernen (Körndle, Narciss & Weitzer 1993).

Aufgrund der oben diskutierten Rolle der internen Repräsentation sowie der Bedeutung der Interaktion zwischen Organismus und Umwelt für die Bewegungsausführung soll an zwei prototypischen Experimenten gezeigt werden, wie

- die interne Repräsentation und damit verbunden auch die Bewegungsausführung durch unterschiedliche Informationen verändert und
- die Bewegungsausführung durch die Gestaltung unterschiedlicher Ausführungssituationen beeinflußt werden kann.

Experiment 1: Welchen Einfluß hat die Art der Zusatzinformationen auf das Erlernen eines Bewegungsablaufs?

Nicht nur beim Erlernen von Bewegungen findet man die Meinung vertreten, daß die Lernenden durch Zusatzinformationen wie zum Beispiel Lehreranweisungen, Trainerkorrekturen, Video- und Bildserieneinsatz etc. unterstützt werden könnten. Diese Meinung wird durch Modelle unterstützt, die motorisches Lernen als Informationsverarbeitung (vgl. S. 153ff) auffassen. Diese Modelle legen die Schlußfolgerung nahe, daß das Nicht-Können einer Bewegung auf eine fehlende oder ungenügend ausgebildete interne Bewegungsrepräsentation zurückzuführen sei und die zur Bewegungsausführung notwendige Repräsentation durch Vor-

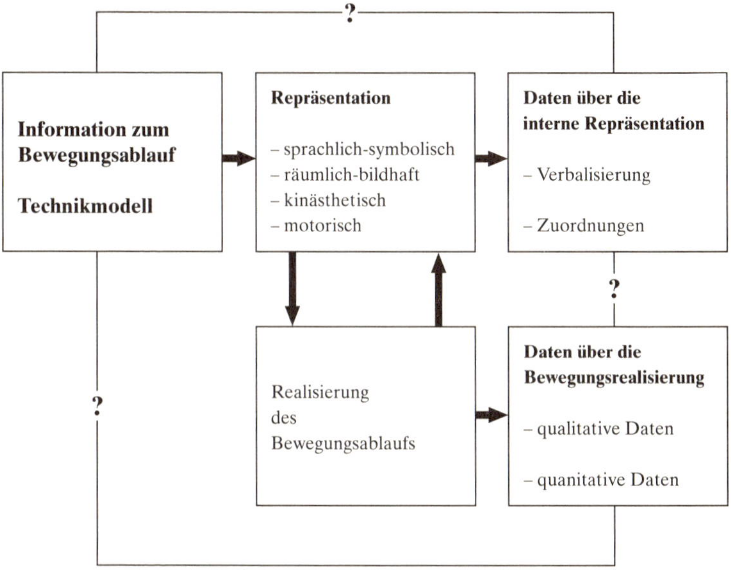

Abb. 38: Modell der Bewegungsregulation (KÖRNDLE, NARCISS & WEITZER 1993)

gabe von Zusatzinformationen sehr viel leichter als ohne diese aufgebaut werden könnte. Auch Gestalttheoretiker würden dieser Meinung nicht widersprechen, allerdings deutlich herausstreichen, daß sie im Gegensatz zu Informationsverarbeitungs-Modellen andere Inhalte der internen Bewegungsrepräsentation annehmen würden. Unter pragmatischen Gesichtspunkten stellt sich damit die Frage, welchen Einfluß die Art der Zusatzinformationen auf das Erlernen eines Bewegungsablaufs hat. Diese Frage läßt sich theoretisch nicht ausreichend klären. Durch ein Lernexperiment kann sie jedoch etwas genauer untersucht werden:

Den Probanden wurde die motorische Aufgabe gestellt, das Pedalofahren (KÖRNDLE, NARCISS & WEITZER 1993) zu erlernen und eine Strecke von 16 m möglichst schnell je 6× vorwärts und 6× rückwärts zu fahren. Die Pedalogeschwindigkeit wurde mit einem elektronischen Geschwindigkeitsaufnehmer registriert.

Nach jedem Durchfahren der Strecke (abwechselnd vorwärts und rückwärts) hatten die Probanden je nach Versuchsgruppe eine von vier Aufgaben zu bearbeiten. Die Versuchspersonen, 48 Schülerinnen und Schüler (11. Klasse Gymnasium), waren dazu zufällig in vier verschiedene Gruppen eingeteilt worden:

Die Teilnehmer der Gruppe 1 sollten konkrete, direkt ausführbare Aspekte der Bewegungsaufgabe beschreiben. Sie erhielten hierzu auf Karteikarten 30 konkrete Testaufgaben (Items), aus denen sie die ihrer Einschätzung nach fünf zutreffendsten auswählen und bei der Pedalofahrt ausführen sollten. Solche Items waren beispielsweise:

- In den Oberschenkeln Spannung halten
- In die Knie gehen
- Mit den Fußballen Druck geben
- Füße mit der ganzen Sohle auflegen.

Die Teilnehmer der Gruppe 2 sollten globale Aspekte der Bewegungsaufgabe beschreiben. Der Versuchsablauf sah hierbei genauso aus wie bei Gruppe 1. Beispiele für Items sind:

- Nicht herunterfallen
- Gleichgewicht halten
- Die Pedale in Schwung halten
- Nicht so stark treten.

Die Teilnehmer der Gruppe 3 erhielten eine kognitive Aufgabe, die nichts mit dem Bewegungsablauf zu tun hatte. Sie sollten nach demselben Vorgehen wie bei den anderen beiden Gruppen die fünf zutreffendsten Items zur Organisation des Schreibens eines Aufsatzes verbalisieren. Mit Hilfe dieser Gruppe sollte geklärt werden, ob allein schon das Bearbeiten einer beliebigen kognitiven Aufgabe das Erlernen eines neuen Bewegungsablaufs beeinflußt.

Die Teilnehmer der Gruppe 4 erhielten an Stelle der Verbalisierungsaufgabe eine Beobachtungsaufgabe. Sie sollten zwischen den Lerndurchgängen die Videoaufzeichnungen eines Könners im Pedalofahren ansehen und wichtige Stellen heraussuchen.

Der Bearbeitungszeitraum für diese vier unterschiedlichen kognitiven Aufgaben war für alle vier Gruppen annähernd gleich.

Abbildung 39 zeigt die Geschwindigkeitsmittelwerte der 4 Versuchsgruppen, getrennt nach Vorwärts- und Rückwärtsfahrt.

Abbildung 39 zeigt, daß die Gruppe 1, deren Aufgabe es war, konkrete Items zur Bewegungsaufgabe zu verbalisieren, signifikant schneller fährt als die Gruppe 2–4. Die Items der Gruppe 1 sind so formuliert, daß sie direkt von den Probanden bei der Bewegungsausführung realisiert und kontrolliert werden können. Die Aufmerksamkeit der Lernenden wird mit Hilfe dieser Items nicht nur auf sprachlich-symbolische Aspekte der Bewegungsrepräsentation, sondern ebenso auf wesentliche kinästhetische Aspekte gelenkt.

Dies gilt nicht für die dargebotene Information der anderen Gruppen.

Die global formulierten Items der Gruppe 2 beschreiben Resultate

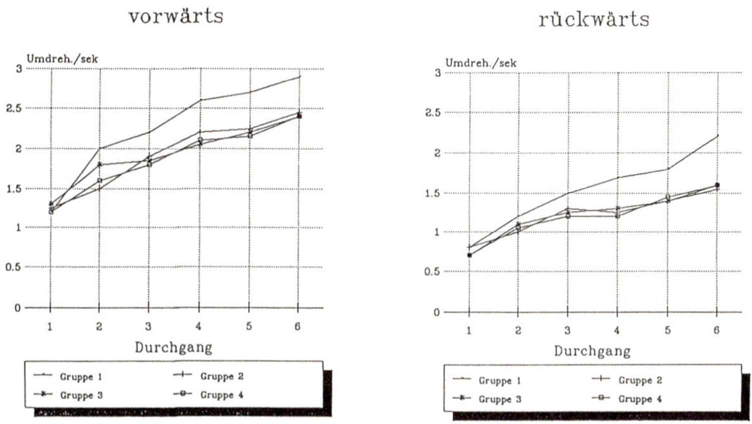

Abb. 39: Pedalogeschwindigkeiten in Abhängigkeit vom Lerndurchgang für das Vorwärts- und Rückwärtsfahren
Gruppe 1 verbalisierte konkrete Aspekte des Pedalofahrens, Gruppe 2 dagegen globale Aspekte. Gruppe 3 verbalisierte Aspekte, die nichts mit dem Pedalofahren zu tun hatten, Gruppe 4 beobachtete die Videoaufnahme eines Könners im Pedalofahren.

bzw. globale Ziele eines Lernvorgangs. Sie können daher nicht direkt im Lernprozeß realisiert und kontrolliert werden.

Ähnliches gilt für die Videoinformation der Gruppe 4, die einen Könner beim Pedalofahren zeigt. Die Lernenden können hierbei zwar den Sollwert des Bewegungsablaufs sehen, sie können dem Video aber nicht entnehmen, welche konkreten Aktionen zur Erreichung dieses Sollwertes beitragen.

Gruppe 3 erhielt überhaupt keine Informationen zur Bewegungsaufgabe. Interessanterweise unterscheiden sich die Leistungen dieser Gruppe jedoch nicht von jenen der Gruppen 2 und 4. Daraus kann man u. a. folgende Schlußfolgerungen ziehen:

- Informationen zum **Bewegungsablauf** bzw. über die eigene Bewegungsausführung sind von grundlegender Bedeutung für das Bewegungslernen. Falsche, unpräzise, irrelevante oder auch fehlende Informationen können den Lernprozeß negativ beeinflussen (vgl. hierzu z. B. POWELL 1973; WOOLFOLK, MURPHY, GOTTESFELD & AITKEN 1985; ELOI & DENIS 1987).
- Konkrete, vom Lernenden direkt überprüfbare Informationen zu dem zu erlernenden Bewegungsablauf, die Aspekte der **Innensicht** beinhal-

ten, begünstigen den Lernerfolg (vgl. hierzu auch MUMFORD & HALL 1985; SMITH 1987).

- Videopräsentationen des Ist- oder des Soll-Wertes sind nur dann sinnvoll, wenn **Korrekturhinweise** ergänzt werden bzw. die Ist-Soll-Wert-Diskrepanz erarbeitet wird (vgl. auch ROTHSTEIN & ARNOLD 1976; ROSS, BIRD, DOODY & ZOELLER 1985; DAUGS, BLISCHKE, OLIVIER & MARSCHALL 1989).

Die zwischen den einzelnen Lerndurchgängen ausgewählten Items deuten darüber hinaus darauf hin, daß sich die für die Bewegungsausführung wichtige Information mit dem Könnensstand verändert, wobei jedoch zu berücksichtigen ist, daß diese Veränderungen sehr individuell sind (KÖRNDLE, NARCISS & WEITZER 1993).

Experiment 2: Welchen Einfluß haben unterschiedliche Ausführungssituationen auf automatisierte Bewegungsabläufe?

Im Experiment 1 wurde gezeigt, wie und mit welcher Art von Zusatzinformationen die interne Bewegungsrepräsentation und als Folge davon auch die Bewegungsausführung beeinflußt werden können. Mit Hilfe des folgenden Experiments soll dargestellt werden, welchen charakteristischen Beitrag die Wechselwirkungen zwischen Organismus und Umwelt zur Bewegungsausführung leisten. Dies dient zum einen dazu, die theoretischen Konzeptionen der «affordances» und «effectivities» im ökologischen Realismus (vgl. S. 156ff) sowie der autonomen Teilprozesse der Gestalttheoretiker an einem praktischen Beispiel zu verdeutlichen. Zum anderen wird anhand dieses Experiments auch ein Weg gezeigt, wie automatische Bewegungen, die durch Zusatzinformationen nicht mehr verändert werden können, durch die Ausführungssituation doch noch beeinflußbar sind.

Um den Anteil der Wechselwirkungen von Organismus und Umwelt möglichst isoliert beobachten zu können, müssen zwei Vorbedingungen gegeben sein: Zum einen sollen die Probanden den Bewegungsablauf gelernt und automatisiert haben, an dem diese Wechselwirkungen gezeigt werden sollen. Die interne Repräsentation soll sich also während der Bewegungsausführung nicht mehr ändern. Das gilt für die Situation, in der die Bewegung gelernt wurde, soll aber auch für die andere, neue Ausführungssituation gelten. Das bedeutet zum anderen, daß die neue Situation keine eindeutigen und vorhersagbaren Anhaltspunkte liefern darf, auf die sich die Probanden mit einer geänderten internen Bewegungsrepräsentation einstellen könnten.

An einem einfachen Experiment lassen sich diese Überlegungen verdeutlichen. Geübten Pedalofahrern wurde die Aufgabe gestellt, auf glattem Teppichboden bzw. holprigem Kopfsteinpflaster zu fahren. Aus dem Gefühl heraus würde man die Ansicht vertreten, daß die motorische Variabilität der Bewegungsausführung bei geübten PedalofahrerInnen durch das Hinzufügen einer Störung (z. B. Kopfsteinpflaster) größer werden sollte.

Zur Überprüfung dieser Hypothese benötigt man ein geeignetes Kriterium. Geeignet sind Geschwindigkeitsverläufe des Pedalos. Jede Umdrehung des Pedalorades ergibt im Diagramm einen mehr oder weniger kreisförmigen Kurvenzug. Für den Idealfall konstanter Pedalogeschwindigkeit wäre die Kurve ein glatter Kreis. Je höher die Geschwindigkeit, um so größer wird auch der Durchmesser der Kurven. Die Welligkeit der Kurven nimmt zu, je ungleichmäßiger das Pedalorad pro Umdrehung läuft. Abbildung 40 zeigt im wesentlichen das Ergebnis des Experiments.

Die Pedalogeschwindigkeiten auf Teppichboden bzw. Kopfsteinpflaster zeigen ein überraschendes Bild: Die Variabilität der Geschwindigkeit, bezogen auf eine Radumdrehung, ist auf Teppichboden größer als auf Kopfsteinpflaster, d. h. auf Kopfsteinpflaster fahren die Probanden mit einer gleichmäßigeren Geschwindigkeit als auf Teppichboden. Eigentlich war das Gegenteil erwartet worden, daß nämlich das Hinzufügen einer nicht vorhersagbaren Störung (Kopfsteinpflaster) die Variabilität der Ausführung vergrößern sollte: Im Rahmen der Informationsverarbeitungsmodelle bedeutet eine Störung erhöhten Verarbeitungsaufwand, da zusätzlich zu der zu bearbeitenden Aufgabe die Störung bearbeitet werden muß.

Die beobachtete Stabilisierung der Pedalogeschwindigkeit läßt sich also mit Informationsverarbeitungsmodellen nicht erklären. Am ehesten eignet sich für die Interpretation dieses Phänomens die Sichtweise der Gestalttheorie (vgl. S. 158ff): Es gilt, auch in der neuen Bewegungssituation die Bewegungsgestalt «gleichmäßiges Fahren» zu erreichen und aufrechtzuerhalten. Da diese Situation keine vorhersagbaren Eigenschaften hat, ist es unmöglich, aktuell auf diese Situation mit einer passenden Ordnungsregel zu reagieren. Die Aufgabe, die neue Situation zu bewältigen, bleibt autonomen Teilprozessen überlassen. Wenn – wie in diesem Beispiel – die Bewältigung der neuen Situation gelingt, ist damit aber auch die Konsequenz verbunden, daß beim Wiederauftauchen solcher oder ähnlicher Situationen diese als vorhersagbar im Sinne von lösbar aufgefaßt werden. Damit ist es gelungen, über eine geeignete Veränderung der Bewegungssituation einen schon automatischen Bewegungsablauf zu beeinflussen.

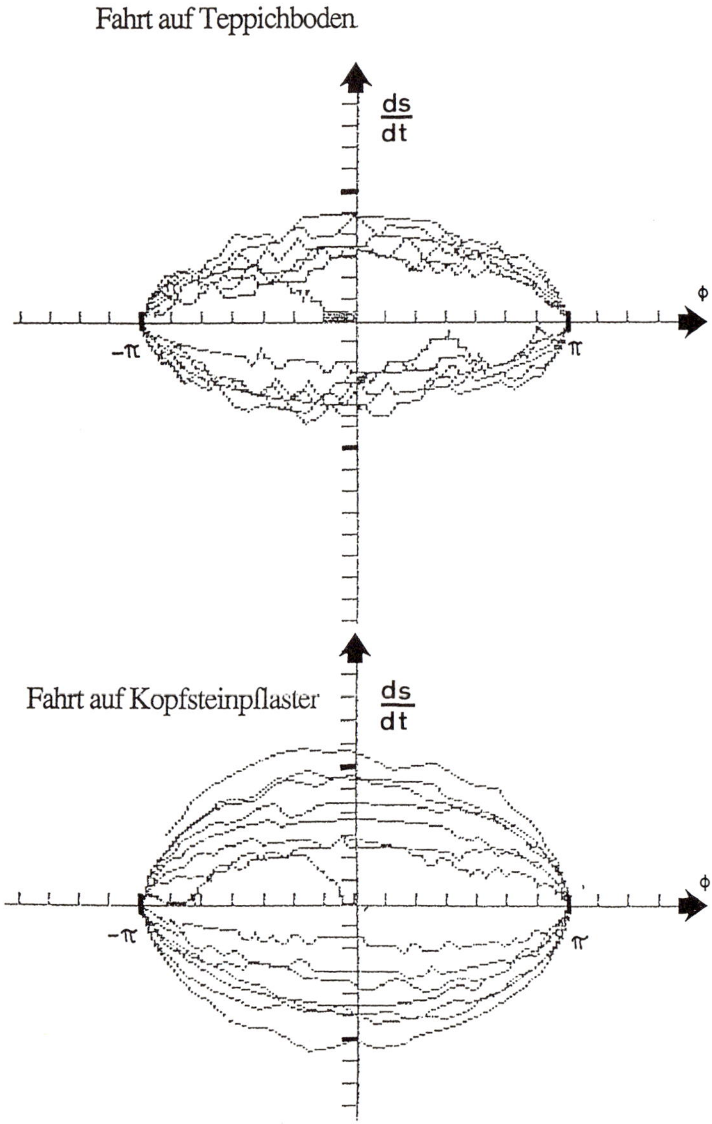

Abb. 40: Geschwindigkeitsdiagramme für das Pedalofahren auf Teppichboden und auf Kopfsteinpflaster

Schlußfolgerungen für die Gestaltung von motorischen Lehr-/Lernprozessen

Aus den dargestellten Modellen und Prozessen des motorischen Lernens lassen sich einige Schlüsse auf die Gestaltung von **Bewegungslehr- und -lernprozessen** ziehen.

– Beim motorischen Lernen muß man alle Anteile der internen Repräsentation so ansprechen, daß die Lernenden die Zusatzinformationen verarbeiten können bzw. müssen.

  Will man als Lehrer oder Trainer den verbal-symbolischen Repräsentationsanteil ansprechen, eignen sich dafür neben den üblichen Anweisungen auch Metaphern oder kognitive Aufgaben wie das oben dargestellte Verbalisieren oder Beschreiben. Verbale Zusatzinformationen sollen möglichst so konkret formuliert werden, daß der Lernende ihre gelungene oder nicht gelungene Ausführung im Bewegungsablauf selbst kontrollieren kann. Beim Verbalisieren kann man den Lernenden neben zutreffenden auch falsche oder unwichtige Items geben, die von ihnen während des Lernprozesses erkannt und aussortiert werden müssen.

  Mit ähnlichen Sortieraufgaben kann man auch die räumlich-bildhafte Repräsentation ansprechen. So sind Zuordnungsaufgaben denkbar, bei denen die Lernenden aus einem Bildervorrat die zu dem zu erlernenden Bewegungsablauf gehörigen Bilder aussortieren und in die richtige Reihenfolge bringen müssen. Auch das Aussortieren von Bildern, die Fehler im Bewegungsablauf zeigen, ist möglich.

  Zur Präzisierung der kinästhetischen und motorischen Repräsentation eignen sich Kontrast- und Differenzierungsaufgaben. Dabei müssen die Lernenden ein bestimmtes Bewegungsmerkmal in seinen extremen oder in abgestuften Ausprägungen zeigen. Bei solchen Aufgabenstellungen bietet es sich auch an, andere an der Bewegungsausführung beteiligte Sinneskanäle zum Beispiel durch Augenbinden, Ohrenstöpsel oder Kopfhörer auszublenden.

  Bei allen diesen Aufgabenstellungen ist zu berücksichtigen, daß zwischen Aufgabenbearbeitung und Bewegungsausführung abgewechselt wird. Die Lernenden sollten dabei den Zeitpunkt des Wechselns bestimmen können und z. B. dann wechseln, wenn sie in der Lage sind, ein Detail der Aufgabenbearbeitung in ihrer Bewegungsausführung zu realisieren.

- Bewegungsausführung und «Instruktion» müssen sich abwechseln.
  Interne Bewegungsrepräsentation und Bewegungsausführung hängen zusammen und können nur gemeinsam im Lernprozeß entwickelt werden. Nach dem Lernprinzip der zeitlich-räumlichen Nähe sollten deshalb Bewegungsausführung und «Instruktionen» z. B. in Form obiger Aufgabenstellungen möglichst eng zeitlich und räumlich benachbart sein. Dabei sind die individuellen unterschiedlichen Lerngeschwindigkeiten der Lernenden zu berücksichtigen. Das Lerntempo kann nicht von außen vorgegeben werden. Die Lernenden brauchen Zeit, um durch Probieren Zusammenhänge zwischen kognitiven und motorischen Aufgabenstellungen selbst feststellen zu können. Lernphasen können auch nicht dadurch übersprungen werden, daß man Anfängern Bewegungsbeschreibungen von Könnern als Bewegungsanweisung gibt.

- «Vom Leichten zum Schweren!»
  In der Literatur findet man immer wieder diese Forderung dahingehend mißverstanden, daß man vorschlägt, Lernangebote nach diesem Prinzip zu gestalten. Was eine leichte und was eine schwere Bewegungsaufgabe ist, entscheiden in erster Linie die Lernenden und nicht die Lehrenden. Da mit fortschreitendem Könnensstand Teilhandlungen zu übergeordneten Handlungsschemata integriert werden, ist eine wesentliche Voraussetzung für die Gestaltung von Lernsituationen die Analyse und Berücksichtigung des individuellen Könnensstandes und der damit verbundenen individuellen internen Repräsentation des Bewegungsablaufs.

Sozialisation

Der Prozeß, durch den Menschen im Laufe ihrer Entwicklung soziale Handlungsfähigkeit bzw. -kompetenz erwerben, wird als Sozialisation diskutiert. **Sozialisation** ist der soziale Lernprozeß, bei dem man durch die Interaktion mit anderen lernt, Handlungen im sozialen Feld entscheiden, planen, ausführen und bewerten zu können. Dies geschieht immer in bezug zu und Orientierung an Erwartungen (Normen) und Zielen in Interaktionsprozessen, die oft von Sozialisationsinstanzen über ihre Vertreter (Sozialisationsagenten) eingebracht und kontrolliert werden können. **Sozialisationsinstanzen** sind soziale Systeme wie Familie, Schule, Universität, Sportverein, Fan-Club, Bundeswehr etc. Sie können durchaus unterschiedliche Erwartungen und Ziele an ihre sozialisierenden Mitglieder haben; alle müssen jedoch mit der Grundordnung und den Grundwerten der jeweiligen Gesellschaft vereinbar sein.

Ökologische Sozialisationsforschung

Bronfenbrenner (1976) entwickelte den Bezugsrahmen einer «ökologischen Sozialisationsforschung», dem sich die verschiedensten Ansätze in der Sozialisationstheorie zuordnen lassen. Bronfenbrenner bezeichnet die alltägliche Umwelt als die soziale Ökologie menschlicher Entwicklung, den unmittelbaren, dauerhaften Lebensraum als den ökologischen Ort des Organismus. Davon ausgehend fragt er nach der Struktur der alltäglichen Umwelt und ihrer wichtigsten Bestimmungen.

«Es scheint zweckmäßig, drei sich überlagernde Schichten zu unterscheiden:

A) Die oberste und sofort sichtbare Schicht bildet die unmittelbare Umgebung, in der sich das Kind gerade befindet – Haus, Schule, Straße, Spielplatz, Ferienlager etc. Diese Umgebung wiederum läßt sich jeweils nach drei Seiten betrachten:
   1. nach ihrer räumlichen und stofflichen Anordnung,
   2. nach den Personen mit ihren verschiedenen Rollen und Beziehungen zum Kind,
   3. nach den Tätigkeiten, die die Personen ausüben, sei es miteinander oder mit dem Kind, einschließlich der sozialen Bedeutung dieser Tätigkeiten.

B) Die zweite, daran anschließende Schicht, in die die unmittelbare Umgebung eingebettet ist, formt und begrenzt das, was innerhalb dieser vor sich geht und vor sich gehen kann. Auch hier gibt es die physische, die soziale und die Handlungsdimension, wenn auch vielschichtiger miteinander verknüpft. Meist sind sie zu einem von zwei Systemen allgemeinerer Art zusammengesetzt.
   1. Soziale Netzwerke: Da sind informelle soziale Strukturen, wie sie von Leuten gebildet werden, die sich in gemeinsame Betätigungen teilen oder Kontakt untereinander halten. Es kann sich dabei um Gruppen von Alterskameraden (Peer-groups), Freundeskreise, Cliquen in Nachbarschaft und Beruf oder einfach um Bekanntenkreise handeln.
   2. Institutionen: Sie sind die formellen Gegenstücke zu den infor-

mellen Netzwerken. Von diesen unterscheiden sie sich durch klar festgelegte Ziele, Strukturen und Regeln. Einige, wie die Institutionen des Gesundheits-, Erziehungs- und Sozialwesens, tragen unmittelbare Verantwortung für das Wohl der Kinder und derer, die sie betreuen (zum Beispiel Eltern, Lehrer, Jugendfürsorger etc.)...

C) Schließlich wird sowohl die übergreifende soziale Struktur wie auch die darin eingebettete alltägliche Umgebung von einem ideologischen System umschlossen, das die sozialen Netzwerke, Institutionen, Rollen, Tätigkeiten und ihre Verbindungen mit Bedeutungen und Motiven ausstattet. Welchen Platz und Stellenwert Kinder und Jugendliche in dieser Ideologie einnehmen, ist von besonderer Wichtigkeit für die Frage, wie ein bestimmtes System einschließlich der Gesellschaft als Ganzes die junge Generation und die für ihre Erziehung Verantwortlichen behandelt»
(BRONFENBRENNER 1976, 203–204).

Für die Sozialisationsinstanz Sportunterricht gab das Kultusministerium Baden-Württembergs in seinen «Richtlinien für den Sportunterricht» (Kultus und Unterricht 1971, 1364) u. a. folgende allgemeine Unterrichtsaufgaben und -ziele vor: «Im Appell an die körperliche Anstrengungs- und Leistungsbereitschaft bei vielfältiger Bewegung, beim Üben, in Wettkampf und sportlichem Spiel werden jene für die Entwicklung notwendigen Erfahrungen und Grundeinsichten vermittelt, die in anderen Bereichen nicht oder nicht in ausreichendem Maß gewonnen werden können. Die Bewegungsgestaltung hat die Verbesserung der Bewegung zum Ziel, dazu die Anregung von Phantasie und Ausdrucksfähigkeit. Die unterschiedlichen Spiel-, Übungs- und Wettkampfsituationen bieten vielfältige Möglichkeiten der Erprobung und Bewährung situationsgebundener Verhaltensweisen von personalem und sozialem Wert. So finden etwa Bewegungsfreude und Leistungsstreben, Freiwilligkeit und Partnerschaft hier besonders günstige Voraussetzungen. Darüber hinaus leistet der Sportunterricht einen wesentlichen Beitrag zu Gesundheit und Leistungsfähigkeit der heranwachsenden Jugend. Er bietet die für die körperliche Entwicklung unerläßlichen Bewegungsreize und ist in besonderer Weise geeignet, zur Beachtung der Grundsätze einer gesunden Lebensführung anzuhalten...»

Versteht man unter einer sozialen Rolle Handeln, das in einem bestimmten sozialen Feld auf Erwartungen und Ziele des Handelnden und seiner Umgebung bezogen ist, so kann man Sozialisation auch als Rollenlernen begreifen. **Rollenlernen** wäre dann der Vorgang der Integration in bestehende Rollensysteme dadurch, daß Personen lernen, Rollen zu übernehmen und auszufüllen.

Erwartungen und Ziele solcher Rollenlernprozesse sind natürlich nicht immer explizit und geplant vorgegeben; oft sind sie auch nur implizit und werden erst dann spürbar, wenn man an den Reaktionen der anderen merkt, daß man dagegen verstoßen hat.

Wie Sozialisationsprozesse zu verlaufen haben, damit am Ende sozial kompetente Bürger stehen, darüber gibt es unterschiedliche Auffassungen. Zwei Beispiele aus dem Sportunterricht demonstrieren dies (Kästen S. 173–175).

Sportunterricht ist wie jeder andere Unterricht Organisation eines Erfahrungsfeldes zur Erreichung von Lernzielen. Lehrer, die Schüler erziehen und ausbilden, betrachtet man dabei im allgemeinen als Sozialisatoren, als Agenten der Sozialisationsinstanz Schule, die ihren Schülern, den Sozialisanden, Kompetenz u. a. im sozialen Bereich beibringen sollen. Andererseits werden sie auch, besonders in den Jahren des Berufsanfangs, von ihren Schülern sozialisiert, ob sie es wollen oder nicht.

In den Beispielen sind nicht die Unterrichtsinhalte zu beachten, sondern die Art und Weise, die Stile, wie die Lehrer-Schüler-Interaktion verläuft. Unschwer wird man dabei erkennen: Entscheiden, Planen, Ausführen und Bewerten des unterrichtlichen Handelns unterscheiden sich. Im Beispiel I entscheidet, plant und bewertet allein der Lehrer. Seine Schüler sind Ausführende, die sich den Vorgaben des Lehrers anpassen. Im Beispiel II handeln Lehrer und Schüler gemeinsam, sie entscheiden, planen und bewerten ihr Handeln im Gedankenaustausch, handeln gewissermaßen aus, was zu tun ist.

Sportunterrichtliche Interaktion I

Auszug aus einem Unterrichtsprotokoll von U. Hanke

(Sportunterricht: Die Schüler spielen Kettenfangen.)

Lehrer (L): «So! Alles mal Platz nehmen! Nehmt mal Platz! Wo ihr gerade seid! So! Schneller, schneller, Kinder! So! Also die Kette, die Kette hat heut', war heut' nicht so auf Zack wie die neulich.»

Schüler (S): lachen

L: «Die sind in verschiedene Richtungen gelaufen. Die Absprache innerhalb der Kette war heut' nicht so ideal wie neulich, sonst hättet ihr doch alle kriegen müssen. Aber das nächste Mal wieder. Jetzt paßt auf! Jetzt müssen wir noch ein bißchen dehnen und kräftigen. Wir, ah, verteilen uns ganz schnell, wer ist als letzter in der Kerze! Auf geht's! 1, 2, 3 – Klasse!»

S: gehen in die Kerze

L: «Hoch! Und wer kann senken hinter dem Kopf? Senken hinter dem Kopf. Auf den Boden! Prima! Und abrollen in den Sitz! Gut! Jetzt paßt auf! Wir machen jetzt noch ein paar Starts. Das wißt ihr ja, das gehört immer dazu; Laufen ist A und O. Jetzt gehen wir alle zurück auf die weiße Linie.»

S: gehen zurück

L: «Auf die Plätze! Volle Pulle bis zur Mittellinie! Fertig! Hopp!»

S: laufen

L: «Klasse! Und langsam zurückgehen! Fertig! Hopp!»

S: laufen.

Ohne Zweifel laufen in beiden Unterrichtsformen Sozialisationsprozesse ab. Schüler lernen, sich mit eigenen und fremden Erwartungen an ihr Handeln auseinanderzusetzen und sie mit der Zeit zu übernehmen, allerdings auf unterschiedliche Art und Weise.

Sportunterrichtliche Interaktion II

Auszug aus einem Unterrichtsprotokoll von G. Köppe

Lehrer (L): «Schön. Also, wenn ich das mal so kurz nur gliedern darf, wie ihr das so gesagt habt: Wir wollen uns also am Anfang warm machen, dann wollen wir ein bißchen üben, bleiben wir mal beim Volleyball. Wollen wir es richtig nehmen?»

Schüler (S): «Ja, ja.»

L: «Ja, 'n Experiment, nech? Gut, dann wollen wir'n Spiel. Nehmen wir doch Wettkampf gleich, daß zwei Mannschaften dann gegeneinander spielen. Bitte!»

S: «Also, ich muß ehrlich sagen. Also, ich hab nicht mehr soviel Lust, Volleyball zu spielen. Das haben wir schon immer soviel gemacht? – Also, ich hab da keine Lust mehr zu.»

L: «Die anderen!»

S: «Ja, aber. Ich würde es doch mal ausprobieren mit Jungen und

Mädchen zusammen. Das hast du bestimmt noch nicht gemacht. Ich nämlich auch nicht.»

L: «Bitte schön!»

S_1: «Liegt es daran, daß du Volleyball nicht so gut spielen kannst?»

S_2: «Nee, aber ich hab da keine Lust zu!»

L: «Jetzt die Frage: Jetzt sind natürlich welche da, die sagen: ‹Ich hab keine Lust!› Also spielen wir einfach nicht. Bitte!»

S: «Ja, ich würd' sagen, die müssen sich dann anpassen, dann machen wir das eben immer eben, was die dann gerne möchten.»

L: «Aha! Bitte.»

Und genau über diese Unterschiedlichkeit spalten sich zwei Grundpositionen der sozialisationstheoretischen Diskussion, die man mit den Schlagworten

- **Rollenlernen durch Anpassen**
- **Rollenlernen durch Aushandeln**

charakterisieren könnte.

Rollenlernen durch Anpassen

Der theoretische Hintergrund des im folgenden dargestellten kritischen Verständnisses der sozialen Rolle wird im Ansatz DAHRENDORFS verdeutlicht. Er unternahm in seinem Buch «Homo sociologicus» (1969) einen «Versuch zur Geschichte, Bedeutung und Kritik der sozialen Rolle». Als soziale Rolle bezeichnet DAHRENDORF darin die Ansprüche der Gesellschaft an die Inhaber sozialer Positionen, das sind Orte im sozialen System. An jemanden, der zum Beispiel die Position eines Studienrates einnimmt, stellt die Gesellschaft Ansprüche. Er kann, soll oder muß sich in ganz bestimmter Weise verhalten, also eine bestimmte Rolle übernehmen. Genauer sind es die **Bezugsgruppen**, die an ihn Ansprüche stellen – das sind Gruppen, denen der Rollenträger nicht anzugehören braucht und an deren Zustimmung und Ablehnung er trotzdem sein Handeln orientiert. Für einen Studienrat sind dies u. a. die Eltern seiner Schüler und die Schulbehörde.

Die Einhaltung ihrer Ansprüche und Erwartungen kontrollieren die Bezugsgruppen mit **Sanktionen** (S. 227). Wer seine Rolle nicht erwartungskonform spielt, wird negativ sanktioniert, im Extrem bestraft.

DAHRENDORF ist hier der Ansicht, daß man ein Maß für Einordnung, Kennzeichnung und Unterscheidung sämtlicher in einer Gesellschaft bekannten Rollen hätte, wenn es gelänge, die Schärfe verhängbarer Sanktionen zu quantifizieren. Soziale Rollen sind nach dieser Auffassung also ein Zwang, der auf den einzelnen von der Gesellschaft ausgeübt wird, was die Gefahr in sich birgt, daß sich der einzelne auf der Bühne der Gesellschaft zu einem Rollenspieler, einem Homo sociologicus, entfremdet. In diesem Rollenmodell DAHRENDORFS bedeutet Rollenlernen Anpassung an vorgegebene gesellschaftliche Ansprüche und Zwänge, Entfremdung der handelnden Person zum durch Sanktionen kontrollierten Homo sociologicus.

Der Homo sociologicus läßt sich demnach zwar die schlichte Befolgung gesellschaftlicher Vorgaben attestieren, er ist aber unfähig, sich mit diesen Vorgaben distanziert auseinanderzusetzen, eigene Bedürfnisse einzubringen und gesellschaftliche Ansprüche zu reflektieren und zu relativieren oder ihnen sogar zu widerstehen und sie eventuell zu verändern.

Rollenlernen durch Aushandeln

Die Kritik an dem vorgetragenen konventionellen Rollenmodell setzt an dessen Grundannahmen an (vgl. HABERMAS 1977; KRAPPMANN 1971, 1974).

Für KRAPPMANN ist ein Rollenmodell, auf das solche Annahmen zutreffen, durchaus in der Lage, plausibel zu machen, wie ein Kind im Laufe seiner Sozialisation «vergesellschaftet», das heißt normenkonform integriert wird. Aber nicht nur er bezweifelt, ob man mit diesen Vorstellungen Sozialisationsprozesse auch als Individualisierungsvorgänge begreiflich machen kann, in denen Kinder lernen, sich Normen gegenüber reflektierend zu verhalten und Situationen interpretativ neu zu definieren.

In seinem interaktionistischen Rollenmodell postuliert KRAPPMANN (1974, 169) entsprechende Grundbedingungen erfolgreichen Rollenhandelns, die angesichts der Komplexität alltäglicher Rollenanforderungen höheren Erklärungswert besitzen als die von DAHRENDORF. KRAPPMANN geht davon aus, daß «Rollennormen nicht rigide definiert sind, sondern einen gewissen Spielraum für subjektive Interpretation durch die Rollenpartner lassen; daß die Rollenpartner im jeweiligen Interaktionsprozeß nicht nur die gerade aktuelle Rolle übernehmen, sondern zugleich verdeutlichen, welche weiteren Rollen sie noch innehatten; daß mehr als ein

vorläufiger, tentativer und kompromißhafter Konsens der Partner über die Interpretation ihrer Rollen im Regelfall nicht zu erreichen und auch nicht erforderlich ist.»
KRAPPMANN geht weiter davon aus, daß «...die individuellen Bedürfnispositionen den institutionalisierten Wertvorstellungen nicht voll entsprechen». Somit müssen nach diesem Modell die Rollenpartner für die Sicherung des Fortgangs von Interaktion fähig sein, auf die von den eigenen abweichenden Bedürfnisdispositionen des anderen einzugehen und auch unter Bedingungen unvollständiger Komplementarität, das heißt, nur teilweiser Befriedigung eigener Bedürfnisse zu interagieren.

Nicht Institutionen, deren Mitglieder Normen automatisch erfüllen, werden von KRAPPMANN als stabil betrachtet, sondern diejenigen, die ihren Mitgliedern ermöglichen, im Rahmen des Interpretationsspielraums, den die vorgegebenen Normen lassen, eigene Bedürfnisse in der Interaktion zu befriedigen.

Voraussetzung sozialer Kompetenz im interaktionistischen Rollenmodell ist die Entwicklung von **Ich-Identität**, worunter die gelungene Balance einerseits der personalen Identität, so zu sein wie kein anderer, andererseits der sozialen Identität, so zu sein wie alle, verstanden wird.

Die Ausbildung von Ich-Identität setzt voraus, daß Sozialisanden lernen, sowohl ihre eigenen Bedürfnisse und Interessen in soziale Situationen einzubringen als auch die der anderen. Möglich wird dieser Prozeß erst durch das ständige Interpretieren, Reflektieren und Abwägen beider Ansprüche. Vereinfacht könnte man sagen, es geht darum, zwischen den eigenen und fremden Ansprüchen Handlungsmöglichkeiten auszuhandeln.

LANDAU (1974, 164) hat einen Vorschlag zur Beurteilung von Rollenlernen im Sportunterricht abgeleitet. Abbildung 41 modifiziert diesen Vorschlag, mit dem sich Sozialisationsvorgänge (nicht nur im Sportunterricht) über drei Grundfragen beschreiben und beurteilen lassen:

- Wie wird über Handlungsziele **entschieden**, wie werden sie **geplant**?
  Der Lehrer setzt Ziele und legt die Planung fest, oder Lehrer und Schüler besprechen und diskutieren gemeinsam, das heißt, sie handeln Ziele und Planung aus.
- Wie werden Handlungen **ausgeführt**?
  Nach festgesetzten, festgelegten Vorgaben oder offen, das heißt in einer Weise, in die Bedürfnisse der Schüler eingehen.
- Wie werden Handlungen **bewertet**?
  Automatisch, nach Wenn-dann-Mustern, oder kooperativ, das heißt

Kategorien zur Beurteilung von Sozialisationsprozessen	Rollenlernen durch *Anpassen*	Rollenlernen durch *Aushandeln*
Entscheiden und Planen von Handlungszielen	setzen	aushandeln
Ausführen von Handlungen	festgelegt	offen
Bewerten von Handlungen	automatisch	kooperativ

Abb. 41: Kategorien zur Beurteilung von Rollenlernen in der Sozialisation (vgl. auch Landau 1974)

unter Berücksichtigung der Handlungsvoraussetzungen und -möglichkeiten der einzelnen.

Aushandeln und Anpassen schließen sich keineswegs zwangsläufig aus. Es ist vielmehr sehr wohl vorstellbar, ja unabdingbare Voraussetzung sozialer Kompetenz, Rollen sowohl durch Anpassung als auch durch Aushandeln zu erlernen, also über beide Lernerfahrungen zu verfügen. Entscheidend dafür, ob in einem sozialen Feld Anpassung oder Aushandeln im Vordergrund steht, sind die jeweilige Zielsetzung und die Situation.

Ein Beispiel mag dies unterstreichen. Es soll Volleyball gespielt werden, einmal im entscheidenden Spiel um den Aufstieg einer Mannschaft in die Regionalliga (Wettkampf), im anderen Fall am Strand, um sich die Zeit zu vertreiben und Spaß zu haben (Freizeit).

Im ersten Fall steht eine effiziente, möglichst ökonomische Zielsetzung im Vordergrund. Es wird nach vorgegebenen Regeln gespielt, auf genormtem Feld in genormter Halle; die Schiedsrichter kontrollieren. Jeder Spieler muß sein Handeln hinsichtlich technischer Abläufe und Spielzüge festlegen; er muß den Spielregeln folgen. Die Taktik wird vorher festgelegt und kann während des Spiels nicht mehr ausgehandelt, sondern allenfalls vom Trainer ausgegeben werden, so daß sich die Spieler anpassen. Das Handeln der Spieler wird automatisch bewertet, der Schiedsrichter pfeift bei Netzberührung, Führen des Balles etc. Der einzelne hat sich im Sinne der Lösung einer bestimmten Aufgabe anzupassen, also seine individuellen Bedürfnisse zurückzustellen und sich in ein System einzufügen, um die Zielerreichung nicht zu gefährden.

Sehen wir dagegen den Freizeitvolleyball am Strand mit einer zufällig zusammengekommenen Gruppe. Das Netz entspricht nicht den Regeln, Handtücher bzw. eine Badetasche bilden die Feldbegrenzung. Die Mannschaften sind zahlenmäßig ungleich, das Fertigkeitsniveau streut zwischen «keine Vorkenntnisse» und «Wettkampferfahrung». Wollte man hier das Wettkampfmuster nach obigem Vorbild realisieren, wäre kein Spiel möglich; die Wettkampferfahrenen, die versuchen würden, ein richtiges Spiel zu forcieren, wären sogar Spielverderber.

Hier werden zunächst die Ziele entschieden und ausgehandelt. Es wird geplant, wie groß das Feld, wie hoch das Netz sein soll etc. Jeder spielt dann, so gut er kann, entsprechend seinen Möglichkeiten und Voraussetzungen. Die Bewertung nach internationalen Wettkampfregeln würde das Spiel zerstören, daher wird man auf die Voraussetzungen der einzelnen eingehen, vielleicht sogar auf Bewertungen weitgehend verzichten.

Dieses Beispiel zeigt, daß soziales Handeln situationsspezifisch und in Abhängigkeit davon erwartungsgesteuert sein muß. Soziale Kompetenz kann daher nicht auf ein starres Entweder-Anpassen-oder-Aushandeln hinauslaufen, sondern Ziel von Sozialisationsprozessen auch im Sport sollte sein, Situationen einschätzen zu lernen und Regeln als von Menschen gemacht zu erkennen – und daher auch als von Menschen veränderbar zu begreifen.

Sozialisation im Sport

Die Diskussion der in der Sportsoziologie, Sportpädagogik und Sportpsychologie erörterten Frage, welche Wirkungen sportliche Betätigung auf die Sozialisation einer Person in der Entwicklung haben könne, geht konsequenterweise davon aus, daß wer im Sport sozialisiert werden soll, zunächst einen Zugang zum sozialen Handlungsfeld Sport finden muß, um dann bestimmte Rollenprozesse zu durchlaufen. **Sozialisation im Sport** ist also ein Problemfeld mit zwei grundlegenden Perspektiven:

- **Sozialisation in den Sport** (Vorsozialisation)
- **Sozialisation durch den Sport.**

Unter der ersten Perspektive richtet sich die Betrachtung mehr auf die Institutionen, die Personen in das soziale Handlungsfeld Sport hineinbringen, wie etwa die Familie oder die Freunde und andere. Unter der zweiten Perspektive rückt die eigentliche sportliche Betätigung in den Vordergrund. In der Fachliteratur sind beide Perspektiven oft nicht mit der notwendigen Konsequenz auseinandergehalten worden. Konsi-

Foto 20 (oben): Volleyball durch Aushandeln...
Foto 21: ...und durch Anpassen

stente Befunde liegen bislang überwiegend zur ersten Perspektive vor. Sozialisation durch den Sport dagegen wird sehr unterschiedlich diskutiert.

Sozialisation in den Sport

Der bedeutende Einfluß der **Familie** als primärer Sozialisationsinstanz auf die Sozialisation des Individuums ist unumstritten. Dies ist leicht einsichtig angesichts der Tatsache, daß mit dem Hineingeborenwerden in eine Familie weittragende Entscheidungen durch die Festlegung ökonomischer, sozialer, politischer und geographischer Umfeldbedingungen des Sozialisationsprozesses vorweggenommen sind.

Die Familie gilt als **Primärgruppe**, insofern als sie zeitlich für Neugeborene die erste soziale Struktur bietet. Dies gilt aber nicht nur hinsichtlich ihrer zeitlichen Priorität, sondern auch hinsichtlich ihrer Bedeutsamkeit für die «quasi-soziokulturelle Geburt» von Neugeborenen (vgl. Becker 1980, 10): «Innerhalb der familiären Situation beginnt das Kind, sich sowohl durch Hinweise als auch durch Beobachtung und Verhalten jener Personen zu orientieren, die für seine ‹erste› Welt bedeutsam sind. Dies sind in der Regel Eltern und Geschwister. Gefühlsmäßige Bindungen zu ihnen erleichtern zunächst die Identifikation mit den Verhaltensmodellen, die ihm diese für ihn ‹bedeutsamen Anderen› vorspielen. Es beginnt sich so zu verhalten wie diejenigen, die es als bedeutsam akzeptiert ... Ein wichtiger Schritt aus der Innenwelt der Familie heraus in die umfassendere Außenwelt ist die Erkenntnis des Kindes, daß Rollenverhalten nicht nur an Mutter, Vater, Geschwister gebunden ist, sondern auch von anderen Personen gezeigt wird. Nicht mehr ‹Vater tut dies oder jenes nicht›, sondern ‹man tut dies oder jenes nicht›. Mit diesem Wandel der Perspektive ist die primäre Sozialisation abgeschlossen.»

Bezogen auf das soziale Handlungsfeld Sport wirken sich sportbezogene Interessen und Verhaltensmuster der Familie auf die sportliche Sozialisation des Kindes aus. Eine entscheidende Prägung erhalten die Freizeitaktivitäten und das Sportengagement bereits durch die Anregungen des Elternhauses. Diese Aussage wird durch eine Untersuchung von Messing und Voigt (1980) gestützt, die feststellten, daß «aktive» Schüler beiderlei Geschlechts sehr viel häufiger als «nicht aktive» Schüler Eltern haben, die den Sport befürworten und ihm Interesse entgegenbringen. Unter «aktiven» Schülerinnen und Schülern verstehen sie solche, die außerhalb der Schule Sport treiben, «nicht aktive» gehen außerhalb des Schulsports keiner weiteren sportlichen Tätigkeit nach.

Von grundlegender Bedeutung für den Verlauf des Sozialisationsprozesses ist die **soziale Schichtzugehörigkeit** der Familie, in die man hineingeboren wird. Die Definition des Begriffes «soziale Schicht» ist nicht unumstritten; wichtige Bedingungen zu seiner Umschreibung scheinen jedoch sozioökonomische Voraussetzungen wie Einkommen, Bildung, Ausbildung, Beruf, Wohngegend zu sein, ferner Einstellungen und Verhaltens- und Wertmuster. Der Unterschicht etwa werden eher passivistische gegenwartsbezogene Einstellungen und Wertmuster und das Streben nach möglichst unverzüglicher Befriedigung von Bedürfnissen und Wünschen zugeschrieben (z. B. sofortiges Geldverdienen statt langer Berufsausbildung).

Der Mittelschicht hingegen, deren Wertmuster als dominierend in unserer Gesellschaft angesehen werden, wird aktivistisches, zukunftsorientiertes Handeln zugeschrieben, vor allem die Bereitschaft, für ein angestrebtes Ziel vorübergehend auf aktuelle Bedürfnisbefriedigung zu verzichten. Letzteres dürfte eine grundlegende Problematik des Studiums sein, in dem Angehörige der Mittelschicht überrepräsentiert sind. Verhaltensmuster im Sport entsprechen überwiegend den Wertvorstellungen der Mittelschicht. So ist Training exemplarisch für zukunftsorientiertes, in der Gegenwart entsagungsvolles Handeln. Angehörige dieser sozialen Schicht sind bei sportlicher Aktivität überrepräsentiert (Heinemann 1980; Bierhoff-Alfermann 1976; Schlagenhauf 1977; Brettschneider & Kramer 1978).

Aber nicht nur die Zuwendung zur sportlichen Aktivität allgemein, sondern auch die Intensität der Ausübung und die Auswahl bestimmter Sportarten wird von der Zugehörigkeit zur sozialen Schicht beeinflußt (Heinemann 1980; Voigt 1978; Schlagenhauf 1977; Pfetsch et al. 1975).

Gerade im Leistungssport scheint das Engagement der Eltern für die Entwicklung des Kindes von entscheidender Bedeutung zu sein. So kommt Gabler (1976a) bei einer Befragung von über 150 Höchstleistungsschwimmern zu dem Ergebnis, daß fast die Hälfte der Befragten durch die Familie zu ihrem Sport gekommen ist. Dabei fiel auf, daß 2/3 der Eltern von Schwimmern früher selbst einmal Sport getrieben hatten, von diesen wiederum über 60% Wettkampfsport. Zum Zeitpunkt der Untersuchung waren noch über 60% der Eltern Mitglieder eines Sportvereins. Die Tendenz dieser Ergebnisse entspricht Erhebungen von Pfetsch et al. (1975), die fanden, daß weit über die Hälfte der befragten bundesdeutschen Spitzensportler sporttreibende Eltern haben, die zum Teil selbst Leistungssport ausgeübt haben. Wie stark sich diese Ergebnisse vom Durchschnitt abheben, wird deutlich, wenn man sich vor Augen hält, daß der Anteil sporttreibender Erwachsener an der Gesamtbevölkerung in der Bundesrepublik nicht einmal 20% beträgt.

Das Engagement der Eltern im Bereich des Leistungssports reicht nach KEMPER und PRENNER (1974, 324) von der Aufforderung, einem Verein beizutreten bzw. sich intensiv dem Training zu widmen, über «suggestive Appelle» («... was man anfängt, muß man auch zu Ende führen» etc.) bis zu mehr oder weniger offenem Zwang. Der materielle und zeitliche Aufwand der Eltern kann dabei beträchtlich sein – ein Grund mehr, daß sich Kinder aus unteren Schichten hier nicht so leicht durchsetzen können, da ihnen entsprechende Unterstützung in der Regel nicht in diesem Maße zuteil wird. Dies belegen auch die Befunde von PFETSCH et al. (1975) und LANGE 1990: Angehörige der A-Kader und der Olympiamannschaften entstammen überwiegend der Mittelschicht; prozentual sind wesentlich weniger Sportler aus den unteren Schichten vertreten als bei den Sporthilfeempfängern allgemein.

Bei der Zuwendung zu einer bestimmten Sportart scheinen sich schichtspezifische Selbstbilder und das Image der gewählten Sportart zu entsprechen (BECKER 1982). Kampfsportarten werden eher der Unterschicht zugeordnet, da Faktoren wie körperliche Kraft und der Kampf Mann gegen Mann dem Selbstverständnis der Unterschicht entgegenkommen. Sportarten, bei denen technische oder ästhetische Komponenten im Vordergrund stehen, werden vorwiegend von Angehörigen der Mittel- und Oberschichten ausgeübt. Dabei spielen nicht nur die unterschiedlichen Wert- und Deutungssysteme des Körpers (HEINEMANN 1980, 166) eine Rolle, sondern auch die konkreten wirtschaftlichen Verhältnisse einer Familie. Mit steigendem finanziellem Aufwand, den das Betreiben einer Sportart erfordert, vermindert sich der Anteil der Angehörigen der sozialen Unterschicht.

Mit steigendem allgemeinem Wohlstand scheint sich allerdings eine Verlagerung hinsichtlich der Exklusivität von Sportarten abzuzeichnen. Ein Beispiel hierfür ist die Wandlung des Tennis zum Volks- und Breitensport, einer Sportart, die früher fast ausschließlich der Oberschicht vorbehalten war, heute aber als Aufsteigersport gilt. Dies führt jedoch nicht zu einer Nivellierung von Sportarten, sondern die sozusagen verdrängte Schicht sieht sich nach einem anderen sportlichen Betätigungsfeld um, das für die anderen Schichten eben noch nicht zugänglich ist. So gilt Golf als Sportart, bei der die mit der Ausübung verknüpfte finanzielle Belastung eine Abgrenzung gegenüber Interessenten aus ungünstigeren sozioökonomischen Verhältnissen gewährleistet.

Außer durch die Familie werden Sozialisationsprozesse im Sport zu einem guten Teil durch **Freunde** und **Gleichaltrige** beeinflußt. Auf diesen Zusammenhang wird in der sportspezifischen Sozialisationsforschung immer wieder verwiesen (HEINEMANN 1980; RUOFF 1979; KEMPER & PREN-

NER 1974), überdies deuten Alltagserfahrungen in diese Richtung. Der Weltmeister im Gewichtheben, ROLF MILSER, schildert, wie er zum Gewichtheben gekommen ist: «Und zwar hat mich damals ein Freund mitgenommen, der war zwei Jahre älter als ich – er war siebzehn –, und ich wollte erst am Anfang gar nicht so recht mit, weil ich dachte, Mensch, die schweren Gewichte da hochheben, ich hatte die Vorstellung, daß man sich eventuell einen Bruch heben könnte und so weiter. Ich bin dann doch mitgegangen, und auf einmal gefiel mir das Training. Ich muß noch sagen, daß der Freund damals, er war auch noch 10 kg schwerer als ich, 5 kg mehr schaffte, und zwar 65 kg und ich nur 60. Weil er also 5 kg mehr schaffte, hatte ich Ehrgeiz und hab also weitergemacht und hab eben dann bald schon 70 kg geschafft, und so bin ich eigentlich dazugekommen» (BLÖDORN & EBERSPÄCHER 1978).

Diese Schilderung des Weltmeisters bezieht sich sicherlich nicht auf einen Ausnahmefall, sondern auf einen Vorgang, der sich mit Regelmäßigkeit abspielen dürfte: Freunde bringen Freunde zum Sport.

Gestützt wird diese Aussage auch durch Befunde von MESSING und VOIGT (1980, 89), die fanden, daß über die Hälfte der außerhalb der Schule aktiv sporttreibenden Schülerinnen und Schüler Freunde haben, die gleichfalls außerhalb der Schule Sport treiben; auf Jugendliche, deren sportliche Aktivitäten sich auf die Schule beschränken, trifft das nur in einem Viertel der Fälle zu.

Sozialisation durch den Sport

Das Studium der vorliegenden Befunde zum Problemfeld Sozialisation durch den Sport zeigt, daß noch keine eindeutigen Aussagen über die Möglichkeit, Handlungsweisen im Sport zu erwerben und auf das Alltagsleben zu übertragen, vorliegen. Lange Zeit ging man jedoch davon aus, daß dies der Fall sei. «Im Sport gelernt, im Leben gekonnt!» Solche und ähnliche Aussagen wurden von vielen Sportpädagogen jahrzehntelang nicht hinterfragt, sondern als zutreffend und wissenschaftlich belegt angenommen. BÜHRLE versuchte 1971, die so verstandene sozialerzieherische Funktion des Sports empirisch zu belegen. Aufgrund soziometrischer Erhebungen und statistischer Analysen formulierte er die These, daß der Sport «...ein prädestiniertes Feld zur Ausbildung sozialer Gesinnung und... sozialer Verhaltensmuster... sei» (83).

Diesem explizit **funktionalen Ansatz**, in dem dem Sport gleichsam nebenher unterstellt wird, daß er soziale Kompetenz fördere, wird heute kritisch begegnet. Es wird eher ein **intentionales Konzept** vertreten, bei dem man davon ausgeht, daß Sport durchaus soziale Kompetenz fördern kann, unter der Voraussetzung allerdings, daß dieses Lernziel geplant ist und kontrolliert in den Unterricht eingebracht wird. So schrieb HEINEMANN schon 1974 (71): «Welche Wirkungen (durch sportliche Tätigkeit – H. E.) tatsächlich eintreten, hängt dabei im wesentlichen von der Gestaltung des Sports selbst und der Gestaltung des Trainings, der Organisation, der Bedeutung des Publikums, Art und Umfang positiv und negativ externer Sanktionen etc. ab. Sport kann dazu beitragen, Ich-Stärke, Identität, Solidarität zu prägen oder auch zu festigen. Schon deshalb, weil diese Qualitäten gerade in einer Phase jugendlicher Entwicklung geprägt werden, in der zugleich ein besonders ausgeprägtes Interesse für sportliche Aktivitäten besteht, scheint hier der Sport noch am ehesten eine Funktion im Prozeß der Sozialisation in unserer Gesellschaft zu besitzen. Ob aber diese Sozialisationswirkung auch tatsächlich eintritt, hängt ganz entschieden von der Gestaltung des Sports ab. Dies ist eine Aufgabe, die von der Sportwissenschaft und von der Praxis des Sports gelöst werden muß, wenn Sport einen Beitrag zur Lösung der Probleme individueller Handlungsführung in unserer Gesellschaft leisten will.»

HEINEMANN erkennt also hier die Notwendigkeit der Beachtung der Situations- und Kontextbezogenheit sportlicher Betätigung bei der Beurteilung ihrer Sozialisationswirkungen.

Unter solchen Vorgaben gerät die Erforschung des Problemfeldes Sport und Sozialisation zu einem außerordentlich schwierigen und vielschichtigen Unterfangen, und zwar besonders aus drei Gründen: Der Einfluß der durch Leibesübungen und Sport vermittelten Normen erweist sich gegenüber den bereits durch die Vorsozialisation oder durch parallel laufende Sozialisationsprozesse erworbene Normen nicht als dominant. Wie überhaupt die Vorsozialisation bei der Zuschreibung von Sozialisationseffekten durch sportliche Betätigung im Rahmen der funktionalen Bildung vielleicht nicht oder nicht angemessen berücksichtigt worden ist. Die Beurteilung, ob sportliche Betätigung letztendlich negative oder positive Sozialisationseffekte erzielen kann, setzt eine sorgfältige Analyse der bei der Realisierung sportlichen Handelns geforderten Normen und Werte voraus. Solch eine Analyse ist bislang nicht mit der notwendigen Intensität und Sorgfalt durchgeführt worden. Hier eröffnet sich ein Forschungsfeld, dem sich auch die Sportpsychologie nicht verschließen kann, zumal es sich hier um eines der zentralen Anliegen der Sporterziehung handelt.

Interaktionsprozesse und Gruppen im Sport

Interaktionsprozesse

Sport konstituiert sich erst über die Beziehungen zwischen handelnden Personen zum **sozialen** Handlungsfeld. Sie nehmen sich gegenseitig zur Kenntnis, handeln miteinander, gegeneinander, nebeneinander, nehmen als Zuschauer teil an der sportlichen Aktivität anderer, organisieren, regeln, verbessern sie zum Beispiel als Funktionär, Schiedsrichter und Trainer.

Den Austauschprozeß, bei dem Handeln und Verhalten in einem sozialen Handlungsfeld gegenseitig wahrgenommen, verarbeitet und beantwortet wird, nennt man **Interaktion**. Abbildung 42 stellt diesen Basisprozeß sozialen Handelns zwischen zwei Personen, eine sogenannte Dyade, dar.

Mit ihrer vielzitierten Behauptung: «Man kann nicht nicht kommunizieren (interagieren – H. E.)» haben WATZLAWIK, BEAVIN und JACKSON (1974, 53) die Tatsache auf eine sehr prägnante Kurzformel gebracht, daß Handeln und Verhalten immer **Mitteilungscharakter** hat und sich Handlungsfähigkeit erst in sozialer Interaktion und durch sie entfaltet. Interaktion und Kommunikation zu unterscheiden hat für die Praxis kaum Bedeutung, weshalb im folgenden von Interaktion die Rede sein soll.

Seinen Mitteilungscharakter erhält Handeln dadurch, daß es wahrnehmbar ist und immer etwas bedeutet, weil es geregelt und erwartungsgesteuert abläuft. WATZLAWIK et al. (1974, 50–56) unterscheiden Inhalts- und Beziehungsaspekt von Kommunikationsprozessen: «Der Inhaltsaspekt vermittelt die Daten, der Beziehungsaspekt weist an, wie diese Daten aufzufassen sind...» Wahrnehmen kann man über alle Sinneskanäle (Sinnesmodalitäten). Man kann seine sozialen Partner sehen (visueller Kanal), hören (akustischer Kanal), tasten (taktiler Kanal) und riechen oder auch nicht riechen (olfaktorischer Kanal).

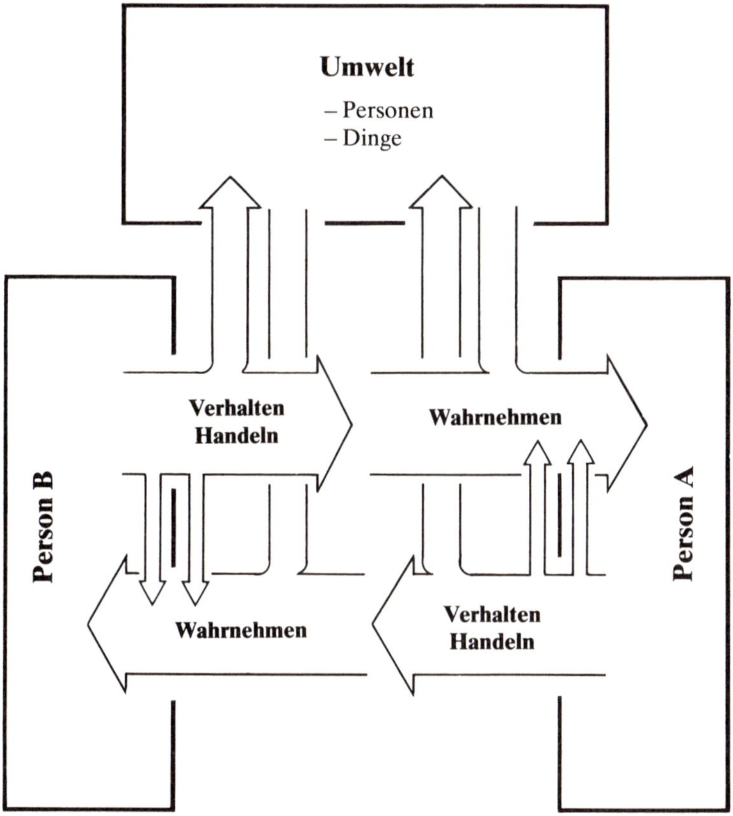

Abb. 42: Die Interaktion zwischen zwei Personen – der soziale Basisprozeß

Sportarten unterscheiden sich auch hinsichtlich der Bedeutung, die der einen oder anderen Sinnesmodalität zukommt. In Kontaktsportarten (wie Ringen, Judo, Boxen u. a.) besitzen taktile Informationen sehr hohe Bedeutung, man spürt direkt, ob man den Gegner im Griff hat oder nicht, so wie bei den beiden Judoka auf Foto 22, die um den Griff kämpfen. In Sportarten, bei denen sich die Gegner nicht unmittelbar berühren, so etwa in Rückschlagspielen, erhält man taktile Informationen nur über das Gerät, mit dem man schlägt.

Entscheidend für die Handlungskompetenz in sozialen Situationen – wie in einem Wettkampf mit einem Gegner – ist einmal, daß es gelingt, alle für das eigene Handeln wichtigen Informationen aufzunehmen und

Foto 22: Wer hat wen im Griff? Taktile Informationsaufnahme

sie jeweils so zu koordinieren, daß man im Bilde ist. Wenn dies nicht gelingt, hat man den Überblick verloren. Erfahrungen im Tischtennis zeigen, daß Spieler, um gut spielen zu können, den auftreffenden Ball auch hören müssen, daß sie also über taktile Kontakte zum Schläger und visuelle Kontakte zu Ball und Gegner hinaus akustische Informationen benötigen.

Wer im Bilde sein will, darf sich nicht von Nebensächlichkeiten ablenken lassen. Erfahrene Athleten, Trainer, Sportlehrer und Schiedsrichter haben einen Blick für das Wesentliche entwickelt, weshalb sie in ihren Handlungen oft sparsam und doch effektiver sein können als Anfänger, die manchmal noch nicht so recht wissen, worauf es ankommt.

Wahrnehmen im sozialen Kontext ist immer Wahrnehmen von **Bedeutsamkeiten**, also Informationen, die Signalcharakter besitzen und damit auf etwas verweisen. Besonders deutlich wird dieser Zusammenhang, wenn man überlegt, was eine **Finte** oder **Täuschung** im Sport ist, worauf sie beruht: im Prinzip darauf, daß dem sozialen Partner Informationen signalisiert werden, die dieser in ihrer Bedeutung falsch einschätzt. Falsch bedeutet hier, daß der Getäuschte Erwartungen aufbaut (vgl. Foto 23), die nicht den Absichten desjenigen entsprechen, der fintiert. Seine Handlungsfähigkeit ist deshalb für kurze Zeit eingeschränkt, er weiß nicht, wie

Foto 23: Finte – getäuschte Erwartung

ihm geschieht – und muß eventuell einen Punkt oder den Ball abgeben oder einen Treffer hinnehmen.

«Das Ziel aller Täuschungshandlungen ist es, die eigene wahre Handlungsabsicht zu verbergen. Dabei wird durch bewußt angewandte Täuschungen zunächst die eigene getroffene Entscheidung zur Lösung einer bestimmten Spielsituation getarnt. Gleichzeitig wird das Verhalten des Gegners insofern beeinflußt, als die Täuschung beim Gegner eine spieltaktisch unzweckmäßige bzw. eine nicht situationsgerichtete Verhaltensdisposition schaffen will.» (KLEIN & SPÄTE 1981, 450)

KLEIN und SPÄTE unterscheiden drei Arten von Täuschungen:

Aktive Täuschungen

Ein Spieler verleitet einen anderen durch aktives Handeln zu einer falschen Antizipation, indem er seine wahren Absichten verbirgt. Dadurch wird verhindert, daß der getäuschte Spieler der geplanten Zielhandlung situationsgerecht begegnet. Aktive Täuschungen wollen durch bewußt geplante und spieltaktisch angewandte Aktion die Reaktion des Spielgegners bestimmen. (1981, 451)

Passive Täuschungen

Die wahre Handlungsabsicht wird verborgen, indem der Täuscher den Getäuschten durch Passivität über die beabsichtigte Handlungsfortsetzung im unklaren läßt.

«Da die Wirkungsweise konventioneller Täuschungen durch Angreiferaktivität, die hier beschriebene 2. Art aber durch eine Bewegungspause gekennzeichnet ist, könnte man von passiven Täuschungen sprechen» (454).

Kombination von aktiver und passiver Täuschung

Abbildung 43 zeigt die Kombination von aktiver und passiver Täuschung.

Mit **Antizipation** bezeichnet man in diesem Zusammenhang die Fähigkeit, möglichst früh in einer Handlungsfolge anderer (z. B. sportlicher Gegner) zu erkennen, was sie für das folgende bedeutet (vgl. Foto 24). Ein guter Torwart antizipiert aus der Position und Fußstellung seines Gegenspielers, wo dieser wahrscheinlich hinschießen wird (vgl. S. 151f).

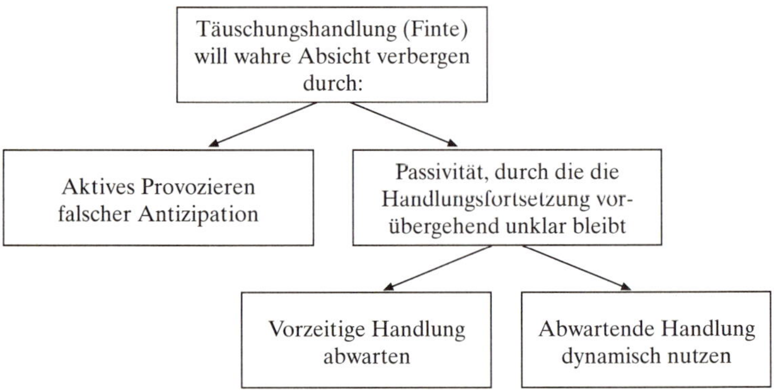

Abb. 43: Wirkungsarten von Täuschungshandlungen im Sportspiel (aus Klein & Späte 1981. Täuschungshandlungen im Sportspiel. Leistungssport 11 (6), 450–457)

Foto 24: Antizipation

Die Regelung von Interaktionsprozessen – theoretisch

Bedeutungen und damit Erwartungen können sich in Interaktionsprozessen nur deshalb entwickeln, weil der Spielraum des Handelns nie beliebig ist, sondern mehr oder weniger situationsangemessen, kurz: Er ist geregelt. **Regeln** sind allgemein übliche Vorstellungen von dem, was geschehen sollte. Sie stimmen Handeln aufeinander ab, reduzieren Konfliktmöglichkeiten und sichern so weitgehend den reibungslosen Verlauf sozialer Interaktion.

Kunstvolle Gebilde seien meist die Regeln der einzelnen Sportarten, meint DIGEL (1982, 43). Manchmal hätten sie sich über Jahrhunderte herausgebildet und bewährt. Sie hätten vielen Menschen die Ausübung der jeweiligen Sportart ermöglicht und ihnen die Befriedigung ihrer sportlichen Bedürfnisse garantiert, die sie dem Sport gegenüber eingebracht haben. Aus diesem Grund haben Regeln keineswegs nur befehlende, diktierende oder einschränkende Funktionen. Regeln machen Handeln erst möglich, sie garantieren, daß ein Handballspiel von einem Fußballspiel zu unterscheiden ist, daß morgen so Fußball gespielt werden kann wie gestern etc. Über die Regeln, so führt DIGEL weiter aus, sei auch festgelegt, welches Bewegungsziel in einer Sportart verfolgt wird, was dabei bewegt wird, wer was bewegt und in welche Umgebung sich das Bewegungsergebnis einzuordnen hat.

Der Grund, warum man für das Handballspiel spezielle Würfe für spezifische Situationen trainiert, liegt für Digel «zum Beispiel darin, daß durch die Art der Regeln die Art des Torwurfs nicht festgelegt ist, so daß Würfe in der Luft im Torkreis erlaubt sind. Aber auch die Frage, ob in einer Sportart Kraft, Schnelligkeit oder Ausdauer zu trainieren sind, kann immer nur vor dem Hintergrund der jeweils gültigen Regeln beantwortet werden. Selbst die Eignung bestimmter Trainingsmethoden kann letztlich nur aus dem Regelwerk erschlossen werden, das der Sportart zugrunde liegt» (1982, 43).

«All diese Funktionen können Regeln nur dadurch erfüllen, daß sie Gültigkeit haben und von jenen Personen befolgt werden, welche mit ihrem Eintritt in das System des Sports versprochen haben, die im Sport geltenden Regeln zu akzeptieren und einzuhalten. Insofern ist regelkonformes Verhalten im Sport notwendige Bedingung für das Sporttreiben mit Partnern. Auf einen Nenner gebracht heißt das danach:

- Die Regeln des Sports konstituieren den Sport, sie regulieren das sportliche Handeln von Menschen, sie setzen fest, was unterlassen werden muß bzw. ausgeführt werden darf. Dabei erheben sie den Anspruch auf soziale Verbindlichkeit. Nur dadurch können sie das sportliche Handeln ermöglichen, koordinieren und lenken...
- Wer am Sport teilnimmt, gibt das Versprechen ab, daß er die Mitgliedschaftsregeln einhalten wird...
- Jeder Partner muß davon ausgehen, daß sein Partner ebenso aufrichtig bemüht ist, die Regeln des Sports einzuhalten, wie er selbst.» (Digel 1982, 43f)

Digel (1982, 55ff) unterscheidet geschriebene oder kodifizierte oder **konstitutive** von ungeschriebenen oder **strategischen** Regeln.

Konstitutive Regeln

Die geschriebenen Regeln, so führt Digel aus, legen fest, was zum Beispiel unter einem Basketballspiel zu verstehen ist, sie konstituieren die Sportarten. Man kann sie deshalb auch als **konstitutive** Regeln bezeichnen. Konstitutive Regeln bilden die Grundlage für die Ausübung von Sportarten, sie gelten als der zentrale Bezugspunkt für das, was eine Sportart ausmacht. Sie legen jedoch unser Handeln im Sport keineswegs geschlossen fest.

Die konstitutiven Regeln tun dies insofern nur teilweise, als die Kodifizierung einer Sportart noch vieles offenläßt, was sich aber dennoch in

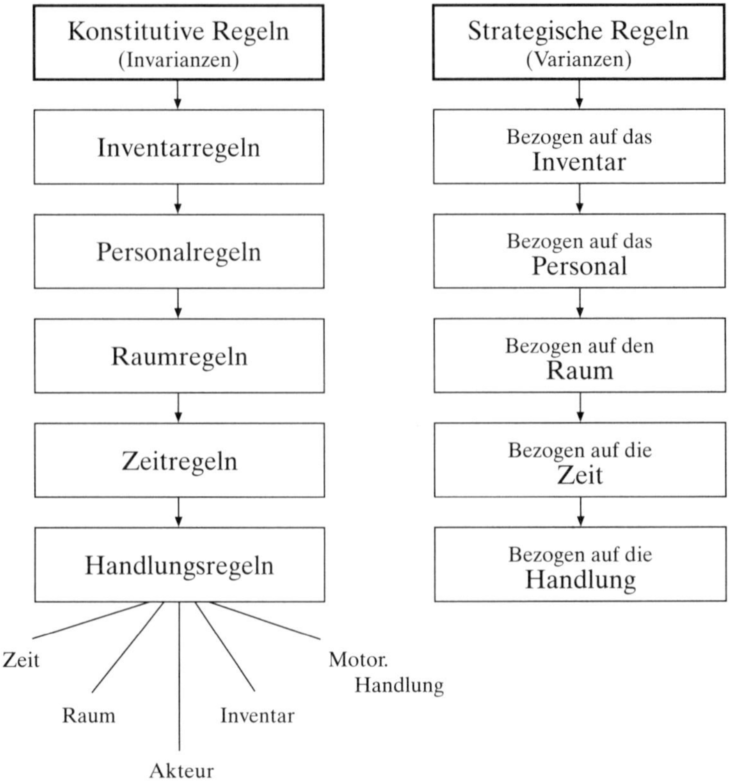

Abb. 44: Die Differenzierung geschriebener (konstitutiver) und ungeschriebener (strategischer) Regeln nach DIGEL (1982, 57)

dieser Sportart ereignet. So wird z. B. im Basketball nicht festgelegt, wie hoch oder wie tief der Ball gedribbelt werden muß, ob der Ball mit der linken oder rechten Hand zu werfen oder in welcher Weise der Arm beim Hakenwurf zu führen ist. Jede Sportart hat offensichtlich eine prinzipielle **Offenheit**, die auch die rigideste Kodifizierung (wie etwa in der Pflicht beim Eiskunstlauf oder im Turnen) nicht beseitigen kann.

So gab es immer wieder Versuche, die prinzipielle Offenheit von Regelwerken zu nutzen. In der Leichtathletik etwa hat BERNHARD STIERLE den Saltoweitsprung erfunden, ein spanischer Speerwerfer warf den Speer in Diskustechnik. Aus Sicherheitsgründen wurde beides verboten, genauso wie der Salto auf dem Eis im Amateureislaufen.

«Die Offenheit des Basketballs beispielsweise weist darauf hin, daß es in allen Sportarten Taktiken gibt, die letztlich aus den konstitutiven Regeln resultieren. Das taktische Handeln in diesen Sportarten ist jedoch keineswegs regellos; vielmehr folgen wir bei solchem Handeln jenen Regeln, die festlegen, was man unter Einhaltung der konstitutiven Regeln (z. B.) im Basketball als Spieler bzw. als Mannschaft tun darf, soll oder kann. Solche Regeln sind als ungeschriebene Regeln gleichsam variabel gegenüber den eher invariablen konstitutiven Regeln. Da sie taktische Strategien bewirken, sollen sie für unsere weitere Arbeit als **strategische** Regeln bezeichnet werden» (DIGEL 1982, 55). **Taktik** wäre danach die geplante Interpretation der konstitutiven Regeln.

Strategische Regeln

Die **strategischen Regeln** in den verschiedenen Sportdisziplinen lassen sich nach DIGEL an den jeweils verschiedenen taktischen Maßnahmen der Trainer, der Einzelspieler und Mannschaften beobachten. Sie stehen in engem Zusammenhang zu den konstitutiven Regeln.

Systematisch unterscheiden lassen sie sich in gleicher Weise wie die konstitutiven Regeln (vgl. Abb. 44).

«In der Sportpraxis werden im Grunde immer gleichzeitig mehrere strategische Regeln befolgt, und alle konstitutiven Regeln haben zu jedem Zeitpunkt eines Wettkampfspiels ihre Gültigkeit und beeinflussen das Handeln der Spieler. Will man jedoch Probleme bei der Ausübung einer Sportart analysieren, will man Sportarten verändern oder hat man die Absicht, eine neue Sportart zu kreieren, so ist die analytische Trennung der Sportregeln hilfreich, und die Regeltypik kann dann zu einem geeigneten Arbeitsinstrument werden...» (DIGEL 1982, 61).

Sport treiben kann man also nur deshalb zusammen, weil die Vorstellungen dessen, was geschehen soll, seine **Bedeutungen** und die daran geknüpften **Erwartungen** den Partnern bekannt sind und sie danach handeln.

Festgehalten sind diese Vorstellungen entweder in den jeweiligen Spielregeln, oder sie werden situationsangemessen ausgehandelt. Die Einhaltung der Regeln in wichtigen Spielen wird von einem Schiedsrichter überwacht, wer sie nicht einhält/verletzt, wird negativ sanktioniert, indem er eine Zeitstrafe, Platzverweis etc. erhält. Besonders regelkonformes Handeln, vor allem unter Inkaufnahme eines eigenen Nachteils, wird positiv sanktioniert, man wird als besonders fairer Spieler oder als Pechvogel herausgehoben. Die Funktion des Schiedsrichters, seine Handlungen, seine Zeichen sind per Übereinkunft geregelt; ein Ausschnitt aus dem Basketballregelheft (Abb. 45) gibt dafür ein Beispiel. Unter bestimmten Bedingungen (Rundenspiele, Wettkampf etc.) sind solche strengen Regelungen notwendige Voraussetzung für Spielhandlungen, unter anderen Bedingungen dagegen sind sie durchaus entbehrlich, wie PILZ und TREBELS (1976) fanden.

Die Regelung von Interaktionsprozessen – empirisch

Wie Interaktionsprozesse in Sportspielen reguliert werden, zeigen zwei empirische Untersuchungen zum Problem der Regeln und Regelungen im Sport. Die Regelung von Spielen mit und ohne Schiedsrichter untersuchten PILZ und TREBELS (1976), die Einstellung von Schülern zu Regeln und Normen im Sport KÄHLER (1985).

Auf die Arbeit von PILZ und TREBELS soll etwas näher eingegangen werden. Sie haben Einstellungen zur Regelung von Spielen mit und ohne Schiedsrichter untersucht und befragten dazu eine Spielgruppe im freiwilligen Hohschulsport, zu der Studentinnen und Studenten auch ohne Vorkenntnisse Zugang hatten, sowie zwei Hochschulmannschaften im Fußball.

Die Spielgruppe erlebte das Spiel ohne Schiedsrichter als «regellos, gemeinschaftlich, freundschaftlich, kooperativ, sozial hilfsbereit und fließend», die Fußballer dagegen als «laut, unfair, zerfahren, konfliktreich, unterbrochen und aggressiv». Das Spiel mit Schiedsrichter erlebte die Spielgruppe als «regelgerecht, geordnet, aggressiv, unterbrochen, ernst». Von den Fußballern wurde es als «hochgradig regelgerecht, geordnet, kooperativ, gerecht, ernst, laut aggressiv, kämpferisch» eingeschätzt.

Die Spielgruppe erlebte das Spiel ohne Schiedsrichter also durchaus positiv, die Fußballer klar negativ. Beim Spiel mit Schiedsrichter kehrten sich die Beurteilungen nahezu um. PILZ und TREBELS (1976, 143) interpretieren dies dahingehend, daß die Wettkampfsportler offensichtlich nicht über Erfahrungen in Spielformen ohne Schiedsrichter verfügten. Dagegen hatte die Spielgruppe offenkundig keine Erfahrungen in Spielformen mit Schiedsrichter. Die Autoren leiteten daraus die pädagogische Forderung ab: «...ob es nicht für den Bereich Schule erforderlich ist, gezielt unterschiedliche Formen der Spielregelung zu vermitteln, um die Auswirkung einer Spielleitung durch einen Schiedsrichter und eines Spiels, das nicht von einem Schiedsrichter geleitet wird, bewußtzumachen und damit diese unterschiedlichen Formen zur bewußten sozialen

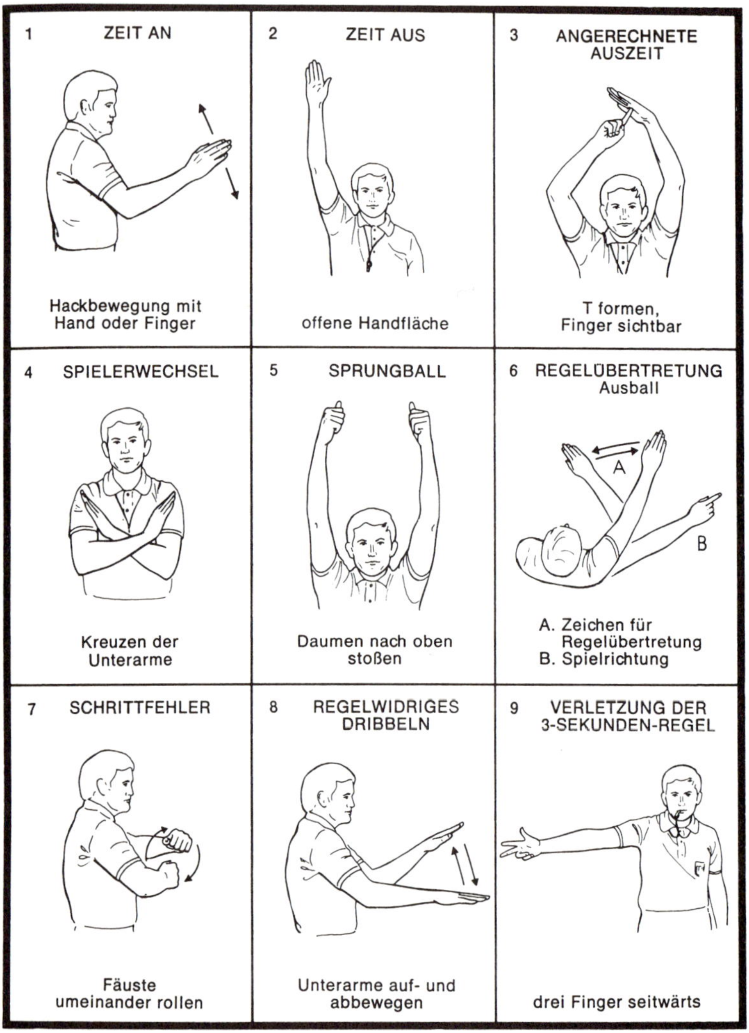

Abb. 45: Zeichen des Basketballschiedsrichters und ihre per Übereinkunft (Konvention) festgelegte Bedeutung (aus: Deutscher Basketball-Bund 1980)

Erfahrung der Schüler zu machen. Dies schließt die Diskussion der Bedingungen ein, unter denen die Spielleitung durch einen Schiedsrichter unumgänglich zu sein scheint» (145).

Der pädagogischen Forderung von Pilz und Trebels ist durchaus zuzustimmen. Überlegungen und Untersuchungen dazu haben unter anderen auch Cachay und Kleindienst (1975), Scherler (1977) und Digel (1982) vorgelegt.

Gruppen

Das folgende Kapitel befaßt sich mit einer bestimmten, für den Sport wichtigen Form sozialer Beziehungen, den **Gruppen**. Besonders auffällig können Zuschauer bei einem Sportspiel die spezifischen Bedingungen, die Interaktionsprozesse in einer Gruppe kennzeichnen, erfahren. Die Spieler jeder Mannschaft werden, an ihren Trikots erkennbar, als zusammengehörig erlebt und auch als zusammengehörig wahrgenommen. Die Spieler erleben sich aber wohl auch selbst als «wir vom USC». Sie haben ein gemeinsames Ziel (zum Beispiel Spiele zu gewinnen, nicht abzusteigen o. ä.), und was in der Gruppe geschieht, ist irgendwie geregelt: Da ist der Spielmacher, ein Verteidiger, Auswechselspieler etc. In ähnlicher Weise könnte man das Präsidium eines Vereins, die Hausfrauensportgruppe oder die 1. Jugendmannschaft als Gruppe kennzeichnen.

Fritsch (1983, 16ff) unterscheidet vier grundlegende Richtungen und Ansätze zur Analyse von Gruppen im Sport:
- Die Gruppe als soziale Umwelt für Sporter (psychologischer Ansatz)
- Sportgruppen als Gegenstand soziologischer Analysen (soziologischer Ansatz)
- Sportgruppen unter der Perspektive sportlicher Leistung und Effektivität (sportpädagogischer Ansatz)
- Sportgruppen als gruppendynamisches Forschungsobjekt (sozialpsychologischer Ansatz).

Es gibt eine Vielzahl von Begriffen für verschiedene soziale Systeme, die man außer der Gruppe unterscheidet. Hofstätter (1971, 22ff) unternimmt den Versuch einer Übersicht über die verschiedenen sozialen Systeme des «Menschen im Plural». Abbildung 46 zeigt seine Typologie.

Der **Familie** kommt dabei insofern eine Sonderstellung zu, als sie die Keimzelle jeder sozialen Existenz ist.

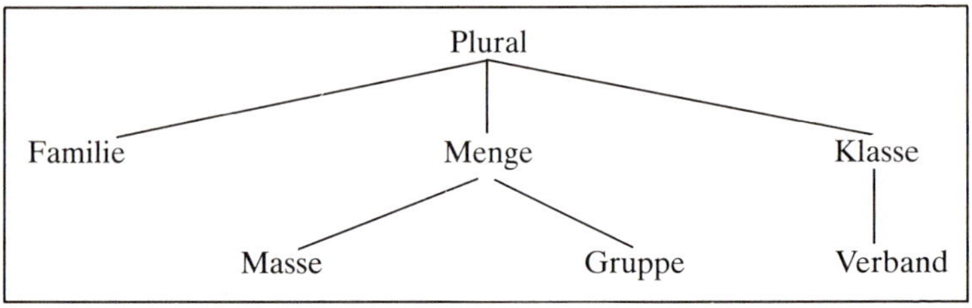

Abb. 46: Der Mensch im Plural – Versuch einer Übersicht (nach HOFSTÄTTER 1971, 24)

Eine **Menge** (Foto 25) ist eine konkrete Gemeinschaft aller Personen, die zur gleichen Zeit am gleichen Ort anwesend sind (zum Beispiel Zuschauer bei einem Sportereignis). Eine **Klasse** (Foto 26) umfaßt Personen, die eines oder mehrere bestimmte Merkmale gemeinsam haben (zum Beispiel Motorradfahrer, Sportwissenschaftler, Radrennfahrer); sie brauchen einander gar nicht zu kennen.

Manchmal organisieren sie sich, um etwa gemeinschaftliche Interessen zu diskutieren und zu vertreten (zum Beispiel die Sportwissenschaftler in der dvs, der Deutschen Vereinigung für Sportwissenschaftler etc.). Sie bilden dann einen **Verband**, weil ihr Klassenmerkmal handlungsrelevant geworden ist. Zur **Masse** (Foto 27) wird eine Menge dann, wenn sie sich emotionalisiert und Personen ihre Individualität in der Menge auflösen (wie bei einer Menschenmenge in Panik). Die Entwicklung einer Gruppe schließlich setzt ein, wenn die Menge im Sinne der o. g. Kriterien eine Strukturierung erkennen läßt.

Gruppenstrukturen und Gruppenprozesse

Gruppen lassen sich aufgrund zweier grundlegender Dimensionen beschreiben und analysieren: hinsichtlich ihrer **Struktur** und ihrer **Prozesse**. Unter Struktur versteht man den geregelten Aufbau, die Ordnung der Elemente (Personen), die in ihren Beziehungen das System Gruppe zu einem gegebenen Zeitpunkt ausmachen. Dieses System Gruppe ist immer dynamisch, das heißt, seine Elemente stehen untereinander und als Ganzes mit ihrer Umwelt in einem ständigen Prozeß der Wechselbeziehung. Sie sind offen und damit ständigen prozeßhaften Veränderungen nach innen (Mitglieder) und nach außen (Umwelt) un-

Foto 25: Menge

Foto 26: Klasse

Foto 27: Masse

terworfen. Solche Wechselbeziehungen entwickeln und erhalten sich; sie zerfallen aber auch, und damit verändern sich Strukturen in Gruppen (vgl. Kasten).

Wie überleben Mannschaften im Hochleistungssport?

von Wolfgang Fritsch

Gruppen- und Mannschaftsbildungen sind wesentliche Merkmale des Sports, und sie stellen auch seit jeher ein lohnendes Objekt sozialwissenschaftlicher Betrachtungen dar. Mannschaften im Leistungssport sind meist auf dem Hintergrund von Konflikten, des Gruppenzusammenhalts, ihrer Effektivität und Leistungsfähigkeit untersucht worden, wobei die Gruppenforschung im Sport vornehmlich durch psychologische und gruppendynamische Methoden, wie z. B. der Soziometrie, Skalierungs- und Einschätzungsverfahren, gekennzeichnet ist.

Die Kritik an den meist älteren Arbeiten bezieht sich deshalb auch darauf, daß nur bestimmte Aspekte der Innenwelt von Gruppen, in denen lediglich auf die Beziehungen zwischen Gruppe und Mitglied oder zwischen den Mitgliedern als Ursache bestimmter Probleme abgehoben wird, herausgegriffen werden. Vor allem für die Erforschung von Gruppen und Mannschaften im Hochleistungssport greifen solche Perspektiven zu kurz. Sportmannschaften bilden oft ein Konglomerat von Interessen der Verbandsorganisationen, Sponsoren, Ausrüstungshersteller, Trainer und Betreuer, wissenschaftlicher und technischer Unterstützung sowie der Öffentlichkeit. Die Folgen zeigen sich in einem extremen Handlungs- und Erfolgsdruck, der sich nicht nur durch die ständig steigende Beanspruchung im Training und Wettkampf beim einzelnen Sportler niederschlägt, sondern auch durch ein hohes Maß an Koordination innerhalb der Mannschaft und einer ständigen systematischen Kontrolle gekennzeichnet ist. Durch eine konsequente Einbeziehung soziologischer, insbesondere systemtheoretischer Ansätze (Neidhardt 1979) gelingt es, die bis dahin weitgehende Ausklammerung struktureller Besonderheiten des Sports und bestimmter Sportarten sowie die Vernachlässigung der spezifischen Umwelten von Gruppen als eines in besonderem Maße problemerzeugenden Faktors zur Erhaltung von Gruppen, zu einer umfassenderen Erforschung von Sportgruppen und deren Dynamik zu gelangen (Cachay & Fritsch 1983).

Die besonderen Merkmale einer Gruppe werden durch «unmittelbare und diffuse Mitgliederbeziehungen sowie durch relative Dauerhaftigkeit bestimmt...» (NEIDHARDT 1979, 641). Dabei erscheint gerade die Diffusität der Mitgliederbeziehungen zunehmend hinderlich: Interaktionen der Mannschaftsmitglieder lassen sich nicht nur auf spezifische Zwecke und Ziele beschränken, sondern werden auch durch das Aufkommen persönlicher Beziehungen bestimmt, die jedoch oftmals durch Erfolgs- und Außendruck reduziert werden müssen. Diese Reduktion verläuft insbesondere aufgrund der erforderlichen Dauerhaftigkeit der Beziehungen nicht ohne Schwierigkeiten ab und zeitigt manchmal nicht zu lösende Folgen für leistungsorientierte Sportmannschaften. Das Forschungsinteresse bezieht sich deshalb auf die Frage nach den Möglichkeiten von Sportgruppen im Bereich des Hochleistungssports, angesichts des zunehmenden Außendrucks stabile Binnenverhältnisse zu schaffen, um ihren Bestand nicht zu gefährden. Hierbei ist die Frage zu stellen, ob sich z. B. Hochleistungssportmannschaften nicht zwangsläufig zu Organisationen hin entwickeln müssen, um solchen Problemen begegnen zu können. Andererseits ist aber auch von Interesse, welche Folgen durch weitgehende Formalisierungen entstehen.

Am Beispiel einer Handball- und einer Rudermannschaft, die beide ihre Bestandsprobleme nicht lösen konnten, erläutern CACHAY und FRITSCH (1983) solche Struktur- und Balancierprobleme, die für Hochleistungssportgruppen typisch sein können. War es der Handballmannschaft zum Beispiel nicht gelungen, angesichts des inneren und äußeren Erfolgs- und Handlungsdrucks ein grundsätzliches Problem von Sportmannschaften, nämlich das der angemessenen Verteilungsgerechtigkeit, zu lösen, zeigte sich das Bestandsproblem in einer koaktiv strukturierten Sportart (Rudern) darin, daß nicht das Rivalisieren einzelner Mannschaftsmitglieder um individuelle Präsentation, sondern die starke Abhängigkeit voneinander bei der Erfolgserreichung bedeutsam ist. Individueller Erfolg ist im Vergleich zu den Sportspielen beim Rudern überhaupt nur über den Erfolg der ganzen Mannschaft möglich. Alle Versuche, die Rudermannschaft über verstärkte Formalisierungen wie z. B. über die Festlegung von Führungsrollen, Sanktionen bei Fehlverhalten, Operationalisierung der Leistung im Training mittels Test- und Kontrollverfahren etc. zu erhalten, führten bei den Leistungsschwächeren zu Frustration und Demotivierung.

Die Verlagerung des Interesses in der Gruppenforschung im Sport zu den Funktions- und Erhaltungsmechanismen und den damit verbundenen Steuerungs- und Balancierungsproblemen von Sportmannschaften erfordert neben komplexeren theoretischen (soziologischen) Zugängen notwendigerweise auch die Analyse der normativen, sportartspezifischen und situativen Bedingungen der Sportarten. Dieser wissenschaftlichen Einsicht vermag die Praxis im Bereich des Mannschaftsleistungssports nicht zu folgen. Weiterhin werden Probleme in der Mannschaft nur als individuelle Probleme erkannt.

Formelle und informelle Gruppenstrukturen

Eine auch für die Praxis des Sports wichtige Unterscheidung hebt formelle von informellen Gruppenstrukturen ab. **Formelle** Gruppenstrukturen werden von außen offiziell eingesetzt, meist durch eine übergeordnete Organisation, von der die Gruppe ein Teil ist. Dies geschieht per Verordnung, Wahl etc. Personen werden also hier absichtlich bestimmten Positionen in einem sozialen Gefüge zugeordnet. Die formell zugeordneten Gruppenmitglieder haben nur hinter oder neben oder zwischen ihren formellen Positionen noch persönliche Beziehungen und Interaktionen, aus denen sich eine **informelle** Gruppenstruktur entwickeln kann, die die formelle ergänzt und zum Teil überlagert. Das kann bedeuten, daß der formelle Führer in Wirklichkeit kaum etwas zu sagen hat und das Geschehen durch informelle Führer bestimmt wird.

Betrachtet man zum Beispiel im «Jahrbuch des Sports» das Leitungsgremium eines beliebigen Sportverbandes (Abb. 47), so findet man die formellen Positionen dokumentiert, in der Regel die des Präsidenten, zweier Vizepräsidenten, des Generalsekretärs, Schatzmeisters, Jugendwarts, Rechtswarts, Pressewarts etc. Diese Positionen sind formell für jedermann einsichtig und öffentlich besetzt, meist per Wahl, Berufung oder Einstellung.

Die informelle Struktur aber, etwa was den Einfluß auf die Entscheidungen des Gremiums anbelangt, wird aus der formellen Aufstellung nicht ersichtlich. Informell können durchaus Personen das Sagen haben, die formell keine Rolle spielen. Informelle Gruppenstrukturen sind also ebenso präsent und wirksam, oft sogar wirksamer als formelle; sie können sogar höher organisiert sein als diese.

Trainer, die in einen neuen Verein kommen, sind gut beraten, wenn sie die Macht- und Einflußstruktur nicht nur aufgrund der formell ausgewiesenen Positionen erschließen, sondern sich auch über informelle Strukturen informieren. Die grauen Eminenzen der Politik und Wirtschaft haben in Vereinen und Verbänden oft ihre Entsprechung in Ehrenmitgliedern,

Mäzenen oder für den Ablauf des Geschehens «Unentbehrlichen», die eigentlich gar nichts zu sagen haben wollen. Bei einem Trainerseminar habe ich einmal darauf hingewiesen, wie wichtig die Kenntnis informeller Strukturen in einem Verein für Trainer sei. Daraufhin warf einer der Teilnehmer launig ein: «Und bevor du sie kennst, bist du schon wieder hinausgeflogen!»

Soziometrische Strukturen

Um einen ersten Einblick in den geregelten Aufbau einer Gruppe zu gewinnen, eignet sich die **Soziometrie**, eine Methode zur Beschreibung und Darstellung struktureller Bedingungen in Gruppen (vgl. EBERSPÄCHER, 1985), die in der Gruppenforschung auch im Sport sehr beliebt ist.

Das Grundprinzip soziometrischer Verfahren besteht darin, Informationen über Zu- oder Abneigungen, persönliche Wunschvorstellungen oder tatsächliche Interaktionsbeziehungen von Mitgliedern einer Gruppe zu erheben, indem man sie fragt (vgl. Kasten «Soziometrischer Fragebogen» nach ESSING zu den Dimensionen Beliebtheit, Tüchtigkeit und Führung mit 6 Kriterien für eine Sportspielmannschaft), wie sie andere bezüglich eines bestimmten Merkmals (zum Beispiel hinsichtlich ihrer Tüchtigkeit oder Beliebtheit) einschätzen, ob sie sie ablehnen oder wählen.

Soziometrischer Fragebogen

(EBERSPÄCHER und ESSING 1974)

Kriterium 1: Beliebtheit

a) Mit welchen Spielern Ihrer Trainingsgemeinschaft wohnen Sie auf einer Sportreise am liebsten in einem Zimmer?

b) Mit welchen Spielern Ihrer Trainingsgemeinschaft wohnen Sie auf einer Sportreise nur ungern in einem Zimmer?

Kriterium 2: Tüchtigkeit

a) Welche Spieler aus Ihrer Trainingsgemeinschaft tragen in den Spielen Ihrer Mannschaft am meisten zum Erfolg bei?

b) Welche Spieler aus Ihrer Trainingsgemeinschaft tragen in den Spielen Ihrer Mannschaft am wenigsten zum Erfolg bei?

Landessportverband Baden-Württemberg

Gegründet: 3. November 1973

Sitz: 7302 Ostfildern 2

Geschäftsstelle:
[redacted]

Hauptgeschäftsführer: Richard Möll

Stellv. Geschäftsführer: Rainer Hipp

Referat Leistungssport
Sportdirektor: **Richard Möll**

Referent: **Volker Stark**

Referat Finanzen, Verwaltung, Personalwesen
Referent: **Wilfried Gehr**

Baden-Württembergische Sportjugend
Geschäftsstelle: [redacted]
Tel. [redacted]

Ehrenpräsident: Hans Gmelin
[redacted]

Präsident: Dr. Hans Schaible
[redacted]

Vizepräsidenten:
Dr. Hermann Person
Vorsitzender des Badischen Sportbundes Süd
[redacted]

Anton Häffner
Vorsitzender des Badischen Sportbundes Nord
[redacted]
Tel. [redacted]

Weitere Mitglieder des Präsidiums:

Otto Schneider
[redacted]
Tel. [redacted]

Karl Mangold
Vorsitzender des Landesausschusses zur Förderung des Leistungssports
[redacted]
Tel. [redacted]

Robert Ruder
[redacted]
Tel. [redacted]

Volkmar Framenau
[redacted]
Tel. [redacted]

Anneliese Petersmann
Präsidialmitglied für Finanzen und Vorsitzende des Ausschusses Frauensport
[redacted]
Tel. [redacted]

Helmut Rang
[redacted]
Tel. [redacted]

Wolf-Dieter Späth
[redacted]

Alfred Sengle
[redacted]
Tel. [redacted]

Herbert Weiss
[redacted]

Helmut Eckert
Vorsitzender der Kommission Freizeitsport
[redacted]

Marianne Krug
Vorsitzende der Baden-Württembergischen Sportjugend und des Ausschusses Lehrwesen und Bildung
[redacted]
Tel. [redacted]

Abb. 47: Formelle Strukturen einer Organisation. Aus: Deutscher Sportbund (1989). Jahrbuch des Sports

Kriterium 3: Spielkreativität
a) Welche Spieler aus Ihrer Trainingsgemeinschaft verwirklichen im Spiel die besten Spielideen und halten das Spiel im Fluß?
b) Welche Spieler aus Ihrer Trainingsgemeinschaft verwirklichen im Spiel die wenigsten spieltragenden Ideen?

Kriterium 4: Spielbeliebtheit
a) Mit welchen Spielern Ihrer Trainingsgemeinschaft spielen Sie am liebsten in der ersten Mannschaft?
b) Mit welchen Spielern Ihrer Trainingsgemeinschaft spielen Sie ungern in der ersten Mannschaft?

Kriterium 5: Führerqualitäten
a) Welche Spieler aus Ihrer Trainingsgemeinschaft kommen nach Ihrer Meinung am ehesten als Mannschaftskapitän in Frage?
b) Welche Spieler aus Ihrer Trainingsgemeinschaft kommen nach Ihrer Meinung nicht als Mannschaftskapitän in Frage?

Kriterium 6: Trainingsbeliebtheit
a) Mit welchen Spielern Ihrer Trainingsgemeinschaft möchten Sie am liebsten in einer Gruppe trainieren?
b) Mit welchen Spielern Ihrer Trainingsgemeinschaft möchten Sie lieber nicht in einer Gruppe zusammen trainieren?

Die graphische Darstellung dieser Wahlen und Ablehnungen geschieht im **Soziogramm** (S. 206), die Matrix-Darstellung der Wahlen und Ablehnungen in der **Soziomatrix**. Bei der eigentlichen Datenerhebung sind folgende Bedingungen zu beachten:

- Der Versuchsleiter muß das Vertrauen der Gruppe besitzen.
- Die befragten Gruppenmitglieder müssen sich gegenseitig kennen. Es hat sich bewährt, bei schriftlichen Befragungen jedem Gruppenmitglied eine Namensliste der anderen zur Verfügung zu stellen.
- Die Teilnahme an soziometrischen Erhebungsverfahren ist freiwillig, die Anonymität der Angaben muß zugesichert werden. Außer dem Versuchsleiter erhält ohne besondere Vereinbarung mit der Gruppe keine außenstehende Person Informationen über die abgegebenen Nennungen. Insbesondere bei Ablehnungen muß dies glaubhaft versichert werden können.
- Die Wahlkriterien müssen für die Gruppenmitglieder Realitätsbezug, «Ernstcharakter» besitzen. Sie müssen für die praktische Interaktion der Gruppe von Bedeutung sein, wirklichkeitsnah und konkret.
- Unter den Gruppenmitgliedern sollte während der schriftlichen Befragung kein Kontakt erfolgen, Ansprachen sind zu vermeiden.

Soziogramm

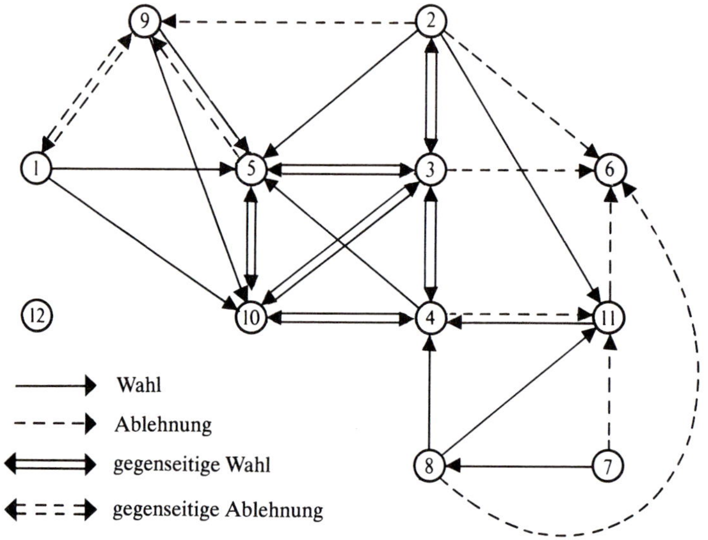

Abb. 48: Soziogramm zur Darstellung der Beliebtheitsstruktur einer Sportgruppe (EBERSPÄCHER 1978, 139)

- Auf die Spontaneität der Nennungen bzw. Stellungnahmen sollte durch ein relativ straffes Zeitlimit eingewirkt werden.
- Die Ergebnisse einer soziometrischen Erhebung sollten grundsätzlich durch Interviews mit den Gruppenmitgliedern interpretiert werden.
- Bei undifferenzierten soziometrischen Datenkörpern kann die Interpretationsstabilität dadurch heraufgesetzt werden, daß man zusätzlich Aktionstests und Beobachtungsverfahren einsetzt.
- Die Matrixauswertung ist der soziographischen Auswertung grundsätzlich vorzuziehen, obwohl letztere konkretere Ergebnisse liefert.

Abbildung 48 zeigt das Soziogramm (die gewählte Darstellungsform ist die des Netzsoziogramms; andere Formen: Säulendiagramm, Zielscheibensoziogramm u. a.) einer Fußballmannschaft zu einem gegebenen Zeitpunkt. Jeder Spieler wurde schriftlich u. a. gefragt, mit welchen Spielern aus der Mannschaft er am liebsten in einem Spiel zusammenspiele und mit welchen nur ungern. Der Fragebogen (vgl. Kasten S. 203) wurde von ESSING erstellt; Genaueres dazu findet sich bei EBERSPÄCHER und ESSING (1974). (Zur Durchführung und Auswertung soziometrischer Erhebungen im Sport vergleiche EBERSPÄCHER 1985.)

Aus der Interpretation eines Soziogramms ergeben sich Hinweise auf wahrgenommene Positionen verschiedener Gruppenmitglieder im Gefüge einer Gruppe. Diese gelten natürlich nur in bezug auf das jeweilige Kriterium. In dieser Abbildung zum Beispiel würde man Gruppenmitglied (GM) 5, bezogen auf das Kriterium Beliebtheit, als Star bezeichnen; es wird am häufigsten gewählt. GM 6 wäre ein schwarzes Schaf, weil es nur Ablehnungen und keine Wahlen erhält. Unbeachtete oder Außenseiter erhalten weder positive noch negative Nennungen; sie geben auch keine Nennungen ab wie GM 12. Randfiguren oder Vergessene werden selbst nicht beachtet, das heißt nicht in Wahlen oder Ablehnungen einbezogen, wählen aber selbst oder lehnen auch selbst ab (GM 7). Mitläufer werden kaum gewählt oder abgelehnt, wählen aber selbst Stars (GM 1). GM 3, 4, 5 und 10 bilden eine Clique (EBERSPÄCHER 1985, 139).

Oft wird übersehen, daß ein Soziogramm zwar über ausgewählte strukturelle Aspekte (in unserem Beispiel etwa Beliebtheit) informiert, nicht aber über *die* Struktur einer Gruppe. Um das im Soziogramm gewonnene Bild abzurunden, ist es wichtig, durch Fremdbeobachtung, zusätzliche Befragung etc. das Geschehen in der Gruppe weiter aufzuklären, um so soziometrische Daten zu überprüfen und interpretieren zu können.

Obwohl die Gefahr der Überinterpretation natürlich nicht nur bei soziometrischen Daten besteht, scheint sie doch hier in besonderem Maße gegeben zu sein. Ein Grund könnte darin liegen, daß mit soziometrischen Verfahren Methoden entwickelt worden sind, die besonders einfach scheinen. Nach ZNANIECKI (1943, zit. nach NEHNEVAJSA 1973, 260) verdankt man der Soziometrie gar die Möglichkeit, «mit empirischen Methoden Phänomene zu erfassen, die seit Jahrtausenden das Interesse der Beobachter menschlichen Verhaltens erweckt hatten, aber jedem Meßversuch entglitten waren».

Etwas weniger überschwenglich sehen LINDZEY und BYRNE (1968, 425f – übersetzt von H. E.) die Vorzüge soziometrischer Daten: «Die Tatsache, daß diese Variablen die Qualität der interpersonellen Beziehungen beschreiben, macht deutlich, daß es sich hier um die Grunddaten handelt, an denen die Sozialpsychologie sowohl konzeptionell als auch empirisch am meisten interessiert ist.»

Diese Beurteilung der soziometrischen Verfahren als Methoden zur Erfassung außerordentlich interessanter Daten mit relativ einfachen Mitteln verführt geradezu zu ihrer unreflektierten Anwendung und Interpretation. Entsprechend setzt auch oft die Kritik ihrer Anwendung an. Dennoch muß betont werden, daß soziometrische Verfahren bei kritischer Rezeption und bei sorgfältiger Beachtung methodenkritischer Aspekte, insbesondere hinsichtlich ihrer Gütekriterien, durchaus – und auf ökonomische Weise – Einblicke in strukturelle Teilbereiche sozialer Interaktionsprozesse gewährleisten können. Ihre sachgerechte Anwendung wird jedoch einbeziehen müssen, daß sie nicht isoliert als Methode zur Beschreibung von Gruppenstrukturen und -sachverhalten herangezogen werden können, sondern daß sie immer einherzugehen haben mit anderen Methoden der Beobachtung und Befragung. So gesehen sind soziometrische Verfahren (noch) Methoden, die der Ergänzung durch andere sozialwissenschaftliche Erhebungsmethoden bedürfen oder – positiver formuliert – deren Vorzüge erst im Kontext mit anderen sozialwissenschaftlichen Erhebungsmethoden zum Tragen kommen.

Über ein Soziogramm läßt sich ein erster Einblick in eine Gruppe gewinnen, gewissermaßen eine Momentaufnahme, keinesfalls aber eine Gesamtinformation über *die* Struktur der Gruppe. Ein Zugang, um mehr über Gruppen zu erfahren, ergibt sich, wenn man ihre Entwicklung aus einer Mehrzahl von Personen zu einem integrierten sozialen System verfolgt. In dieser Weise wird das folgende Kapitel aufgebaut sein, und zwar aus zwei Gründen: Es läßt sich dadurch deutlich machen, daß Gruppen sehr lebendige Systeme sind, die sich ständig verändern, die Vergangenheit und Zukunft haben, und es lassen sich damit wichtige Prozesse und Zustände in Gruppen generell verdeutlichen.

Diese Betrachtungsweise bezieht sich im wesentlichen auf informelle Gruppen bzw. auf informelle Strukturen in formellen Gruppen; denn letztere werden ja durch eine übergeordnete Organisation fertig eingesetzt, womit sich ihre Veränderungs- und Entwicklungsmöglichkeiten viel stärker einschränken, als dies bei informellen Gruppen der Fall ist.

Die Entwicklung von Gruppen

Wie sich Gruppen entwickeln, hat eine Reihe von Autoren beschrieben (z. B. Hartley & Hartley 1955, Tuckmann 1965, Mills 1971, Sherif 1968, Argyle 1972).

Praktisch besonders brauchbar und für den universitären Seminarbetrieb recht hilfreich ist die Darstellung von Tuckmann (1965), der die Entwicklung einer Gruppe über vier **Phasen** sieht

- **Forming**
- **Storming**

	Gruppenstruktur	**Aufgabenaktivität**
1. Formierungsphase (Forming)	Es besteht Angst, Abhängigkeit von einem Führer, man prüft die Situation und die Frage nach dem angemessenen Verhalten.	Die Gruppenmitglieder erkennen die Aufgabe, die Regeln und die angemessenen Methoden.
2. Konfliktphase (Storming)	Konflikt zwischen Untergruppen, Rebellion gegen Führer, gegensätzliche Meinungen, Widerstand gegen Kontrolle durch die Gruppe; Konflikte über die Intimität der Gruppe.	Emotionaler Widerstand gegen die Anforderungen der Aufgabe.
3. Normierungsphase (Norming)	Entwicklung der Gruppenkohäsion, Aufkommen von Normen, Widerstand ist überwunden und Konflikte sind beigelegt, gegenseitige Unterstützung und Entwicklung von Gruppengefühl.	Offener Austausch von Ansichten und Gefühlen: Kooperation entwickelt sich.
4. Arbeitsphase (Performing)	Interpersonale Probleme sind gelöst, die interpersonale Struktur steht im Dienst der Aufgabenaktivität, die Rollen sind flexibel und funktional.	Auftauchen von Lösungen für Probleme, konstruktive Anstrengungen, die Aufgabe zu beenden, die Energie ist jetzt für effektive Arbeit verfügbar; dies ist die Hauptarbeitsperiode.

Abb. 49: Vier Phasen der Gruppenentwicklung nach Tuckmann (developmental sequence in small groups. Psychol. Bull 63, 1965: 384–399)

- **Norming** und schließlich
- **Performing** als Phase, in der Gruppen konstruktiv arbeits- und leistungsfähig werden (vgl. Abb. 49).

Ein anderes Modell der Gruppenentwicklung hat Sherif (1968) ausgearbeitet. Im Gegensatz zu Tuckmann, der mehr das Konflikt- und Kohäsionsverhalten bei Gruppen betrachtete, richtet sich Sherif auf weitergehende und differenziertere sozialpsychologische Aspekte im Leben einer Gruppe. Die folgenden Ausführungen orientieren sich deshalb an seiner Darstellung, bei der er vier wesentliche Punkte in der Entwicklung einer Gruppe aus einer Menge beschrieben hat (vgl. auch Schneider 1975, 71). Sherif (1968) geht davon aus, daß Personen irgendeine Veranlassung haben müssen, sich in einer Gruppe zusammenzufinden (Motivation), also dadurch bestimmte Bedürfnisse befriedigen und Ziele anstreben wollen. Mit der Zeit entwickeln sich regelrechte Abläufe (Struktur) über die zunehmende Festlegung von Positionen und Rollen. Diese Festlegung wird geregelt (Regelung), das heißt über Normen und Sanktionen kontrolliert. Mitgliedschaft in Gruppen schließlich hat Wirkungen nach innen und nach außen. Zusammengefaßt lassen sich vier Ebenen in einer Gruppe beschreiben:

- **Motivation:** Bedürfnisse und Ziele
- **Strukturierung:** Positionen und Rollen
- **Regelung:** Normen und Sanktionen
- **Wirkungen:** der Gruppe nach innen und außen.

Das Erleben der Motivation, Strukturierung und Regelung von Prozessen in der Gruppe ist der Hintergrund für ein von den Gruppenmitgliedern erlebtes Wir-Gefühl. Sie erleben sich dadurch als zusammengehörig, setzen sich als «wir hier» gegen ihre soziale Umgebung («die dort») ab.

Die folgende Darstellung wird die genannten vier Prozesse nacheinander abhandeln, um ein hochkomplexes Geschehen überschaubar darzustellen. In der sozialen Wirklichkeit sind hier keine scharfen Trennungen zu sehen, sondern eher eine graduelle Abstufung in Abhängigkeit vom Entwicklungsalter der Gruppe.

Motivation: Bedürfnisse und Ziele

Die Entstehung einer Gruppe setzt voraus, daß sich Personen in einem ersten Schritt zur Kenntnis nehmen, um zu interagieren (vgl. S. 186ff). Dafür kann es sehr unterschiedliche Auslöser geben, auf die der einzelne mehr oder weniger Einfluß hat. Extreme sind einerseits der **Zwang**, mit anderen zusammen eine Gruppe bilden zu müssen, den etwa eine Organisation ausüben kann. Andererseits gibt es den **freien Entschluß**, eine Gruppe ins Leben zu rufen oder ihr beizutreten, etwa wenn sieben Tennis-Fans einen Verein gründen oder wenn sich Freizeitsportler zu einem Lauftreff zusammenfinden.

Im Falle der zwangsweisen Zusammenstellung einer Gruppe wie zum Beispiel eines Lehrerkollegiums durch die Schulbehörde oder einer Arbeitseinheit durch die Geschäftsleitung eines Industriebetriebs treten persönliche Bedürfnisse und Motivationen in den Hintergrund; der eine oder andere will eigentlich gar nicht, aber er muß ... Motivation für Handeln basiert vielfach auf dessen angenommenen attraktiven Folgen oder auf der Vermeidung angenommener unattraktiver Folgen (vgl. S. 68ff). Mit anderen zu interagieren und eine Gruppe zu bilden, so hat die Kleingruppenforschung gezeigt, hat besonders zwei motivationale Voraussetzungen:

- mit anderen gemeinsam effektiver sein beim Lösen bestimmter Probleme und Aufgaben: Aufgabenorientierung und
- weil allein zu sein oft als Mangelzustand erlebt wird, will man mit anderen gemeinsam soziale und emotionale Bedürfnisse befriedigen: sozial-emotionale Orientierung.

In den seltensten Fällen dürfte eine Gruppe entweder aufgabenorientiert oder sozial-emotional orientiert sein. Vielmehr wird je nach Situation die eine oder andere Orientierung in den Vordergrund treten. Von übergeordneten Organisationen eingesetzte formelle Gruppen sollen in der Regel aufgabenorientiert sein.

Mit zunehmender Stabilisierung von Gruppen kann sich aber früher oder später die ursprüngliche Orientierung der Motivation verändern. So können in einer ursprünglich aufgabenorientierten Gruppe sozial-emotionale Bedürfnisse und Ziele die Oberhand gewinnen. Solch eine Umorientierung kann für jede Gruppe ein krisenhaftes Ereignis sein, mit dem sogar ihr Zerfall einsetzen kann, sofern nicht alle Mitglieder mitziehen.

Aufgabenorientierung in Gruppen

Zur Optimierung des Wirkungsgrades bei der Auseinandersetzung mit gegebenen und zu erwartenden Umweltbedingungen schließen sich Personen oft zusammen, um gemeinsam Ziele effektiver erreichen zu können. Die heute hochperfektionierte und technische Sportdisziplin Vierermannschaftsfahren im Bahn- und Straßenradrennsport zum Beispiel hat ihren Vorläufer dort, wo Radfahrer die Erfahrung machten, daß man den Luftwiderstand gemeinsam besser bewältigt als allein. Bei dem Straßenvierer in Foto 28 ergibt sich gegenüber dem Einzelfahrer tatsächlich ein erheblicher Zeitgewinn. In den schon klassischen Felduntersuchungen Sherifs (1966; 1968) mit Buben in einem Zeltlager haben sich sogar ursprünglich verfeindete, rivalisierende Gruppen zusammengetan, um gemeinsam ihre Wasserleitung zu reparieren oder einen Lastwagen wieder flottzumachen, für den einzelnen ein nahezu aussichtsloses Unterfangen.

Sozial-emotionale Orientierung in Gruppen

Oftmals schließen sich Personen zusammen, weil sie das Bedürfnis haben, Prozesse gemeinsam zu erleben und dadurch emotionale Befriedigung zu erlangen. Freizeitsportgruppen sind meist auf dieser Ebene angesiedelt. Es geht ihnen im allgemeinen weniger um die Optimierung des Wirkungsgrades bei der Auseinandersetzung mit einer gegebenen Aufgabe als vielmehr um das gemeinsame Erleben angenehmer sozialer und emotionaler Prozesse wie Freundschaft, Kameradschaft, Bewegungsfreude, Entspannung, Erholung etc. Deutlich macht dies Foto 29. Auch hier handelt es sich um vier Radfahrer, denen aber der Sinn augenscheinlich nicht nach möglichst effektiver Bewältigung einer vorgegebenen Aufgabe steht (wie beim Bahnvierer).

In Abhängigkeit der jeweiligen Situation kann aber durchaus eher die Aufgabenorientierung oder die sozial-emotionale Orientierung einer Gruppe in den Vordergrund treten, selbst bei im Grunde aufgaben- oder sozial-emotional festgelegten Gruppen. Nehmen wir an, im Straßenvierer würde ein Fahrer während eines Trainingslagers die Moral verlieren, keinen Sinn mehr im Weitermachen sehen. Dann könnte es zum vordringlichen Ziel der an sich aufgabenorientierten Gruppe werden, ihn psychisch wieder aufzurüsten, das heißt, seine sozial-emotionalen Bedürfnisse für eine Zeit über die Aufgabenorientierung zu stellen. Den vier Freizeitradlern kann unter umgekehrten Vorzeichen Vergleichbares widerfahren, wenn sie, etwa um einem Gewitter zu entrinnen oder um rechtzeitig nach Hause zu kommen, ausschließlich die Bewältigung der Aufgabe «möglichst schnell von A nach B» in den Vordergrund stellen.

Strukturierung: Positionen und Rollen

Um ihre erlebten Bedürfnisse in der Gruppe tatsächlich befriedigen zu können, müssen die Mitglieder sich hinsichtlich des Ziels oder der Ziele und der von jedem einzubringenden Beiträge, um dahinzukommen, abstimmen. Sie müssen entsprechend die Vielfalt möglicher Beziehungen innerhalb der Gruppe irgendwie ordnen, regeln, strukturieren. Dies kann in zweifacher Hinsicht geschehen:

- hinsichtlich der **Aufgaben- und Rollenverteilung** (horizontale Strukturierung) und
- hinsichtlich der **Macht- und Statusstruktur** (vertikale Strukturierung).

Aufgabenverteilung und Machtstruktur

Die Notwendigkeit der Regelung macht CLAESSENS (1977, 23) deutlich: Schon bei einer Zehnergruppe gibt es eine unvorstellbare Komplexität von Zweierbeziehungen. Diese Komplexität gilt es zu vereinfachen und überschaubar zu machen, um so stabile Erwartungsstrukturen aufzubauen, das heißt, die Handlungsfähigkeit der Gruppe sicherzustellen.

Foto 28 (oben): Aufgabenorientierte Gruppe

Foto 29 (links): Sozial-emotional orientierte Gruppe

Voraussetzung dafür ist, daß die Gruppenmitglieder füreinander kalkulierbar werden.

Ein wichtiger Schritt in dieser Richtung ist eine Aufgaben- und Rollenverteilung im Sinne der Zielsetzung. Gruppenmitglieder übernehmen bestimmte Aufgaben und Funktionen oder bekommen von anderen solche zugewiesen.

Wie in frühen Entwicklungsstadien von Gruppen die Aufgaben- und Rollenteilung sich erst einspielen muß, beschreibt SHERIF (1968, 278): «Der typische Befund in frühen Stadien der Gruppenentwicklung ist, daß die individuellen Beiträge für Aufgabenlösungen von Aktivität zu Aktivität wechseln...» Deshalb finden Beobachter, die Verhalten in verschiedenen Situationen einschätzen sollen, daß sich Teilnahme und Bedeutung der einzelnen Gruppenmitglieder von einer Aufgabe zur nächsten ändern können, und zwar in Abhängigkeit von ihren individuellen Fertigkeiten, Fähigkeiten, Temperamenten oder physischen Voraussetzungen bezüglich der zur Lösung anstehenden Aufgabe.

Im Laufe der Zeit stabilisieren sich die Erwartungen zwischen den Gruppenmitgliedern, die bestimmte Funktionen übernommen haben. CLAESSENS spricht von einer Zumutung, die zu einer Dauerzumutung bzw. Dauererwartung wird. Das Gruppenmitglied spielt dann eine **Rolle** in der Gruppe, weil es eine **Position**, einen Ort im sozialen Gefüge übernommen und somit Rechte und Pflichten hat. Damit hat sich der Rolleninhaber mit Erwartungen auseinanderzusetzen, die an ihn herangetragen werden, einmal durch die Umwelt außerhalb des Rollengefüges, in dem er steht, zum anderen aber auch durch die anderen Gruppenmitglieder und schließlich durch sich selbst; denn er hat Erwartungen gelernt und internalisert, die er als Maßstab seines Handelns und Verhaltens erlebt.

Die Struktur einer Gruppe entwickelt und differenziert sich aber nicht nur horizontal, also durch Funktions- und Aufgabenteilung per Rollenübernahme, sondern auch vertikal im Sinne einer **Macht- und Statusstruktur** dadurch, daß die verschiedenen Positionen in der Gruppe bewertet werden. Eine bewertete Position bezeichnet man als **Status**. Den höchsten Status in Gruppen haben ihre Führer. Sie initiieren Aktivitäten der Gruppe, treffen und verbessern Entscheidungen, die die Gruppe betreffen, koordinieren und kontrollieren. Durch solche Statushierarchien werden Einfluß und Wichtigkeit der einzelnen Rollen festgelegt und sichergestellt, so daß sie sich nicht gegenseitig behindern oder gar blockieren. CACHAY (1978) hat zum Beispiel herausgearbeitet, daß Rückraumspieler im Handball, die oft als Spielmacher fungieren, eine größere Machtfülle, größere Einflußmöglichkeiten auf den Spielverlauf und damit einen höheren Status haben als Kreisläufer oder Außenspieler.

Foto 30: Spielmacher: hoher Status

Foto 30 verdeutlicht Untersuchungsbefunde SHERIFS und SHERIFS (1964), die zeigen, daß sich in der Entwicklung von Gruppen zunächst Positionen mit hohem und solche mit niederem Status stabilisieren, danach das Mittelfeld. Beobachtet wurde zu vier Zeitpunkten (T_1 bis T_4), ausgehend vom ersten Kontakt zwischen den späteren Gruppenmitgliedern.

Durch horizontale und vertikale Strukturierung stellen vor allem leistungsorientierte Gruppen sicher, daß das Können und Wissen der Mitglieder optimal genutzt wird; jeder bringt ein, was er kann und weiß (vgl. Abb. 50). Die Zahl der zielbezogenen Handlungen beispielsweise in einem Spiel kann dadurch gesteigert werden, denn Handlungen müssen nicht erst ausgehandelt, sondern können abgerufen werden. Dies kann auf Zeichen oder Kodewort geschehen, wie es in Ballspielarten oft zu beobachten ist. Beim TV Großwallstadt hatte Trainer SCHMACKE im Jahr des Europacupgewinns im Hallenhandball Fischnamen als Kodewörter eingeführt, bei deren Nennung durch Trainer oder Spielgestalter die Mannschaft einen bestimmten Spielzug, zum Beispiel Sperren in der Dreiergruppe mit Überzahlverhältnis einleitete. Bestätigt wird diese Praxis durch die Befunde von DIGEL (1976, 136).

Strukturierung erleichtert auch den Informationsaustausch in der Interaktion zwischen den Mitgliedern der Gruppe, er wird effektiver, rei-

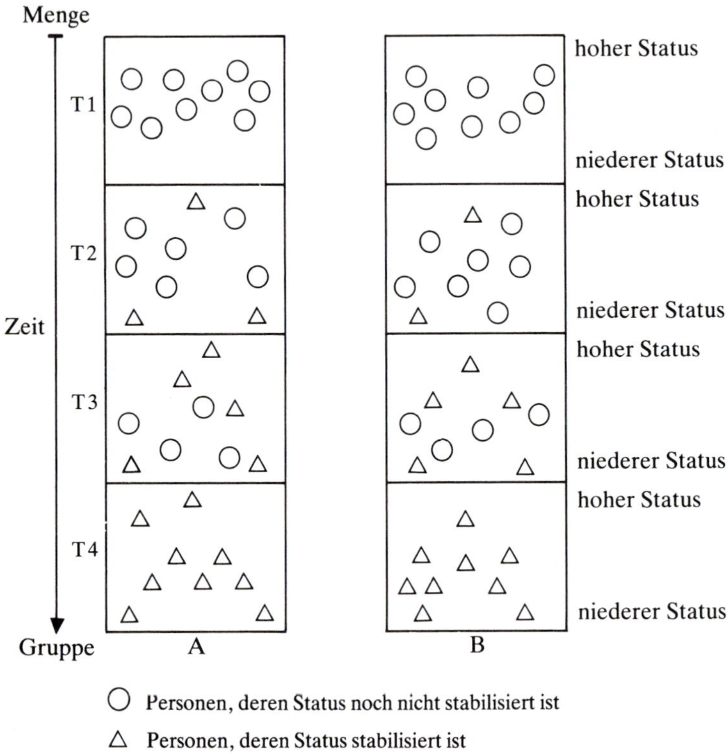

Abb. 50: Entwicklung der Statusstruktur in zwei Gruppen (A und B) vom ersten Zusammentreffen (als Menge) bis zur Stabilisierung der Gruppe (nach SHERIF/SHERIF 1964)

bungsloser. Strukturierungsprozesse in Gruppen werden durch ihre sozialen und materiellen Umweltbedingungen beeinflußt. SHERIF (u. a. 1966) zeigte, daß ein gemeinsames materielles Problem (gefährdete Trinkwasserversorgung u. ä.) sogar zwei verfeindete Gruppen zu einer Einheit werden ließ, die gemeinsam handelte.

In der Kleingruppenforschung finden sich zahlreiche Belege dafür, daß sozialer Druck von außen Gruppen enger und schneller zusammenrücken läßt und damit ihre Strukturierung beschleunigt.

Führung

Der Sportlehrer, der mit seiner Klasse ins Freibad geht, der Trainer, der seine Mannschaft vor dem Abstieg rettet, der Mannschaftskapitän, der die erhitzten Gemüter seiner Mannschaftskameraden beruhigt, der Vereinsvorsitzende, der mit seinem Verein eine finanzielle Durststrecke übersteht, sie alle führen Gruppen. Sie üben **Einfluß** und **Macht** aus, um die Geführten zu einem oder mehreren Zielen zu steuern, genauer: Sie greifen in das Gruppengeschehen ein und verändern, indem sie mehr als andere entscheiden, planen und bewerten, wie gehandelt werden soll bzw. wurde.

Der Sportlehrer mit seiner Klasse im Freibad entscheidet, «daß mir ja alle duschen, bevor sie ins Wasser gehen – und nicht von der Seite ins Becken springen!» Er plant, stimmt Bedürfnisse und Können seiner Schüler entsprechend der Situation und den Zielen aufeinander ab, indem er zum Beispiel zunächst immer zwei Schwimmern einen Nichtschwimmer anvertraut oder bestimmte Ordnungsformen bei der Durchführung seines Unterrichts wählt. Bewerten und kontrollieren muß er die Handlungen seiner Schüler im Rahmen seiner Aufsichtspflicht: «Peter, wenn ich noch einmal sehe, daß du einen anderen ins Wasser stößt, bekommst du Ärger mit mir!»

Formelle, von außen eingesetzte Führer (zum Beispiel Trainer, Sportlehrer) bezeichnet man auch als **Leiter** einer Gruppe. Informelle Führer werden von der Gruppe selbst bestimmt (zum Beispiel Mannschaftskapitän, Sprecher). Führer besitzen Macht, mit der sie andere beeinflussen können bzw. durch die andere sich von ihnen beeinflussen lassen. Die letztgenannte Bedingung soll deutlich machen, daß die Diskussion von Führung immer bedeutet, sie als Gruppenphänomen zu begreifen, denn ein Führer ohne Geführte ist schlechterdings nicht denkbar.

Die **Macht** eines Führers kann auf verschiedenen Voraussetzungen gründen (vgl. French & Raven 1958, zit. nach McDavid & Harari 1969, 352f):

- Macht zu **belohnen** hat ein Führer dann, wenn seine Position es ihm erlaubt, Handeln und Verhalten der Geführten zu belohnen, sofern es seinem Wunsch entspricht.
- Macht zu **erzwingen** oder Druck auszuüben (coercive power) hat ein Führer dann, wenn er in der Lage ist, Handeln und Verhalten auch gegen den Willen der Geführten zu erwirken.
- Macht durch **Identifikation** (referent power) hat der Führer dann, wenn die Geführten ihm entweder nacheifern, sich mit ihm identifizieren oder von ihm akzeptiert sein wollen.

- Macht durch **Sachkenntnis** (expert power) beruht darauf, daß die Geführten annehmen, der Führer verfüge über Kenntnisse, die ihnen nützen könnten. Entscheidend ist nicht die tatsächliche, sondern die vermutete Sachkenntnis.
- Macht durch **Legitimation** (legitimate power): Die Geführten akzeptieren, daß der Führer auf sie Einfluß ausübt, weil sie dies wegen bestehender Normen, internalisierter Werte oder aktueller Lage der Dinge für legitim halten.

In späteren Veröffentlichungen (Collins & Raven 1968) wurde **Information** als eigenständige Grundlage von Macht dargestellt. Macht durch Information liegt dann vor, wenn eine oder mehrere Personen über bestimmtes Wissen verfügen, durch dessen Weitergabe oder Zurückhaltung Handeln und Verhalten anderer Personen zu beeinflussen ist.

Macht durch Belohnung oder Erzwingen ist abhängig davon, ob die Person, auf die Macht ausgeübt wird, damit einverstanden ist oder nicht; sie erzeugt Fügsamkeit. Macht durch Identifikation und Sachkenntnis ist dagegen nur dann möglich, wenn die beeinflußte Person die Beeinflussung auch akzeptiert.

Beliebtheit und Tüchtigkeit

Im Zuge der ausgeführten horizontalen und vertikalen Positions- und Rollenstrukturierung kommt es im Laufe der Gruppenentwicklung zur Ausdifferenzierung einer **Beliebtheits-** und einer **Tüchtigkeitsstruktur**. Gruppenmitglieder erhalten einen Status in beiden Strukturen. An der Spitze der einen steht der Beliebtheitsführer, an der Spitze der anderen der Tüchtigkeitsführer. Hofstätter (1971, 142ff) formulierte über den Zusammenhang beider Strukturen ein **Divergenztheorem**: «Wir dürfen... auf einen Differenzierungsprozeß schließen, der in Gruppen bei ihrem längeren Bestehen erst anläuft, sein Endprodukt scheint jedenfalls eine recht scharfe Trennung der Tüchtigkeits-Rangordnung von der Beliebtheits-Rangordnung zu sein. Die interne Struktur der Gruppe entwikkelt sich in zwei voneinander weitgehend unabhängigen Dimensionen (Divergenz – H.E.). Dieser Sachverhalt läßt sich auch so ausdrücken, daß sich die Gruppe in bezug auf zwei Hauptanliegen organisiert, nach außen hin und im Sinne der ihr gestellten Aufgabe durch die Tüchtigkeits-Hierarchie, nach innen durch den Sympathie-Gradienten. Diese höchst eindrucksvolle Doppelleistung scheint oft übersehen zu werden.»

In Sportgruppen liegen Untersuchungen vor, die unter bestimmten Bedingungen dieses Divergenztheorem stützen (Essing, 1971; Essing & Eberspächer, 1974; Kraus, 1976 u.a.). Essing & Eberspächer (1974)

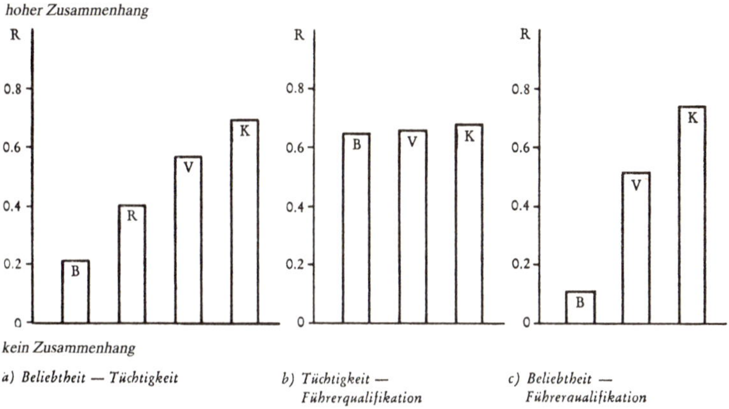

Abb. 51: Darstellung der durchschnittlichen Korrelation zwischen Beliebtheit, Tüchtigkeit und Führerqualifikation in der Einschätzung von Fußballspielern verschiedener Leistungsklassen (B: Bundesliga; R: Regionalliga; V: Verbandsliga; K: Kreisklasse) (aus: ESSING/EBERSPÄCHER 1974, 78)

untersuchten in 13 Fußballmannschaften unterschiedlicher Spielklassen (Bundesliga, Regionalliga, Verbandsliga, Kreisklasse) mit Hilfe von je sechs soziometrischen Erhebungen im Laufe einer Saison den Zusammenhang zwischen Beliebtheits- und Tüchtigkeitsstruktur.

Abbildung 51 zeigt, daß der Zusammenhang für die Bundesligamannschaft am niedrigsten, für die Kreisklasse am höchsten war, für Mannschaften der Verbandsliga und für Regionalligamannschaften in einer Mittelposition lagen. Der Zusammenhang zwischen Beliebtheit und der Qualifikation, die Mannschaft als Mannschaftskapitän zu führen, wurde in Abhängigkeit der Spielklassen ebenfalls sehr unterschiedlich beurteilt. Ein einheitliches Bild dagegen erbrachte der Zusammenhang zwischen Tüchtigkeit und Führerqualifikation.

Interpretieren lassen sich diese Ergebnisse dahingehend, daß je nach Zielsetzung eine Gruppe sozial-emotionale Bedürfnisse (Beliebtheit) oder Aufgabenorientierung (Tüchtigkeit) in den Vordergrund rücken. Für den Bundesligasport ist das Ziel fraglos der kommerzielle Erfolg, das Geldverdienen. Entsprechend soll der Führer der Tüchtigste sein, weil er im Sinne dieser existenznotwendigen Zielsetzung den größten Beitrag einzubringen in der Lage ist. Kreisklassenspieler dagegen wollen überwiegend Spaß am Spiel haben, auch noch Mensch sein, der Mannschaftskapitän soll auch menschlich akzeptabel sein, wie es ein Spieler ausdrückte.

Theorien der Führung

Was den guten Führer einer Gruppe ausmacht, was er ist, was er kann, was ihn von den Nicht-Führern abhebt, diese Fragen versuchte man vor allem im Rahmen der Rekrutierung von Führungskadern während des Zweiten Weltkrieges in den USA zu beantworten. Die Sportgruppenforschung beschäftigte sich später vorrangig mit Führungsproblemen bei Lehrern, Trainern und Managern als formellen Führern. Drei theoretische Ansätze lassen sich in diesen Forschungen beschreiben,
- ein **eigenschaftstheoretischer Ansatz,**
- ein **Verhaltensansatz** und
- ein **Interaktionsansatz.**

Eigenschaftstheoretischer Ansatz

Vordergründig scheint die Antwort auf die Frage nach einem guten Führer einfach: Der Führer hat bestimmte Eigenschaften, die ihn entsprechend befähigen und von den Geführten abheben. Diesen eigenschaftstheoretischen Zugang hat man auch in der Forschung zunächst eingeschlagen, doch hat er sich als nicht ergiebig erwiesen. Zu viele widersprüchliche Befunde und eine unüberschaubare Fülle von Eigenschaftswörterlisten waren das Ergebnis.

Verhaltensansatz

Bei diesem Ansatz versucht man, Führer aufgrund ihres Verhaltens gegenüber den Geführten, ihres Führungsstils also, zu beschreiben. Lewin, Lippitt und White, die solche Führungsstile erstmals 1939 experimentell untersuchten, unterschieden einen demokratischen, einen autokratischen und einen Laisser-faire-Führungsstil. Diese Unterscheidung hat bis heute besonders in der Praxis von Erziehung und Sport vom Kindergarten bis zur Universität vor allem bei der Diskussion über gutes und schlechtes Verhalten von Lehrern, Erziehern, Professoren, Trainern etc. weite Verbreitung gefunden.

Die drei Stile lassen sich kurz charakterisieren: Ein **demokratischer Führer** ermuntert die Gruppe, die er führt, dazu, wichtige Fragen und anstehende Probleme unter sich zu diskutieren und dann gemeinsam zu entscheiden. Er schildert die möglichen Schritte zur Erreichung von Gruppenzielen, schlägt Alternativen vor und bietet Hilfen an. Die Verteilung von Arbeit und Funktionen überläßt er aber ganz der Gruppe. Er versucht, Lob und Tadel möglichst sachlich einzubringen und bei alledem als Mitglied der Gruppe verstanden und erlebt zu werden.

Ein **autokratischer Führer** bestimmt alle Grundfragen der Gruppe allein und legt Handeln und Vorgehen seiner Geführten fest, indem er jedem seinen Part zuweist. Dabei lobt und tadelt er eher distanziert, unpersönlich, wenn auch nicht zwangsläufig unfreundlich.

Ein **Laisser-faire-Führer** verhält sich der Gruppe gegenüber neutral. Er hält sich aus individuellen Gruppenentscheidungen heraus und mischt sich nicht in laufende Prozesse ein. Er äußert sich ungefragt kaum zu Aktivitäten der Gruppe, kann aber erkennen lassen, daß er auf Fragen zu hilfreichen Antworten bereit ist. Am Gruppenleben nimmt ein so charakterisierter Führer nicht aktiv teil.

Ausgehend von dem LEWINschen Ansatz haben TAUSCH, TAUSCH und FITTKAU (1967) Führungsstile von Lehrern im Unterricht untersucht. Dazu haben sie Äußerungen von über 100 Lehrern dem geschilderten Typenkonzept in einem Koordinatensystem mit den Hauptdimensionen Geringschätzung–Wertschätzung und minimale Lenkung-maximale Lenkung zugeordnet. Unterschieden haben sie dabei sehr autokratischen, autokratischen, sozial-integrativen (entspricht dem demokratischen) und Laisser-faire-Stil.

Ein Ergebnis der Forschungen von TAUSCH et al. zeigt Abbildung 45. Das sehr autokratische Verhaltenskonzept ist hier durch ein größeres Ausmaß auf der emotionalen Dimension Geringschätzung, Kälte, Abneigung (zusammengefaßter Wert aus den Merkmalen Unfreundlichkeit, Unhöflichkeit, Erregung, Verständnislosigkeit, Pessimismus) sowie durch ein extremes Ausmaß auf der Lenkungsdimension gekennzeichnet. Das autokratische Verhaltenskonzept unterscheidet sich davon vor allem durch die geringere Ausprägung emotionaler Geringschätzung. Das sozial-integrative (demokratische) Verhaltenskonzept zeigte ein höheres Ausmaß emotionaler Wertschätzung, Wärme und Zuneigung sowie ein mittleres Ausmaß an lenkendem Verhalten. Laisser-faire-Verhalten war durch niedrige Werte auf der Dimension Wertschätzung und der Dimension Lenkung charakterisiert (vgl. TAUSCH & TAUSCH 1971, 172f).

In Abbildung 52 wird das Verhalten eines Lehrers A, das durch ein gewisses Ausmaß emotionaler Geringschätzung (Stufe 1,5) und ein hohes Maß an Lenkung–Dirigierung (Stufe 5,0) charakterisiert ist, beim Punkt A liegen. Lehrerverhalten, gekennzeichnet durch ein gewisses Ausmaß emotionaler Wertschätzung (+ 2,0) und mäßige Lenkung–Dirigierung (3,3) ist bei Punkt B lokalisiert. Unterlegt sind die vermuteten und aus den Beobachtungen erschließbaren Dimensionen des Erlebens von Schülern. Gefühlsvorgänge der Schüler werden vornehmlich durch die emotionale Dimension des Erzieherverhaltens ausgelöst, etwa als Entspannung/Spannung, Gefühl erfahrener Wertschätzung/Geringschätzung. Das Ausmaß der erlebten Freiheit/Unfreiheit des Handelns

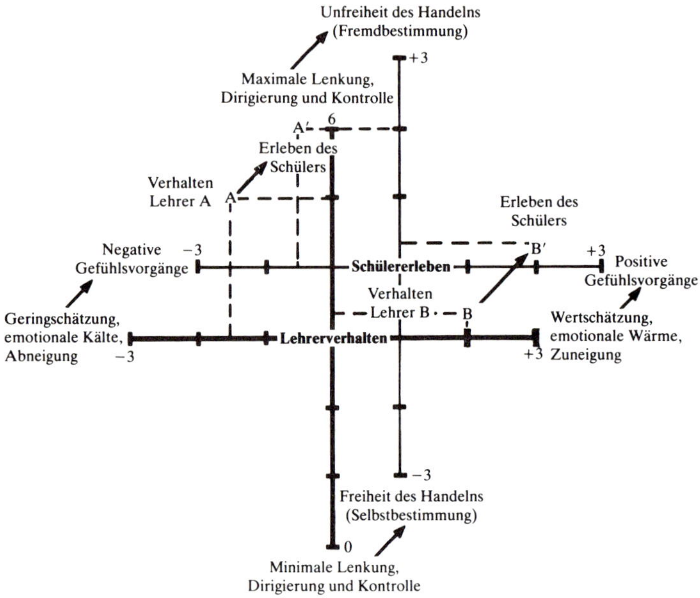

Abb. 52: Praktische Einschätzung des Verhaltens von Lehrern-Erziehern nach dem Ausmaß der Dimension Wertschätzung–Wärme–Zuneigung/Geringschätzung–Kälte–Abneigung sowie der Dimension Lenkung–Dirigierung, Kontrolle und das davon abhängige Erleben der Schüler (nach TAUSCH/TAUSCH 1971, 172ff)

von Schülern wird entscheidend durch die Lenkungs-Dimension im Erzieherverhalten beeinflußt.

Die zahlreichen bislang vorliegenden Forschungsergebnisse über die Effizienz von Führungsstilen konnten keine Überlegenheit des einen oder anderen Führungsstils generell belegen. Im Sport, auch im Leistungssport, der ja durch eine klare Aufgabenorientierung gekennzeichnet ist, haben sowohl autokratische wie demokratische Führungsstile sich als erfolgreich erwiesen. Graphisch haben TANNENBAUM und SCHMIDT (1973) das Kontinuum dargestellt, das sich zwischen den beiden Extremen entfaltet (vgl. Abb. 53).

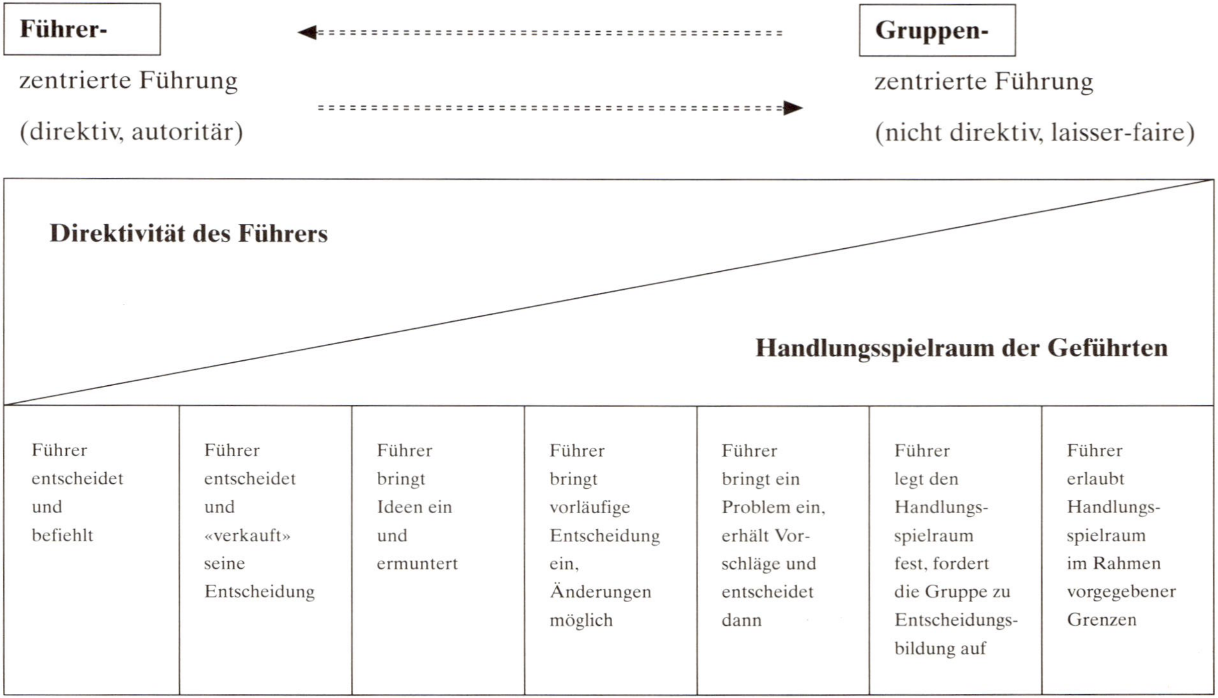

Abb. 53: Modell des Führerverhaltens (nach TANNENBAUM & SCHMIDT 1973)

Interaktionsansatz

Untersuchungen von Gabler (1975) sowie Singer und Wagner (1979) zeigten, daß Trainerwechsel während der Saison in Fußballmannschaften höherer Spielklassen tatsächlich keinen nachweisbaren Einfluß auf die Leistungen der betroffenen Mannschaften hatten. Vielmehr spricht einiges dafür, Trainerwechsel als Sündenbockrituale einzuordnen, mit denen Vereinsführungen den Fans entschlossenes Vorgehen gegen eine unerwünschte Situation demonstrieren wollen.

Offensichtlich setzt demnach die angemessene Einschätzung der Effizienz von Führung neben dem Handeln und Verhalten des Führers die Berücksichtigung der Wechselwirkung (Interaktion) zwischen weiteren Bedingungen und Gruppen voraus, wie zum Beispiel ihren Zielsetzungen, der gegebenen Situation, den Personen der Geführten. In jüngerer Zeit wird denn auch davon ausgegangen, daß Führung – und dies ist ein dritter theoretischer Ansatz – als **Interaktion** zwischen Führer, Geführten und Situation verstanden werden muß.

Verschiedene Untersuchungen im Sport verweisen darauf, daß die Qualifikation von Trainern wesentlich davon abhängt, ob es ihnen gelingt, Handeln in seinen vielfältigen Einflußgrößen situationsangemessen zu deuten und zu gestalten, u. a. um möglichst treffsicher zu entscheiden, wann welches Führungsverhalten angezeigt ist.

Einen Trainer, der sich nicht auf verschiedene Situationen in seinem (Führungs-)Verhalten einstellen kann, würde man wahrscheinlich als weniger kompetent einschätzen als denjenigen, der situationsbezogen führt. Solchermaßen verstandene Interaktionskompetenz scheint demnach auch im Sport eine wichtige Voraussetzung erfolgreicher Trainer und Lehrer zu sein. Arbeiten von Grusky (1963) sowie Loy und Sage (1970) belegen zum Beispiel, daß Spieler, die während ihrer aktiven Zeit vielfältig und intensiv mit anderen interagierten, eine größere Chance hatten, später Mannschaftskapitäne zu werden oder als Trainer ihr Geld zu verdienen.

Als pragmatische Konsequenz aus den bislang vorliegenden Ergebnissen zur Führungsforschung leitet sich die Empfehlung ab, nicht länger nach dem besten Führungsstil zu suchen, sondern als Führer sein Verhalten den Bedürfnissen der Gruppe und der jeweiligen Situation anzupassen. Wer also seine Führungsfertigkeit verbessern will, sollte sich mehr für die Merkmale der Gesamtsituation interessieren, in der er zu führen hat.

Aus jeder Führerrolle resultiert nach Mills (1971) immer ein **Dilemma**, weil ein Führer stets in zwei Widersprüche gerät: einmal, sich in der Gruppe zu befinden und sie zugleich von außen zu beobachten, sonst könnte er die Gruppe nicht zu einem externen Ziel führen; zum anderen, sich mit der Gesamtentwicklung zu identifizieren, während er sich an der augenblicklichen Situation orientiert. Als Ausweg aus diesem Dilemma empfiehlt MILLS (153): «...damit zu beginnen, zu lernen, wie man lernt und wie man handelnd in den Gruppenprozeß eingreifen kann. Ein erster Schritt in diese Richtung besteht darin, sich selbst Fragen zu stellen, die zu bestimmten Urteilen führen: Welche von den vielen Elementen, die man erkennen könnte, sind eigentlich wichtig? Welche Formulierungen und Interpretationen sind eigentlich von Bedeutung? Welche von den vielen möglichen Handlungen sind strategisch wichtig?» Urteile dieser Art erfordern nach MILLS eine große und intuitive Vertrautheit mit der geführten Gruppe und den Situationen, in denen sie sich befindet. Diese Vertrautheit werde aber noch effektiver durch die richtige Art und Weise, über Gruppen zu denken und sie einzuschätzen (vgl. auch ENGELS 1981).

NEUBERGER (1985, 53ff) geht bezüglich der permanenten Dilemmata von Führern noch weiter. Er unterscheidet 14!

Dilemmata der Führung

(nach NEUBERGER 1985)

1. Objekt und Subjekt
2. Einzigartigkeit und Gleichartigkeit
3. Bewahrung und Veränderung
4. Ordnung und Freiheit
5. Herausforderung und Fürsorge
6. Zurückhaltung und Offenheit
7. Sachlichkeit und Emotionalität
8. Spezialisierung und Generalisierung
9. Eigenverantwortung und Gesamtverantwortung
10. Kontrolle und Vertrauen
11. Individuelle und kollektive Entscheidung
12. Extrinsische und intrinsische Motivation
13. Konkurrenz und Kooperation
14. Eigennutz und Gemeinnutz

Regelung: Normen und Sanktionen

In ihrem Handeln und Verhalten müssen sich die Mitglieder einer Gruppe aufeinander abstimmen. Es macht nicht jeder, was er will, vielmehr entwickeln sich im Laufe der Zeit stabile Verhaltenserwartungen im Zusammenleben, **Normen**. Beobachtet man eine Gruppe, so läßt sich nach SHERIF auf drei Ebenen erkennen, daß das Handeln und Verhalten ihrer Mitglieder erwartungsgesteuert normiert ist:

- Ähnlichkeiten in Worten und Taten, wie sie in anderen Gruppen in vergleichbaren Situationen nicht zu finden sind. Beispiele hierfür sind die Sprache und die Zeichen in Spielsportmannschaften während des Spiels und ihre Rituale, etwa das des Einschwörens vor dem Spiel (vgl. Foto 31).
- Negative Reaktionen auf bestimmtes Handeln und Verhalten eines oder mehrerer Gruppenmitglieder einerseits, Lob und Belohnung andererseits. Negative Reaktionen auf Abweichungen geben den besten Aufschluß über die Grenzen des in und von der Gruppe akzeptierten Handelns; sie reichen vom Stirnrunzeln über die Mißbilligung bis zur Drohung und Bestrafung.
- Im Laufe der Zeit wird Handeln von Gruppenmitgliedern ähnlicher. Besonders aufschlußreich ist hier die Beobachtung des Eintritts eines neuen Mitglieds in eine Gruppe, das diese Regelungen und Normierungen erst noch kennenlernen muß.

Normen regeln also Interaktionen in Gruppen und machen damit Gruppenmitglieder füreinander kalkulierbar, sie sichern den Verlauf der Beziehungen. Einschwörungsrituale (Foto 31) dienen dazu, sich nochmals gegenseitig in dieser Hinsicht zu versichern. Dazu müssen sie von den Gruppenmitgliedern erlernt werden, als «Ideen in den Köpfen der Gruppenmitglieder, die etwas darüber aussagen, was von einem bestimmten Gruppenmitglied unter bestimmten Umständen getan und nicht getan werden sollte» (MILLS 1971, 109). Daneben stehen auch geschriebene Normen, Gesetze, Regeln, Vorschriften etc., die ebenfalls von Gruppenmitgliedern im Laufe ihrer Zugehörigkeit bisweilen so weit übernommen werden, daß sie Teil des Selbstkonzeptes der einzelnen werden, also auch den Spielraum des privaten Handelns einengen können. Der Spielmacher einer Basketballmannschaft behandelt dann Frau und Kinder wie seine Mitspieler o. ä.

Eine interessante Untersuchung zur Veränderung solcher Normen während Basketball-Trainingsspielen legten KLEIN und CHRISTIANSEN schon 1966 vor. Sie zeigten, daß in Basketballmannschaften, die unter Druck gegen einen starken Gegner zu spielen hatten, sozial-emotionale

Foto 31: Mannschaft beim ‹Einschwören›

(Sympathie-)Beziehungen bei der Ballverteilung zusehends in den Hintergrund traten und situative Spielerfordernisse die Ballverteilung bestimmten. Bei schwachen Gegnern war dies so nicht zu beobachten.

Das Abweichen von Normen wird dadurch sanktioniert, daß die anderen Gruppenmitglieder darauf reagieren. Solche **Sanktionen** können positiv oder negativ sein, sie reichen von Billigung, Lob, Belohnung, Auszeichnung bis zu Mißbilligung, Tadel, Strafe. Die gängige Palette reicht im Sport von Ehrenvorsitz, Ehrenmitgliedschaft, Urkunde bis zum Vereinsausschluß. Berger (1979, 83) skizziert dieses Wechselspiel zwischen Normen und Sanktionen, aus dem schließlich ein Druck zur Konformität, der Gruppendruck, erwächst: «Überall, wo Menschen in geschlossenen Gruppen, in denen sie persönlich bekannt und zu einer gewissen Loyalität verpflichtet sind, leben und arbeiten, stehen mögliche und wirkliche Ausscherer ständig unter starker und dabei höchst raffinierter Kontrolle. Die Mittel sind Überredung, Lächerlichmachen, Klatsch und Ächtung. Bei Gruppendiskussionen über einen gewissen Zeitraum hat man herausgefunden, daß Diskutanten ihre ursprünglichen Meinungen änderten, um mit der Gruppennorm übereinzustimmen, eine Art arithmetischen Mittels der in der Gruppe geäußerten Meinungen. Wo die Norm jeweils liegt, hängt offenbar von der Konstitution der Gruppe ab.»

Den Untersuchungen CACHAYS (1978) an Handballmannschaften sind die Beispiele für Normen und Sanktionen in den beiden gegenübergestellten Kästen auf S. 228–229 entnommen. Dabei wird besonders deutlich, daß Mannschaften wie andere Gruppen immer in umfassendere soziale Systeme eingebettet sind, was dazu führt, daß nicht nur von den Gruppenmitgliedern Normen und Sanktionen entwickelt werden, sondern diese auch von außen an die Mannschaft herangetragen werden und damit ihr Handeln und Verhalten auch der Regelung von außen unterwerfen.

Gruppennormen...

«Die Erwartungen, die die Mitspieler aufeinander richten, sind zum Teil in den taktischen Konzeptionen ausgebracht. So wird z. B. davon ausgegangen, daß die Absprachen über Positions- und Aufgabenverteilung von jedem Spieler eingehalten werden, d. h., daß kein Spieler eigenmächtig seine Rolle überschreitet und daß insbesondere den grundlegenden Kommunikations- und Kooperationsanforderungen nachgekommen wird, wie z. B. der Information und dem gegenseitigen Helfen in der Deckung. diese Erwartungen differieren je nach Position und Aufgabe der einzelnen Spieler ... Im Spiel ... werden diese Erwartungen des Trainers und der Spieler durch auffordernde Zurufe oder Gesten verstärkt, und auf normentsprechendes bzw. nicht normentsprechendes Verhalten wird mit positiven oder negativen Sanktionen wie Lob, Tagel, Schulterklopfen, Handgeben, Kopfschütteln und Auswechseln reagiert.

Über dieses Geflecht von Erwartungen hinaus ... bestehen jedoch noch weitere Erwartungen, die zum einen den Einsatz und die Anstrengungsbereitschaft, zum anderen die regelmäßige Teilnahme an den der Qualifizierung dienenden Veranstaltungen wie Training, Trainingslager und Spielerversammlungen betreffen. Insbesondere verlangen die Spieler voneinander, daß – sofern nicht anders abgesprochen – mit vollem Einsatz gespielt wird, denn durch mangelnden Kampfgeist auch nur eines Mannschaftsmitgliedes ist unter Umständen der Erfolg der Mannschaft ernsthaft gefährdet, so daß die gemeinsamen Anstrengungen der anderen Spieler zunichte werden ...

Eine weitere gegenseitige Erwartung bezieht sich auf die Einhaltung der Disziplin gegenüber dem Schiedsrichter. Die Mitspieler verlangen ein hohes Maß an Gehorsam und Selbstbeherrschung auch in emotional gespannten Situationen, da eine Hinausstellung zum Spielen in Unterzahl führt, wodurch sich die Torchancen des Gegners verbessern. Schließlich erwarten die Mitglieder voneinander Solidarität gegenüber Funktionären und Trainern, wenn es um die Durchsetzung kollektiver Interessen geht, wie z. B. bei Spesenfragen, bei der Anstellung eines Masseurs oder der Bezahlung der Sauna» (CACHAY 1978, 172f).

...und Sanktionen im Hallenhandball

«– Die Nichteinhaltung der Spielregeln wird mit Strafen des Schiedsrichters belegt. Da solche Bestrafungen dem Gegner Vorteile verschaffen, gelten sie als wichtige Sanktionen.
– Der Trainer kann die Mißachtung seiner Erwartungen durch Tadel, Verkürzungen der Spielzeit..., Nichtaufstellung des betreffenden Spielers ahnden.
– Auch die Spieler haben gewisse Sanktionsmöglichkeiten, die sie gegeneinander einsetzen können, indem sie im Spiel die Kooperations- und Kommunikationshandlungen verringern, Anspiele reduzieren und den betreffenden Spieler aus ihren informellen Interaktionen ausschließen.
– Die Sanktionen der Funktionäre und Mäzene, die vorwiegend im finanziellen Bereich liegen, gewinnen in dem Maß an Bedeutung, wie sich die Zuwendungen an die Spieler erhöhen. Sie sind daher im Bereich der oberen Ligen, in denen Ansätze einer Professionalisierung vorliegen, ziemlich bedeutend.
– Die Zuschauer können die Spieler durch Zurufe, Pfiffe bzw. Sympathisieren mit dem Gegner oder aber durch Verlassen des Spiels, sogar in Form eines Boykotts späterer Spiele, sanktionieren.» (CACHAY 1978, 177f)

Vor diesem Hintergrund gewinnt auch die Spielberichterstattung in Massenmedien an Bedeutung. Sie können damit mehr oder weniger gezielt und bewußt sehr wirksame Sanktionen ausüben. Ein aufschlußreiches Beispiel hierzu sind Überschriften der Bild-Zeitung, die die Spiele der deutschen Fußballnationalmannschaft bei der Europameisterschaft 1992 sanktionieren (vgl. Abb. 54).

Bild
UNABHÄNGIG · ÜBERPARTEILICH

Samstag, 13. Juni 1992
1:1! Häßler rettet Berti

Montag, 15. Juni 1992
Heute die Schotten
Alles oder nichts

Dienstag, 16. Juni 1992
2:0 Klasse! Weiter so!

Freitag, 19. Juni 1992
1:3! Vergiß es, Berti

Montag, 22. Juni 1992
3:2 Heja, Heja! Wir im Finale!

Samstag, 27. Juni 1992
Bitteres 0:2

Abb. 54: Schlagzeilen als Sanktionen

Wirkungen von Gruppen nach innen und außen

Gruppendruck und Stabilisierung

Gruppen sind als soziale Wirklichkeit unumgänglich für Personen. Als sozial Handelnde verwirklichen sich Personen in Interaktionsprozessen und Gruppen, befriedigen dadurch Bedürfnisse, erreichen Ziele, die allein oft unerreicht bleiben müßten. Aber das Leben in Gruppen hat **Wirkungen** sowohl nach innen auf die Mitglieder wie auch nach außen auf die Umwelt der Gruppe.

Nach innen hat Gruppenrealität zwei wichtige Konsequenzen: Sie wird als **Gruppendruck** von Mitgliedern dann erlebt, besonders dann, wenn sie abweichend handeln wollen oder gehandelt haben, und sie wird andererseits von den Gruppenmitgliedern als **Stabilisierung** erlebt. Besonders in Belastungssituationen rückt man enger zusammen: Geteiltes Leid ist halbes Leid, aber auch geteilte Freud zählt doppelt. Foto 32 bringt diese Wirkungen bei einer Wettkampfmannschaft ins Bild.

Gruppenleben schränkt demnach den Handlungsspielraum der Mitglieder ein, unmittelbare Situationsbedingungen treten in ihrer Bedeutung zurück, Handeln reflektiert in zunehmendem Maße die Rolle der Person in der Gruppe, die Rollen anderer und die Normen (vgl. SHERIF 1968). Das bedeutet, daß Erwartungen, Meinungen, Handeln und Verhalten zunehmend geregelt, normiert und sanktioniert werden.

Nach CLAESSENS (1977, 39f) kann Gruppendruck dazu führen, daß Gruppen sich von der (objektiven) Realität entfernen und eine «Pseudorealität» aufbauen: «Je weiter dieser Prozeß, der hier mit ‹Gruppenselbstbetrug› bezeichnet werden soll, fortschreitet, desto empfindlicher werden die Gruppenmitglieder auf die Aufforderung reagieren, objektive Realität zu akzeptieren, sich an der Realität zu messen. Über Abwehrhaltungen kann in einer Gruppe schnell Einigkeit erzielt werden, oft auch ohne Worte: Scheinen die Interessen aller berührt zu sein, bedarf es keiner Abstimmung, die Übereinstimmung ist einfach da.»

Mit den möglichen fatalen Auswirkungen dessen, was CLAESSENS die Pseudorealität von Gruppen und den damit verknüpften möglichen Gruppenselbstbetrug nennt, hat sich JANIS (1972, zit. nach TIMÄUS & LÜCK 1978, 57) auseinandergesetzt. Er spricht in diesem Zusammenhang von «groupthink»: Mit dieser Wortschöpfung bezeichnet er das dem kritischen realistischen Einzelurteil entgegengesetzte Gruppengeist-Denken, das aufgrund sozialen Drucks auf die Gruppenmitglieder oder durch übergroßen Vertrauensvorschuß der Mitglieder für den Führer oder Leiter etc. zu Konformität und möglicherweise zu riskanten, ja falschen Entscheidungen führen kann. Unvernünftige und unmenschliche Aktionen

Foto 32: Wirkungen der Gruppenrealität nach innen und nach außen (Kleidung, Handeln, Erleben, Emotion etc.)

gegen andere Gruppen können die Konsequenz sein, weshalb nicht nur JANIS der Beachtung dieses Phänomens große Bedeutung einräumt.

Damit Gruppen bei Entscheidungsprozessen die Gefahren des «groupthink» mindern bzw. zumindest kontrollieren können, schlägt JANIS (1972) einige Maßnahmen vor: Der Leiter soll die Gruppe zur Kritik ermuntern und sich selbst dabei zurückhalten. Es sollen möglichst parallel arbeitende Gruppen gebildet werden, außenstehende Fachleute herangezogen und wichtige Entscheidungen nicht unter Zeitdruck getroffen werden. Nicht gewählte Alternativen sollten nach Vorentscheidungen immer noch einmal geprüft werden.

Außengruppen

Gruppen existieren nicht im luftleeren Raum, sondern haben einen Rahmen, eine Umwelt, die durch andere Gruppen, sogenannte **Außengrup-**

pen mehr oder weniger stark mitbestimmt werden. CLAESSENS (1977) unterscheidet zwei Kategorien von Außengruppen: **Bezugsgruppen** und **Orientierungsgruppen**.

Die Beziehung zu ihren Außengruppen ist notwendigerweise Bedingung für das Selbstverständnis jeder Gruppe, aber auch für ihre Darstellung nach außen. «Wir» von der ersten Mannschaft des FC X (Selbstverständnis) können nicht wie die Provinzkicker vom FC Y im öffentlichen Bus zum Spiel anreisen – was würden Zuschauer und Presse denken – (Außendarstellung).

Das Verhältnis einer Gruppe zu ihren Bezugs- und Orientierungsgruppen läßt sich an einem Beispiel erläutern. Gibt es in einem Verein eine erste Fußballmannschaft und eine erste Volleyballmannschaft, die in der Regionalliga spielen, dann sind beide füreinander Bezugsgruppen, das heißt, sie sind füreinander soziale Umgebung, sie haben je ein eigenes Wir-Gefühl und können nicht umhin, sich gegenseitig wahrzunehmen, zu registrieren und aufeinander zu reagieren: «wir» Volleyballer und «die» Fußballer und umgekehrt. Orientierungsgruppen sind für die Volleyballmannschaft vergleichbare Volleyballmannschaften **außerhalb** des Vereins; daran orientieren sie sich in ihrer Selbstdarstellung (z. B. Kleidung, Sprache, Sanktionsrituale während des Spiels etc.) und ihren Vorstellungen über die eigene Existenz. Für die Fußballmannschaft gilt dies entsprechend.

Koagierende und interagierende Sportgruppen?

Nicht nur in der sportspezifischen Kleingruppenforschung wird oft zwischen koagierenden und interagierenden Gruppen unterschieden. Sportspielmannschaften werden gewöhnlich als **interagierend**, Ruder-, Schützen-, Kegelmannschaften, Staffeln und andere als **koagierend** beschrieben (CRATTY 1973, 262f; NIXON 1976; MARTENS & PETERSON 1976, 78; LOY, MCPHERSON & KENYON 1978, 107; CACHAY 1978, 116; HEINEMANN 1980, 90; BIERHOFF-ALFERMANN 1982; FRITSCH 1983). Besonders bewegte diese Unterscheidung Autoren bei der Klärung und Interpretation von Befunden zur Kohäsions- und Konfliktproblematik in Sportmannschaften, die LENK mit einer Arbeit über Konflikt und Leistung in Spitzenmannschaften 1964 in Gang gebracht hat (LENK 1970).

Bei der Interpretation widersprüchlicher Befunde wurde verbreitet in dem Sinne argumentiert, daß koagierende Gruppen ein geringes Maß an Kohäsion bzw. ein höheres Maß an Konflikt verkraften könnten als interagierende, weil im sozialen Nebeneinander die gegenseitige Beeinflussung in koagierenden Gruppen wohl geringer sei als im Miteinander interagierender (vgl. Eberspächer 1979; 1983).

Exemplarisch belegt diese Auffassung die Aussage von Cachay (1978, 116): «Andererseits lassen sich aber Ergebnisse der Lenkschen Untersuchung auf Sportspielmannschaften nicht einfach übertragen, da die Kooperationsleistungen in den von ihm untersuchten Rudermannschaften mit den in Sportspielmannschaften interdependenten Beziehungen nicht vergleichbar sind. Im Unterschied zu koagierenden Gruppen, wie sie Rudermannschaften darstellen, müssen bei interagierenden Gruppen, wie etwa Sportspielmannschaften, die von Klein und Christiansen (1966, 187) gefundenen positiven Beziehungen zwischen Gruppenkohäsion und Mannschaftsleistung berücksichtigt werden. Dies bedeutet, daß in Sportspielmannschaften aufgrund der hohen Interdependenz der Rollen konkurrierende Beziehungen möglichst gering gehalten werden müssen, insbesondere, daß keine tiefgreifenden Konflikte zwischen den Mannschaftsmitgliedern, die gleichzeitig zusammen auf dem Spielfeld sind, entstehen dürfen.»

Die nachfolgenden Überlegungen verstehen sich als Beitrag zur Überprüfung der Tauglichkeit dieser Begrifflichkeit für die Beschreibung und Analyse sozialpsychischer Wirklichkeit in Sportgruppen, denn in der sozialpsychologischen Standardliteratur spielt die Unterscheidung zwischen koagierenden und interagierenden Gruppen kaum eine Rolle.

Allport differenzierte als erster zwischen koagierenden und interagierenden «face-to-face»-Gruppen: «Gruppen ... können nach zwei Gesichtspunkten klassifiziert werden: Koagierende Gruppen und interagierende (face-to-face) Gruppen. In der erstgenannten sind die Individuen vorrangig mit einigen äußeren Reizen beschäftigt, anderen als ihr Gegenüber. Die wirkenden sozialen Anreize sind deshalb lediglich mitwirkend. Schüler, die in einem Klassenzimmer gemeinsam einen Text von der Tafel ablesen, veranschaulichen diese Gruppentypen. In der face-to-face-Gruppe, die notwendigerweise klein ist, reagieren die Individuen hauptsächlich oder ausschließlich aufeinander. Ein Komitee von drei oder vier Direktoren, die über ein Geschäftsprojekt diskutieren, ist eine Gruppe dieser Art. Die wirkenden sozialen Anreize sind direkter Art. Viele Gruppen verbinden natürlich den direkten und mitwirkenden sozialen Einfluß und sind daher weder rein koagierend noch rein face-to-face.» (Allport 1924, 260f, übers. von H. E.)

Koagierend beschäftigen sich also Personen nach Allports Verständnis individuell, gleichzeitig und nebeneinander mit ein und derselben bzw. mit einer ähnlichen Aufgabe. Bei der Bewertung des Handlungsergebnisses ist nicht die Gruppenleistung von Interesse, sondern die Leistung des einzelnen, die er in Anwesenheit der anderen erbringt.

Zur Untersuchung der Effekte dieser sozialen Konfigurationen lief eine typische experimentelle Anordnung auf den Vergleich der Leistungen einer Person in einer Einzelsituation mit den Individualleistungen von Personen in einer Koaktionssituation hinaus. ALLPORT etwa verwendete in seinen Untersuchungen sechs Aufgabentypen, u.a. Bilder von Wortketten, Durchstreichen von Vokabeln in Zeitungsartikeln, Rechenaufgaben, Beurteilung von Gerüchen und Gewichten.

Zusammenfassend lassen sich die wesentlichen Charakteristika koagierender (Experimental-)Gruppen über drei Kriterien beschreiben:
- Gleichzeitige, aber individuelle Bearbeitung gleicher oder zumindest ähnlicher Aufgaben in Gegenwart anderer,
- ausschließliche Bewertung der individuellen Leistung,
- Nicht-Induzieren von Intra- und Intergruppenwettbewerb durch den Versuchsleiter.

Nur wenn diese Kriterien gegeben sind, besteht unserer Ansicht nach Veranlassung, von «koagierenden Gruppen» im ALLPORTschen Sinne zu sprechen. Die Vermutung liegt jedoch nahe, daß selbst in streng kontrollierten experimentellen Laborsituationen nicht alle diese Bedingungen für alle Mitglieder eine «koagierenden Gruppe» erfüllt waren.

Prüft man soziale Wirklichkeit, sei es in koagierenden oder interagierenden Sportgruppen gegen die genannten drei Kriterien, so fällt eine partielle Übereinstimmung ins Auge: Bisweilen werden individuell gleiche oder zumindest ähnliche Aufgaben in Gegenwart anderer bearbeitet. Augenscheinlich geschieht dies sowohl in («koagierenden») Rudermannschaften oder Radsportmannschaften als auch in («interagierenden») Sportspielmannschaften, etwa in der Deckungsarbeit im Hallenhandball, beim Freilaufen im Fußball oder bei der Abwehr im Volleyball.

Allerdings könnte erst eine sorgfältige Handlungsstrukturanalyse herausarbeiten, was unter «Gleichheit» oder «Ähnlichkeit» von Aufgaben zu verstehen ist. Das gilt auch für das Kriterium der «Gleichzeitigkeit», das auf den ersten Blick in Situation vergleichbar den Mannschaftsbooten im Rudern und Kajak realisiert zu sein scheint, unschwer feststellbar aber auch in «interagierenden» Mannschaften auftritt (Beispiele s. o.).

Bei auch nur in den gröbsten Zügen beschriebenen sozialen Abläufen in Sportgruppen, bezogen auf die zeitliche Synchronisation von Handlungen und ihre Gleichheit bzw. Ähnlichkeit, scheint also die Unterscheidung zwischen «koagierenden» und «interagierenden» Gruppen einiges an Trennschärfe zu verlieren.

Als ungleich problematischer erweist sich der Vergleich sozialer Prozesse in Sportmannschaften, seien sie «koagierend» oder «interagierend», mit dem zweiten obengenannten Kriterium: der ausschließlichen Bewertung der individuellen Leistung, die «koagierende» Gruppen kennzeichnen soll. Diesen Maßstab im Sport anzulegen würde bedeuten, jeden Mannschaftssport auszuschließen! Besteht doch gerade dessen eigentlicher Zweck darin, Individuen einem gemeinsamen Ziel zu verpflichten. Seine pädagogische Begründung ergibt sich zwingend aus der Zielsetzung für den einzelnen, sich in die Mannschaft einzubringen, für ein gemeinsam bewertetes Ergebnis seinen Beitrag zu leisten. In allen Mannschaftssportarten werden beispielsweise die jeweiligen Mannschaften gemeinsam geehrt.

Zum dritten Kriterium: Intergruppenwettbewerb zu eliminieren hieße, den Wettkampf zwischen Mannschaften zu eliminieren. So bleibt als letzte experimentell hergestellte Bedingung in «koagierenden» Gruppen das Ausschalten des Intragruppenwettbewerbs (s. o.). Auch diesbezüglich stellt sich die soziale Wirklichkeit im Feld als um ein vielfaches unhandlicher und widerspenstiger dar als in Laborgruppen. Wenn nicht alles trügt, so gilt es gerade als höchste Form der gekonnten sportlichen Interaktion, daß nach langen Jahren der Übung und des Trainings Intragruppenwettbewerb wenigstens zeitweise kontrolliert werden kann. Der Regelfall ist doch das permanente Bemühen um das «Eingespieltsein» in jeder Mannschaft, so daß keine Leistungseinbußen durch Konflikte u. ä. zwischen Mitgliedern zu beklagen sind.

Aus den hier mit einiger Verkürzung vorgetragenen Gesichtspunkten halten wir vier Schlüsse für angemessen und geeignet, um die diskutierte Unterscheidung als realitätsfremd und für die Beschreibung und Analyse von Sportgruppen als untauglich einzuordnen:

- Analysiert man die in der Literatur verwendeten Gruppenbegriffe, so kann man ohne weiteres Sader (1976, 48) folgen: «Auch bei der weitesten, anspruchslosesten Definition von Gruppe wird gefordert, daß nicht nur einfach mehrere Individuen gleichzeitig dasein müssen, sondern daß es irgendeine Beziehung zwischen ihnen gibt.»
- Die Unterscheidung zwischen koagierenden und interagierenden Gruppen tradiert aus Laborexperimenten. Ihre Konsequenzen lassen sich auf soziale Wirklichkeiten im «Feld» deshalb nicht mit zufriedenstellendem Resultat anwenden, weil sie von falschen Annahmen ausgehen. Laborgruppen – dies haben nicht nur wir an anderer Stelle deutlich gemacht (Eberspächer 1974, 1979a) – sind in der Regel Ad-hoc-Konstellationen ohne Geschichte und gemeinsame Interessen, eben ganz im Gegensatz zu «natürlichen» Sportgruppen. Aber selbst

wenn ein Phänomen in einer Laborgruppe mit hinreichender Dignität erforscht worden ist, bleibt zunächst einmal ungeklärt, ob sich der Befund auf andere Personen in anderen oder auch vergleichbaren Situationen übertragen läßt.

- Folgt man HOLZKAMP (1981), erheben sich mindestens drei grundlegende Einwände gegen die Generalisierung von Laborbefunden. Sie resultieren aus der in der Regel ungeklärten Handlungs- und Erlebnisrepräsentanz, Subjektrepräsentanz und Umgebungsrepräsentanz.
- Sobald man Personen, auch Versuchspersonen oder Probanden, nicht als Reiz-Reaktions-Organismen, sondern als kognitiv-bewertende Individuen begreift, ist es kaum mehr ernsthaft vertretbar, von Gruppen zu sprechen, in denen kein wirklicher Austausch von Einflußnahmen stattfindet.

Wir glauben vielmehr, daß (sogar!) Sportler und Versuchspersonen wie alle anderen Personen epistemologische, d. h. erkennende, bewertende und erlebende, Subjekte im Sinne von GROEBEN und SCHEELE (1977) sind. Auch wenn man von mythologischen Überhöhungen absieht, wie es SADER (1976, 38) formuliert, gehen in die Definition von Gruppen Sachverhalte ein, die ausschließlich im Erleben der Mitglieder repräsentiert sind: Man spricht vom Wir-Gefühl, vom Anerkennen gemeinsamer Normen und Ziele etc.

ALLPORT hatte deshalb doch ständig seine liebe Not (1924, 285), den störenden Wettbewerb zwischen den Individuen seiner «koagierenden» Experimentalgruppen auszuschalten. Geht man davon aus – und dies kann man aus guten Gründen tun –, daß Versuchspersonen eigene Erwartungen aufbauen und prüfen, dann kann zum Beispiel eine scheinbar (fremdbeobachtete) wettkampffreie Experimentalsituation in der Interpretation der teilnehmenden Personen sehr wohl Wettkampfcharakter besitzen. Dies gilt insbesondere dann, wenn die Ergebnisse bzw. Leistungen der übrigen Gruppenmitglieder öffentlich sind. Besonders plausibel mag dies für Personen sein, die beim Leistungshandeln motivational eine überwiegende Orientierung an sozialen Bezugsnormen zeigen (RHEINBERG et al. 1980). Umgekehrt verhindert eine Orientierung überwiegend an der individuellen Bezugsnorm unter Umständen eher einen (vielleicht gewollten) Wettbewerbscharakter der Experimentalsituation.

Ein weiterer praxisrelevanter Gesichtspunkt mag hier einzuordnen sein: Es gilt geradezu als Nachweis sportlicher Meisterschaft, situationsadäquat *nicht* zu interagieren, sondern ein soziales Nebeneinander im Sinne des Koagierens auszuhalten. Dies zu erlernen ist ein besonderes Trainingsziel, was verdeutlicht, daß hierzu eine besondere Konzentration und Anstrengung erforderlich werden.

Bezogen auf Sportspielmannschaften hat KOHL (1979, 80) die Bedeutung der untrennbaren Beziehung zwischen dem Erleben des einzelnen und der sozialen Interaktion phänomenologisch herausgearbeitet. Die von ihm getroffenen Aussagen erscheinen uns für jedwede Sportmannschaft oder -gruppe als Basis weiterführender fruchtbarer Analyse tragfähig. Besonders drei Gesichtspunkte erkennt KOHL als bestimmend in dieser Beziehung:

- Der Raum zwischen Spielern erscheint nicht als bloße Distanz, sondern ist für die einzelnen «wie mit Kraftlinien durchzogen. Man fühlt sich in unterschiedlichen Situationen verschieden stark eingeschaltet.»
- «Im Erleben des einzelnen Spielers gehen den realen Bewegungen psychische Vorgänge voraus, die sich auf das zukünftige Verhalten beziehen und als ‹Vorwegnahme› oder ‹Antizipationen› bezeichnet werden können... Es handelt sich um ein ‹Das-Spätere-im-voraus-Sehen› und gleichzeitig um ein ‹Selbst-mit-Hineinwirken›.»
- «Im allgemeinen sieht und fühlt der Spieler nicht nur sich isoliert, sondern sich zusammen mit dem Umfeld. Er fühlt sich an das Ganze gebunden und lebt im Spiel.»

Das soziale Geschehen in einer Mannschaft wird, wie KOHL (1979, 83) resümiert, dadurch zusammengehalten, daß jeder realisiert und dafür sorgt, daß sich alle Mannschaftsmitglieder für einen von «uns» halten und daß jeder weiß, was er von sich selbst, von allen anderen und von allen zusammen erwarten kann, wenn es um das Erreichen bestimmter Ziele geht.

Konflikt

Eine Spitzenmannschaft der Fußball-Bundesliga, der FC M, verliert bei einem abstiegsbedrohten Verein. Der Trainer des FC M machte dafür den Spieler A verantwortlich: für die Mannschaft sei dieser eine ständige Gefahr gewesen, total indisponiert, ohne Einstellung habe A gespielt. Der Spielführer des FC M, B., zeigte sich ob dieser Trainerschelte für A überrascht und erbost. Er, so B., lehne diese Handlungsweise des Trainers ab. B. und die Mannschaft könnten es nicht zulassen, daß ein Spieler wegen einiger Fehler verdammt werde. Das hätte der Trainer in zwei Jahren nicht gemacht. B. zeigte kein Verständnis für solches Handeln.

Hier geht es um einen **Konflikt**; denn unvereinbare Denk- und Handlungsweisen (zwischen dem Trainer und dem Spielführer) (bezüglich eines für beide bedeutsamen Sachverhalts!) sind aufeinandergetroffen, und Gewinne (auch relative) der einen Partei sind nur auf Kosten der anderen möglich. Das Feld, in dem sich Konflikte entwickeln und auswirken, kann innerhalb (intra) eines Systems (Person, Gruppe, Gesellschaft etc.) oder zwischen (inter) Systemen (Personen, Gruppen, Gesellschaften etc.) liegen.

Ein typischer intrapersonaler Konflikt, den zum Beispiel viele Athletinnen und Athleten mit sich auszutragen haben, ergibt sich daraus, daß im Sport wie in Schule oder Beruf Höchstleistung angestrebt wird, die verfügbare Zeit aber damit nicht vereinbar ist.

Konflikte innerhalb von Gruppen (Intragruppenkonflikte) und ihre Austragung sind oft große Belastungsproben für die Existenz von Sportgruppen. CACHAY (1978) schildert die Entstehung eines Konflikts innerhalb einer Handballmannschaft, die das Ziel hatte, aus der Regionalliga in die Bundesliga aufzusteigen, und sich deswegen mit einem spielstarken Rückraumspieler verstärkte (siehe Kasten).

Konflikt

«Eine Handballmannschaft, die in der Bundesliga aufsteigen wollte, hatte sich durch einen spielstarken ausländischen Rückraumspieler verstärkt. Offensichtlich kam es dadurch zu nicht vereinbaren Denk- und Handlungsweisen über die Art und Weise der Zielerreichung *in* der Gruppe (*Intra*gruppenkonflikt) und *zwischen* den Spielern (*inter*personaler Konflikt): «Der neu hinzugekommene Spieler, der auf der linken Rückraumposition eingesetzt wurde, definierte im Laufe der Saison seine Rolle zunehmend dahingehend um, daß er vorwiegend selbst Tore warf. Diese einseitige Schwerpunktsetzung im Bereich seiner Aufgaben als Rückraumspieler führte etwa in der Mitte der Saison zum Konflikt in der Mannschaft. Zunächst versuchte der Linksaußen, den Rückraumschützen im Spiel an dessen häufigen Torwurfversuchen zu hindern, indem er Spielzüge, durch die der Rückraumspieler zum Torwurf kommen sollte, weniger oft auslöste und häufig einen Angriff relativ frühzeitig selbst abschloß, wodurch die Organisationsphase der Angriffe verkürzt und das Spieltempo insgesamt gesteigert wurde. Mit einer solchen Verkürzung der Angriffszeit erhöht sich jedoch im Hallenhandball immer auch die Gefahr, durch die mit Ballverlust einhergehenden schnellen Gegenstöße des Gegners das Spiel zu verlieren. In mehreren Spielen nacheinander konnte eine Niederlage nur knapp vermieden werden, obwohl die Mannschaft zur Halbzeit deutlich in Führung gelegen hatte. Im Training zeigte sich bei dem Spieler auf der linken Außenposition ein zunehmend geringeres Engagement beim Einstudieren von Spielzügen, über die dem betreffenden Rückraumspieler Torgelegenheiten entstehen sollten» (CACHAY 1978, 209).

Weil es schlechterdings nicht denkbar ist, daß jedes Denken und Handeln von Personen, die miteinander interagieren, vereinbar ist, bleibt es ein wichtiges Ziel, mit Konflikten so umgehen zu lernen, daß dabei Bedürfnisse, Rechte und Pflichten aller Beteiligten respektiert und berücksichtigt bleiben.

Weil der Umgang mit Konflikten **in** Gruppen solche Bedeutung für ihre Funktionsfähigkeit besitzt, beziehen sich die folgenden Gedanken besonders auf **Intra**gruppenkonflikte, natürlich ohne die psychologische Konfliktproblematik darauf zu reduzieren.

Viele Lehrer und Trainer gehen davon aus, daß Konflikte in Gruppen möglichst schnell und spurenlos erledigt werden sollten, und frönen damit dem Harmonieideal, daß es in einer gut geführten und kameradschaftlichen Gruppe keine Konflikte geben dürfe, die nur die Atmosphäre vergiften. Diese Position geht davon aus, daß Konflikte grundsätzlich eine negative Funktion haben. Dies muß aber keineswegs der Fall sein. Vielmehr kann man davon ausgehen, daß angesichts der ungeheuren Vielfalt möglicher Beziehungen unvereinbare Denk- und Handlungsweisen zwischen Mitgliedern gar nicht auszuschließen sind, ja geradezu zum Gruppenleben dazugehören.

Ohne Anspruch auf Vollständigkeit betont DEUTSCH (1976) die **positiven Funktionen von Konflikten**, dem in vielen Diskussionen zu Unrecht die Rolle des Bösewichts zugeschoben werde. Nach seiner Auffassung verhindern Konflikte u. a. die Stagnation einer Gruppe, ihr Erstarren in – so kann man ergänzen – pseudorealistischer Selbstgefälligkeit. Sie können Probleme aufzeigen und Lösungsstrategien entwickeln helfen. DEUTSCH erkennt in Konflikten weiter die Wurzel für Veränderungen im persönlichen, normativen und gesellschaftlichen Bereich und folgert, daß Gruppen ihre Identität über die Austragung von Konflikten oft erst festlegen und festigen. Schließlich können Konflikte zur Selbsterkenntnis von Persönlichkeit und Gruppe führen.

Darüber kann nicht übersehen werden, daß Konflikte durchaus üble Auswirkungen haben können. Zu einem Problem hat sich in unserer Sportöffentlichkeit in jüngster Zeit etwa die Art und Weise ausgewachsen, wie Fans konkurrierender Vereine mit sich und anderen in Fußballstadien umgehen. Ausschaltung und Zerstörung scheinen für manche in zunehmendem Maße Mittel zur Darstellung ihrer Denk- und Handlungsweisen zu sein (HAHN et al. 1988).

Zu ihrer Problematik scheinen die Überlegungen von DEUTSCH hilfreich, der **konstruktive** und **destruktive Folgen** unterscheidet: «Ein Konflikt hat immer dann destruktive Folgen, wenn die Teilnehmer mit dem Ergebnis unzufrieden sind und das Gefühl entwickeln (oder handgreiflich erfahren – H.E.), daß sie aufgrund des Konflikts verloren haben. Ein Konflikt hat aber produktive Folgen, wenn alle Teilnehmer mit dem Ergebnis zufrieden sind und das Gefühl haben, daß ihnen der Konflikt einen Gewinn erbracht hat. In den meisten Fällen wird ein Konflikt, in dem die Ergebnisse für alle Beteiligten zufriedenstellend sind, konstruktiver sein als ein Konflikt, der für einige befriedigend, für andere unbefriedigend ist» (1976, 24).

Die Kernfrage im Umgang mit Konflikten kann also nicht sein, ob Konflikte vorhanden sind oder nicht, sondern in welcher Weise sie so geregelt werden, daß sie nicht destruktiv wirken.

Insgesamt unterscheidet DEUTSCH (1976, 19ff) sechs **Arten von Konflikten**, von denen in unserem Zusammenhang besonders die vier folgenden interessant sind:

- Der **echte Konflikt**
  Er existiert objektiv und wird auch so wahrgenommen.
  Beispiel: ein Hinterrad, zwei Radrennfahrer mit Panne; ein gutes Skiff, zwei trainingsbereite Ruderer.
- Der **verlagerte Konflikt**
  «Hier argumentieren die Konfliktparteien sozusagen über das falsche Anliegen. Der Konflikt, der erfahren wird, ist der **offene** Konflikt, der Konflikt, der nicht direkt ausgedrückt wird, der **zugrundeliegende** Konflikt. Der offene drückt den zugrundeliegenden Konflikt gewöhnlich in einer symbolischen Art und Weise aus.»
  Beispiel: Konflikt über Terminvereinbarung (offen); Ablehnung des Trainers (zugrundeliegend).
- Der **falsch zugeordnete Konflikt**
  «In dieser Kategorie spielt sich der Konflikt zwischen den falschen Parteien ab und deshalb auch gewöhnlich über die falschen Probleme.»
  Beispiel: Konflikt mit dem Trainer, der in einer bestimmten Angelegenheit aber nur die Anweisung der Verbandsführung realisieren muß.
- Der **latente Konflikt**
  Dies ist in Wirklichkeit ein Konflikt, der eintreten sollte, aber nicht zustande kommt. Ein Konflikt, der praktisch unter der Oberfläche schwelt.

Beispiel: «Irgend jemand müßte dem Sportlehrer einmal sagen, warum sich beim Schwimmen so viele krank melden: Wir sind mit seiner Art des Unterrichts nicht einverstanden.»

DEUTSCH sieht fünf Probleme, die besonders konfliktträchtig sind:

- Kontrolle über Mittel
- Prioritäten und Ärgernisse
- Wertvorstellungen
- Überzeugungen
- Die Art der Beziehung zwischen den Parteien.

Bei Konflikten besteht die Gefahr, daß sie – einmal in Gang gesetzt – eine Eigendynamik und Eigengesetzlichkeit entwickeln und sich immer mehr gegenüber dem eigentlichen Anlaß verselbständigen. Auf diese Weise entsteht eine Konfliktkette: Der Konflikt wird zur Ursache für neue Konflikte. Lerntheoretisch gesehen scheint es, daß jedes Konfliktverhalten dazu tendiert, zu einem destruktiven Verhalten zu werden, und destruktives Verhalten sich selbst verstärkt.

Konflikte müssen darum kontrolliert werden. Konstruktives Konfliktlösungsverhalten muß einsetzen, sobald der Konflikt auftaucht und die eigentliche Konfliktursache noch nicht verwischt ist. Auch DEUTSCH sieht die Tendenz zur Verselbständigung als ein Merkmal des destruktiven Konflikts an, durch das er sich von dem konstruktiven Konflikt abgrenzen läßt.

Die **Regelung** von Konflikten sehen MUELLER und THOMAS (1974, 346f) an zwei Voraussetzungen geknüpft: einmal, daß die am Konflikt beteiligten Parteien die Rechte der anderen Partei akzeptieren und ihr trauen, zum anderen, daß die Parteien bereit sind, die Ursache des Konflikts realistisch und vernünftig herauszufinden.

Die konstruktive Lösung eines Konflikts setzt dann nach KELLEY und THIBAUT (1968) die Klärung dreier Teilprobleme voraus:

- Verteilung und Einsatz von **Informationen** (was war wirklich los?)
- Kontrolle und Koordination der zur Lösung erforderlichen **Verhaltensweisen** (zum Beispiel Rechtsweg, Aussprache, Einschaltung eines Vermittlers)
- Verteilen des durch die Lösung erzielten **Gewinns** (es geht dabei um den erlebten und nicht zwingend um materiellen Gewinn).

Der eingangs skizzierte Konflikt beim FC M muß wohl in ähnlicher Strategie verarbeitet worden sein, denn: Die Montag-Aussprache zwischen dem Trainer und Kapitän B. dauerte ungewöhnlich lange. Der Manager des Vereins verriet: es seien alle anstehenden Probleme erörtert worden, von einer Krise könne nicht die Rede sein. Weiter war zu erfahren, daß letzte Unstimmigkeiten bei einem Abschiedsessen für zwei Spieler bereinigt worden seien. Der Stein des Konfliktanstoßes, der Spieler A., teilte mit, daß das Problem (sprich: die nicht vereinbaren Denk- und Handlungsweisen) für ihn aus der Welt sei.

Aggression

Daß zum Beispiel Spieler im Handball oder Fußball, vor allem dann, wenn es bei einem Spiel um etwas geht, manches Mal nicht eben sanft miteinander umgehen, ist kein Geheimnis. Dem Sportteil-Leser der Montagsausgabe dokumentiert sich dies stets erneut.

Angesichts der Äußerungen von Handballtrainern und Spielern in Besprechungen vor Spielen vermögen solche Spielabläufe nicht zu überraschen (zit. nach CACHAY 1978): Trainer: «Was wichtig sein wird, ist, von Anfang an körperlich hart zu spielen. Wir müssen versuchen, ihnen sofort die Luft zu nehmen, das heißt, wir geh'n stark an den Körper» (171). «So Leute, hinten in der Abwehr rigoros, Leute, ohne Pardon. Ihr sollt nicht reinschlagen oder so was, sondern wirklich knallhart, wie ihr's gegen H. gemacht habt» (268). Spieler: «Wir sollten in der Abwehr ehrgeizig sein, wie letztes Mal. Knallhart bis aufs Messer, Kampf Mann gegen Mann» (173).

Kampf und **Aggression** gewinnen hier als Bestandteil des technisch-taktischen Handlungsrepertoires Bedeutung. Andererseits muß sich ein Spieler im Spiel ja durchsetzen, denn seine Absicht ist es ja gerade, den Gegner am Erreichen seiner sportlichen Ziele (Tore schließen) zu hindern. Davon lebt im Prinzip jeder Wettkampf.

An solchen Beispielen wird schnell deutlich, daß Aggressionen oft Bestandteil des sportlichen Alltags zu sein scheinen, besonders im Umgang zwischen sportlichen Gegnern, aber auch zwischen Mannschaftskameraden oder Zuschauern. Manchem jedoch scheint der Sport, besonders der Wettkampfsport, geradezu eine Brutstätte der Aggression bzw. ohne Aggression nicht zu verwirklichen zu sein. So besteht zum Beispiel für den Psychologen FÜRNTRATT (1976, 64) kein Zweifel, «...daß alles Wettkämpfen, einschließlich jeden sportlichen Wettkämpfens aggressives Verhalten ist ...»

FÜRNTRATT tröstet aber den verblüfften Sportfreund umgehend, indem er ergänzt, daß diese Feststellung «in dem Maße weniger erschütternd werden dürfte, wie erkannt wird, daß ‹Aggression› ebenso wie ‹Wettkämpfen› oder ‹Arbeiten› oder ‹Planen› etwas Besonderes, unbedingt und immer mit besonderen Werteinstellungen zu Betrachtendes sei».

Orientiert man sich an den Positionen der nicht sportspezifischen Aggressionsforschung, für die ja Aggression, etwas verkürzt, dann vorliegt, wenn jemand geschädigt wird, so käme man tatsächlich zu solch eindeutigen Aussagen, zumindest bei der Einordnung von Wettkampfverhalten. Denn die Absicht, den Gegner am Erreichen seiner sportlichen Ziele zu hindern, ihn um Vorteile, Punkte, Tore zu schädigen, ist das grundlegende Prinzip im sportlichen Wettkampf. Weil aber Wettkampfverhalten nach dem Maßstab der theoretisch orientierten Aggressionsforschung als Schädigung, demnach als Aggression zu bewerten ist, sind manche Autoren geneigt, Wettkämpfe als ununterbrochene Folge von Aggressionen zu begreifen. Diese Betrachtungsweise greift aber zu kurz. Sie bedarf der Ergänzung durch einige sportspezifische Aspekte.

Für viele Sportwissenschaftler, besonders solche, die eigene Erfahrungen mit sportlichen Wettkämpfen haben, stellt sich das Problem der Aggression im Sport durchaus nicht so einfach dar, wie dies bei FÜRNTRATT u. a. durchklingt. Zwar wird kaum bestritten, daß in Wettkämpfen, wie übrigens in allen anderen sozialen Situationen auch, Aggressionen eine Rolle spielen **können**, ob sie aber zwangsläufig damit verknüpft sein **müssen**, ist nicht erwiesen. Einen Versuch, ein geeignetes Bezugssystem zur Einordnung aggressiver Handlungen im Sport zu entwickeln, hat GABLER (1976c) unternommen. GABLER schlägt vor, Handeln und Verhalten im Sport dann als aggressiv zu bezeichnen, wenn damit in Abweichung von sportlichen Normen die physische, psychische oder soziale Schädigung einer anderen Person intendiert wird.

Den Begriff **aggressives Verhalten (Aggression)** benutzt GABLER im Sinne von beobachtbarem aggressivem Verhalten und Handeln; er versteht darunter situativ aktualisierte Handlungs- und Verhaltensweisen. Abzugrenzen ist dagegen **Aggressivität** als eine der Aggression zugrundeliegende, relativ überdauernde Verhaltensbereitschaft.

Die **Intention** des (aggressiven) Verhaltens und Handelns mitzudiskutieren ist wichtig, weil ohne diesen Gesichtspunkt eine zweckmäßige Bestimmung aggressiven Verhaltens nicht gut möglich ist. GABLER bezeichnet eine Handlung als intendiert schädigend, wenn der Handelnde in der Absicht zu schädigen im Sport allgemeingültige Normen übertritt.

Dieser intentionale Aspekt wird auch im Hochleistungssport immer mehr zum Problem und beschäftigt sogar die Sportgerichte, wie aus einer Meldung des Heidelberger Tageblattes vom 3. 10. 1980 zu ersehen ist, wonach beantragte Gerichtsverfahren gegen die Eishockeyspieler H. bzw.

P. eingestellt wurden, weil keine Verletzungsabsicht beim Foulspiel an ihren Gegnern S. bzw. K. festgestellt wurde.

Sportspezifische Normen haben als Gemeinsamkeit die gegenseitige Erwartung, daß ein Angreifer zwar eine Behinderung der Handlungen des Angegriffenen versucht, der Angriff aber nicht dessen Person schädigen, sondern dessen augenblickliche sportliche Handlungsziele vereiteln soll. Der Kontext bestimmt also mehr als die Handlung selbst darüber, ob eine Aggression vorliegt oder nicht.

Unter Berücksichtigung seines intentionalen Ansatzes und jeweils unterschiedlicher Wirkungen beabsichtigter Handlungen teilt Gabler sportliches (Wettkampf-)Verhalten in sieben Klassen ein, die hier in drei Klassen zusammengefaßt werden.

- **Nichtaggressives Verhalten** entspricht den sportspezifischen Normen. Übertretungen der (formellen, geschriebenen) Regeln werden zwar in Kauf genommen, die Grenzen der sportspezifischen Normen aber nicht überschritten.
  Beispiel: Der in vollem Lauf in den Gegner hineingrätschende Fußballer kalkuliert bei seinem Versuch, den Ball zu spielen, zwar mögliche Regelübertretungen ein (z. B. das Bein anstelle des Balls zu treffen), seine Handlung dient aber, weil normentsprechend, nur dem Zweck der Behinderung der Handlungsziele seines sportlichen Gegners und nicht der Schädigung des Gegners als Person.
- **Aggressives Verhalten ohne direkte Schädigungsabsicht** geschieht außerhalb sportspezifischer Normen. Der Handelnde kalkuliert mögliche Verletzungen des Gegners ein, ohne sie aber direkt zu beabsichtigen.
  Beispiel: Der obige Kreisspieler zielt auf den Kopf des Torwarts, um diesen (als sportlichen Gegner) in folgenden ähnlichen Situationen ängstlich und unsicher zu machen.
- **Aggressives Verhalten mit direkter Schädigungsabsicht** richtet sich gezielt auf das Schädigen und Verletzen des Gegners.
  Beispiel: Der obige Kreisspieler zielt auf den Kopf des Torwarts, um diesen als Person zu schädigen und nicht, um ihn lediglich in seiner Spielerfunktion zu stören.

In seinen Untersuchungen an Wasserball-, Handball-, Basketball- und Fußballspielern hebt Gabler einige Bedingungen heraus, die Art und Häufigkeit von Aggressionen beeinflussen. Dies sind zum einen die überdauernden internen sportimmanenten Bedingungen, die eng mit Strukturmerkmalen und formellen Regeln der einzelnen Sportarten verbunden sind, wie die Art der Auseinandersetzung zwischen den Spielern, ob sich ein Spieler in Fortbewegung befindet oder ob er Ballkontakt hat etc.

Über die beschriebenen Aspekte und Bedingungen hinaus werden Aggressionen von allgemeineren, nicht direkt mit sportartspezifischen Strukturmerkmalen verbundenen, aktuellen, externen Bedingungen beeinflußt, etwa dem Ausprägungsgrad von Leistungsanreiz, der Erfolgs- bzw. Mißerfolgserwartung und der eher überdauernden externen Bedingung Art der Aufgabe/Rolle und Position einzelner Sportler (bzw. Mannschaftsspieler). Diese externen Bedingungen sollen hier kurz in ihrer Wirkung diskutiert werden.

Leistungsanreiz: Mit der erlebten Bedeutsamkeit der Aufgabe (zum Beispiel wichtiges Meisterschaftsspiel) scheint die Aggressionshäufigkeit zu steigen. Zu einem ähnlichen Ergebnis kommt VOLKAMER (1971) in seiner Untersuchung bei Fußballspielern: Je höher das persönliche Engagement der Beteiligten ist, desto größer ist die Wahrscheinlichkeit aggressiver Reaktionen. Dies kann ein Grund dafür sein, daß Freundschaftsspiele meist relativ fair verlaufen.

Erfolgs- und Mißerfolgserwartung: «Geht man davon aus, daß mit zunehmender Tordifferenz im laufenden Spiel die Erfolgserwartung bei den Führenden und die Mißerfolgserwartung bei den zurückliegenden Mannschaften zunimmt, dann führt dies im allgemeinen zu abnehmenden Foulhäufigkeiten» (GABLER 1976, 110).

Art der Aufgabe (Position und Rolle): Hier zeigt sich ein deutlicher Zusammenhang zwischen den taktischen Aufgaben der Spieler und den von ihnen verursachten und an ihnen begangenen Foulhandlungen. Ein Handballspieler, der in der Regel nur dann eingewechselt wird, wenn die eigene Mannschaft in Ballbesitz ist, hat natürlich weniger Gelegenheit, Fouls zu begehen, als der für ihn eingewechselte Abwehrspieler. Andererseits wird er als gefährlicher Angreifer häufiger selbst gefoult.

Insgesamt stellte GABLER in seinen Untersuchungen bei Wettkämpfen in Sportspielen relativ wenige aggressive Handlungen fest, so daß die Vermutung, es gebe eine prinzipiell enge Verbindung zwischen Sport und Aggression, auf der Grundlage seiner Arbeit nicht bestätigt werden konnte. Endgültige Ergebnisse können sicher erst aufgrund weiterführender sportspezifischer Aggressionsforschung gesichert werden. Wertvoll ist der GABLERsche Ansatz aber auch deshalb, weil er die Notwendigkeit sportspezifischer Forschungszugänge zeigen konnte. Gerade hier kann sich der theoretische Ansatz von MUMMENDEY u.a. (1982) als fruchtbar erweisen. Sie gehen davon aus, daß Aggression ein sozialer Prozeß ist, an dem mindestens drei Positionen identifiziert werden können: Betroffene, Akteur(e) und eventuell Beobachter. In ihrem «Plädoyer für eine sozialpsychologische Perspektive in der Aggressionsforschung» umreißen MUMMENDEY u.a. (1982) ihre Position.

MUMMENDEY et al. (1982) sehen Aggression als Resultat einer Beurteilung. Sie gehen davon aus, daß aggressives Verhalten – sei es die Auseinandersetzung um ein Spielzeug, eine Invasion, eine durch Gewaltanwendung hervorgerufene Verletzung eines Menschen etc. – eine bestimmte Art sozialen Verhaltens und Handelns ist. Entscheidend in diesem Ansatz ist, daß von einer sozialen Perspektive, d.h. Individuen sind nicht sozial isolierte Einzelwesen, sondern stets in einen sozialen Kontext integriert, und nicht von einer individualistischen Perspektive ausgegangen wird. Ein aggressiver Akt ist demnach nicht nur soziale Interaktion zwischen zwei Individuen (oder Gruppen) in einer spezifischen Situation, sondern geradezu Prototyp einer sozialen Interaktion.

Das Verhältnis von Akteur und Betroffenem bei aggressivem Handeln muß nach dieser Auffassung als Konflikt gekennzeichnet werden, der sich in einer Beurteilungsdivergenz über die Handlung ausdrückt: Entscheidend für die Konzeptualisierung der «aggressiven Interaktion» ist «**nicht** das im Akteur **faktisch vorhandene** schädigende Interesse, sondern vielmehr das dem Akteur vom Betroffenen **unterstellte**». (MUMMENDEY et al., 1982, 182)

Stuft der Betroffene das Verhalten seines Interaktionspartners als aggressiv ein, was Resultat eines komplexen Beurteilungsprozesses ist, kann er ebenfalls aggressiv darauf reagieren, muß es aber nicht, wenn das aggressive Verhalten zum Beispiel eine Beantwortung auf eine vorausgegangene Provokation darstellt. Um ein Ereignis oder eine Reizeinwirkung als Schädigung beschreiben zu können, muß der Beurteiler Standards haben, die es ermöglichen, eine Abweichung vom Sollzustand in negativer Richtung festzustellen, die kritische Handlung wird hinsichtlich ihrer **Angemessenheit** mit bestehenden Verhaltenserwartungen und Standards verglichen (Beispiel: Kampfsport). Das Ziel bzw. der Zweck einer schädigenden Handlung sind dabei ein wesentliches Element der Beschreibung des kritischen Verhaltens. Aggressives Verhalten liegt dann vor, wenn neben dem (möglicherweise vermeidbaren) Schaden auch ein Verursacher dieser Schädigung festgestellt werden kann. Die Zuschreibung von Verursachung ist aber nicht unbedingt gleichzusetzen mit der Zuschreibung der Verantwortlichkeit, entscheidend ist die vom Akteur wahrgenommene Absicht. Absichtliches aggressives Handeln gilt als verwerflicher als gerechtfertigtes aggressives Handeln, was wiederum belegt, daß intendiert schädigendes Verhalten auch hinsichtlich seiner Rechtfertigung oder Angemessenheit in der gegebenen Situation beurteilt wird.

Spiel

In unserer Sprache lassen sich nicht sehr viele Begriffe finden, die eine ähnlich vielfältige Bedeutung aufweisen wie der Begriff Spiel. Menschen und Tiere spielen, es wird für sich oder für andere gespielt in einem Rahmen, der vom einzelnen bis zur Millionenbeteiligung reicht, mit einem Aufwand, der vom einfachsten Kinderspiel bis zur superdifferenzierten Organisation (z. B. Roulette, Lotto) reicht, bei dem alles oder nichts auf dem Spiel stehen kann. Die wissenschaftliche Auseinandersetzung mit dem **Spiel** als einer Form der sozialen Interaktion hat denn auch eine entsprechende Streubreite von Ansichten, Meinungen, Untersuchungen und Theorien dazu erbracht, von denen im folgenden einige skizziert seien, um einen Eindruck von den zugrundeliegenden Deutungsansätzen des Phänomens Spiel zu vermitteln. Einen recht konkreten Überblick gibt DIETRICH (1987). Er klärt den Spielbegriff in Anlehnung an SCHALLER (1975), der vier Verständnisse von Spiel unterscheidet.

Die allgemeinste Form der Begriffsverwendung liegt vor, wenn Spiel im Sinne des englischen Wortes **play** als allgemeines Lebensphänomen ausgedeutet und in seinem Wesen begriffen wird. Als allgemeine Erscheinung menschlichen Lebens ist Spiel zum Gegenstand anthropologischer und philosophischer Betrachtung geworden. Oft wird Spiel dabei zum idealisierten Gegenbegriff zur Arbeit, zum Alltag, zur Mühsal und zum Lebensernst.

Betrachtet man Spielen (**to play**) als allgemeine Verhaltensweise und als typische Tätigkeit des Menschen, nimmt man wie etwa HECKHAUSEN (s. u.) vornehmlich psychologische Beschreibungen vor.

Spiel kann – im Sinne des englischen Begriffs **game** auch als kulturelle Objektivation verstanden werden. In der Tätigkeit des Spielens werden Spielformen hervorgebracht, die über den Moment und die beteiligten Spieler hinaus Bestand haben. Wie Dichtung und Kunst bilden sie ein eigenes Kulturgut. Einzelne Spielformen lassen sich als Teil einer Kulturtradition in zeitgemäßen regionalen oder ethnischen Varianten oft über Hunderte von Jahren verfolgen. Solche Spielformen lassen sich in Idee, Ablauf und Regeln beschreiben. Als der für unser Fachgebiet weitreichendste Sammelbegriff für solche Sportformen gilt der Begriff «Bewegungsspiele» (DIETRICH 1987, 343; vgl. auch EICHBERG 1986).

Mit Spiel kann nach DIETRICH (1987, 343) im Sinne von **Match** oder **Partie** ein bestimmtes Ereignis, ein Ausschnitt konkreter sozialer Wirklichkeit gemeint sein. Der Begriff Match ist aus der englischen, der Begriff Partie aus der französischen Sprache entlehnt. Match bezeichnet ein konkret sich vollziehendes Wettspiel als eine Sonderform von Bewegungsspielen, zum Beispiel ein Tennismatch, eine Partie Tischtennis (oder auch Schach). Match meint: «ein einmaliges, wirklich vollzogenes, offiziell organisiertes Geschehen..., in dessen Verlauf die Geschicklichkeit und Fertigkeit zweier... Partner oder... Parteien verglichen werden mit dem Ziel, die Rangordnung der sich Vergleichenden zu bestimmen» (ENNINGER, 1968, 231, zit. nach SCHALLER 1975, 38).

Sieht man Spielen als geregelte Interaktion, ist die Kategorisierung in drei Arten von Spielen nach BUYTENDIJK (zit. nach DIETRICH 1987) übersichtlich. Er unterscheidet drei Arten von Spielen und deren Regelung.

Beim Spielen **mit** etwas entsteht die Regelmäßigkeit der Interaktion aus dem Umgang mit der Gesetzmäßigkeit der Umgebung und ihrer Objekte einerseits und deren Deutung andererseits. Beim Spielen **als** etwas sind Interaktionen nach Maßgabe von Rollenmerkmalen geregelt und werden im Verlauf durch die Deutung von Situationen als Kontexte eines Rollenspiels bestimmt. Beim Spielen **um** etwas sichern Regeln spannungsreiche Interaktion nach dem Prinzip der Gleichheit der Gewinn- und Erfolgschancen.

Für sportpsychologische Fragestellungen zur Deutung des Spiels bedeutsam erscheinen insbesondere drei Ansätze: der entwicklungspsychologische Ansatz nach PIAGET (1969; PIAGET & INHELDER 1978), die sozialpsychologischen Überlegungen von KRAPPMANN (1978) und schließlich der eher motivations-psychologische Theorieversuch von HECKHAUSEN (1964 und 1978).

PIAGETS Theorie des Spiels ist in seine Theorie der kognitiven Entwicklung integriert (vgl. Kap. 3.2.4). In seinem Grundkonzept der Person-Umwelt-Austauschbeziehung mit der Anpassung über Assimilation und Akkomodation kommt dem Spiel die Funktion zu, dem Kind die Herstellung bzw. Beibehaltung eines emotionalen und kognitiven Gleichgewichts zu ermöglichen, indem es im Spiel losgelöst von den Zwängen und Forderungen der Wirklichkeit seine Umwelt an eigene verfügbare Schemata assimilieren und sie dabei gemäß seinen eigenen Vorstellungen verwenden kann. Im Prinzip bedeutet das: Assimilation ohne den Zwang zur Akkomodation. Überwiegt übrigens anstelle der Assimilation die Akkomodation, spricht PIAGET von **Imitation**. Er unterscheidet dabei drei Hauptkategorien des Spiels:

- Im **Übungsspiel** wendet das Kind verfügbare Assimilationsschemata an. Es handelt sich um eine ursprüngliche Form des Spiels, die zum Erproben von Handeln und Handlungsmöglichkeiten ausgeführt wird, an denen das Kind schließlich Freude hat.
- Im **Symbolspiel** kann unabhängig von der Realität nach freiem Willen

über symbolisierte Objekte und Handlungen verfügt werden. Zeichen stehen für Sachverhalte; umgedeutet in einem erdachten oder realen Lebensraum werden Rollen übernommen.

- **Regelspiele** werden sozial von Kind zu Kind vermittelt und gewinnen deshalb mit fortschreitender Entwicklung der Sozialisation an Bedeutung, denn Regeln sichern die Kooperation und das Miteinanderspielen.

Krappmann (1978) wendet sich bei seinen Überlegungen zum Spiel vor allem den Regelspielen Piagets zu, aber auch den Symbol- und Übungsspielen. Er sieht im Spiel vor allem vier Anregungsmöglichkeiten für die Entwicklung von Kindern:

- Im Spiel lassen sich neu erworbene Fähigkeiten **üben und ausprobieren**. Dies wird erleichtert, weil das Kind seine Realität selbst auswählen und gestalten kann und damit seinen Spielraum im wahrsten Sinne des Wortes ausweitet. Auch Experimente werden im Falle von Fehlschlägen nicht so konsequent sanktioniert wie in der Außenwelt.
- Vor allem Symbol- und Regelspiele regen die angemessene partnerbezogene, intelligente **Auseinandersetzung** mit der materiellen und vor allem sozialen Umwelt an.
- Im Spiel lassen sich **Probleme aufarbeiten**, Schwierigkeiten können dargestellt, Alternativen entdeckt werden, und zwar ohne daß solche Schwierigkeiten ausdrücklich zum Thema vielleicht sehr peinlicher Erörterungen gemacht werden.
- Spiele bewegen sich auf einer Handlungsebene, auf der sich soziale **Gruppen und Beziehungen** leichter konstituieren können.

Diese Wirkungen werden nach Krappmann besonders durch die Ambivalenz hervorgerufen, die im Spiel steckt. Denn das Spiel vereint Grundsätzliches wie Freiheit und Regelung, Fairneß und Risiko, Zweck- und Folgenlosigkeit gegenüber Erfolg und Mißerfolg, Anstrengung und Spaß. Warum gerade diese Ambivalenzen den Reiz und die positiven Auswirkungen des Spiels ausmachen, begründet Krappmann damit, daß eine Strukturähnlichkeit zum Sozialisationsprozeß in der Familie gegeben sei, wo Einfühlen in Bedürfnisse und Erwartungen der Partner (Empathie) genauso gefordert sind wie flexible Normeninterpretation, das Ertragen von Frustrationen und die Fähigkeit zu kommunizieren. Als Leitlinie und Indikator, an denen gemessen werden kann, ob ein Spiel gelungen ist oder nicht, gibt Krappmann an, daß es allen Beteiligten Vergnügen bereiten müsse. Er warnt ausdrücklich davor, das Spiel für pädagogische Zwecke zu mißbrauchen, gewissermaßen um durch die Hintertür Kinder zu motivieren oder sie zu etwas zu bewegen, was sie nicht wollen.

HECKHAUSEN (1978, 140f) hat einen motivationspsychologischen Ansatz zu einer Theorie des Spiels vorgelegt. Für ihn hat jedes Spiel fünf Merkmale:

- **Zweckfreiheit:** Das Spiel findet um seiner selbst willen statt, es unterscheidet sich darin von allen notwendigen Handlungen, die Befriedigung von Bedürfnissen etc. zum Zweck haben.
- Die **handelnde Auseinandersetzung** mit der real begegnenden Welt: Spiel «... setzt ein reales Gegenüber und einen agonalen (wettkampf-, wettstreitmäßigen – H. E.) Bezug voraus» (150).
- Einfachheit der Zielstruktur und unmittelbare, kurz vorweggreifende **Zeitperspektive**: Das eigene Handeln wird mit seinen Rückwirkungen unmittelbar erwartet und empfangen, die ihrerseits zu neuen Handlungen Anlaß geben. Aufschübe oder Brüche in diesem relativ einfachen Wechselwirkungsgefüge, etwa eingeschobene Mahlzeiten, Nachtruhe, kann es nicht geben.
- **Quasi-Realität**: Damit ist ein Zustand des Erlebens gemeint, der sich einerseits vom sogenannten Ernst des Lebens, d. h. den alltäglichen Lebensvollzügen zur Daseinsfristung, unterscheidet, ohne deshalb aber selbst unernst oder unwirklich zu sein.
- Das Aufsuchen eines in ständiger Folge auftretenden **Wechsels von Spannung und Lösung** («Aktivierungszirkel»): Dieses fünfte Merkmal steht bei HECKHAUSEN im Mittelpunkt. Spielende suchen demnach ein gewisses Maß an psychischer Spannung auf, die nach mehr oder weniger kurzer Frist, und zwar möglichst plötzlich, abfällt, sich wieder auflädt, abfällt, und dies in einer Folge ständiger Wiederholung. Man denke zum Beispiel an die unter Umständen rasanten Spannungswechsel beim Tennis oder bei Würfelspielen.

Von Wichtigkeit ist bei einem **Aktivierungszirkel** einmal, daß der emotionale Zustand um einen mittleren Erregungsgrad pendelt – zwischen Langeweile und überwältigender Emotion –, andererseits das Wissen um das sichere Eintreten von Entspannung. In Erwartung des Spannungsabfalls können sogar höchste Spannungszustände als lustvoll erlebt werden.

Als Beispiel für einen Aktivierungszirkel gibt HECKHAUSEN (1978, 141f) folgende Beobachtung wieder: «Jutta im Alter von 10 Monaten liegt im Laufställchen und steht in regem Blickkontakt mit dem Vater. Dieser nimmt ein Tuch und wirft es über ihre Augen. Sie gerät sofort in einen Erregungszustand, versucht sich heftig zappelnd zu befreien. Das vorher unmerklich flache Atmen geht nun schnell und stoßweise. Der Beobachter hat dadurch den zwingenden Eindruck, daß das Kind sich in Not befindlich erlebt. Sobald es trotz des erregten und daher unkoordinierten Zappelns gelingt, das Tuch vom Gesicht zu ziehen, beruhigt sich der Atem sofort, und das Kind lächelt erleichtert-erlöst den Erwachsenen an. Dieser wirft das Tuch erneut... Nach der Bedeckung ist das Kind sofort und sehr heftig um Befreiung bemüht, die trotz zahlreicher Wiederholungen des Spiels stets wieder große Erleichterung, Freude und eine Normalisierung des Atems herbeiführt. Das Beispiel spricht für sich. Durch die Sichtbehinderung wird die psychische Gespanntheit über ein erträgliches Niveau hinaus gesteigert und durch die Befreiung wieder gemindert.»

Als besonders angenehm wird ein rascher Aktivierungszirkel bei mittlerem Erregungsniveau erlebt. Anregungssituationen, die beides auslösen, wirken auffordernd und werden aufgesucht. Anregungssituationen sind im Grunde Diskrepanzen, die dadurch entstehen, daß Neuigkeit bzw. Wechsel ins Spiel kommt und daß Überraschungen auftreten können. Zwei weitere Bedingungen für solche im Spiel erlebten Diskrepanzen sieht HECKHAUSEN in der möglichen Verwickeltheit von Spielsituationen und in der Ungewißheit bzw. den Konflikten bei der Entscheidung von Handlungsschritten.

Zum Unterschied zwischen Kinder- und Erwachsenenspielen merkt HECKHAUSEN an, daß im Gegensatz zum Kind der Erwachsene in einer vertrauten Welt spiele, die das Interessante, Unbekannte, Gefährdende oder Verlockende weitgehend verloren habe. Spiel wird für Erwachsene erst möglich durch räumliche und zeitliche Ausgrenzung, durch die Spielregel, die eine Quasi-Realität schafft. Dadurch erhält die Spielwelt einen Teil dessen, was die alltägliche Welt an Unvorhersagbarkeit und Risiko, an Überraschung und Gefährdung, kurz, an Anregungspotential verloren hat, zurück. Monotonie verwandelt sich in Abwechslung, Langeweile in Kurzweil, Entspanntheit in einen Kreisprozeß von wachsender Spannung und plötzlicher Erleichterung.

Individuelle Unterschiede im Sport

Nicht nur Sportlehrer, sondern auch Trainer, Lehrer und Eltern kommen immer wieder in die Situation, andere hinsichtlich individueller Unterschiede beurteilen, einordnen, einschätzen zu müssen. Es geht dabei sowohl um Unterschiede zwischen verschiedenen Personen (interindividuelle Unterschiede, vgl. Foto 33 und Foto 34) als auch bei einer Person zu verschiedenen Zeitpunkten (intraindividuelle Unterschiede, vgl. Foto 35 und Foto 36).

Kampfrichter etwa müssen Eisläufer hinsichtlich des künstlerischen Ausdrucks und des sportlichen Wertes ihres Vortrags beurteilen. Von Sportlehrerinnen und Sportlehrern wird verlangt, daß sie individuelle Leistungsfortschritte jedes einzelnen Schülers in die Notengebung eingehen lassen. Ein wichtiges Ziel im Sport ist es aber auch, individuelle Unterschiede zwischen verschiedenen Personen und Unterschiede im Handeln und den Handlungsmöglichkeiten bei ein und derselben Person nicht nur zu **beurteilen**, sondern auch zu **verändern**.

Der Zweig der Psychologie, der sich mit individuellen (psychischen) Unterschieden von Personen befaßt, ist die **Differentielle Psychologie**. Man geht davon aus, daß sich individuelle Unterschiede sowohl aufgrund von **Erbanlagen** ausbilden und entwickeln können als auch aufgrund von **Umwelteinflüssen**. Dem letzteren Sachverhalt trägt unser Bildungssystem Rechnung, das im Grunde ein übergeordnetes Leitziel hat, nämlich Wissens- und Könnensunterschiede zwischen Menschen einer Norm entsprechend zu verändern. Dies kann durch Erziehung und Ausbildung erfolgen, in deren Rahmen Lern- und Trainingsprozesse etwa im **Unterricht** mehr oder weniger systematisch organisiert sind.

Bei der Zuordnung zu bestimmten Veränderungsmaßnahmen wie zum Beispiel Leistungs-, Stütz- oder Förderkursen in den Schulen werden individuelle Voraussetzungen unterstellt. Man spricht dann mitunter von unterschiedlichem Talent, unterschiedlicher Begabung, Lern- oder Bildungsfähigkeit. Aber nicht nur in unserem Bildungswesen, auch in Sport-

Fotos 33 und 34: Interindividuelle Unterschiede

organisationen wird auf individuelle Unterschiede eingegangen. Um den chancengleichen Wettkampf zu ermöglichen, teilt man Leistungs- und Gewichtsklassen ein, beim Sportabzeichen können sich alle ihr individuelles Programm zusammenstellen. Damit möglichst jeder potentielle Verbraucher seine Skistiefel, Tennisschläger, Turnschuhe oder Skier findet, gestalten ganze Industrien ihre Produkte entsprechend differenziert. Das alles sind Konsequenzen aus einer der «Grundtatsachen des Lebens überhaupt», nämlich der Einzigartigkeit von Individuen, wie Amelang und Bartussek (1990, 19) es ausdrückten.

In der Sportpsychologie werden individuelle Unterschiede besonders in drei Problembereichen diskutiert:

- im Zusammenhang mit Sport und **Persönlichkeit**, also der Frage nach den persönlichkeitsbildenden Wirkungen des Sports,
- im Rahmen der Auswahl und Förderung von **Talenten** und
- schließlich dann, wenn nach den Möglichkeiten und Strategien der Veränderung von Personen durch sportliche Betätigung gefragt wird, etwa durch **Training**.

Foto 34

Persönlichkeit

«Sport und Leibeserziehung ... tragen zur Entfaltung der Persönlichkeit bei ...», proklamiert die Charta des Deutschen Sports 1976. Diese und ähnliche Aussagen haben Tradition in der theoretischen und pädagogischen Auseinandersetzung mit Sport und Leibeserziehung.

Der erste deutsche Sportpsychologe, R. W. SCHULTE, formulierte in seinem Werk «Eignungs- und Leistungsprüfungen im Sport» (1925, 11): «Die Leibesübungen dienen aber auch in ganz hervorragendem Maße der

Fotos 35 und 36: Intraindividuelle Unterschiede

Foto 36

Verbesserung geistiger und seelischer Leistungen. Der Römer hat nicht umsonst das Schlagwort von einem gesunden Geist in einem gesunden Körper geprägt. Nur die innige, harmonische und vollendete Durchdringung von Leib und Seele schafft den erstrebenswerten Idealmenschen... Man spricht schließlich bei der Hervorhebung des Wertes von Leibesübungen sehr häufig von der vorteilhaften Beeinflussung der sittlichen Persönlichkeit.» Seit SCHULTE sind zahlreiche Arbeiten über den Zusammenhang zwischen Sport und Persönlichkeit veröffentlicht worden.

Auf so reges sportpsychologisches Forscherinteresse ist dieses Problemfeld wohl in erster Linie deshalb gestoßen, weil es ein zentrales Anliegen von Sport und Leibeserziehung aufgreift, nämlich die Veränderung von Persönlichkeiten im Sinne bestimmter Lernziele durch den Sport sowie die Auswahl bestimmter Persönlichkeiten für den Sport.

Könnte man durch sportpsychologische Forschungsergebnisse tatsächlich nachweisen, daß sportliche Betätigung und/oder psychische Persönlichkeitsvoraussetzungen in der einen oder anderen Weise Wirkungen hätten, so würde dies unter anderem Begründungen liefern, ob und in welchem Maße sportliche Betätigung über biologisch-medizinische Aspekte hinaus positive Auswirkungen haben kann. Nichtmotorische Lernziele (vgl. S. 275f) ließen sich präziser fassen, Talente könnten dann zielsicherer gefunden und gefördert und schließlich Persönlichkeitsveränderungen durch sportliche Betätigung fundierter erklärt, vorhergesagt und kontrolliert werden.

Auf den ersten Blick scheint die Alltagserfahrung Persönlichkeitsunterschiede zwischen manchen Sportlern und Nichtsportlern nahezulegen. Da müssen doch eigentlich, so sind die meisten geneigt anzunehmen, zwischen dem Ruderrecken und dem Büromenschen, zwischen dem Zehnkämpfer und dem Durchschnittsbürger, zwischen der Eisprinzessin und der Verkäuferin Persönlichkeitsunterschiede bestehen bzw. ganz bestimmte Persönlichkeitsvoraussetzungen gegeben sein, die diese Unterschiede ausmachen, und zwar in einer Weise, daß sie womöglich über das tätigkeitsspezifische Handeln und seine Voraussetzungen hinausgehen.

Untersuchungsergebnisse der Sportpsychologie schienen zunächst auch recht eindeutige Zusammenhänge zutage zu fördern (in den früheren sozialistischen Ländern Osteuropas wurden persönlichkeitsfördernde Wirkungen des Sports erst gar nicht in Frage gestellt). Als Beispiel sei die Arbeit von NEUMANN (1956) angeführt, der in seinen Untersuchungen über den «möglichen Beitrag der Leibeserziehung zum Aufbau der Person» «Trainingssportler», «Allgemeinsportler» und «Nichtsportler» in 24 Persönlichkeitseigenschaften verglichen hat. Diese Eigenschaften wurden aus Mimik, Gestik sowie dem Verhalten und Handeln während einer Sportstunde erschlossen und von Beobachtern in eine sechsstufige Skala eingetragen. Dem Schluß von der Beobachtung zur Eigenschaft lagen Annahmen zugrunde wie zum Beispiel «ein leicht erregbarer, impulsiver Mensch unterscheidet sich beim Spiel in seiner Mimik, seinen Gebärden und Lautäußerungen, seinem Bewegungstempo, Bewegungsumfang und Krafteinsatz, seiner Muskelspannung und seinem Verhalten deutlich von seinem nur schwer erregbaren, kühlen Gegentyp (NEUMANN 1956, 204f).

In einer Zusammenfassung von Befunden aus diesen Untersuchungen führt NEUMANN unter anderem aus, daß die Auswertung der Testresultate in vielen Fällen lediglich eine Bestätigung bereits bekannter Tatsachen erbrachte, zum Beispiel der höheren «körperlichen Anstrengungsfreude», «praktischen Gewandtheit», «Willensstoßkraft», «Antriebsstärke», «Entschlußkraft» und «Kontaktbereitschaft» der Sportler. «Nicht unbedingt vorauszusehen war seine rasche Gefühlserregbarkeit, seine gehobene Lebensgrundstimmung und sein gesteigertes Eigenmacht- und Selbstwertgefühl» (1956, 205). Es wurden von NEUMANN also recht eindeutige Unterschiede zwischen Sportlern und Nichtsportlern hinsichtlich bestimmter Persönlichkeitseigenschaften festgestellt, die schließlich in der Aussage gipfeln, «der Sportler» sei ein «Typ sui generis».

Studiert man allerdings die inzwischen vorliegenden Arbeiten zum Problemfeld Sport und Persönlichkeit (vgl. Übersichtsdarstellungen bei MARTENS 1975; SEITZ 1975; SINGER & HAASE 1975; VANEK 1975; GABLER 1976a), so bestätigt sich die Aussage von SINGER und HAASE (1975), daß die Befunde insgesamt betrachtet mehr neue Fragen aufwerfen, als sie beantworten. Sie stellen keine ausreichende Basis dar, die erwähnten, nicht selten recht konkreten und apodiktisch vorgetragenen Aussagen über eine Beziehung zwischen sportlicher Aktivität und Persönlichkeit als eindeutig widerlegt oder bestätigt anzusehen. Schon 1968 hat RYAN sehr anschaulich Gründe für diesen Stand der Forschung formuliert:

«Die Forschung in diesem Bereich wurde weitgehend nach der Schrotschuß-Methode betrieben. Damit meine ich, die Forscher haben den erstbesten, bequemsten Persönlichkeitstest genommen, dazu die nächste Sportgruppe und mit geringer oder gar keiner theoretischen Basis für ihre Auswahl schossen sie dann in die Luft, um zu sehen, was herunterfiel. Es ist nicht verwunderlich, daß solche Schüsse in die Luft zu verschiedenen Zeiten und an verschiedenen Orten mit unterschiedlicher Munition unterschiedliche Befunde erbringen. Tatsächlich wäre es überraschend, wenn solche Ergebnisse nicht widersprüchlich und ein wenig verwirrend wären» (RYAN 1968, zit. nach MARTENS 1975, 15 – übersetzt von H. E.)

Die Gründe für die Vielfalt der Widersprüchlichkeiten der vorliegenden Forschungsergebnisse sind mannigfaltiger Art. Ein erster dürfte darin zu suchen sein, daß Persönlichkeit einer der schillerndsten Begriffe sowohl der alltäglichen als auch der wissenschaftlichen Psychologie ist. Das individuelle, relativ beständige Gefüge aktueller Prozesse und überdauernder Bedingungen einer Person, das im Wahrnehmen, Verhalten, Handeln und Erleben zum Ausdruck kommt, mit dem man den Begriff Persönlichkeit umreißen könnte, kann über sehr unterschiedliche Kriterien wissenschaftlich aufgegriffen werden.

Darüber hinaus ist Sport ein gesellschaftliches Subsystem und nur als solches zu begreifen. Sportlerinnen und Sportler wurden in der Gesellschaft, in der sie aufgewachsen sind, sozialisiert und verändert, bevor sie zum Sport kamen (vgl. S. 170ff). Durch den Sport werden dann bereits vorhandene Persönlichkeitszüge und -orientierungen möglicherweise nur noch verstärkt. Weiter ist es nicht unproblematisch, von *den* Wirkungen *des* Sports auszugehen, weil Sport ein außerordentlich inhomogenes Feld ist, als ganzes kaum zu fassen. Darüber hinaus macht es die unüberschaubare Vielfalt sportlicher Betätigungsmöglichkeiten sowohl hinsichtlich inhaltlicher Kriterien (Sportarten, Disziplinen) als auch hinsichtlich ihrer Intensität (Aufwand für Üben, Training und Wettkämpfe) unmöglich, von *dem* Sportler oder *der* Sportlerin zu sprechen. Man wird auch hier sehr sorgfältig zu differenzieren haben, um nicht unterschiedliche Sachverhalte über Gebühr zu vermengen.

Art, Ausmaß und Richtung eventueller Einflüsse sportlicher Betätigung auf die Persönlichkeit – und dies ist ein weiterer wichtiger Grund für den unbefriedigenden Forschungsstand – hängen darüber hinaus von einer Reihe anderer Bedingungen ab, die in entsprechende Untersuchungen einbezogen werden müssen. So wirken neben Merkmalen der Person Merkmale der materiellen und sozialen Umwelt, des Geschlechts, des Alters etc. in ihrer Wechselbeziehung.

Nicht zuletzt wird man die in der sportpsychologischen Persönlichkeitsforschung eingesetzten Datenerhebungsmethoden kritisch bewerten müssen. Sie sind oft nicht für sportspezifische Fragestellungen konzipiert worden, was die Gültigkeit der damit erhobenen Daten beträchtlich einschränken kann. Nicht selten kommt es zu regelrechten Verzerrungen. Beim in der sportpsychologischen Forschung oft verwendeten Persönlichkeitsfragebogen FPI (Freiburger Persönlichkeitsinventar nach Fahrenberg & Selg 1970) werden die Probanden beispielsweise aufgefordert, Items zuzustimmen oder nicht zuzustimmen wie: «Ich schlage selten zurück, wenn man mich schlägt» oder «Ich kann mir keinen triftigen Grund dafür denken, daß man jemanden schlägt.» Die zustimmende

Antwort eines Boxers wird hier sicher anders zu interpretieren sein als die aus der Normbevölkerung. Damit erhebt sich prinzipiell die Frage der Vergleichbarkeit der Befunde, die an Sportlern erhoben werden, mit den Normen für Nichtsportler. Zwei andere Items aus dem FPI, «Ich spüre mein Herz gelegentlich bis zum Hals hinauf schlagen» und «Ich bin häufiger abgespannt, matt und erschöpft», werfen eine ähnliche Problematik wohl für jeden häufiger trainierenden und Wettkämpfe bestreitenden Sportler auf.

Eine weitere methodische Notwendigkeit wäre in der Erforschung von Zusammenhängen zwischen Sport und Persönlichkeit die Überprüfung der Persistenz, das heißt des Überdauerns von eventuellen Persönlichkeitsveränderungen durch sportliche Aktivität.

Um der Komplexität des Forschungsgegenstandes Sport und Persönlichkeit Rechnung tragen zu können, so meinten Singer und Haase schon 1975, müsse man von globalen Annahmen und Hypothesen Abstand nehmen und unter pädagogischen Gesichtspunkten sehr präzise fragen: «Welche Persönlichkeitsmerkmale lassen sich auf welcher Altersstufe über welche Aktivitäten mit Hilfe welcher Übungs- und Trainingsformen unter welchen Randbedingungen so beeinflussen, daß sie stabil und relativ generell sind?» Forschungsansätze, die solche Überlegungen in zentralen Punkten berücksichtigen, legten Gabler (1976a) und Sack (1980) vor.

Beide versuchten unabhängig voneinander herauszufinden, ob sportliche Betätigung Persönlichkeitsmerkmale verändert (Sozialisationshypothese) und ob sich nur solche Persönlichkeiten sportlicher Betätigung zuwenden bzw. diese weiterbetreiben, die bestimmte psychische Merkmale schon mitbringen (Selektionshypothese).

Diese Fragestellungen lassen sich über (einmalige) Querschnittsuntersuchungen nicht beantworten, weil damit keine Veränderungen zu erfassen sind. Erst die mehrmalige Messung in Zeitabständen an derselben Personenstichprobe hinsichtlich derselben Merkmale, sogenannte Längsschnittuntersuchungen, können über Veränderungen im Sinne der beiden genannten Hypothesen Ergebnisse erbringen. Entsprechend wurden von Gabler und Sack auch Längsschnittdaten erhoben. Sie untersuchten ihre Sportlerinnen und Sportler je zweimal in Abständen von 5½ bzw. 4 Jahren. Gabler untersuchte Hochleistungsschwimmerinnen und -schwimmer zwischen 10 und 25 Jahren, Sack Mittel- und Langstreckler beiderlei Geschlechts zwischen 16 und 22 Jahren. Beide Gruppen waren Leistungssportler, betätigten sich also überdurchschnittlich zeitaufwendig und intensiv sportlich. Hinter solcher Stichprobenauswahl steckt die plausible Annahme, daß, wenn sich überhaupt Befunde zu beiden Hypothesen finden lassen sollten, dies mit größter Wahrscheinlichkeit bei intensiv trainierenden Leistungssportlern der Fall sein müßte.

Ausgangspunkt für Gabler war der Befund, daß seine Schwimmer hinsichtlich ihrer Persönlichkeitsmerkmale im Normbereich lagen. «Auch wenn diese Untersuchungsergebnisse dem Bild des Sportlers, insbesondere des Hochleistungssportlers, als Typ sui generis nicht entsprachen und sich aus ihnen auch keine Hinweise dafür ergaben, daß bestimmte Persönlichkeitsdispositionen (Eigenschaften – H. E.) vorlagen, die den Zugang der Probanden zum Leistungssport begünstigen, so mußte die Frage offenbleiben, ob sich die Persönlichkeitsmerkmale der einzelnen Probanden im Laufe ihrer mehrjährigen schwimmsportlichen Entwicklung nicht verändern werden, vielleicht sogar in systematischer und normabweichender Weise» (Gabler 1976a, 10). Sacks Ausgangsüberlegungen gingen in dieselbe Richtung.

Die Sozialisationshypothese konnte durch Gablers und Sacks Untersuchungen keine, die Selektionshypothese dagegen partiell eine Bestätigung finden. Aus sportpsychologischer Sicht scheinen insbesondere motivationale Merkmale als Selektionskriterien von Bedeutung zu sein. «Die Ergebnisse sind eindeutig: Selektion findet statt – die Welt des (Hoch-) Leistungssports ist so strukturiert und ausgestattet, daß Individuen mit bestimmten Merkmalskombinationen zum Verbleiben in oder zum Ausscheiden aus einem System veranlaßt werden» (Sack 1980, 223f).

Auch Gablers Befunde stützen dieses Ergebnis. Er fand, daß motivationale Persönlichkeitsmerkmale als wichtige psychische Bedingungen dafür anzusehen seien, daß einzelne Athleten und Athletinnen mit höherer Wahrscheinlichkeit länger und erfolgreicher den Höchstleistungsschwimmsport betreiben als andere. Als Merkmale hebt er hohe, überwiegend erfolgszuversichtliche, gegenüber einer mißerfolgsängstlichen Leistungsmotivation hervor. Nach seinen Untersuchungen gilt dies vor allem für Schwimmerinnen sowie für männliche und weibliche Schwimmer der sozialen Unterschicht. Eine weitere wichtige Voraussetzung sind ein realistisches, mittleres gegenüber einem unrealistischen, überhöhten Anspruchsniveau und hohe Selbstverantwortlichkeit. Erbrachte Leistungen werden vor allem auf internale und weniger auf externale Bedingungen zurückgeführt.

Über die Bestätigung bestimmter Persönlichkeitsmerkmale als Bedingungen sportlicher Leistungen hinaus zeigten Gablers Untersuchungen auf, daß psychische Merkmale alleine beschränkten Erklärungswert besitzen. Zusätzlich sind weitere Bedingungen in Betracht zu ziehen, Gabler nennt da die Konstitution und die schwimmspezifischen Fähigkeiten der Athleten, ihren Trainingsumfang und ihre Trainingsintensität sowie äußere Trainingsbedingungen wie familiären Rückhalt, schulische und berufliche Möglichkeiten und Anregungen durch die Trainingsgruppe und den Trainer.

Talent

Eine Gesellschaft, die in bestimmten Bereichen wie Kunst, Musik, Wissenschaft, Industrie, Politik oder Sport Spitzenleistungen erreichen will, muß diejenigen Personen herausfinden und fördern, die mit überdurchschnittlicher Wahrscheinlichkeit über Voraussetzungen verfügen, Spitzenleistungen zu erreichen, wenn sie entsprechend gefördert werden – Talente.

Im Sport sind naturgemäß besonders im Bereich des Spitzensports Suche, Findung, Auswahl und Förderung von Talenten von großer Bedeutung (Adolph 1979; Carl 1988). Jeder oberklassige Fußballverein hat seine Talentsucher. In vielen anderen Sportarten werden Vereinstrainer von Sportlehrern in Schulen auf Talente aufmerksam gemacht und zur weiteren Förderung empfohlen. Mit öffentlichen Mitteln werden Forschungsprojekte unterstützt, die Kriterien der Talentfindung und -förderung wissenschaftlich fundieren sollen (Kultusministerium des Landes Nordrhein-Westfalen 1990). In Gremien des Deutschen Sportbundes zerbricht man sich die Köpfe über Möglichkeiten und Ansätze, mehr Talente in den Hochleistungssport zu bringen. Solche Maßnahmen verweisen auf die hohe Priorität, die die Talentproblematik im Sport genießt.

Besonders effizient muß die Findung und Förderung von Talenten dort sein, wo nur beschränkte Mittel zur Verfügung stehen, die es nicht ermöglichen, alle in gleichem Maße zu fördern. Hier wirken sich also Nutzen-Kosten-Erwägungen aus, und es wird die soziale Verantwortung für diejenigen deutlich, die nicht die Voraussetzungen für Spitzenleistungen mitbringen und keine entsprechende Förderung genießen. Soziale Verantwortung ist aber auch da angezeigt und dringend notwendig, wo uneinsichtige, verantwortungslose Ausbilder, Trainer und Eltern Talentierte wie Untalentierte Belastungen aussetzen, unter denen sie Schaden erleiden können.

Oberflächlich gesehen erscheint Talent als ein eindimensionales Problem. Man *hat* Talent, *ist* ein Talent, ist talentiert oder nicht. Man geht bei diesem Verständnis von einer Eigenschaft, einem festen Merkmal oder Merkmalsbündel einer Person aus. Von verschiedenen Autoren wurde Talent in diesem Sinne als eine Veranlagung, eine Begabung aufgefaßt; die jemand hat: «Zusammenfassend definieren wir Sporttalent als naturgegebene Veranlagung im Sinne optimalen Zusammentreffens derjenigen psychophysischen Eigenschaften, die die Voraussetzungen für den Aufbau von Höchstleistungen in einer bestimmten Sportart bilden.» (FEIGE 1977, 209).

Ein vergleichbares Problemverständnis hat die pädagogische Psychologie in der Begabungsforschung bis Mitte der 60er Jahre ausgezeichnet. SCHENK-DANZINGER (1959, 358) verstand unter Begabung «Eine anlagemäßig vorgegebene Leistungsdisposition».

Obwohl sich für die Sportpraxis Talent und Begabung, in diesem Sinne als Anlage (eindimensional) verstanden, tatsächlich als recht tragfähige Begriffe erweisen, kommt man in der wissenschaftlichen Analyse damit nicht sehr weit, weil außerordentlich komplexe Sachverhalte zu stark vereinfacht erscheinen.

ROTH (1969, 65), der zur Notwendigkeit eines komplexen wissenschaftlichen Zugangs zur Begabungsproblematik Stellung nimmt, faßt zusammen, was durchaus auch für die Talentforschung im Sport Bedeutung besitzt.

«Begabung als Anlage wird in dieser Sicht zu *einem* Bedingungsfaktor in einem Feld von Variablen, die alle durch Lehren und Lernen, Unterricht und Erziehung beeinflußbar sind... Man darf also, wenn man von Begabung spricht, nicht an eine isolierte und statische Größe denken, die es als solche gibt, sondern an eine dynamische, veränderliche in einem Netz von Bezugsgrößen, die alle mitentscheiden, ob Potentialitäten entwickelt werden oder nicht entwickelt werden.»

Die sportwissenschaftliche Talentforschung müßte entsprechend an der Beschreibung der Bedingungen ansetzen, die auf das Erreichen sportlicher Höchstleistungen Einfluß nehmen (vgl. RUOFF 1979, 163).

Es müssen alle Bedingungen, die die Person-Umwelt-Wechselbeziehung im Sinne einer Vorhersage künftiger Handlungen und Handlungsmöglichkeiten eines potentiellen Spitzenleisters beeinflussen können, in die Talentbestimmung eingehen. Man müßte dann den sehr komplexen Begriff Talent in beobachtbare Sachverhalte aufspalten, die empirisch erforscht werden können. Da gezeigt wurde, daß Verhalten und Handeln einer Person nicht nur durch endogene (aktuelle, überdauernde) Bedingungen einer Person determiniert sind, sondern auch durch (exogene) Umweltbedingungen, müßte der Talentbegriff zwangsläufig beide Bedingungsgruppen einbeziehen. Entsprechend definiert man in der aktuellen Talentforschung ein sportliches Talent als eine Person, «deren Struktur von anatomisch-physiologischen Merkmalen, Fähigkeiten und (weiteren) Persönlichkeitseigenschaften mit hoher Wahrscheinlichkeit erwarten läßt, daß diese Person unter bestimmten Trainings- und weiteren Umweltbedingungen das Leistungsniveau der nationalen und internationalen Spitzenklasse in einer bestimmten Sportart erreichen wird» (SINGER, 1981a, 16). Es gilt also, einen Personenkreis zu finden und zu fördern, der über bestimmte endogene Voraussetzungen verfügt und unter bestimmten (fördernden) exogenen Bedingungen ein bestimmtes Leistungsniveau erreichen kann.

In der Praxis der **Talentfindung** und **-förderung** wird dazu in vier Schritten vorgegangen. Zunächst werden die Merkmale und Bedingungen beschrieben, in denen sich ein Talent von einem Nichttalent unterscheidet. Der zweite und dritte Schritt ist die Suche und Auswahl von Personen (Talentsuche und Talentauswahl), die als entsprechend geeignet einzustufen sind. Schließlich wird man in der Phase der Talentförderung geeignete Maßnahmen zu realisieren suchen, die eine Entfaltung des Talentes positiv beeinflussen.

Wie der wissenschaftsmethodische Ansatz einer Talentfindung aussehen kann, zeigt WILLIMCZIK (1979a), der eine vom Deutschen Skiverband organisierte Talentaktion wissenschaftlich begleitete.

An über 120 12–15jährigen Jungen und Mädchen, die Skisport betrieben, wurden im Abstand von einem Jahr über vier Jahre hinweg Merkmale gemessen, von denen man annimmt, daß sie geeignet sind, spätere Höchstleistungen vorauszusagen. Diese Merkmale sollten zuverlässig und genau zu messen sein, mit Skifahren etwas zu tun haben (Leistungsrelevanz), Entwicklungen während des Untersuchungszeitraumes abbilden (Entwicklungsrelevanz) und natürlich Prognosen auf die spätere Leistung im Skilaufen zulassen (prognostische Relevanz).

Sieben Merkmale haben sich bei WILLIMCZIK als besonders geeignet für diese Zwecke herausgestellt, sie klären 75,9 Prozent der Varianz auf, die skiläuferische Leistung vorhersagen kann (100 Prozent Varianzaufklärung entspräche 100prozentiger Prognosesicherheit):

- **Körperstellung:**
  gemessen über biomechanische Kriterien wie Schultern, Arme, Hüftknick, Knie, Beugung im Hüftgelenk, Beugung im Kniegelenk, Beugung der Sprunggelenke (Methode: Filmanalyse)
- **Zick-Zack-Sprünge und Bend-Twist-Touch:**
  gemessen mit Hilfe eines sportmotorischen Tests
- **Schwungsteuerung:**
  gemessen über biomechanische Kriterien wie schneidende bzw. gleitende Skiführung (Methode: Filmanalyse)

- **Schneetraining:**
  gemessen über das Merkmal Anzahl der durchschnittlichen Schneetrainingsstunden pro Woche (Methode: Befragung)
- **Unterstützung der Eltern:**
  erfaßt wurden Training der Eltern mit den Kindern, Fahrten zu Wettkämpfen und Betreuung, finanzieller Aufwand etc. (Methode: Befragung der Eltern)
- **Ellbogenstärke:**
  gemessen über anatomische Kriterien (nach Heath & Carter)
- **Einstellung zum Skisport:**
  gemessen über die Bedeutung des Skisports für die einzelnen (Methode: Befragung).

Deutlich wird in dem Ansatz Willimcziks die Komplexität des multidisziplinären Zugangs mit Schwerpunkt im Bereich der Bewegungs- und Motorikforschung. Sportmedizinische, sportpsychologische, trainingswissenschaftliche und sportsoziologische Aspekte werden zwar auch, nicht aber erschöpfend berücksichtigt.

Ein weitgehend aus der Praxis entwickeltes Programm der Talentfindung und -förderung wird in der Fechterhochburg Tauberbischofsheim – wie es scheint, mit großem Erfolg – verwirklicht (vgl. Abb. 55). Initiator ist Emil Beck, dessen Darstellung hier zitiert wird, um aufzuzeigen, welch differenzierte inhaltliche und organisatorische Strukturen Voraussetzung sind, um die vielfältigen talentbestimmenden endogenen und exogenen Bedingungen zieladäquat zu koordinieren.

Beck (1979b) geht davon aus, daß optimale exogene Bedingungen möglichst früh geschaffen werden müssen. Kinder ab drei Jahren, die bestimmten Kriterien und Tests entsprechen, beginnen in einer ersten Phase des Programms in zweimal 60 Minuten mit dem «Denk-Sport-Trimm-Spaß». Lernziele sind dabei Bewegungsfreude, Vorschulkenntnisse und Gruppenverhalten. Die eigentliche sportartspezifische Ausbildung beginnt mit sechs Jahren. Lernziele sind dabei Freude an sportlicher Betätigung, Leistungsdenken und Leistungsstreben sowie Gruppenverhalten. Trainiert wird zweimal wöchentlich, ab dem 9. Lebensjahr dreimal.

Parallel laufen trainingsbegleitende Maßnahmen (vgl. Abb. 55). Ab dem 11. Lebensjahr werden die Kinder in Leistungsklassen erfaßt. Trainiert wird dann planmäßig dreimal wöchentlich in je zwei Trainingszeiten. Lernziele sind dabei Freude an der sportlichen Bewegung sowie die Entwicklung des sozialen Verhaltens. Ziel dieser Phase ist es, Talente auszuwählen.

«Mit dem 14. Lebensjahr steht in der Regel fest, welche jugendlichen

Sportler unter optimalen exogenen Bedingungen eine sportliche Entwicklung auf Weltniveau erwarten lassen; mit anderen Worten: Das Talent hat sich herauskristallisiert» (BECK 1979b, 61). Kriterien, die in dieser Phase hilfreich sein dürften, sind das Leistungsniveau, das Tempo der Leistungserhöhung sowie Leistungsstabilität und -steigerungsfähigkeit. Dabei muß die sportliche Eignung immer in wechselseitiger Wertung dieser Kriterien festgestellt werden. Mit welchem Gewicht sie in eine Diagnose sportlicher Eignung eingehen, ist eine bis jetzt ungeklärte Problematik der wissenschaftlichen Forschung.

In der nun einsetzenden Phase der Talentförderung gilt es, die exogenen Bedingungen wie Trainingsvoraussetzungen, Wettkampfvoraussetzungen, trainings- und wettkampfübergreifende Voraussetzungen und talentbegleitende Maßnahmen so zu koordinieren, daß die größtmögliche Wirkung erzielt wird. Die Tabelle vermittelt einen Eindruck von der Vielfalt dieser Voraussetzungen und Maßnahmen.

Zu rechtfertigen werden Maßnahmen der Talentfindung und -förderung allerdings nur dann sein, wenn letztlich die Bedürfnisse der Geförderten an erster Stelle Berücksichtigung finden und die Effizienz des Systems nicht über die Selbstverwirklichung des einzelnen gestellt wird.

Bedingungen individueller Unterschiede

In der Entwicklung wirken Erbanlagen und Umwelt zusammen. Als Antrieb der Entwicklung sollen diese beiden Bedingungen individueller Unterschiede an dieser Stelle nicht weiter interessieren. Es soll vielmehr um ein individuelles Merkmal gehen, das großes wissenschaftliches Interesse auch in der Sportwissenschaft erlangt hat, nämlich das **Geschlecht** (vgl. PFISTER 1983; KLEIN 1983).

Biologisch ist das Geschlecht des Menschen Konsequenz einer bestimmten Chromosomenkonstellation, 45/46 des Chromosomenbestandes haben beide Geschlechter gemeinsam. Dies ist ein hinlänglich aufgeklärter Sachverhalt, der hier nicht weiter zu vertiefen ist. Vielmehr soll hier anhand einiger sportpsychologisch bedeutsamer Argumente dargestellt werden, daß individuelle Unterschiede zwischen Angehörigen der Geschlechter sich deshalb entwickeln, weil Mädchen und Jungen, Männer und Frauen lernen, sich und ihre Welt geschlechtsspezifisch wahrzunehmen, zu erleben und entsprechend zu handeln. Diese geschlechtsspe-

Trainingsvoraussetzungen	Wettkampfvoraussetzungen	Trainings- und wettkampfübergreifende Voraussetzungen	Trainingsbegleitende Maßnahmen in Tauberbischofsheim
1. Trainingsmöglichkeit	1. Wettkampfmöglichkeit	1. Medizinische Betreuung	1. Teilinternat «Modell Tauberbischofsheim»
2. Trainingshäufigkeit	2. Wettkampfhäufigkeit	2. Physiotherapeutische Betreuung	2. Gesellschaft zur Förderung des Fechtclubs Tauberbischofsheim FC TBB
3. Trainingsintensität	3. Wettkampfintensität	3. Betreuung der Sportausrüstung	3. Öffentlichkeitsarbeit
4. Trainingszeitpunkte	4. Wettkampfzeitpunkte		4. Maßnahmen zur Freizeitgestaltung
5. Trainingsorganisation	5. Wettkampforganisation		5. Studienplatz- und Stellenbeschaffung
6. Fachspezifische Trainingsmethodik			6. Bundeswehr
7. Weiterentwicklung des Fechtstils			7. Weitere Abteilungen des FC TBB

Abb. 55: Exogene Faktoren der Talentförderung im «Tauberbischofsheimer Modell» (nach BECK 1979 b, 62–63

zifische Form der Person-Umwelt-Wechselbeziehung hat Konsequenzen für die Zuwendung zu bestimmten Handlungsfeldern, die Auswahl bestimmter Handlungsmöglichkeiten im Sport und, damit verknüpft, für die Entwicklung intra- und interindividueller Unterschiede, die nicht biologisch begründbar sind.

Von den über 20 Millionen Mitgliedern der Landessportverbände im Deutschen Sportbund, die das «Jahrbuch des Sports» für 1991 ausweist, sind nur knapp 8 Millionen Frauen. Von den 262325 Abiturienten der Bundesrepublik waren 1988 nur 118217 weiblichen Geschlechts. Diese Zahlen verdeutlichen, daß Frauen, immerhin mehr als die Hälfte der 80 Millionen Bundesbürger, in vielen Handlungsfeldern unserer Gesellschaft unterrepräsentiert sind. In manchen Bereichen, zum Beispiel der häuslichen Arbeit oder der Vorschulerziehung, kehren sich die Verhältnisse um.

Für solche beliebig weiter belegbaren Ungleichverteilungen biologische Gründe anzuführen fällt auch Wissenschaftlern schwer. Schon eher erhellend scheinen hier psychologische Gründe.

Attribute wie «Kompetenz», «Dominanz» und «Aggressivität» werden eher Männern, «Sensibilität», «Anpassungsfähigkeit», «ästhetisches Empfinden» und «Ängstlichkeit» werden nach BIERHOFF-ALFERMANN (1977, 18) eher Frauen nachgesagt. Die Selbstbilder, die Frauen und Männer von sich und ihrer Geschlechtsrolle haben, ihr erlebtes Geschlecht also, sind oft von diesen typischen Vorstellungen beeinflußt.

Empirische Befunde zeigen, daß sich Fremd- und Selbstbilder der Geschlechter teilweise objektivieren lassen. Bezüglich der Intelligenz erweisen sich männliche Personen weiblichen im Kindes-, Jugend- und frühen Erwachsenenalter nicht als überlegen, wohl aber belegt die Mehrzahl der vorliegenden Untersuchungen nach AMELANG und BARTUSSEK (1990) die Annahme, daß in spezifischen Funktionsbereichen systematische Geschlechtsunterschiede bestehen. Demnach sind weibliche Probanden meist in Wortflüssigkeit, Grammatik, Wortschatz und Leseleistung, also im verbalen Bereich, männliche hingegen im räumlichen Vorstellen und dem damit zusammenhängenden technischen Verständnis überlegen. Die mit steigendem Alter zunehmende Diskrepanz der Intelligenzleistungen zuungunsten der Frauen läßt sich nach LEHR (1972, zit. nach BIERHOFF-ALFERMANN 1977, 39) zu einem Teil auf die im Durchschnitt kürzere Schulbildung und/oder fehlendes bzw. geringeres berufliches Training im Vergleich zu Männern zurückführen, das Frauen hier entsprechend benachteiligt. Bei gleichem Ausbildungsniveau haben Männer und Frauen gleiche Intelligenzanstiege zu verzeichnen.

Die von AMELANG und BARTUSSEK (1990) als weitere typische Geschlechterunterschiede angeführten Faktoren Präferenz von Spielzeug (z. B. Autos gegenüber Puppen), größere motorische Aktivität, stärkere Aggressivität, erhöhte Selbstsicherheit und gesteigerte Dominanz bei Jungen scheinen den Umwelteinfluß auf geschlechtsspezifische Selbstkonzepte zu bestätigen.

Männer unterscheiden sich von Frauen auch hinsichtlich ihres Antriebs, Sport auszuüben, sowie ihrer Wahl von Sportarten und ihrer Bereitschaft, an Wettkämpfen teilzunehmen, obwohl davon auszugehen ist, daß Männer und Frauen dem Sport gegenüber ähnlich positiv eingestellt sind. Frauen tendieren dazu, Freizeitsportarten, Männer eher dazu, Wettkampfsportarten positiver einzustufen, wobei Frauen Individual- und Männer Mannschaftssport bevorzugen. Männer wünschen auch eher ihren Sport in einem Verein auszuüben als Frauen.

Kröner (1976, 51) nennt als Kennzeichen typisch männlicher Sportarten die konkurrierende (Wettkampf-)Situation, in der unter hohem Kraft- bzw. Körpereinsatz, verbunden mit hoher Risikobereitsschaft, die Bezwingung des oder der Gegner beabsichtigt ist. Typisch weiblich ist dagegen das Ausschließen eines unmittelbaren Leistungsvergleichs in Individualsportarten, die mehr «gestalterische Fähigkeiten» verlangen und eine «qualitative Verfeinerung der Bewegungsform» anstreben.

Die Gründe für die hier nur verkürzt dargestellten Geschlechterunterschiede im Sport sind offenbar mit denen mehr oder weniger identisch, die auch bei der Entwicklung unterschiedlicher Selbstkonzepte von Männern und Frauen eine Rolle spielen (Foto 37 und Foto 38). Hier kommt der Familie innerhalb der primären Sozialisation eine Schlüsselfunktion zu. Kröner (1976,147) nimmt an, daß die sportlichen Aktivitäten und Einstellungen von Vätern mehr die Söhne und die von Müttern mehr die Töchter beeinflussen, so daß geschlechtstypisches sportliches Verhalten und Handeln vom Vater eher auf den Sohn, von der Mutter eher auf die Tochter übertragen wird. In diesem Zusammenhang darf auch der Einfluß der Gruppen Gleichaltriger und Freunde (Peergruppen) auf die Sportaktivitäten nicht unterschätzt werden. «Da in männlichen gleichaltrigen Gruppen sportliche Kompetenz häufig die alleinige statusverleihende Wirkung ausübt (dies gilt sicher eher für jüngere als für ältere Jugendliche – H. E.), stehen männliche Heranwachsende unter sportlichem Repräsentationszwang» (Kröner 1976,153), weshalb Jungen vermutlich mehr zum Sporttreiben unter Wettkampfbedingungen motiviert sind als Mädchen.

Neben Peergruppen und Familie ist der Einfluß der Schule im Rahmen der **sekundären Sozialisation** bemerkenswert, vor allem deshalb, weil selbst innerhalb ein und desselben Schulsystems bis vor einigen Jahren

Fotos 37 und 38: Handlungsmuster vom Sport entwickeln sich auch in Abhängigkeit von geschlechtsspezifischen Selbstkonzepten.

Foto 38

teilweise getrennt geschlechtstypische Fächer (Werkunterricht für Jungen, Handarbeit für Mädchen) unterrichtet wurden. Die geschlechtsspezifische Trennung von Lerninhalten bzw. die besondere Berücksichtigung des Geschlechts kann sich heutzutage auch im Sportunterricht noch verbreitet behaupten, und zwar in zweifacher Hinsicht. In aller Regel wird ab der 5. Klasse in Lehrplänen und offiziellen Unterrichtsvorgaben der getrennte Sportunterricht vorgeschrieben, und geschlechtsspezifisch werden dann teilweise unterschiedliche spezielle Lernziele angestrebt. Auf diese Weise lenkt die Schule durchaus Entfaltungsmöglichkeiten von Jungen und Mädchen auch in Bereichen, in denen daraus Einschränkungen der Selbstverwirklichung der Angehörigen der Geschlechter resultieren können.

Verändern individueller Unterschiede

Durch entsprechende Steuerung lassen sich intra- und interindividuelle psychische Unterschiede verändern. Von besonderem pädagogischem Interesse ist dabei die Veränderung von Handlungsmöglichkeiten und -voraussetzungen. Neben dem **Lernen** werden dazu im Sport **Üben** und **Trainieren** als Strategien eingesetzt. Je nach Zielsetzung können Planung und Systematik dabei sehr unterschiedlich ausgeprägt sein.

Das Üben von Kindern auf der Straße, ihr inzidentelles Lernen, wird eher durch zufällige Bedingungen sehr stark beeinflußt, Planung erfolgt, wenn überhaupt, aus dem Augenblick heraus, nichts ist systematisch. Ausbildungs- und Unterrichtsprozesse dagegen, bei denen beispielsweise in der Schule oder in Industriebetrieben Lern-, Übungs- und Trainingsprozesse organisiert werden, sind oft bezüglich ihrer Voraussetzungen, ihrer Durchführung und Kontrolle bis ins kleinste geplant und systematisiert. Im Sport läßt sich unterschiedliches Planungs- und Systematisierungsniveau an zwei Gerätturnern verdeutlichen, die beide lernen, üben und trainieren, von denen sich der eine aber auf die Weltmeisterschaft vorbereitet, während der andere aus Spaß an der Freude turnt. Veränderungsstrategien können generell auf den Auf- oder Abbau von Handlungsmöglichkeiten und -voraussetzungen hinauslaufen, und zwar mit dem Ziel der **Prävention** (Vorbeugung), der **Erhaltung** und der **Rehabilitation** (Wiederherstellung). Ziel kann aber auch die quantitative und qualitative Erweiterung von Handlungsmöglichkeiten sein, etwa zur sportlichen Leistungssteigerung.

Aufgebaut werden Handlungsmöglichkeiten und -voraussetzungen zum Beispiel im Training z. B. bei Leistungssportlerinnen und Leistungssportlern. Auch die Schule ist ein traditionelles Feld, das Aufbauprogramme im Unterricht realisiert. Ein anderes Ziel ist die Vorbeugung gegen Schädigungen und die Erhaltung der Leistungsfähigkeit.

Ein Abbau von Handlungsmöglichkeiten und -voraussetzungen ist dort erwünscht, wo es gilt, unangepaßte und nicht optimale Formen der Person-Umwelt-Wechselbeziehung zu optimieren. Beim Üben und Trainieren einer sportlichen Technik etwa ist es Aufgabe des Trainers, die falsche Technik abzubauen, unter anderem deshalb, weil dadurch Schädigungsmöglichkeiten vermieden werden. Die alltägliche Familienerziehung scheint sich bei vielen Müttern und Vätern darauf zu reduzieren, bei Kindern unerwünschtes Verhalten abzubauen und erwünschtes aufzubauen.

Die Wiederherstellung von Handlungsmöglichkeiten und -voraussetzungen spielt in der Rehabilitation eine besonders große Rolle. Herzinfarktrehabilitanden etwa sollen Wissen und Können aufbauen, um Rückfällen vorzubeugen bzw. ein gewisses Leistungsniveau wiederherzustellen. Dazu müssen sie liebgewonnene Gewohnheiten abbauen, sei es am Eßtisch oder in der Freizeit. Erhaltung steht im Alterssport im Vordergrund, wo durch planvolles, systematisches Vorgehen der naturgemäße Altersabbau dadurch verlangsamt werden soll, daß man systematisch Handlungsmöglichkeiten und -voraussetzungen erhält. Die Erweiterung von Handlungsmustern gewinnt im Sport dort Bedeutung, wo sich jemand aus spezifischen Bedürfnissen heraus ein neues Handlungsfeld erschließen bzw. seine Leistungsfähigkeit steigern will.

Diese Beispiele zeigen, daß Auf- und Abbau genausowenig trennscharf als Entweder-oder-Alternativen zu begreifen sind wie Vorbeugen, Erhalten, Wiederherstellen oder Erweitern. Diese Prozesse stehen vielmehr zueinander und gehen immer mit mehr oder weniger Gewicht in Veränderungsstrategien ein.

Lernen, Üben und Trainieren können auf Dauer nur dann effektiv sein, wenn sie alle Dimensionen menschlichen Handelns einbeziehen. Eine Reduktion von Training im Sport zum Beispiel auf biologisch-physiologische Voraussetzungen läßt psychische und soziale Bedingungen unberücksichtigt, ohne die Handeln nicht denkbar ist. Lernprozesse in der Schule, die die Schüler auf kognitive, also psychische Dimensionen reduzieren, vernachlässigen physische wie soziale Dimensionen in gleicher Weise. Gerade der Sport ist aber ein Handlungs- und Erziehungsfeld, in dessen Lern-, Übungs- und Trainingsprozesse alle Dimensionen menschlichen Handelns eingehen können und sollen. Der Stellenwert der Sporterziehung in einer Gesellschaft wird sich daran messen lassen müssen, wie weit es den Planern und Lehrern gelingt, diese Dimensionen in die Unterrichtswirklichkeit einzubringen. SAMULSKI (1986) hat mögliche Lehrziele im Sportunterricht zusammengestellt (vgl. Kasten):

Lehrziele im Sportunterricht

(SAMULSKI 1986, 180f)

Kognitive Lehrziele
- Wissen vermitteln
- Theoretische Grundlagen der Technik und Taktik vermitteln
- Wissen von Regeln und Wirkung von Sportarten vermitteln

Affektiv-emotionale Lehrziele
- Freude an der Bewegung vermitteln
- Spaß an bestimmten Sportarten vermitteln
- Gutes Klassenklima schaffen

Motorische Lehrziele
- Techniken vermitteln
- Bestimmte Sportarten vermitteln
- Vielseitige Sportarten (Freizeitsportarten) anbieten
- Sportliche Leistungsverbesserungen erzielen
- Möglichkeiten zur Körpererfahrung vermitteln
- Spiel- und Bewegungsbedürfnis fördern

Motivationale Lehrziele
- Leistungsbereitschaft bei den Schülern wecken
- Längerfristiges Anstrengungsverhalten fördern
- Leistungswillen entwickeln
- Ausdauer im Leistungsverhalten entwickeln
- Stabile außerschulische Motivation vermitteln
- Instrinsische Motivation fördern
- Angemessene Erfolgs- und Mißerfolgsverarbeitung vermitteln
- Individuelle Erfolgserlebnisse schaffen
- Realistisches Zielsetzungsverhalten entwickeln

Soziale Lehrziele
- Sozialverhalten der Schüler verbessern
- Selbständigkeit und selbständiges Handeln fördern
- Soziale Verantwortlichkeit entwickeln
- Zusammengehörigkeitsgefühl schaffen
- Gegenseitige Hilfestellung fördern

Neben Lernprozessen im Sport generell ist aus sportpsychologischer Sicht in den letzten Jahren besonders **Training**, speziell im Sinne der Optimierung psychischer Handlungsvoraussetzungen, in den Blickpunkt des Interesses gerückt.

Training

Training als Problemfeld der Sportwissenschaft

Ziel jeder Erziehung ist es, daß Personen lernen, ihr Handeln kritisch zu entscheiden, zu planen, zu realisieren und schließlich zu bewerten. Es geht immer um normgeleitete Veränderungen zur Optimierung von Handlungsfähigkeit. Eine besonders effektive Veränderungsstrategie, die im Rahmen dieser Zielsetzung planvoll und kontrolliert eingesetzt wird, ist **Training**. Ziele, die man im Training anstrebt, sind dabei immer so zu setzen, daß sie unter das Oberziel Optimierung von Handlungsfähigkeit subsumierbar sind. Wo diese Zuordnung nicht möglich bleibt, haben sich Trainingsziele und Trainingsprozesse verselbständigt, werden Menschen zu Objekten von Veränderungsstrategien.

Eine Wissenschaft vom Training, die sich dem formulierten Oberziel «Optimierung von Handlungsfähigkeit» verpflichtet fühlt, wäre konsequenterweise gezwungen, *alle* wichtigen Dimensionen von Handeln und Handlungsfähigkeit in ihre Betrachtungen einzubeziehen. Das sind neben der biologischen zumindest auch die psychische und die soziale. Denn es trainiert immer ein Mensch in einer konkreten Auseinandersetzung mit einer konkreten Umwelt und nie ein Muskel oder Kreislauf oder Stoffwechsel! Es trainieren auch nie Trimmsportler und Zehnkämpfer und Rollstuhlfahrer und Radfahrer, sondern immer Menschen *als* Trimmsportler, Zehnkämpfer, Rollstuhlfahrer, Radfahrer etc.

Bis in die achtziger Jahre ist ein in der sportmedizinischen Tradition verkürzter Trainingsbegriff in der Sportwissenschaft allgemein akzeptiert worden: Training als Strategie zu Leistungsmaximierung von Organsystemen. Zum Beispiel HOLLMANN & HETTINGER (1976, 116) verstehen Training als «...systematische Wiederholung mit morphologischen und funktionellen Anpassungserscheinungen zum Zwecke der Leistungssteigerung».

Die wissenschaftliche Auseinandersetzung mit Training hat die sportmedizinisch tradierte Auffassung zumindest begrifflich und programmatisch relativiert und auch erweitert, und zwar in mehrfacher Hinsicht (vgl. zum Beispiel schon HILDENBRANDT 1977; MARTIN 1977; LETZELTER 1978; WEINECK 1980 u. a.): Es werden neben biologischen und physischen auch psychische und soziale Kategorien von Trainingsprozessen in die Betrachtung einbezogen. Weiter noch: Sie werden als konstituierende Bestandteile trainingstheoretischer und trainingspraktischer Überlegungen gesehen.

Training wird nicht mehr nur als strategisches Instrument zur Steigerung und Erweiterung individueller sportlicher Höchstleistung gesehen, sondern auch als **Optimierungsstrategie** zur

- **Vorbeugung,**
- **Erhaltung** und
- **Wiederherstellung**

von Handlungsfähigkeit auf jedem Leistungs- und Altersniveau.

Schließlich werden verbreitet nichtmotorische Trainingsformen (vgl. S. 284 ff) zunehmend praktisch und wissenschaftlich ernstgenommen.

Soweit scheint in der wissenschaftlichen Auseinandersetzung mit dem Objektbereich Training im Sport in den letzten Jahren einiges in Bewegung geraten zu sein. Es hat eine Öffnung stattgefunden.

Aber schon die oberflächliche Analyse zeigt, daß sich diese Öffnung lediglich auf begriffliche und programmatische Perspektiven bezieht. Inhaltlich oder gar praktisch ist vieles weitgehend beim alten geblieben. Training im Sport reduziert sich weiterhin auf die Optimierung biologisch-physiologischer Bedingungen von Handeln (HARRE 1971; HILDENBRANDT 1977; LETZELTER 1978; MARTIN 1980; 1991)

In dieser Situation drängt sich die Vermutung auf, daß man seitens der Trainingswissenschaftler unter dem Druck kritischer Stimmen zu lange Jahre einer überwiegend leistungsorientierten Trainingswissenschaft Positionen eingeräumt hat, ohne inhaltlich und praktisch nachzuziehen.

Die weitere Öffnung ist aber eine notwendige und wichtige Aufgabe der Zukunft, besonders auch deshalb, weil des damit gelingen könnte, den Problembereich Training vom Odium des Leistungsfetischismus zu befreien und die wissenschaftliche Auseinandersetzung mit Trainingspro-

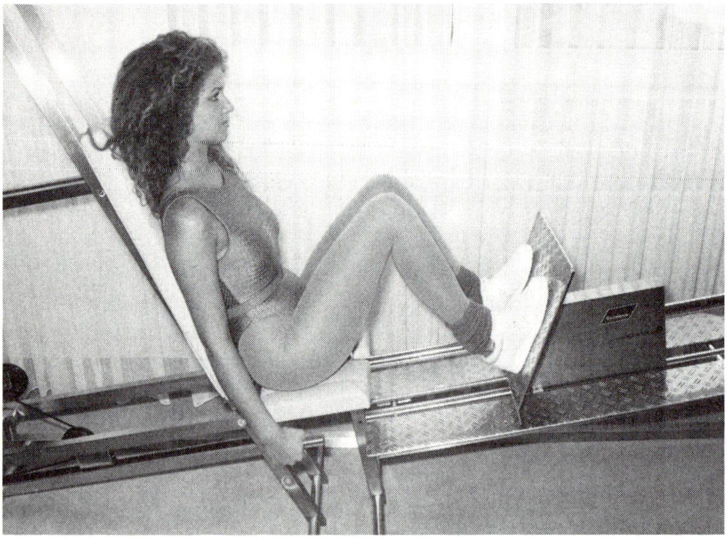

Foto 39 (oben): Alterssport *und Foto 40:* Breitensport

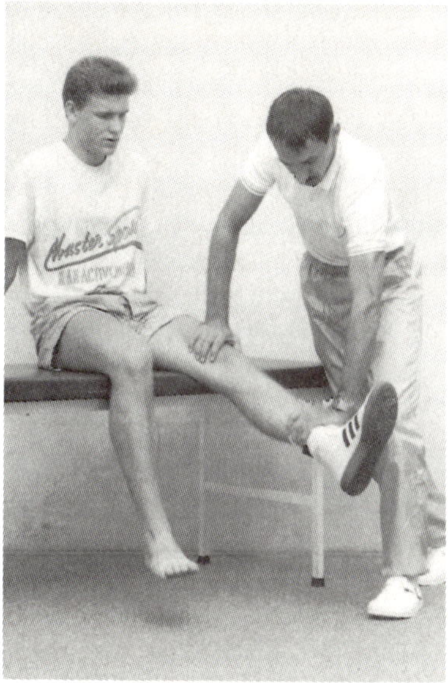

Foto 41 (links): Rehabilitation *und Foto 42:* Hochleistungssport

zessen als eine Kerndisziplin in eine problemorientierte Sportwissenschaft einzubringen. Denn Training ist mehr als die Optimierung biologisch-physiologischer Prozesse zum Zwecke der Leistungssteigerung im Höchstleistungssport. Ansätze einer Erweiterung von Training in psychische und soziale Dimensionen von Handeln firmieren in der Psychologie unter «Verhaltenstherapie» (Halder 1973; Blöschl 1974), «Verhaltensmodifikation» (McMillan 1975), «Verhaltensänderung» (Kanfer & Goldstein 1977), «Kommunikations- und Verhaltenstraining» (Schwäbisch & Siems 1976; Feldhege & Krauthan 1979). Strategien im Sport, die über die Anwendung herkömmlicher psychoregulativer Techniken wie Autogenes Training, Progressive Muskelrelaxation etc. hinausgehen, wurden u. a. von Frester (1972, 1976); Sonnenschein (1989); Eberspächer (1979b, 1988, 1990) entwickelt und erprobt.

Neben der Einengung auf eine biologisch-physiologische Perspektive gilt es auch, die Einengung von Training auf das Handlungsfeld Höchstleistungssport aufzuheben, obwohl sie in der Sportdidaktik hier und da noch aufrechterhalten wird. Training ist eben auch mehr als der Einsatz von Veränderungsstrategien im Höchstleistungssport, denn es spielt eine große Rolle zum Beispiel im Behindertensport (RIECKERT et al. 1978; KOSEL 1981 u. a.) oder im Freizeitsport (vgl. Trimm- und Spielbewegung), im Alterssport (zum Beispiel WISCHMANN 1977; KAPUSTIN 1980; SINGER 1981b), der Rehabilitation (vgl. Herzinfarktrehabilitation, Diabetikersport) und im Schulsport. Diese Einsicht scheint sich in der Sportwissenschaft zögernd, aber dennoch stetig durchzusetzen.

Aber diese angedeuteten notwendigen Ausweitungen des Trainingsbegriffs in der Sportwissenschaft schöpfen die Möglichkeiten bei weitem noch nicht aus. Geht man davon aus, daß Training im Prinzip systematisch geplantes und kontrolliertes Auslösen von Anpassungsprozessen einer Person ist, um ihre Bewältigungskompetenz für Belastungen zu erhöhen, dann ist Training ein außerordentlich umfassendes Geschehen. Dies bezieht sich sowohl auf seine Ziele wie auch auf Inhalte und Methoden.

Ziele sind wie oben erwähnt nicht nur Leistungssteigerung, sondern auch der Auf- und Abbau zum Zwecke des Vorbeugens gegen potentielle Belastungen oder des Erhaltens oder Wiederherstellens von Handlungsvoraussetzungen und -möglichkeiten. **Inhaltlich** bezieht sich Training auf physische (zum Beispiel Herz-Kreislauf-System, Stoffwechsel, Atmung), psychische (zum Beispiel Aufmerksamkeit, Streß, Gedächtnis) und soziale Bedingungen und Prozesse (zum Beispiel Konflikte, Selbstbild, Selbstbehauptung, Interaktion). **Methoden** können motorisch und nichtmotorisch ansetzen.

Unter einen so gefaßten Trainingsbegriff lassen sich dann auch sowohl fremdbeobachtbare soziale Verhaltens- und Handlungsweisen als auch die in der Person ablaufenden kognitiven und emotionalen Prozesse fassen. Er überwindet auch eine individualistische Sichtweise, die von der sportmedizinisch tradierten Trainingswissenschaft offensichtlich mit beachtlicher Hartnäckigkeit aufrechterhalten wird. Andere Personen dienen nicht nur als Hantelersatz in sogenannten Partnerübungen, sondern soziale Prozesse können auch Gegenstand von Überlegungen zum Training werden.

Entscheidend bei der hier vorgeschlagenen Auffassung von Training ist dann nicht mehr so sehr das Trainings**ziel**, sondern vielmehr der Trainings**prozeß**, der nach bestimmten Prinzipien, an denen sich seit HARRE (1971) nicht viel geändert hat, verlaufen muß und aufzubauen ist.

Gegenstand von Trainingsprozessen sind bei der vorgetragenen Sichtweise nicht mehr nur der Muskel oder das Herz-Kreislauf-System oder ähnliche Teilsysteme, sondern immer eine handelnde und erlebende Person, denn, wie gesagt: Nicht Muskeln und der Kreislauf treiben Sport, sondern Menschen!

Niemand stellt in Frage, daß man motorische Fertigkeiten, also das Ausführen bestimmter Bewegungen und Bewegungsabläufe (z.B. im Sport), optimieren kann, wenn man sie entsprechend trainiert. Es wird jedoch vielfach übersehen, daß das Training des äußeren, motorischen Ablaufs nur dann gut gelingt, wenn er durch die kognitiven Prozesse und Zustände gestützt wird. Kognitive Prozesse müssen demnach ebenso auf Fertigkeitsniveau trainiert werden wie Bewegungen, so daß der einzelne über die Optimierung kognitiver Fertigkeiten sein Handeln und seine Bewegungsabläufe stabilisieren und verbessern kann.

Ebenso wie die Optimierung von Bewegungsabläufen setzt die Optimierung kognitiver und mentaler Prozesse voraus, daß man sie regelmäßig und intensiv trainiert. Ein Trainingssystem dazu, das Mentale Fertigkeitstraining, wurde von EBERSPÄCHER 1990 entwickelt. Damit lassen sich kognitive Fertigkeiten (vgl. S. 284ff) erlernen, verändern und verbessern, also solche, die sich auf die Aufnahme (z. B. Wahrnehmung) und Verarbeitung (z. B. Denken, Vorstellen, Erinnern) von Information beziehen. Das Ziel solcher Trainingsmaßnahmen wäre die optimale Handlungsfähigkeit auch unter **psychischer Belastung** (vgl. Kasten).

Psychische Belastung

von HANNES KRATZER

Psychische Belastung ist immer dann gegeben, wenn die mit der Ausführung der Tätigkeit verbundene psycho-physische Beanspruchung zu Veränderungen der kognitiven, emotionalen und motivationalen Komponenten sowie koordinativer Fähigkeiten der Handlungsregulation führt. Die entstehenden Veränderungen können sowohl leistungsförderlicher als auch -beeinträchtigender Art sein (vgl. Abb.).

Durch Übung bzw. Anpassung reduziert sich anforderungsspezifisch die Wahrscheinlichkeit, daß bei deren Inanspruchnahme leistungsmindernde Belastungswirkungen entstehen.

Es ist immer davon auszugehen, daß sportliche Belastung gleichzeitig sowohl zu positiven als auch negativen Belastungswirkungen führt. So kann eine sportliche Betätigung zu nachweisbaren Verschlechterungen kognitiv-motorischer Leistungsvoraussetzungen führen (z. B. Verschlechterung der Reaktionsfähigkeit, der sensumotorischen Koordinationsfähigkeit), gleichzeitig aber ein tiefes Gefühl der Befriedigung vermitteln, die Belastung bewältigt zu haben, was nachfolgende sport-

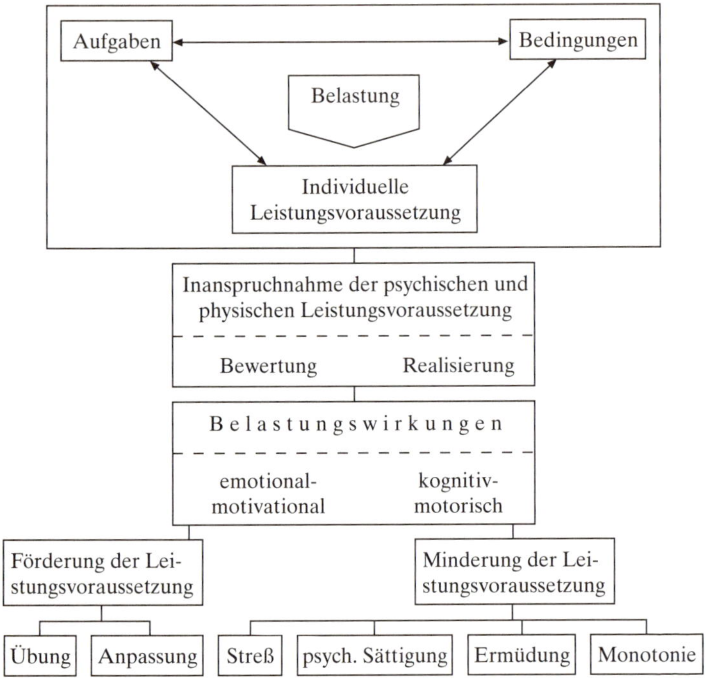

Psychische Belastungswirkungen im Sport (H. KRATZER)

liche Aktivitäten positiv beeinflußt (Motivation, beschleunigte Restitution).

Belastungswirkungen entstehen demnach nicht als einfache Reaktion auf Trainings- und Wettkampfbelastungen, sondern werden bestimmt durch die Qualität der Belastungsverarbeitung, der Art und Weise der Auseinandersetzung mit der zu bewältigenden Aufgabe.

Treten leistungsmindernde Belastungswirkungen auf, ist zu fragen, ob sie als notwendiger Bestandteil des Trainings bewußt geplant sind, um eine vorgreifende Anpassung auf künftige Belastungen zu erreichen, oder ob sie Folge einer unangemessenen Trainingsgestaltung sind.

Die in der Abbildung aufgeführten Erscheinungsformen beeinträchtigender Belastungswirkungen sind mehr oder weniger stabile Symptomkomplexe, die sich hinreichend sicher voneinander abgrenzen lassen:

Psychische Ermüdung
ist gekennzeichnet durch ein Nachlassen der geistigen und/oder körperlichen Leistungsfähigkeit. Das zeigt sich in vielfältigen Dysregulationen, abhängig von Art, Umfang und Intensität der betreffenden Belastung (einschl. der Bewältigungsbedingungen) und den aktuellen Leistungsvoraussetzungen des Sportlers.

Monotonie
ist ein Zustand herabgesetzter Aktivität, der einhergeht mit erhöhten Müdigkeits- und Schläfrigkeitsgefühlen, einer gleichgültigen Stimmungslage, einem Nachlassen der Aufmerksamkeit, der Reaktionsfähigkeit, einer Zunahme der Fehler und der Leistungsschwankungen, kurz mit einem Absinken der Gesamtleistung. Dieser Zustand tritt im Sport nur im Training auf, wenn der Sportler sich einerseits gedanklich nicht voll von der Tätigkeit lösen kann, andererseits aber auch keine geistige Auseinandersetzung mit der sportlichen Tätigkeit gefordert wird.

Psychische Sättigung
ist ein ärgerlich-unruhiger, unlustbetonter Spannungszustand, der häufig dann auftritt, wenn der Sportler das Gefühl hat, «auf der Stelle zu treten», «nicht recht vorwärtszukommen». Von Bedeutung sind hierbei auch falsche Vorstellungen über Dauer oder Schwierigkeit einer Trainingsbelastung.

Psychischer Streß
ist ein Zustand andauernder erregter Gespanntheit, der besonders in solchen Situationen auftritt, in denen der Sportler ein Mißverhältnis zwischen sportlicher Aufgabe und den eigenen Leistungsvoraussetzungen widerspiegelt, in denen subjektiv bedeutsame Ziele in Frage gestellt sind bzw. eine Beeinträchtigung durch erwartete, tatsächlich mögliche oder eingebildete negative Konsequenzen gegeben sind. Der Sportler fühlt sich überfordert und sieht keine Möglichkeit, die Belastungen abzuwenden («aus dem Felde zu gehen») bzw. die Situation durch eigenes Handeln unter Kontrolle zu bringen.

Psychische Belastungswirkungen sind dem Trainer in erster Linie über veränderte Tätigkeitsmerkmale zugänglich, deren Erfassung in der Sportpraxis vorrangig mittels Beobachtungs- und Befragungsmethoden, im Leistungssport auch mit Hilfe vorhandener apparativer Möglichkeiten erfolgt.

Mentales Fertigkeitstraining

Im Sport können Anforderungen oftmals deshalb nicht bewältigt werden, weil die die Bewegung begleitenden inneren Abläufe (Gedanken, Gefühle etc.) die äußeren Abläufe (Bewegungsausführung) nicht unterstützen, sondern sie eher stören und erschweren. Zur optimalen Bewegungsausführung sollten also innere und äußere Abläufe «synchronisiert» sein. Diese Synchronisation ist das Ziel des Mentalen Fertigkeitstrainings (Eberspächer 1990). Damit objektive (äußere) und subjektive (innere) Perspektive möglichst deckungsgleich sind und man situationsangemessen handeln kann, muß das subjektive Bild einer Situation an die objektiven Gegebenheiten angeglichen werden.

Die folgenden Unterkapitel befassen sich mit der Perspektive «von innen», d. h. mit den psychischen Prozessen, die Bewegungen steuern und – wenn sie richtig synchronisiert sind – unterstützen bzw. optimieren. Eine wichtige Funktion bei dieser Regulation menschlichen Handelns übernehmen kognitive oder mentale Prozesse.

Für Trainerinnen und Trainer, Sportlerinnen und Sportler sind in diesem Zusammenhang die wichtigsten **kognitiven Fertigkeiten:**
- **Selbstgesprächsregulation**
- **Selbstwirksamkeitsüberzeugung**
- **Aufmerksamkeitsregulation**
- **Aktivationsregulation**
- **Vorstellungsregulation**
- **Zielsetzung / Analyse**

Selbstgesprächsregulation

Grundlage für situationsangemessenes Handeln ist eine systematische **Informationsverarbeitung**. Die für das Entwickeln wirksamer Handlungsstrategien notwendigen Informationen müssen adäquat ausgewählt und entsprechend zugeordnet und verarbeitet werden.

Die Verarbeitung aufgenommener Informationen erfolgt durch Gedanken, die dem Handeln vorausgehen, es begleiten und ihm folgen. Diese Gedanken kommen in Form von **Selbstgesprächen** zum Ausdruck, die nicht immer bewußt wahrgenommen werden. In Selbstgesprächen formuliert man Handlungspläne, gibt sich selbst Anweisungen, ordnet seine Gedanken oder kommentiert sein eigenes Handeln.

Die Intensität der Selbstgespräche hängt von der erlebten Beanspruchung ab. Das Selbstgespräch wird i. a. um so intensiver, je stärker man

Beanspruchung erlebt; d. h. der «Kampf ums Durchhalten» wird per Selbstgespräch geführt! Bevor man zum Beispiel beim Laufen aufgibt, «kippt» zunächst das Selbstgespräch, und erst danach hört man auf zu laufen. Diese Reihenfolge ist in Leistungssituationen niemals umgekehrt. Daher kann das Anfeuern von extrem beanspruchten Athleten dazu beitragen, daß sie die Situation überstehen: Die Anfeuernden helfen unter Umständen, das Selbstgespräch im Sinne einer Stabilisierung zu regulieren und die Erfolgszuversicht aufrechtzuerhalten. Unter extremer Beanspruchung wird das Selbstgespräch ambivalent: Die Gedanken springen zwischen Zuversicht und Zweifeln hin und her. Eine Person, der es schließlich gelingt, sich dahingehend zu regulieren, daß sie erfolgszuversichtlich und leistungsbereit «durchhalten» kann, verfügt über die grundlegende Fertigkeit, psychische Beanspruchungssituationen zu bewältigen. Dies schließt auch ein, daß sie sich in Situationen, für die sich keine Lösungsmöglichkeiten eröffnen, zum rechten Zeitpunkt nach Flucht- bzw. Rückzugsmöglichkeiten umsieht und sich für sie entscheidet.

Wichtige Strategien in Form von Selbstgesprächen werden im folgenden beschrieben.

Selbstmotivierungstechniken

Selbstmotivierungstechniken sind Selbstinstruktionen oder auch das Vergegenwärtigen eigener Fertigkeiten. So fällt auf, daß sich viele Sportlerinnen und Sportler in kritischen Situationen durch Selbstgespräche, wie zum Beispiel «Du kannst es!», «Bleib dran!», selbst motivieren.

Rationalisierungstechniken

Rationalisierungstechniken dienen dazu, die Bedeutsamkeit eines als beanspruchend erlebten Ereignisses durch vernünftige («rationale») Überlegungen zu verringern. Eine sehr geläufige Strategie ist hier das In-Beziehung-Setzen einer Problemsituation zu anderen schwierigen Situationen («Dort hat es auch geklappt!»), um dadurch deren Bedeutung angemessen einordnen zu können.

Aufmerksamkeitsveränderungen

Aufmerksamkeitsprozesse lassen sich grundsätzlich in zwei Richtungen verändern: Sie können auf bestimmte Aspekte, Ereignisse, Handlungen etc. hingelenkt oder aber von ihnen abgelenkt werden. Man kann seine Aufmerksamkeit in Beanspruchungssituationen beispielsweise von der eigenen Müdigkeit ablenken, indem man sich nur mit bestimmten Aspekten seines Handelns beschäftigt, auf «angenehme» Gedanken umschaltet oder sich auf sein Handeln konzentriert. Ein Marathonläufer hat zum Beispiel die Möglichkeit, sich abzulenken, indem er während des Laufens die Umgebung betrachtet. Hilfreich kann es für ihn jedoch auch sein, den Laufrhythmus mitzusprechen.

Suche nach Problemlösungsstrategien

Hierbei stellt man sich Lösungsmöglichkeiten für die Problemsituation vor und überlegt, welche Folgen die Anwendung dieser Lösgungsmöglichkeiten haben wird. Auf diese Weise kann man in Gedanken mehrere Lösungswege durchspielen («Probehandeln») und sich dann für eine angemessene Strategie entscheiden.

Oft werden Selbstgespräche geführt, die einen negativen Einfluß auf die Handlungsausführung haben. So beschimpfen sich viele Sportler selbst, wenn ihnen ein Fehler unterlaufen ist, und sie bleiben mit ihren Gedanken an diesem Fehler hängen. Empfehlenswert wäre das Trainieren handlungsfördernder Selbstgespräche. Solche – das Handeln unterstützenden – Selbstgespräche oder Denkweisen sind aber nicht einfach «da», sondern müssen systematisch trainiert werden, d. h. Bestandteil des täglichen Trainings sein (vgl. z. B. EBERSPÄCHER & HERMANN, 1990). Dabei geht es nicht darum, irgendwelche unrealistischen Ziele per Selbstgespräch «herbeizuzaubern», sondern die eigenen realistischen Leistungsmöglichkeiten ausspielen zu können, wenn es darauf ankommt.

Selbstwirksamkeitsüberzeugung

Das Konzept der Selbstwirksamkeitsüberzeugung (engl. Self-Efficacy) ist eng mit dem Namen Albert BANDURA (1977) verknüpft. Er konnte durch eine Reihe von Untersuchungen belegen, daß Handlungen maßgeblich von der Überzeugung des Ausführenden beeinflußt werden, dasjenige Verhalten zeigen zu können, das notwendig ist, um ein angestrebtes Ergebnis zu erreichen. Positive und/oder negative Erwartungen hinsichtlich der Wirksamkeit des eigenen Handelns bestimmen darüber, ob z. B. in einer Beanspruchungssituation eine Handlung eingeleitet, wieviel Anstrengung aufgewendet und wie lange sie aufrechterhalten wird. Dieser Zusammenhang ist unabhängig vom motorischen Fertigkeitsniveau beobachtbar.

Die praktische Erfahrung zeigt, daß Athleten, die im Training bessere Leistungen als im Wettkampf erbringen, in Wettkampfsituationen zwar nicht die körperlichen, technischen und taktischen Leistungsvoraussetzungen verlieren, wohl aber die Überzeugung von deren aktueller Verfügbarkeit. Es gilt im Training also ständig, die Überzeugung zu verbessern, daß die erworbenen motorischen, technischen und taktischen Voraussetzungen unter allen denkbaren Bedingungen realisierbar sind. Zu diesem Zweck hat der Verfasser drei Varianten eines **Überzeugungstraining** entwickelt:

- das **Prognosetraining**
- das **Training der Nichtwiederholbarkeit**
- das Prognosetraining und das Training der Nichtwiederholbarkeit mit **Zeitverzögerung.**

Prognosetraining

Bei dieser Trainingsform wird zunächst die Aufgabe festgelegt. Trainierende geben dann ihre Prognose über das Ergebnis ab. Nach dem Handeln läßt sich feststellen, ob die Prognose erreicht worden ist oder nicht. Danach ist zu prüfen, ob die aufgestellte Prognose realistisch oder unrealistisch war. Dabei sollen die Gründe für das Erreichte möglichst objektiv ermittelt werden. Deshalb analysieren zunächst die Trainierenden und anschließend der Trainer die Ausführung und das Ergebnis. Für das nächste Prognosetraining sind die Voraussagen der Teilnehmer im Sinne einer realistisch-optimistischen Einschätzung der eigenen Leistungsfähigkeit gegebenenfalls zu verändern.

Die psychischen Anforderungen dieser Form des Prognosetrainings lassen sich durch das sog. **offene Prognosetraining** steigern. Dabei wird die aufgestellte Prognose nicht nur zwischen Trainer und Sportler vereinbart, sondern auch in der Trainingsgruppe veröffentlicht. Mit Hilfe dieser Trainingsform lernen Athleten, aber auch Trainer, mit psychischer Beanspruchung durch selbstgestellte Anforderungen sowie mit Erfolg und Mißerfolg umzugehen.

Training der Nichtwiederholbarkeit

Abläufe, die nicht geklappt haben, sind im Training ohne weiteres zu wiederholen, während sie in Wettkämpfen in der Regel nicht wiederholbar sind. Aus diesem Grund wurde das Nichtwiederholbarkeits-Training entwickelt, das folgendermaßen abläuft: Der Sportler, der überprüfen will, ob er in der Lage ist, seine Leistung auch auf Abruf zu erbringen, darf nur einmal handeln, ohne die Option im Falle des Mißerfolges wiederholen zu können. Der praktische Ablauf sieht vor, daß der Trainer zunächst einen Zeitpunkt der Leistungsabgabe definiert.

Dies ist ein wichtiger Aspekt des Einmaligkeitstrainings. Der Zeitpunkt wird von außen definiert und nicht vom Athleten selbst, weil dies auch bei Wettkämpfen die Regel ist. Nach dem Festlegen des Zeitpunktes hat der Athlet den vorgegebenen Zeitraum zur Verfügung, um sich entsprechend zu präparieren, und hat dann *einen* Versuch frei, für dessen erfolgreichen Ausgang er ebenfalls eine Prognose abgibt. Wenn dieser Versuch fehlschlägt, trainiert er entweder weiter, oder das Training wird, sofern man diese Trainingsform am Ende einsetzt, abgebrochen. Die bei dieser Übung erfolgreichen Athleten haben somit ein positives Erlebnis (ihre Prognose könnte beim nächsten Mal im Sinne einer noch besseren Leistung ausfallen); die Erfolglosen müssen mit der Konsequenz des Nicht-Erreichens des gesteckten Ziels umgehen lernen. Erfahrungsgemäß hat letzteres zur Folge, daß Athleten mit hoher Trainingsmotivation diese «Scharte» bei nächster Gelegenheit «auswetzen» wollen. Das folgende Beispiel eines Diskuswerfers verdeutlicht die Vorgehensweise in der Praxis.

Ein Problem vor großen Wettkämpfen ist für Werfer das Überwinden der Qualifikation. Schon sehr viele gute Athleten sind in der Qualifikation gescheitert und konnten dadurch erst gar nicht am eigentlichen Wettkampf teilnehmen.

Ein Diskuswerfer wollte sich genau auf dieses Problem vorbereiten: Es sollte ihm nicht passieren, in der Qualifikation zu scheitern wie so viele seiner Kollegen. Dies ist ein wesentliches Problem der Selbstwirksamkeitsüberzeugung! Der Athlet mußte also die innere Position aufbauen: «Ich bin in der Lage, die Qualifikationsweite zu werfen, wenn ich mich jetzt anstrenge.» Zunächst wurde die zu werfende Weite festgelegt. Um die psychische Beanspruchung in dieser Situation zu erhöhen, wurde dieses Prognosetraining dadurch verschärft, daß vor dem eigentlichen Wurf eine längere Pause (10–20 Minuten) eingeschaltet wurde. Schließlich wurde das Training mit einem nicht wiederholbaren Wurf abgeschlossen. Im Falle des Erfolgs hatte das Training dann einen «runden» Abschluß gefunden. Bei Mißerfolg mußte der Athlet ertragen, das Training unbefriedigend beendet zu haben. So konnten psychologisch bedeutsame Beanspruchungsmomente der Qualifikations- bzw. Wettkampfsituation in das Training eingebracht und geübt werden – mit entsprechendem Erfolg im Wettkampf.

Prognosetraining und Training der Nichtwiederholbarkeit mit Zeitverzögerung

Eine zusätzliche Beanspruchung kann in die geschilderten Trainingsformen dadurch eingebracht werden, daß der Zeitpunkt des Leistens hinausgezögert wird. Erfahrungsgemäß wird das Erbringen der Leistung durch eine gewisse Zeitvorgabe schwieriger. Das hängt damit zusammen, daß in Vorbereitungs- und Wartezeiten unter Umständen störende Kognitionen (z. B. in Form von «negativen» Selbstgesprächen) die Konzentration auf die Leistung irritieren. Wird diese Wartezeit überraschenderweise verlängert, ist dieser Effekt verstärkt beobachtbar. Die Athleten lernen also, sich auf den Ernstfall vorzubereiten, denn in vielen Wettkampfsituationen ist der zeitliche Beginn zuvor nicht exakt bestimmbar bzw. verzögert sich durch Umstände, die Trainer und Athleten nicht beeinflussen können.

Aufmerksamkeitsregulation

Ein sehr plausibles und praktikables Modell zur Beschreibung verschiedener Arten von Aufmerksamkeit hat Nideffer (1981), ein amerikanischer Sportpsychologe, vorgestellt. Er geht davon aus, daß die Kontrolle von Aufmerksamkeit auch im Sport eine wichtige Voraussetzung für situationsangemessenes Handeln ist.

Nideffer beschreibt die Ausrichtung der Aufmerksamkeit über zwei Dimensionen: external–internal und eng–weit (Abb. 56). Daraus lassen sich vier Formen der Aufmerksamkeit ableiten.

External-weit sollte die Aufmerksamkeit dann gerichtet werden, wenn man sich in einer Umgebung, die man vielleicht noch nie gesehen oder erlebt hat, zunächst einmal orientieren möchte (zum Beispiel eine Sporthalle, die man zum ersten Mal betritt). Die Ausrichtung der Aufmerksamkeit auf außen-weit erlaubt es, viele Informationen aufzunehmen. Auf diese Weise kann man sich schnell ein weiträumiges, jedoch relativ undifferenziertes Bild von einer neuen Situation machen.

External-eng wird die Aufmerksamkeit dann, wenn es darum geht, bestimmte umschriebene Sachverhalte sehr genau zu betrachten und «ins Auge zu fassen». So konzentriert sich beispielsweise ein Tennisspieler für eine kurze Zeit ausschließlich auf den Ball, ein Golfspieler auf das anvisierte Loch oder ein Fußballtorwart auf die Fußstellung des Elfmeter-Schützen.

Internal-weit läßt sich die Aufmerksamkeit dann richten, wenn man sich ein umfassendes Bild von seiner momentanen Befindlichkeit machen möchte.

Internal-eng ist die Aufmerksamkeit dann gelenkt worden, wenn man sich auf einen bestimmten Punkt oder einen bestimmten Vorgang seines «Innenlebens» konzentriert. Die Wahrnehmung der Gelenkstellung bei der Ausführung einer bestimmten sportlichen Technik kann als Beispiel für diese Aufmerksamkeitsform dienen.

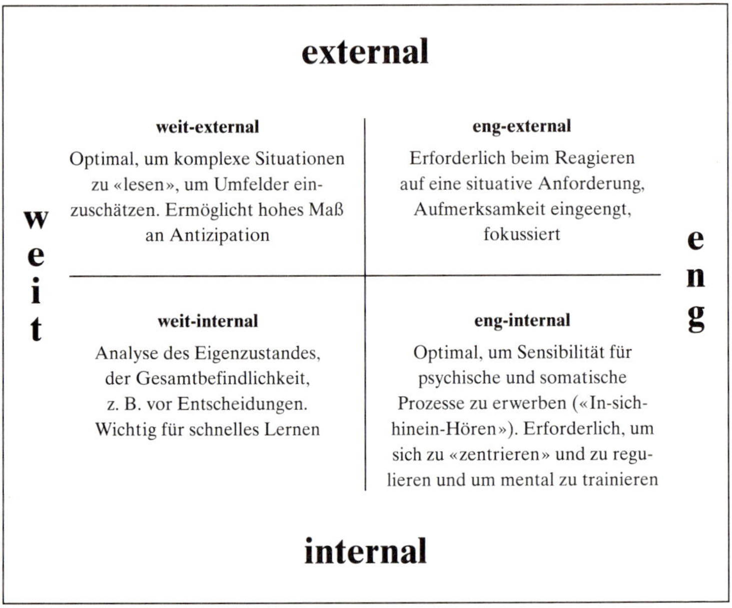

Abb. 56: Formen der Aufmerksamkeit nach Nideffer (1981)

Ziel der Aufmerksamkeitsregulation ist das situationsangemessene und schnelle «Umschalten» zwischen den Aufmerksamkeitsformen.

Konzentration in der Zeit

Konzentration in der Zeit bezeichnet den Umstand, daß eine Voraussetzung für effektives Handeln die Fertigkeit des Konzentrierens auf die momentan zu verrichtende Tätigkeit ist (hier und jetzt!), ohne ständiges Voraus- oder Zurückdenken. Erfahrungsgemäß «versagen» Sportler oftmals deshalb, weil sie im entscheidenden Augenblick nicht die Handlung, die sie durchführen wollen, mit ihren Gedanken begleiten, sondern an die Konsequenzen denken, die dieser Handlung folgen. Eine Forderung, die Trainer häufig stellen, lautet, Athleten mögen sich auf sich und ihre Aufgabe konzentrieren, also das wichtigste System, nämlich ihre eigene Person, regulieren. Danach kann die Aufmerksamkeitsregulation hinsichtlich der Aufgabe erfolgen. Auf der Basis dieser Konzentration werden Athleten dann in die Lage versetzt, Bewegungsabläufe optimiert zu realisieren und sich zum Beispiel mit einem Gegner auseinanderzusetzen. Die

Aufmerksamkeitsregulation hinsichtlich der eigenen Person und der Aufgabe ist aber nur dann möglich, wenn vorher möglichst alle Bedingungen, die in die Anforderungssituation hineinspielen, analysiert und bewertet wurden, d. h. wenn man mit sich selbst abgeklärt hat, welche Rollen diese Bedingungen spielen. Sie gehen sonst in der konkreten Situation als störende Gedanken ein.

Es stellt sich die Frage, worauf man sich, sei es im Training oder im Wettkampf, konzentrieren soll, wenn man zu einer guten Leistung kommen möchte. Ein scheinbar banaler, aber dennoch außerordentlich wirksamer Ratschlag ist: Konzentriere dich auf das, was du jetzt im Moment tust! Tue so, als gäbe es kurzfristig weder Vergangenheit noch Zukunft! Dabei ist es notwendig, sich zunächst Klarheit darüber zu verschaffen, daß das Wichtigste in jedem Training und jedem Wettkampf der Bewegungsablauf ist, den man jeweils ausführt. Also muß man lernen, sich in diesen Bewegungsablauf hineinzufinden. Der wichtigste Fortschritt besteht darin, daß man sich auf die eigene Bewegung konzentriert und sich zunächst nicht das Handlungsergebnis vergegenwärtigt, denn es ist die optimale Bewegungsausführung, die als Konsequenz den sportlichen Erfolg bringt.

Aktivationsregulation

Um angemessen handeln zu können, benötigt man ein adäquates psychisches und physisches Erregungsniveau, d. h. die psychophysische Aktivation soll zu der Tätigkeit «passen», die man gerade ausführen möchte. Um dies zu erreichen, muß das Aktivationsniveau gegebenenfalls reguliert werden.

Relaxation wird dann angestrebt, wenn man zur Durchführung der gewünschten Handlung zu «aufgeregt» ist; man muß dann das Aktivationsniveau absenken, sich entspannen. **Mobilisation** ist dann vordringlich, wenn man zur Ausführung einer Handlung zu ruhig ist und seine Aktiviertheit steigern muß.

Die Regulation von Entspannungs- und Mobilisationsprozessen kann vom Athleten selbst oder von außen, z. B. vom Trainer, induziert werden. Die entsprechenden Anleitungen und Hilfestellungen erfolgen dabei meist verbal, können jedoch durch bildhafte Vorstellungen oder Musik unterstützt werden.

Relaxationstechniken

Der Erwerb einer effektiven Entspannungstechnik zur besseren Bewältigung psychischer Beanspruchung ist aus zwei Gründen sinnvoll und sollte daher zum «Repertoire» jedes Athleten (aber auch jedes Trainers) gehören:

- Das Erleben psychischer Beanspruchung und Entspannung schließen sich weitgehend gegenseitig aus.
- Durch den situationsangemessenen Wechsel von Spannung und Entspannung werden Handlungsverläufe ökonomischer.

Im Sport haben sich Versionen des **autogenen Trainings** und der **progressiven Muskelentspannung** als Entspannungsstrategien bewährt.

Autogenes Training

Aus dem von J. H. SCHULTZ entwickelten autogenen Training werden im Sport üblicherweise die 6 Übungen der Unterstufe angewendet: Schwereübung, Wärmeübung, Herzübung, Atemübung, Leibübung (Sonnengeflechtsübung) und Kopfübung. Zum autogenen Training gibt es umfangreichste Literatur (SCHULTZ, 1976; LINDEMANN, 1975; EBERSPÄCHER, 1979b; 1988; 1990). Hier soll deshalb nicht weiter darauf eingegangen werden.

Progressive Muskelentspannung

Eine Methode, die sich im Sport hervorragend bewährt hat, ist die progressive Muskelentspannung. Sie wirkt über die Wahrnehmung der Muskelentspannung bzw. des Muskeltonus auf die Befindlichkeit ein. Die Methode wurde von JACOBSON (1934) zum Abbau von Angst und Spannungen entwickelt. JACOBSON entdeckte, daß durch systematische Anspannung und Entspannung verschiedener Muskelgruppen (und durch den Lernvorgang, sich auf die daraus resultierenden Gefühle der Spannung und Entspannung zu konzentrieren und sie zu unterscheiden), Muskelkontraktionen beseitigt und das Gefühl der Entspannung erlebt werden kann.

Das Training beginnt mit dem völligen Anspannen der Muskelgruppe, die man entspannen möchte (6 sec.), danach wird losgelassen und ausgeatmet. Nach unserer Erfahrung müssen je nach Disziplin spezifische Entspannungsfolgen geübt werden (Genaueres dazu EBERSPÄCHER, 1990).

Die Prinzipien, die allen – auch nicht wissenschaftlich erprobten – Relaxationstechniken zugrunde liegen, verdeutlicht Abbildung 57. Daraus geht hervor, daß Verhalten, Umwelt und Wahrnehmung die drei «Eingriffsstellen» sind, über die Relaxation induziert werden kann. Abbildung 58 zeigt gängige und bewährte Entspannungspositionen.

	Relaxation
Verhalten	Langsam oder gar nicht bewegen. Muskeltonus abbauen, z. B. durch Konzentration auf Ausatmung und «Loslassen» nach 6 Sekunden Anspannung
Umwelt	Reizarme, ruhige Umwelt aufsuchen oder «herstellen» (z. B. ruhige Musik anhören)
Wahrnehmung	Einstellen auf Ruhe, Entspannung, angenehmes Befinden per Selbstgespräch

Abb. 57: Ansatzstellen für die Relaxation

Mobilisationstechniken

Im Gegensatz zur Relaxation gibt es kaum nennenswerte wissenschaftlich begründete, standardisierte Mobilisationstechniken. Wie aus Abbildung 59 ersichtlich, kann man sich jedoch selbst eine Mobilisationstechnik erarbeiten, wenn man sein Verhalten, seine Wahrnehmung und/oder seine Umwelt entsprechend gestaltet.

Vorstellungsregulation

Prozesse der Vorstellungsregulation sind von grundlegender Bedeutung für das Handeln. Vorstellungen, verstanden als innere Repräsentation, können das Entwerfen eines Handlungsplans und damit die Handlungsausführung strukturieren und so gegebenenfalls verbessern. Der nachfolgende Kasten beschreibt diesen Zusammenhang.

Im Sport macht man sich die Erkenntnisse über die Vorstellungsregulation seit langem systematisch zunutze: Man setzt Vorstellungen bewußt regelmäßig, gezielt und kontrolliert ein, indem man Bewegungsabläufe in Gedanken, also mental, trainiert bzw. trainieren läßt, so zum Beispiel beim Mentalen Training.

Mentales Training

Mentales Training ist das planmäßig wiederholte, bewußte Sich-Vorstellen einer sportlichen Handlung ohne deren gleichzeitige praktische Aus-

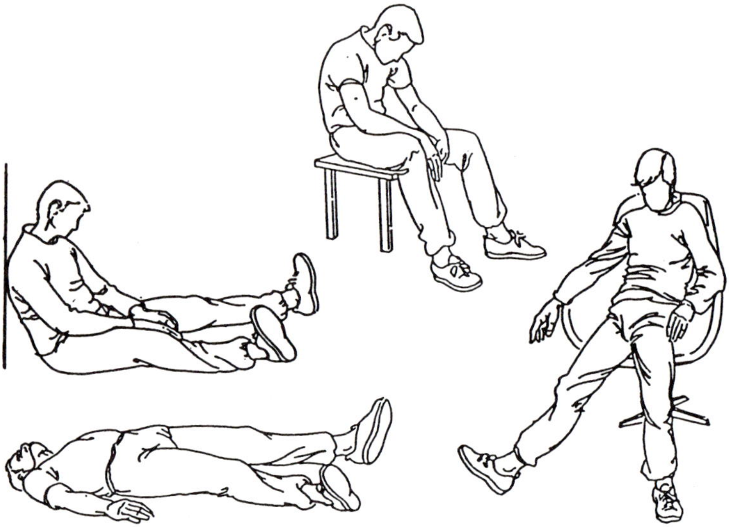

Abb. 58: Entspannungspositionen (aus: Eberspächer & Fanck 1989)

	Mobilisation
Verhalten	Schnell und schwunghaft bewegen. Muskelspannung aufbauen, z. B. durch isometrische Muskelanspannung. Konzentration auf Einatmung
Umwelt	Reizreiche, anregende Umwelt aufsuchen oder «herstellen» (z. B. «fetzige» Musik anhören)
Wahrnehmung	Einstellen auf Herausforderung, Druck, «Power» per Selbstgespräch

Abb. 59: Ansatzstellen für die Mobilisation

führung (VOLPERT 1976). Belege für die Wirksamkeit des Mentalen Trainings gibt es zahllose. FELTZ und LANDERS (1983) zum Beispiel haben über 60 Untersuchungen referiert, die sich mit dem Einfluß Mentalen Trainings auf motorische Fertigkeiten befassen. Sie fanden, daß aus Mentalem Training in Kombination mit motorischem Training die besten Ergebnisse resultieren.

Die Autoren weisen jedoch auch darauf hin, daß Mentales Training ohne jegliche praktische Ausführung den Effekten des motorischen Trainings unterlegen ist. Die Frage bleibt allerdings, ob es überhaupt möglich ist, ausschließlich motorisch zu trainieren, ohne einen «inneren», also einen kognitiven bzw. mentalen Anteil im Vollzug von Bewegungen zu realisieren.

Prinzipiell gibt es drei Möglichkeiten, mental zu trainieren:

Subvokales Training

Diese Trainingsform besteht darin, sich den zu trainierenden Bewegungsablauf per Selbstgespräch vorzusagen.

Verdecktes Wahrnehmungstraining

Hier betrachtet man vor seinem «geistigen Auge» einen «Film» über einen Bewegungsablauf, den man selbst ausführt. Man beobachtet sich sozusagen, wie wenn man als Zuschauer einen Film über sich selbst sieht.

Ideomotorisches Training

Dabei vergegenwärtigt man sich intensiv die **Innen**perspektive einer Bewegung, das heißt, man stellt sich die eigene Person bei der Bewegungsausführung vor.

Das Ziel des Mentalen Trainings besteht darin, sich ein inneres Abbild der trainierten Bewegung zu verschaffen, das es ermöglicht, unter allen denkbaren Bedingungen die eigenen realistischen Leistungsmöglichkeiten zu entfalten.

Voraussetzungen für Mentales Trainieren

- Zu Beginn jeder Mentalen Trainingseinheit muß man einen relativen **Entspannungszustand** erreicht haben.
- Man muß mit der trainierten Bewegung **Eigenerfahrung** haben.
- Die Bewegungsvorstellung, die als Grundlage des Mentalen Trainings verwendet wird, muß sich an der **Eigenperspektive** orientieren, d. h. sie muß an der Bewegung, die man selbst auszuführen in der Lage ist, ansetzen.
- Mentales Training funktioniert nur dann, wenn man in der Lage ist,

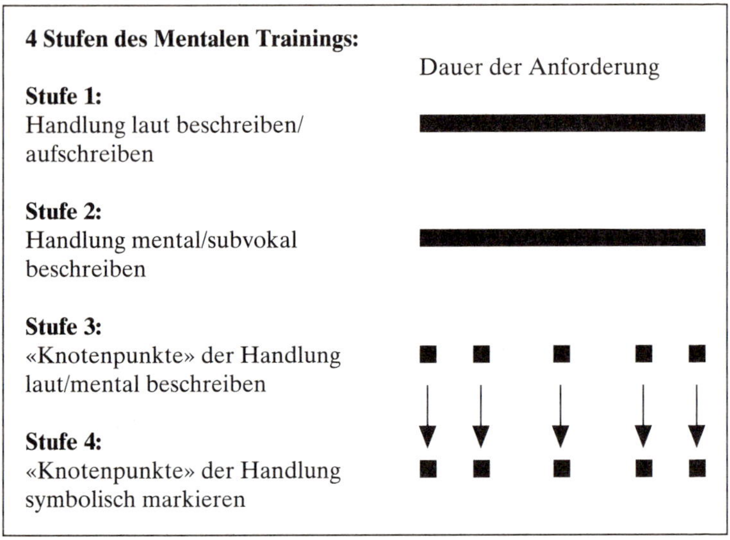

Abb. 60: Die 4 Stufen des Mentalen Trainings

sich den Bewegungsablauf, den man trainieren will, außerordentlich **lebhaft** vorzustellen.

Das Mentale Training erzielt seine besten Wirkungen dann, wenn man es im Wechsel mit motorischem Training einsetzt.

4 Stufen des Mentalen Trainings

EBERSPÄCHER (1990) hat ein Mentales Trainingsprogramm für die Praxis in vier Stufen entwickelt und erprobt. Diese vier Stufen sind in Abbildung 60 schematisch dargestellt.

1. Stufe:

Der zu trainierende Bewegungsablauf sollte über das Ansprechen möglichst vieler Sinnesmodalitäten ins Gedächtnis gerufen werden. Die Trainierenden werden hierbei dazu aufgefordert, die so gewonnene Vorstellung nachvollziehbar zu **beschreiben**, d. h. in Worte zu fassen und zu präzisieren, ggf. aufzuschreiben.

2. Stufe

Man geht den vom Trainer «abgesegneten» richtigen Bewegungsablauf in Gedanken immer wieder durch, bis man dann in der Lage ist, sich diesen

Bewegungsablauf subvokal, also per **Selbstgespräch**, zu vergegenwärtigen.

3. Stufe
Sie besteht darin, die einzelnen Elemente des Bewegungsablaufes zu systematisieren und so seine Struktur zu verdeutlichen. Man hebt hierbei die sogenannten **Knotenpunkte** der Bewegungen (d. h. die für die Bewegungsausführung entscheidenden Stellen) hervor.

4. Stufe
Die Knotenpunkte müssen nun symbolisch markiert werden. Diese **Symbole** fassen dabei die entsprechenden Handlungsschritte/Knotenpunkte in Kurzformeln zusammen und können damit bei der konkreten Bewegungsausführung schnell und problemlos abgerufen werden. So symbolisierte zum Beispiel ein Tennisspieler seinen Aufschlag mit dem Rhythmus des Wortes «Amsterdam».

Drehbücher
Betrachtet man sich Bewegungsbeschreibungen, Bewegungsanweisungen, aber auch methodische Reihen im Sport, so sind diese im Prinzip nichts anderes als Gebrauchsanleitungen oder Drehbücher, die vorgeben, was man zu einem bestimmten Zeitpunkt zu tun hat, um eine bestimmte Wirkung zu erzielen. Solche Bewegungsbeschreibungen berücksichtigen allerdings in der Regel nur die **Außenperspektive** und klammern die im Innern der Person ablaufenden Prozesse, also die **Innenperspektive**, die interne Repräsentation (vgl. S. 149ff) aus. Jeder, der sich schon einmal mit einer für ihn neuen Bewegung auseinandergesetzt hat, weiß jedoch, daß gerade die inneren Prozesse für das Erlernen von Bewegungen entscheidend sein können. Für sie gibt es in der Regel nur sehr allgemeine Anweisungen, die meist schwer nachvollziehbar sind (z. B. «Bleib einfach locker!», «Konzentriere dich!» oder «Versuch einfach, dir die Bewegung vorzustellen!»). Um aber auch für die Regulation der inneren Repräsentation eine Hilfestellung zu bekommen, müssen diese Anweisungen differenziert und präzisiert werden.

In der Praxis werden von uns deshalb mit den Athleten **Drehbücher** erarbeitet, in denen auch die Prozesse, die *in* der Person ablaufen, berücksichtigt werden. Die Sportler haben somit konkrete Anweisungen zur Hand, um in einer bestimmten Situation ihre Gedanken regulieren zu können.

Abbildung 61 zeigt dies beispielhaft am Drehbuch einer Bogenschützin, nach dem sie sich in Training und Wettkampf mental einstellt. Die

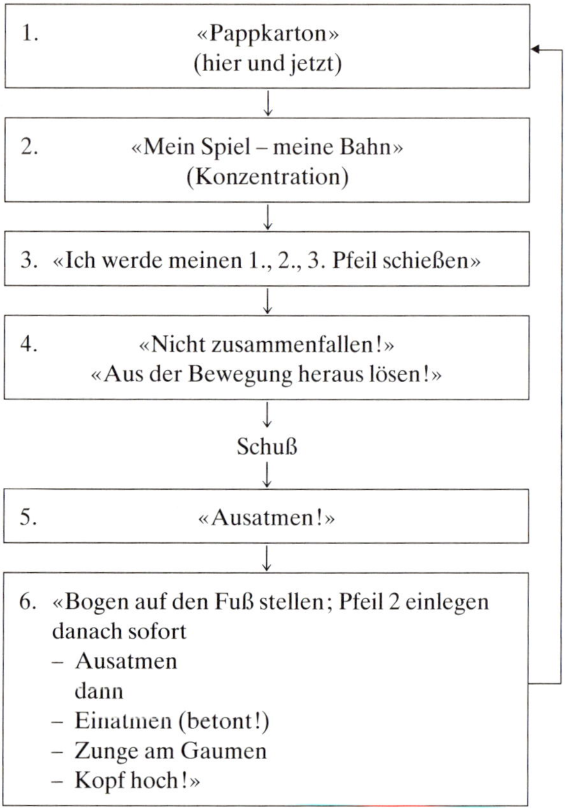

Abb. 61: Drehbuch einer Bogenschützin (Begriffe vgl. Text S. 297f)

Athletin stellt sich vor, beim Schießen in einem Pappkarton zu stehen, um nicht von der Umgebung abgelenkt zu werden. Sie konzentriert sich auf ihre Scheibe («Spiegel»), entscheidet sich, ohne abzusetzen, zu schießen, aufrecht zu stehen und das Spannen der Sehne wie das Lösen (Loslassen der Sehne) aus *einer* Bewegung heraus auszuführen. Nach dem Schuß gibt sie sich die Anweisung: «Ausatmen», «Bogen auf den Fuß stellen» etc.

Zielsetzung und Analyse

Realistische Zielsetzungen und Analysen (Ursachenerklärung und Selbstbewertung) des Handelns sind grundlegende Voraussetzungen für situations- und anforderungsgerechtes Handeln. Vor diesem Hintergrund ist es wichtig, daß das Setzen realistischer Ziele erlernt wird und daß die Ursachen für das Erreichen oder Nicht-Erreichen von Zielen angemessen analysiert werden.

Zielsetzung

Ziele sind erwünschte Endzustände, auf die man sein Handeln richtet. Voraussetzung für eine realistische Zielsetzung ist das Abwägen aller Bedingungen, die für die Zielerreichung eine Rolle spielen. Wenn ein Ziel noch weit entfernt liegt, ist es sinnvoll, Zwischenziele zu definieren; für Wettkampfsportlerinnen und -sportler z. B. in Form von zu erbringenden Leistungen bei Kontroll- oder Testwettkämpfen oder im Training. Die Zwischenziele sollten in ihrer Verbindlichkeit das gleiche Niveau haben wie das Endziel und einem ständigen Analyseprozeß unterzogen werden, um Ursachen und Bedingungen für ihr Erreichen oder Nicht-Erreichen zu überprüfen. Das schriftliche Fixieren – analog dem Trainingstagebuch – hat sich in der Praxis als besonders hilfreich erwiesen.

Analyse

Eine Analyse ist die Beschreibung eines Ist-Zustandes und der notwendigen Bedingungen bzw. Ursachen, die diesen Ist-Zustand herbeigeführt haben. Sie sind notwendige Voraussetzung, um Handeln auf seine Wirksamkeit hin zu prüfen und um Lern- und Trainingsprozesse steuern zu können. Analysen erfolgen auf unterschiedlichem Niveau. Bei differenzierten, weitgehend **objektiven** Analysen beschreibt man einen Ist-Zustand und bemüht sich dann, die Bedingungen, die diesen Ist-Zustand herbeigeführt haben, möglichst so darzustellen, wie sie tatsächlich (objektiv) waren. Bei **subjektiven**, «psychohygienischen», Analysen ziehen Athleten in der Regel nicht die objektiv ausschlaggebenden Gründe für ihr Handeln heran, sondern solche, die ihnen «guttun», aber unter Umständen keinen Realitätsbezug haben. Dies gilt oftmals auch für Analysen der Trainer. Im Sinne objektiver Analysen sollten Athleten und Trainer gemeinsam nach den Bedingungen und Ursachen des Ist-Zustandes suchen. In der Praxis dominiert der Trainer meist den Analyseprozeß und stellt somit nur seine subjektive Wahrnehmung dar.

Da realistische Analysen Kontrollinstanzen angemessenen Handelns sind, sollte man die Fertigkeit, solche Analysen durchzuführen, systematisch und kontrolliert erwerben und trainieren. Die Hinzuziehung optischer Medien (z. B. Video) kann diesen Prozeß unterstützen.

Der Einsatz kognitiver Fertigkeiten zwischen Beanspruchungen

Nach der Darstellung einiger kognitiver Fertigkeiten soll nun in einer Zusammenschau gezeigt werden, wie man sich das praktische Umsetzen dieser Fertigkeiten in Kombination – teilweise ineinandergreifend – vorstellen kann. Dazu wurde eine Situation ausgewählt, die im Sport ebenso typisch wie wichtig ist: die Zeit zwischen Beanspruchungen, beispielsweise eine Halbzeit, die Pause zwischen zwei Disziplinen, zwei Sätzen etc.

Dabei gilt es für Sportlerinnen und Sportler nach einer Beanspruchung sich psychisch so einzustellen, daß sie sich für die nachfolgende Beanspruchung in einem optimalen psychischen Zustand befinden.

Im folgenden soll am Beispiel des kognitiven Fertigkeitstrainings eines Moto-Cross-Fahrers gezeigt werden, daß man die beschriebenen kognitiven Fertigkeiten nicht isoliert betrachten, sondern sie in der Praxis in steter Wechselbeziehung sehen und trainieren muß.

Der Moto-Cross-Fahrer

Ein international erfahrener und erfolgreicher Moto-Cross-Fahrer suchte sportpsychologische Hilfestellungen zur Optimierung seiner Leistung. Anlaß und Ausgangspunkt der Kontaktaufnahme war die Nichtübereinstimmung von Fremd- und Eigenbewertung: Er selbst empfand sich im Rennen als «am Limit fahrend», wohingegen sachkundige Beobachter der Meinung waren, daß bei seinen Voraussetzungen «wesentlich mehr drin» sei.

Nach Abklärung von Fragen der Verantwortlichkeit, der Verantwortbarkeit und der Verantwortung im Rahmen der Zusammenarbeit (dazu Eberspächer 1979b, 1983) wurden auf der Basis ausführlicher Gespräche sowie sorgfältiger Trainings- und Wettkampfbeobachtungen die vordringlichen Optimierungspunkte herausgearbeitet.

- Optimierung des Verhaltens in schwierigen Streckenabschnitten und bei Überholmanövern
- Verbesserung der fahrerischen Leistung im sogenannten Pflichttraining, bei dem es mit Blick auf Qualifikation und Startaufstellung darauf ankommt, innerhalb eines kurzen Zeitraums eine möglichst schnelle Runde zu fahren

- Optimierung der psychophysischen Regeneration zwischen zwei Läufen
- Optimierung der Startvorbereitung im Sinne verbesserter Konzentration und Einstellung auf das Rennen

Zur Erleichterung des Fahrens schwieriger Streckenabschnitte erlernte der Moto-Cross-Fahrer, sich selbst positiv und handlungsleitend zu instruieren: In schwierigen Kurven oder bei Sprüngen unterstützte er fortan seine Handlungen mit kurzen und prägnanten Selbstgesprächen wie z. B. «voll... voll... weg... voll... dranbleiben» o. ä. Um günstige Zeitpunkte für Überholmanöver nicht zu verpassen, wurde verabredet, daß er sich während eines Rennens eine bestimmte Stelle auf der Strecke zum Überholen des unmittelbar vor ihm Fahrenden vornehmen sollte, um im entscheidenden Moment sich selbst mit dem Signal «jetzt vorbei» zur Durchführung des Manövers anzuhalten. Das darauf folgende Ziel war klar: «Der nächste!» Seine in vorausgegangenen Rennen häufig etwas zögerliche Haltung beim Überholen, die ihn dazu zwang, der Spur des Vorausfahrenden für längere Zeit zu folgen und damit aus dem eigenen Fahrrhythmus zu kommen, ließ sich mit dieser Technik verbessern. Auch im sogenannten Vorstart und in der Startphase selbst konnte er sich mit Hilfe der zunächst gemeinsam im Gespräch erarbeiteten, dann im Training erprobten und im Wettkampf eingesetzten Selbstgespräche unterstützen.

Einmaligkeit, Prognose, Konsequenz und fremddefinierter Zeitpunkt, vier wesentliche Unterscheidungsmerkmale von Training und Wettkampf, wurden systematisch in das Training eingeführt, um zur Stützung der **Selbstwirksamkeit** einige der Bedingungen für psychische Beanspruchungen des Wettkampfs zu simulieren. Der Fahrer mußte in einem «wettkampfnahen 5-Runden-Training» prognostizieren, in welcher Runde er die schnellste Zeit fahren würde – und zwar mit genauer Zeitangabe. Ihm war dabei klar, daß es auch bei Nicht-Gelingen keine unmittelbare Wiederholungsmöglichkeit geben würde. Diese Übung wurde immer wieder zum Abschluß einer Trainingseinheit aufgenommen, wobei er sich jedesmal wie auf ein normales Rennen vorbereiten mußte. Ziel war es, seine Prognose («Meine schnellste Runde wird die zweite sein, mit 2.30 Min., die anderen Runden werden nur geringfügig langsamer sein») und die erbrachte Leistung zur Deckung zu bringen, so daß er mit gestärktem Selbstvertrauen vor jedem Lauf sagen konnte: «Ich weiß, daß ich das selbstgesteckte Ziel erreichen kann, wenn ich mich **jetzt** anstrenge!» Tatsächlich gelang es ihm im Laufe unserer Zusammenarbeit, Rundenzeiten, die er nur mit vollem Einsatz erreichen konnte, beinahe exakt vorherzusagen. Die Sicherheit bezüglich der eigenen Leistungsfähigkeit ließ ungerechtfertigte Zweifel vor einem Rennen in den Hintergrund treten.

Zur Verbesserung der **Aufmerksamkeit** und um sich insbesondere vor einem Rennen nicht durch leistungsirrelevante Einflüsse (z. B. Lärm) ablenken zu lassen, wurde ein Drehbuch für die Vorbereitungszeit eines Rennens bzw. einer Qualifikation erarbeitet. Abläufe des Anziehens, des Aufwärmens, im Vorstart und beim Start wurden so festgelegt, daß die Konzentration vollständig für die anstehende Aufgabe («Mein nächster Lauf») zur Verfügung stand. Eventuelle technische Absprachen und Details wurden im Vorfeld geklärt, ihre Umsetzung wurde vom Mechaniker übernommen.

Zur Optimierung der Regeneration zwischen zwei Läufen erlernte der Fahrer zunächst die Muskelentspannungstechnik nach JACOBSON. Es gelang ihm nach einer Einübungsphase sehr schnell, sich in seinem Wohnmobil innerhalb kurzer Zeit zu entspannen und damit das hohe **Aktivierungsniveau** nach einem Lauf zu senken. So konnte die Regeneration beschleunigt und intensiviert werden (vgl. dazu auch RENZLAND & EBERSPÄCHER, 1988). Zur Unterstützung hörte er über Kopfhörer entspannende Musik, da die Außengeräusche bei Motorrad-Veranstaltungen erheblich sind und störend wirken können. Die erlernte Technik erlaubte es ihm auch, sich beim Einsitzen ca. 15 Minuten vor dem Start nochmals für kurze Zeit zu entspannen, bevor die unmittelbare – aktivierende – Vorbereitungsphase begann (auf dem Motorrad sitzend: verstärkte Einatmung, Aufbau von Muskelspannung, aktivierendes und motivierendes Selbstgespräch). Er konnte somit ein anforderungsadäquates Aktivationsniveau vor dem Start erreichen, wobei die in der Pause durchgeführte Entspannung eine erneute Aktivierungs- und Konzentrationssteigerung für das anstehende Rennen ermöglichte. Auch während des Fahrens sollten im Hinblick auf Konzentrations- und Konditionsausdauer kurze «entspannende» Phasen eingebaut werden. Insbesondere in weniger anspruchsvollen Streckenteilen galt es, den Kraftaufwand zu ökonomisieren, d. h. das Motorrad möglichst locker zu führen und einer psychischen wie physischen Verkrampfung entgegenzuwirken.

Mittels **Mentalen Trainings** wurde das Durchfahren schwieriger Streckenabschnitte (z. B. Brems- und Beschleunigungspunkte) bzw. des ganzen Rundkurses gedanklich geübt. Der Fahrer konnte insbesondere die Zeit in den Pausen nutzen, um schwierige Teile in Gedanken optimal zu durchfahren. Im Kurs war das Vorsagen der Knotenpunkte dieser Streckenteile eine wertvolle Unterstützung (Selbstgespräch). Auch das erarbeitete Drehbuch für die Startvorbereitung leistete seinen Beitrag zur Vorstellungsregulation des Fahrers.

Die realistische **Analyse** der erbrachten Leistungen im jeweils vorangegangenen Lauf war die Grundlage einer Optimierung der Leistung für das nächste Rennen.

Je nach Ergebnis der Analyse wurde beispielsweise Wert darauf gelegt, bestimmte Streckenabschnitte nochmals mental zu üben o. ä. Für den nächsten Lauf konnte dann eine realistisch-optimistische Prognose gestellt werden, die als anzustrebendes **Ziel** definiert wurde.

Messen und Bewerten individueller Unterschiede

Messen und Bewerten ist in vielen Ebenen und Bereichen nicht nur des Sports tägliche Praxis. Im Hochleistungssport genauso wie im Freizeitsport, im Rehabilitationssport wie in der Schule. Trainer bewerten Trainingsfortschritte ihrer Athleten, um realistische Wettkampfziele zu setzen, ihre Organisation zu optimieren und ihr eigenes Verhalten verändern zu können. Der Übungsleiter bewertet Leistungen seiner Schützlinge bei der Vorbereitung auf das Sportabzeichen, um das Training besser dosieren zu können, genauso wie der Arzt und Sportlehrer in der Herzinfarktrehabilitation. Sportlehrer stellen in der Schule Leistungen ihrer Schüler fest.

Allgemein gesprochen ist das Messen und Bewerten von Veränderungsprozessen Voraussetzung für ihre im Sinne der Zielerreichung optimale Steuerung und Regelung. Erst wenn man weiß, welche quantitativen und qualitativen Veränderungen ein Lern-, Übungs- und Trainingsprozeß bewirkt hat, kann man ihn im Sinne des Ziels beeinflussen. Man fragt dann, ob und in welchem Maße Ziele, personale und materielle Bedingungen der Organisation und Durchführung sowie ihre Wirkungen verändert bzw. verbessert werden können. Ob zum Beispiel ein Trainer mit dem Aufbau des Trainings seiner Schützlinge richtig liegt, kann er erst feststellen, wenn er mißt und bewertet, welche Veränderungen dadurch bewirkt worden sind, ob also seine Sportlerinnen und Sportler bezüglich des angezielten Kriteriums besser bzw. schlechter geworden oder gleichgeblieben sind. Erst aufgrund solcher Kenntnisse weiß er, wo er mit seinen Maßnahmen steht und wie weiter trainiert werden kann.

Strategien zur Veränderung von Handlungsmöglichkeiten und -voraussetzungen können mehr oder weniger formalisiert (festgelegt, geplant)

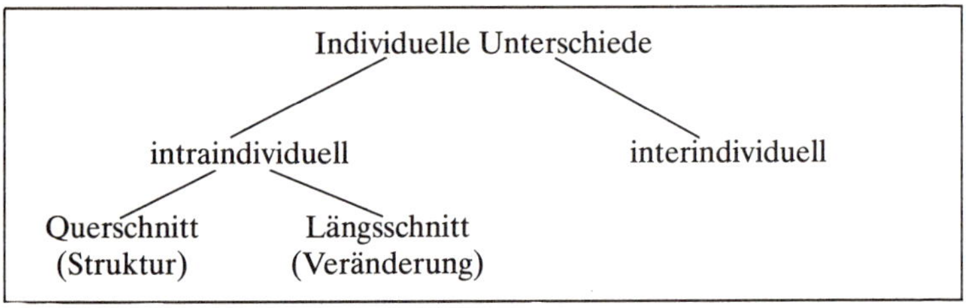

Abb. 62: Aspekte individueller Unterschiede (vgl. Ahrens 1980, 85)

sein: Entsprechend sind die Meß- und Bewertungsprozesse auch auf mehr oder weniger formalisierter Ebene möglich. Ein fünfjähriges Mädchen beispielsweise, das versucht, einen Ball zu prellen, übt. Das Verfahren, mit dem es die Wirkungen seines Übens mißt und bewertet, sind Augenmaß und Gespür, ohne die es gar nicht in der Lage wäre, sein Ballprellen im Sinne der Verbesserung zu verändern. Höher formalisierte Veränderungsprozesse finden sich im Unterricht der Schule. Auch hier wird gelernt, geübt und trainiert, und es gilt, Wirkungen solcher Veränderungsstrategien zu erfassen. Dies geschieht aber geplant, etwa auf der Basis von Curricula und Lehrplänen und mit eigens entwickelten Methoden. Klassenarbeiten, Prüfungen und Tests sind zum Beispiel solche Methoden, aufgrund derer dann schließlich eine Zensur erteilt wird.

Sehr hoch formalisierte Veränderungsprozesse beobachtet man im Training des Höchstleistungssports, wo über Jahre Athleten in ihrem Verhalten und Handeln oft bis in die kleinsten Strukturen verplant, organisiert, gemessen und bewertet werden.

Veränderungsprozesse, sei es durch Lernen, Üben oder Trainieren, erzeugen immer Unterschiede. **Intraindividuelle Unterschiede** beziehen sich dabei auf ein und dieselbe Person zu zwei oder mehr Zeitpunkten. So bewirkte etwa systematisches Desensibilisierungstraining bei einem Sechzehnjährigen über ein halbes Jahr den Abbau seiner Angst vor dem Wasser. Er war also nach sechsmonatigem Training weniger wasserscheu als vorher, er hat sich in seiner Person (intraindividuell) verändert.

Interindividuell sind Unterschiede zwischen verschiedenen Personen zu einem oder mehreren Zeitpunkten. So bezieht sich die Aussage eines Trainers in einer Kampfsportart, «die Russen haben einfach mehr Kraft als unsere (Athleten)», auf solche interindividuellen Unterschiede zwischen deutschen und russischen Athleten. Für die hier interessierenden Zusammenhänge stehen intraindividuelle Unterschiede im Vordergrund, besonders (längsschnittliche) Veränderungen und weniger (querschnittliche) Strukturen (vgl. Abbildung 62).

Erfaßt werden Unterschiede per **Messen** und **Bewerten**, wobei Messen Voraussetzung für das Bewerten ist: Ein empirischer (beobachtbarer) oder erschließbarer Sachverhalt wird einer Skala zugeordnet. Es wird also beim Messen beschrieben und quantifiziert, zum Beispiel durch Erteilung einer Note, Zensur oder ähnliches, die das Gemessene in Bezug zu Ergebnissen anderer Personen setzt. Diese Quantifizierung wird von einem Dritten zugeteilt, sie ist handlungsspezifisch und persongebunden: «Jürgen ist in Deutsch, Sport und Mathematik gut.» Die Messung dagegen ist handlungsspezifisch und sachgebunden: im Weitsprung 4 m, beim Handball 6 Tore, beim Pferdsprung 7,50 Punkte (VOLKAMER 1978).

Die Bewertung einer gemessenen Leistung zum Beispiel mittels einer Zensur im Unterricht «informiert die Adressaten (Schüler, Eltern, Behörden etc.) nicht über die objektive Leistung des Schülers, sondern über seine relative Leistung im Vergleich zu anderen» (VOLKAMER 1978, 15). Bewerten ist also ein sozial eingebundener Prozeß, der eine konkrete individuelle Leistung im sozialen Vergleich zuordnet.

Messen als Basis von Bewerten muß eine bestimmte Güte haben, es muß **objektiv, reliabel** und **valide** sein, und es kann auf unterschiedlichem Skalenniveau erfolgen. Man unterscheidet **Normal-, Ordinal-, Intervall-** und **absolute** Skalen (genauer und weiterführend dazu WILLIMCZIK & ROTH 1983, BÖS 1987a).

Um Messen zu objektivieren, das heißt von den Personen, die den Meßvorgang organisieren und auswerten, unabhängig zu machen, werden auch im Sport vermehrt **Tests** in alle Bereiche eingebracht, zum Beispiel Leistungstests im Schulsport, Konditionstests im Hochleistungssport, Fitneßtests im Freizeitsport. Solche Tests sind aber im Sinne einer Objektivierung nur dann brauchbar, wenn sie entsprechende Gütekriterien erfüllen. Sie müssen von Experten wissenschaftlich entwickelt und hinsichtlich ihrer Objektivität, Reliabilität und Validität standardisiert, das heißt kontrolliert und geeicht sein.

In jüngerer Zeit werden in der Praxis des Sports immer mehr testartig verbesserte Meßverfahren, sogenannte informelle Tests, eingesetzt. Sie sind weniger formalisiert als die o. g. formellen Tests, methodisch weniger anspruchsvoll. Bei der Verwendung solcher informellen Tests muß der Anwender natürlich immer im Blick behalten, daß es sich oft nur um nach Augenschein und Augenmaß entwickelte plausible Verfahren handelt, die meistens mit formellen Tests nur den Namen und die Ansprüche gemein haben. Die Qualität der dadurch erzielten Meßergebnisse ist entsprechend einzustufen (BÖS 1987 d).

Ein Feld, in dem die Meß- und Bewertungspraxis in den letzten Jahren besonders intensiv in die kritische Diskussion gekommen ist, ist der

Schulsport. Der Streit um das Für und Wider des Messens, der Bewertung, der Notengebung und Zensierung im Sportunterricht ist in vollem Gange. Besonders durch die Publikationen von Volkamer (1978), Gall (1978) und Wiegand (1978) dürfte sie entfacht worden sein. Die Voten reichen von ersatzloser Streichung bis zur Beibehaltung und Veränderung der Schulnote.

Der wohl prominenteste Kritiker der Zensurengebung in unserer Schullandschaft, Ingenkamp, bezog sich schon 1974 (24) in seiner Feststellung auf die grundlegende Problematik der Schulnote: «Die Zensurengebung genügt weder den Mindestanforderungen an die ‹Objektivität› der Auswertung, an die Gültigkeit und Zuverlässigkeit der Erfassung des Schülerverhaltens, noch liefert sie ausreichend Informationen oder über den Rahmen einer Klasse hinausreichende Vergleichsmaßstäbe. Feststellung und Interpretation werden im Bewertungsvorgang zuwenig unterschieden. Weder dem Beurteiler noch dem Adressaten ist klar, in welchem Maß Feststellungen, Meinungen, pädagogische Intention in die Zensur eingegangen sind. Der Vorgang des Zensierens und die Zensur sind eine viel zu unsichere Basis, um daraus pädagogische Maßnahmen abzuleiten.»

Problematisch erscheint Kritikern die Zensur in der Schule und für unseren Zusammenhang im Sport besonders aufgrund von drei Aspekten: Zensuren haben sehr unterschiedliche Funktionen, die Art und Weise ihrer Ermittlung sowie ihr Bezugssystem sind sehr uneinheitlich.

Hinsichtlich ihrer **Funktionen** unterscheidet etwa Zielinski (1974, 881f) einige Funktionen der Notengebung in der Schule:

«– Die **Rückmeldefunktion** für den Lehrer: Er soll an der Zensurenverteilung ablesen können, wie erfolgreich sein Unterricht war.
- Die Rückmeldefunktion für den Schüler: Die Note soll ihn informieren, wo er mit seinen Leistungen im Vergleich zu seinen Mitschülern steht.
- Die **Berichtsfunktion:** Durch Zensuren werden die Schulanfänger mit Leistungsnormen in Berührung gebracht, die sich von den bisher in der Familie gültigen individuellen Standards zum Teil erheblich unterscheiden. Vor allem erfahren die Schüler, daß es als fair gilt, wenn unterschiedliche Leistungen auch unterschiedlich belohnt werden.
- Die **Klassifizierungsfunktion:** Durch unterschiedliche Noten werden Schüler unterschiedlichen Bewertungsklassen zugeordnet. Diese Zuordnung ist eine Voraussetzung für Förderungs- und Selektionsmaßnahmen.
- Die **Selektionsfunktion:** Besonders gute und schlechte Schüler sol-

len mit Hilfe von Zensuren ausgelesen und entsprechenden Institutionen zugeleitet werden.
- Die **Zuteilungsfunktion:** Mit ihrer Benotung verteilt die Schule Berechtigungen für den weiteren sozialen Aufstieg ihrer Schüler oder verweigert sie ihnen.
- Die **Chancenausgleichsfunktion:** Sie wird von jenen Lehrern wahrgenommen, die besonders benachteiligten Schülern bessere Zensuren erteilen, als es die objektiven Leistungen rechtfertigen würden.»

Aber nicht nur die Funktion der Noten wird sehr unterschiedlich gesehen, auch hinsichtlich der Art und Weise, wie sie ermittelt werden, scheint es von Lehrer zu Lehrer oft recht abweichende Ansichten zu geben. So haben Untersuchungen von GALL (1978) gezeigt, daß im Sportunterricht
- unterschiedliche Inhalte zur Benotung herangezogen werden, außerschulische Leistungen etwa nur von einer Minderheit der Lehrer;
- Nicht-Leistungskriterien (zum Beispiel Kooperationsbereitschaft, Lernbereitschaft, Kreativität, Rücksichtnahme) sehr unterschiedliche Berücksichtigung finden;
- schwache Schüler einen Bonus erhalten;
- mit steigendem Jahrgang die Beurteilungen besser werden;
- Mädchen insgesamt besser bewertet werden als Jungen;
- die Notengebung sich auf sehr unterschiedliche Zeiträume bezieht etc.

Ein weiterer Kritikpunkt der Schulnoten ist das herangezogene Bezugssystem. Es kann sich von Lehrer zu Lehrer ändern und sich entweder an der Klasse, den Lernzielen oder den Schülern festmachen.

Aus diesen Ausführungen läßt sich entnehmen, daß die Schulnote im Sport, und nicht nur dort, ein außerordentlich problematisches Maß ist, über das es nachzudenken gilt. Ob eine generelle ersatzlose Streichung im Sinne von BLOSS et al. (1980, 633) dabei der Weisheit letzter Schluß ist, mag man füglich bezweifeln, zumal es für Behauptungen wie diese keine Belege gibt: «Während der emanzipatorische Ansatz (bei Abschaffung der Sportnote – H. E.) die Ziele Selbstbestimmung, Selbständigkeit, Kooperation, Solidarität, Interaktion, Kommunikation und soziales Lernen in den Vordergrund stellt, fördert die Notengebung in erster Linie Konkurrenz, Wettkampf, Kontrolle, Disziplinierung und Auslese.»

Es scheint gute Gründe dafür zu geben, daß die Abschaffung der Sportnote allein wenig bringen würde (vgl. VOLKAMER 1978, 117 ff).

Eine Möglichkeit, die Sportnote zu entproblematisieren, wird in der erweiterten Verwendung **kriteriumsorientierter Tests** in der Schule gesehen. Darunter versteht man Testverfahren, die Schüler nicht mit sozialen Vergleichsgruppen in Beziehung setzen, sondern mit dem jeweiligen

Lernziel. «Da die Leistungen der einzelnen Schüler nicht mehr untereinander, sondern mit dem jeweiligen Lernziel verglichen werden, entfällt der Zwang, mit anderen um einen guten Rangplatz zu konkurrieren. Solidarität und gegenseitige Hilfe beeinträchtigen nicht mehr (wie beim normorientierten Test – H. E.) die eigenen Erfolgschancen, da es nicht mehr um einen Platz in einer relativen, sich ständig verändernden Rangskala geht, sondern um die Auseinandersetzung mit einem externen konstanten Gütemaßstab» (ZIELINSKI 1974, 906).

Kriteriumsorientierte Tests wären allerdings kein Heilmittel, denn auch sie beseitigen den sozialen Vergleich nicht zwangsläufig, und sie würden voraussetzen, daß die Lernziele des Unterrichts konsequent operationalisiert würden. Hier muß man jedoch sehen, daß die Reduktion von Sportunterricht auf ausschließlich operationalisierbare Lernziele zweifellos eine schlimme Verarmung mit sich brächte. In der Sportpädagogik wird dies seit längerem diskutiert.

Der vernünftige Umgang mit dem Problem der **Schulnote im Sport** setzt nach unserer Ansicht an der Reflexion dreier Grundprobleme an:

- Diejenigen, die bewerten, müssen sich darüber klarwerden, was Sportunterricht bezweckt, nämlich Schüler zur Selbstverwirklichung hinführen, mit Hilfe sportlicher Betätigung, die es in ihren Lebensraum und ihre Lebenszeit zu integrieren gilt.
- Sport ist mehr und anders als das Trainieren motorischer Fertigkeiten und Fähigkeiten. Bewerten im Sportunterricht ist konsequenterweise dann auch mehr und anders als das Messen und Bewerten motorischer Fertigkeiten und Fähigkeiten. Leistungshandeln im Sport muß vielmehr als mehrdimensionales Gefüge verstanden werden, das motorische, kognitive, soziale und emotionale Handlungen einbezieht (vgl. Kasten Lehrziele im Sportunterricht, S. 275f). In jeder dieser Dimensionen können Leistungen erbracht und bewertet werden.

  Dies setzt allerdings voraus, daß diejenigen, die bewerten, Situationen ermöglichen, die Leistungshandeln in allen diesen Dimensionen zulassen. Dies ist dann gegeben, wenn Handeln zu einem objektivierbaren Ergebnis führen kann, das nach Maßstäben der Güte und der Menge (kurz: nach Tüchtigkeitsmaßstäben) beurteilbar ist. Handelnde müssen dabei Erfolg oder Mißerfolg haben können und von ihrem Handlungsergebnis einen bestimmten Gütegrad erwarten, für dessen Realisierung sie sich selbst, ihre Fähigkeiten und Anstrengungen für verantwortlich halten.
- Ein Schüler bzw. jemand, der im Sport schlechte Leistungen zeigt, ist damit nicht als Persönlichkeit qualifiziert, genausowenig wie der schlechte Mathematik- oder Englischschüler. In einer Gesellschaft,

deren Organe die Studienplätze und Berufschancen nach dem Abitur nach Zehntelnoten zuteilt, scheinen solche Umdenkungsprozesse noch nicht einmal im Ansatz erkennbar. Dabei hat sich der Deutsche Bildungsrat schon 1972 (89) sehr entschieden geäußert: «Der Sinn der Leistungskontrolle ist nicht die einmalige Abstempelung, sondern die Erarbeitung detaillierter Ergebnisse, die auf Mängel und Lücken hinweisen und zur Verbesserung, Steigerung und Erleichterung der Lehr- und Lernprozesse ausgewertet werden können. Ziel der Leistungskontrolle ist nicht, Schüler in gute und schlechte Schüler einzuteilen, die einen zu loben und die anderen zu tadeln, sondern herauszufinden, wie weitergelernt werden soll, wo die Stärken und Schwächen des einzelnen liegen, an die angeknüpft werden kann.»

Forschung in der Sportpsychologie

Forschungsfelder

Die vier grundlegenden **Aufgabenstellungen** – Beschreibung, Erklärung, Vorhersage, Veränderung – der Sportpsychologie werden meist unter vier **Perspektiven** (allgemeinpsychologisch, entwicklungspsychologisch, sozialpsychologisch und differentialpsychologisch) besonders in folgenden **sportlichen Handlungsfeldern** erforscht: im

- **Leistungssport**
- **Freizeitsport,**
- **Schulsport** und
- in der **Sporttherapie.**

Weil eine theoretisch überzeugende Abgrenzung dieser Bereiche noch nicht vorliegt, halten wir ihre pragmatische Abgrenzung für zweckmäßig. Es überwiegen in der Forschung problemorientierte Zugänge, also Bemühungen, praktisch gegebene Fragestellungen aufzuklären, gegenüber grundlagenforschenden Bemühungen. In den letzten Jahren zeichnet sich allerdings insofern eine Umgewichtung ab, als grundlagenorientierte Beiträge an Bedeutung zu gewinnen scheinen.

Leistungssport

Der **Leistungssport** dominiert die Forschungsbemühungen der Sportpsychologie immer noch deutlich, obwohl zunehmend eine Verschiebung auf die anderen genannten Handlungsfelder erkennbar wird. Gründe für diese Dominanz liegen im breiten öffentlichen Interesse am Hochleistungssport und an der Lösung psychologischer Probleme zur Optimierung sportlicher Höchstleistungen. Verknüpft ist damit das Erkenntnisinteresse der für den Sport bedeutsamen Forschungsförderungsinstitutionen, wie zum Beispiel des Bundesinstituts für Sportwissenschaft in Köln. Ein weiterer Grund dürfte darin liegen, daß sozial- und verhaltenswissenschaftliche Probleme im Hochleistungssport traditionell der Lösungskompetenz der Sportpsychologie zugeordnet werden. Sportpädagogik und Sportsoziologie stehen hier erkennbar im Hintergrund, obgleich sich in der jüngeren Diskussion ein Einbezug auch pädagogischer und soziologischer Aspekte bei der Erforschung des Hochleistungssports herausschält.

Um die Forschungsaktivitäten im Hochleistungssport zu kennzeichnen, ist die Differenzierung zwischen **angewandter Feldforschung** und **Grundlagenforschung** hilfreich, weil von allen Forschungsfeldern der Sportpsychologie die Differenzierung zwischen Feld- und (empirisch-experimenteller) Grundlagenforschung im Leistungssport am deutlichsten zutage tritt.

In der **angewandten Feldforschung** steht die Optimierung psychischer Bedingungen und Wirkungen vor, während und nach sportlicher Beanspruchung im Mittelpunkt des Erkenntnisinteresses. Erforscht werden Maßnahmen der Information, Aus- und Fortbildung, Beratung, Betreuung und der systematischen Intervention mit psychologisch begründeten Trainingsmaßnahmen von bzw. bei Athleten, Trainern und Betreuern (GABLER, EBERSPÄCHER, HAHN, KERN & SCHILLING 1979; SONNENSCHEIN 1989; EBERSPÄCHER 1988, 1990; KRATZER 1991). Der eher grundlagenorientierte Forschungszugang thematisiert bislang überwiegend motivationale und emotionale Voraussetzungen sportlichen Handelns. Nach differentialpsychologischen Voraussetzungen fragen Sportpsychologen über die Beschreibung spezifischer personaler Voraussetzungen und Eigenschaften etwa in der Talentforschung.

Die Regulation von Handlungen und Handlungsvoraussetzungen vor, während und nach sportlichen Beanspruchungen ist ein weiteres Schwerpunktfeld. Die Psychoregulation erfolgt über psychoregulative Maßnahmen und Techniken (EBERSPÄCHER 1979; 1988,1990).

Insbesondere in Sportmannschaften ist die Entstehung, Verarbeitung und Auswirkung von Konflikten untersucht worden. Die Untersuchung von Auswirkungen des Hochleistungssports auf Persönlichkeitsmerkmale (SACK 1980; GABLER 1976) gilt schon als traditionelles Anliegen der Sportpsychologie. In jüngster Zeit wurde diese Problematik – bedingt durch das Absinken des Leistungsalters im Spitzenbereich und die damit verknüpften Probleme im Kinder- und Jugendbereich – vertieft und differenziert (HAHN 1982; KAMINSKI, MAYER & RUOFF 1984; MARTIN 1988).

Bei der Exploration des Umfeldes sportlichen Handelns im Hochleistungssport sind Zuschauer und ihre Aggressionen immer aktueller geworden. Dabei scheint das unmittelbare personale Umfeld wie Schiedsrichter, Trainer, Betreuer, Medien etc. eher am Rande von Interesse gewesen zu sein.

Die Entwicklung und Erprobung psychologisch begründeter Trainingsmaßnahmen und -methoden hat sich in erster Linie in der Psychoregulationsforschung und der Erforschung nichtmotorischer Trainingsformen wie etwa des Mentalen und des Observativen Trainings niedergeschlagen (VOLPERT 1976; Sonnenschein 1989; EBERSPÄCHER 1979b; 1988; 1990).

Freizeitsport

Nähme man die Zahl der untersuchten Probanden als Kriterium, so wäre der **Freizeitsport** das sportpsychologisch am intensivsten erforschte Betätigungsfeld. Von einer auch nur in groben Linien eigenständigen sportpsychologischen Freizeitforschung kann aber noch kaum die Rede sein, weil das Heer der Freizeitsportler, die untersucht wurden, in erster Linie als Vergleichs-, Kontroll- und Bezugsgruppen etwa gegenüber Nichtsportlern und Leistungssportlern bei der Untersuchung vielfältiger sportpsychologischer Fragestellungen, die nur zum kleinen Teil Fragen des Freizeitsports aufgriffen, diente (SCHMITZ-SCHERZER 1974; OPASCHOWSKI 1987; 1988).

Die schlüssig theoriebezogene konzeptionelle Konstituierung eines sportpsychologischen Forschungsfeldes «Freizeitsport» steht noch aus. Die vielfältigen Differenzierungen personaler, umwelt- und anforderungsbezogener Faktoren (SCHLAGENHAUF 1977), über die sich die Vielfalt und damit auch der Reiz des Freizeitsports begründet, kann andererseits für die theoretische und methodische Abbildung erhebliche Probleme nach sich ziehen. In welche Richtung auch methodisch weiter diskutiert werden könnte, zeigten HACKFORT (1982; 1986) und SCHWENKMEZGER (1986), die freizeitsportliche Aktivitäten über ein Handlungskonzept theoretisch einzubinden versuchen.

Schwerpunktmäßig wurde in der sportpsychologischen Freizeitforschung quantitativ das Freizeitverhalten verschiedener Alters- und Statusgruppen untersucht (ARTUS 1974; JÜTTING 1976; 1983), auch motivationale Bedingungen wie Interessen, Bedürfnisse und Einstellungen (HECKER 1977) sowie daraus resultierende (qualitative) Befindlichkeitsveränderungen bzw. psychische Wirkungen (SACKS & SACHS 1981; WEBER 1982 und besonders ABELE & BREHM 1984; 1993; vgl. Kasten).

Laufe, staune, gute Laune – Sportliche Aktivität und Wohlbefinden

von Andrea Abele und Walter Brehm

Wird in Anlehnung an die Weltgesundheitsorganisation Wohlbefinden differenziert in eine psychische, eine physische und eine soziale Komponente, so kann vermutet werden, daß bei sportlicher Aktivität das physische und psychische Befinden immer und gleichzeitig angesprochen wird, das soziale Befinden dann, wenn sportliche Aktivität soziale Interaktionen beinhaltet.

Für einen Zusammenhang von sportlicher Aktivität und sozialem Wohlbefinden sprechen bislang lediglich einige Evidenzen, wie z. B. Vermutungen zu den Wirkungen von «Interaktionen» im Sportspiel oder von «Geselligkeit» im Vereinskontext.

Zum Bereich des physischen Wohlbefindens liegen einige Studien vor, zur Veränderung der «Wahrnehmung von Beschwerden» sowie zur Veränderung der «Wahrnehmung körperlicher Fähigkeiten» (Fitneß) im Verlauf einer sportlichen Aktivierung; ebenso liegen einige Querschnittstudien zu diesen Komponenten vor, bei denen sportlich Aktive mit Nicht-Aktiven verglichen werden. Im Trend dieser Studien fühlen sich sportlich Aktive «gesünder» und «fitter» als sportlich Inaktive, und auch die Beschwerdewahrnehmung sowie die Fitneßwahrnehmung verändern sich tendenziell bei einer sportlichen Aktivierung in positiver Richtung.

Im Hinblick auf das psychische Befinden wurden bislang insbesondere die beiden Aspekte der «Stimmung» und der «Grundgestimmtheit» in ihrem Zusammenhang zur sportlichen Aktivität untersucht. Stimmung bezieht sich dabei auf das aktuelle, direkt in der Situation empfundene und erlebte Befinden, Grundgestimmtheit kann als eine Art emotionale Dauertönung verstanden werden, die den Hintergrund für das aktuelle Erleben angibt. Insgesamt zeigt der Diskussionsstand, daß eine sportliche Aktivierung vermutlich nur wenig – wenn auch in einigen Fällen mit positivem Trend – mit einer Veränderung der Grundgestimmtheit, jedoch relativ deutlich mit einer Veränderung der Stimmung im Zusammenhang gebracht werden kann. Bei einer Bewertung der vorliegenden Studien zur Stimmungsveränderung lassen sich bislang folgende Trends erkennen:

In Situationen sportlicher Aktivität, deren zentrale Intention mit «Fitneß» umschrieben werden kann – in den vorliegenden Studien wurden bislang Laufen, Schwimmen und angeleitete Fitneßkurse (Aerobic, Skigymnastik, Konditionstraining, Jazzgymnastik etc.) untersucht –, ist die Stimmung unmittelbar nach der sportlichen Aktivität sowohl in den negativen als auch in den positiven Bereichen deutlich besser als vor der sportlichen Aktivität. Man fühlt sich nach Fitneßaktivitäten weniger erregt, ärgerlich, energielos und deprimiert; und man fühlt sich aktivierter, in gehobenerer Stimmung sowie ruhiger.

In Situationen sportlicher Aktivität, deren zentrale Intention mit «Spiel und Wettkampf» umschrieben werden kann – in den vorliegenden Studien wurden bislang insbesondere die Sportspiele Tennis, Fußball und Volleyball untersucht –, ist der festgestellte «Spannungsbogen» besonders auffällig. Die Ausgangswerte in den Skalen Aktiviertheit und Erregtheit sind direkt vor dem Spiel ungewöhnlich hoch, z. B. deutlich höher als vor Fitneßaktivitäten. Vermutlich sind diese Stimmungsaspekte zu diesem Zeitpunkt bereits durch die nachfolgende Wettkampfsituation beeinflußt. Nach dem Spiel verringern sich diese hohen Ausgangswerte jeweils unabhängig vom Spielausgang bedeutsam, auch wenn die Aktiviertheit bei verlorenen Spielen zum Teil stärker abnimmt als bei gewonnenen. In der Mehrzahl der anderen Stimmungsaspekte bestehen Unterschiede zwischen gewonnenen Spielen, nach denen sich die Stimmung verbessert, sowie verlorenen Spielen, nach denen sich die Stimmung verschlechtert.

In Situationen sportlicher Aktivität, deren zentrale Intention mit «Vorbereitung auf den Wettkampf» (Trainingssituation) umschrieben werden kann, zeigen sich folgende Befunde: Während sich in Mannschaftssportarten die Stimmung beim Training kaum verändert (Fußball) oder sich sogar leicht negativ einfärbt (Volleyball), unterscheiden sich Läufer, die sich auf einen Wettkampf vorbereiten, in ihrer Stimmungsveränderung kaum von Läufern, die ohne Wettkampforientierung laufen.

In Situationen sportlicher Aktivität, deren zentrale Intention mit «Entspannung» umschrieben werden kann – in den vorliegenden Studien wurden bislang Yoga und Massage untersucht –, kam es insbesondere zu einer Verbesserung negativer Stimmungsaspekte, der positive Bereich wurde weniger tangiert. Reduziert wurden Spannung, Ängstlichkeit, Deprimiertheit, Verwirrtheit und Ärger. Auch wenn Yoga und Massage keine sportlichen Aktivitäten sind, sind diese Ergebnisse insofern interessant, als «Entspannung» auch im Kontext sportlicher Aktivität (z. B. Gymnastik) eine wesentliche Rolle spielt und als diese Situationen einen Kontrast zum Spannungsaufbau durch sportliche Aktivitäten bilden.

Schulsport

Entsprechend der Binnendifferenzierung der Sportwissenschaft gilt der **Schulsport** als eines der zentralen Felder der Sportpädagogik. Schulsport gleichwohl sportpsychologisch zu erschließen wird programmatisch mit Regelmäßigkeit gefordert (Feige 1964; Widmer 1972; 1978; Singer & Wessling-Lünnemann 1986). Realisiert wird diese Forderung dort, wo empirisch arbeitende Sportpädagogen sich theoretisch und methodisch psychologischer Ansätze bedienen, am deutlichsten in der Unterrichtsforschung, besonders bei der Analyse des Lehrer- und Schülerverhaltens (Hanke 1980; 1989).

Die Forderung nach einer Vertiefung und Intensivierung sportpsychologischer Forschungsbemühungen im Schulsport begründet sich zunächst über die spezifischen Bedingungen, die Sportunterricht von anderen Schulfächern (u. a. Motorik, Raum, Körperkontakt), aber auch vom außerschulischen Sport (Pflicht, Noten, Zeitdruck) abhebt. Solche Kriterien lassen die Übertragung unspezifischer Erkenntnisse aus anderen Feldern zumindest problematisch erscheinen (Bielefeld 1981; Bretschneider 1981; Allmer 1984).

Sporttherapie

Sporttherapie wird für die Sportpsychologie insofern zum Forschungsgegenstand, als psychologisch und sportwissenschaftlich begründete Verfahren zur Prävention, Therapie und Rehabilitation bei körperlichen und geistigen Behinderungen Anwendung finden (Rieder 1971; Rümmele 1990; 1991).

Vorteile, die eine Einbeziehung sportlicher Bewegungen in Therapien begründen können, liegen in der Ganzheitlichkeit, insofern der ganze Mensch und sein Handeln der Therapie zugänglich wird. Da sportliches Handeln sozial gerichtet ist, scheint ferner, neben der Non-Verbalität, die einen weiten Anwendungsbereich eröffnet, der Sozialbezug von Bedeutung zu sein. Schließlich setzen Sport und sportliche Aktivität im allgemeinen die Einstiegs- und Hemmschwelle gegenüber therapeutischen Zugängen durch ein positives, entspanntes Umfeld herab (vgl. Nitsch & Nitsch 1979; Knobloch 1979; Rümmele 1990; 1991).

Unterscheiden lassen sich drei Zugänge einer **Sporttherapie** (Nitsch & Nitsch 1979):

- **Therapie durch Sport.** Erfahrungen liegen hier z. B. im Bereich des Ausdauerlaufens (SACHS & BUFFONE 1984; 1985; 1986; WEBER 1990) und der Spieltherapie vor.
- **Sport als Medium der Therapie** wird in Motivationsförderungsprogramme z. B. für geistig Retardierte (BAUER 1978) oder in psychomotorische Förderungsprogramme (VOLKAMER 1972) mit Erfolg eingebracht.
- **Sport als flankierende Maßnahme der Therapie** hat sich u. a. in der Depressions- und Alkoholikertherapie (WEBER 1985; SCHWENKMEZGER 1985) und im Alterssport (SINGER 1981 b) bewährt.

In den letzten Jahren ist programmatisch wie inhaltlich eine beachtliche Zahl von Arbeiten zum Problem Therapie durch Sport / Sporttherapie publiziert worden. Generell wird bei den Autoren ein positiver Tenor erkennbar. Andererseits verwirrt die Begrifflichkeit, die auf eine erhebliche theoretische Unbefangenheit schließen läßt. Ein deutliches Defizit ist im Bereich empirischer Nachweise sporttherapeutischer Wirkungen zu beklagen. Im ganzen wird man aber sicher davon ausgehen müssen, daß die nächsten Jahre eine Vertiefung und beträchtliche Erweiterung der Möglichkeiten von Sporttherapie bringen werden (vgl. Kasten).

Bewegung, Spiel und Sport als Psychotherapie

von EDGAR RÜMMELE

In vielen alten Hochkulturen gehörten die drei Medien Wasser (Bewegungsbäder), Pferd (Reittherapie) und Musik (Tanztherapie) zum Standardrepertoire von Heilverfahren. Doch ausgelöst durch die Schriften des PLATO-Rezipienten THOMAS VON AQUIN, gerieten diese Anwendungsformen im abendländischen, leibfeindlichen Mittelalter wieder in Vergessenheit. Es ist vor allem René DESCARTES zu danken, daß im 17. Jahrhundert das Denken im Leib-Seele-Dualismus Widerspruch erfuhr. Im 19. Jahrhundert geriet die ganzheitliche Betrachtungsweise allerdings noch einmal durch den Einfluß der reduktionistischen Naturwissenschaft in Gefahr. Erst in diesem Jahrhundert setzte sich die Meinung von der Leib-Seele-Einheit auf therapeutischem Gebiet vollends durch. Damit waren die paradigmatischen Voraussetzungen geschaffen, daß auch Körper- und Bewegungsübungen als psychotherapeutische Anwendungsformen Anerkennung im westlichen Gesundheitswesen finden konnten.

So empfahl bereits FREUD, daß Bewegung zur Überwindung von Abwehrmechanismen einzusetzen sei. Die FREUD-Schüler JUNG und REICH, später dann die REICH-Schüler, PERLS (Gestalttherapie) und LOWEN (Bioenergetik) fanden mit ihrer Vorstellung von Körper- und Bewegungsarbeit weltweite Anerkennung. Auf PERLS bezieht sich vor allem die in der Sportwissenschaft gut bekannte integrative Bewegungstherapie, die mit den zahlreichen Veröffentlichungen von PETZOLD verbunden ist. Unter Psychotherapeuten ist hingegen die Körperschule der konzentrativen Bewegungstherapie, die auf LOWENS Bioenergetik zurückgeht, am meisten bekannt.

Erste Arbeiten zum Sport als Psychotherapie findet man bei RIEDER ab 1960. Aber RIEDERS Arbeiten sind eher heilpädagogisch/psychomotorisch als sportpsychotherapeutisch orientiert. Dieser psychomotorisch-pädagogische Ansatz findet seinen bisherigen Höhepunkt in den Bänden von KIPHARD (1983a und b), die sich insbesondere durch die Strukturierung der zahllosen therapeutischen Verfahren auszeichnen. Aus sportpsychologischer Sicht gibt hingegen der Aufsatz von BUCHMANN (1979) einen ersten Behandlungsüberblick. Erst in den letzten Jahren wurde jedoch die Psychotherapie durch Sport, Spiel und Bewegung, die sich außerhalb der Psychomotorik entwickelte, in die sportpsychologische Diskussion mit aufgenommen.

Auch die Mutterwissenschaft, die Psychotherapie, begann sich in den letzten Jahren für bewegungspsychotherapeutische Anwendungsformen zu interessieren. Wegweisend dafür war die Lindauer Psychotherapiewoche 1991 mit dem Leitthema «Der Körper in der Psychotherapie».

Aus all diesen Strömungen kann man erkennen, daß man sich in der heutigen Psychotherapie durch die Anwendung von Sport-, Spiel- und Bewegungsverfahren eine erfolgreiche Behandlung des Leidensdrucks verspricht. Dabei gibt es kaum ein Krankheitsbild, das ausgespart bliebe. Die Literatur weist dabei vor allem auf folgende Wirkmechanismen hin:

- zur Regeneration bei organischen Dysfunktionen (MCD, Epilepsie)
- zur Resozialisation bei Verhaltensstörungen durch psychotrope Substanzen etwa durch Gestalten, Spielen und sich wieder sozial Einbringen, durch Planen, Verzichten und seine Grenzen Erfahren (Alkoholismus, Nikotinabhängigkeit)
- zur Prophylaxe bei schizophrenen, schizotypen und wahnhaften Episoden (akute schizophreniforme, psychotische Störungen)
- zur Motivierung und Aktivierung bei affektiven Störungen (Depressionen)
- zur Überprüfung dysfunktionaler Gedanken und zur Beruhigung ka-

tastrophierender Denkautomatismen bei neurotischen, somatoformen Störungen (Ängste, Panikattacken)
- zur Bewußtwerdung der Körper-Psyche-Zusammenhänge durch Empfinden, sich Wahrnehmen und innerlich Achtsamsein bei Verhaltensauffälligkeiten mit körperlichen Störungen (Eßstörungen)
- bei Persönlichkeits- und Verhaltensstörungen etwa zum Spannungs- und Aggressionsabbau (Psychohygiene bei Streß)
- zur Konzentrationssteigerung bei Intelligenzminderung
- zur Minderung entwicklungsbedingter Störungen durch Spiel- und Erlebnisangebote (hyperkinetische Störungen)
- zur Behebung von Sozial- und Verhaltensauffälligkeiten, die durch Selbstwertzweifel, Gehemmtheit und Ausdrucksschwäche bedingt sind (Erröten, Tics)

Aus dieser Aufstellung ergeben sich nun vielfältige Kombinationsmöglichkeiten, bei denen die bewegungsspezifischen Behandlungsmöglichkeiten zum Einsatz gebracht werden können. Unter einer derart anwendungsorientierten Sichtweise kann man heute mindestens acht Therapierichtungen unterscheiden (vgl. Abb.).

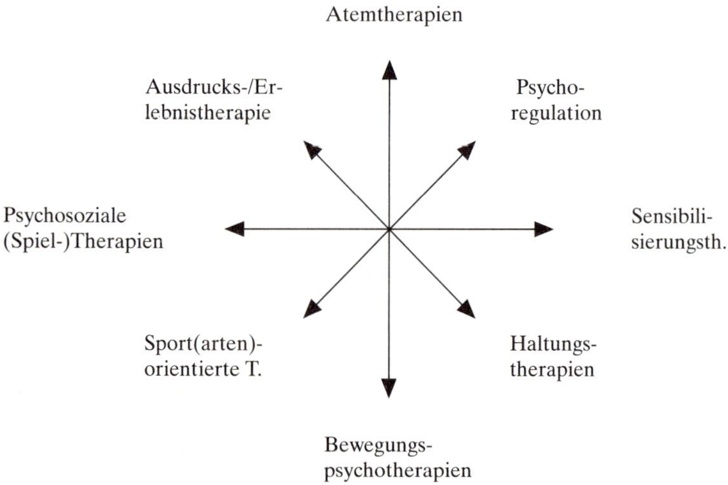

Am stärksten folgt die Bewegungspsychotherapie der medizinischen Behandlungsauslegung mit Diagnostik, Therapieziel und Interventionsplan, da sie sowohl psychotherapeutische wie sportpsychologische Kenntnisse miteinander verzahnt. So werden zu verhaltenstherapeutischen Interventionsverfahren nur solche Bewegungs-, Spiel- und Sportangebote empfohlen, die sowohl beim Kranken (klientenzentrierte Einzeltherapie) als auch bei der Krankheit (medizinisches Therapieverständnis) angemessen erscheinen. Da Bewegung wahrheitspflichtiger ist als Absichtserklärungen, können viele psychische Störungen anhand der im Tun rückgemeldeten Körpersignale, die ihrerseits die Gedankentätigkeit anregen, therapeutisch aufgearbeitet werden. Die BPT bleibt ihrerseits eingebettet in parallell laufende Behandlungsmethoden und findet ihren Bezugsrahmen in einer vorgeschalteten Beratung und einer den Alltag berücksichtigenden Hilfestellung (RÜMMELE 1990 und 1991).

Forschungsgegenstand

Sportpsychologie gilt heute als Erfahrungswissenschaft (Synonym: Empirische Wissenschaft). Sie trifft also Aussagen über erfahrbare, das heißt grundsätzlich der Beobachtung zugängliche (empirische) Sachverhalte. Beobachtung ist in diesem Zusammenhang in einem weiten Sinn zu verstehen und umfaßt alle Methoden der Datenerhebung und nicht nur Beobachtung (im engeren Sinne) als Methode. Die wichtigsten **Sachverhalte empirischer Forschung** sind:

- **Verhalten**
- **Handeln**
- **Erleben**
- **Spuren** von Verhalten und Handeln
- **Umwelt.**

Die Tätigkeit des Forschens besteht im Prinzip in dem Versuch, Probleme zu lösen. «Wissenschaftliche Tätigkeit ist... im Grunde nichts anderes als jedes andere zielgerichtete rationale Handeln auch: der Versuch, in bestimmter Weise kognizierte (wahrgenommene, erkannte – H.E.) Aufgaben... zu bewältigen, indem man etwas tut oder auch herstellt, was zur Aufgabenlösung dienlich erscheint. Die so gewonnenen Arbeitsergebnisse sind nach ALBERT ‹Konstruktionen mit Hypothesencharakter›, die prinzipiell der Kritik und der Revision unterliegen, die sich bewähren oder scheitern können...» (HERRMANN 1979, 30).

Aber nicht nur Wissenschaften beziehen ihre Aussagen auf empirische

Sachverhalte; auch jede (unwissenschaftliche) Alltagserfahrung tut dies. Solche Alltagserfahrung ist aber subjektiv und unsystematisch, demnach nicht grundsätzlich durch jedermann nachprüfbar und einsehbar und damit nicht objektiv im Sinne intersubjektiver Nachprüfbarkeit. Diese Nachprüfbarkeit zu sichern ist aber gerade ein grundlegendes Anliegen jedes Forschers. Er möchte zu systematisch kontrollierten und nachprüfbaren Aussagen über Sachverhalte und ihre Beziehungen, das heißt zu Hypothesen bzw. Theorien kommen. Aussagen, die sich bei solcher Überprüfung bewähren, nennt man empirisch-wissenschaftlich.

POPPER (1976) faßt die hier skizzierte Grundposition der Wissenschaftsauffassung des Kritischen Rationalismus zusammen: «Die Tätigkeit des wissenschaftlichen Forschers besteht darin, Sätze oder Systeme von Sätzen aufzustellen und systematisch zu überprüfen; in den empirischen Wissenschaften sind es insbesondere Hypothesen, Theoriensysteme, die aufgestellt und an der Erfahrung durch Beobachtung und Experiment überprüft werden» (1). Dazu forderte er, daß sich Hypothesen und Theoriensysteme auf dem Wege der methodischen Nachprüfung «negativ auszeichnen können: Ein empirisch wissenschaftliches System muß an der Erfahrung scheitern können» (15). Als Beispiel nennt POPPER den Satz «Hier wird es morgen regnen».

Aus dieser Forderung nach empirischer Überprüfbarkeit ergibt sich, daß empirische Forschung immer analytisch von Einzelaspekten ausgeht. Auf diese Weise kann sie der Komplexität der Wirklichkeit nur durch die Klärung von Beziehungen zwischen Variablen entsprechen, ganzheitliche oder wesensgemäße Betrachtungsweisen sind dabei ausgeschlossen (vgl. WILLIMCZIK & SINGER, 1978, 158). Solchen konsequent quantifizierenden Forschungsauffassungen werden zunehmend qualitative Ansätze entgegengehalten. Der folgende Kasten thematisiert dieses Problem.

Über Fliegenbeine und blinde Flecken
Zur Auseinandersetzung zwischen qualitativen und quantitativen Forschungsansätzen

von KARL-HEINRICH BETTE

Die Methodendiskussion der letzten Jahre lebt von der Auseinandersetzung zwischen qualitativen und quantitativen Verfahren. Vor dem Hintergrund einer Kritik an der konventionellen Vorgehensweise und Weltsicht der quantitativen, auf Häufigkeiten und Korrelationen hindrängenden Sozialforschung versuchen sich Ansätze zu profilieren, die

die Ausschließung der quantitativen Forschung als Einschließungen in eigener Sache zu nutzen trachten.

Die Kritik an den quantitativen Verfahren läßt sich vornehmlich an folgenden Punkten festmachen: (1) Die weite Verbreitung der quantitativen Sozialforschung hat nicht dazu geführt, daß weitreichende Theorien entwickelt werden konnten. Die Ergebnisse dieser extrem aufwendigen Forschung erreichen oft nicht einmal das Erkenntnisniveau der im Untersuchungsfeld lebenden Experten. (2) Wo standardisierte Fragebögen und Beobachtungsschemata die Vielfalt des Untersuchungsbereichs zu quantifizieren versuchen, gehen subtile Formen von Komplexität verloren. Quantitative Methoden reduzieren die Forschungsgegenstände auf die mathematisch meßbaren Dimensionen einer Situation und nähren so auf eine nachvollziehbare Weise einen Positivierungsverdacht. Latente Sinnstrukturen, symbolische Bedeutungszuschreibungen und die impliziten Erfahrungsregeln der betreffenden Lebenswelt bleiben bei aller Kunstlehre ausgeblendet. Die spezifische Subjekthaftigkeit und Kontextbezogenheit individuellen Handelns werden wegnivelliert. Nur diejenigen Erfahrungsdaten werden als bedeutsam eingeschätzt, die eine Standardisierung zulassen und einer intersubjektiven Überprüfbarkeit auf der Ebene des Nachrechnens standhalten.

(3) Vorgehensweisen dieser Art schaffen eine Distanz zwischen Forscher und Untersuchten. Die Methoden verselbständigen sich gegenüber den «Objekten», bis der Kontakt ganz verlorengeht und quantitative Sozialforscher nur noch in sich selbst über sich selbst kommunizieren. Die quantitative Sozialforschung hat Veröffentlichungsrituale entwickelt, die die ursprünglichen Forschungsfragen systematisch zum Verschwinden bringen. Überpointiert formuliert: Die Ergebnisse sind unwichtig, die Methodendiskussion ist alles. (4) Die quantitative Methodologie versucht sich dem traditionellen naturwissenschaftlichen Erkenntnisideal anzunähern und tritt notwendigerweise auf die Minen der hiermit verbundenen Weltsicht. Sie scheitert gerade dort an mathematischen Machbarkeitsgrenzen, wo es für sozial- und geisteswissenschaftliche Fragestellungen interessant wird, nämlich im Bereich der organisierten Komplexität (Merkmale: Intransparenz, hohes Maß an Vernetzung, Gleichzeitigkeit der Phänomene, Kontraproduktivität des Handelns etc.). Hierfür gibt es bis heute keine adäquaten mathematischen Verfahren. Die für die quantitative Forschung zentrale Trennung zwischen abhängigen und unabhängigen Variablen oktroyiert Seinszustände, wie sie zumindest in der sozialen Realität in Reinkultur nicht vorkommen.

Aus den Defiziten der quantitativen Sozialforschung läßt sich nicht in einem Umkehrschluß ein Königsweg für qualitative Verfahren ableiten. Auch wenn die informationsreduzierende Selektion der hochstandardisierten quantitativen Erhebungstechniken durch Offenheit und Flexibilität im Methodeneinsatz, durch Objektnähe und sensible Wahrnehmung subjektiver Sinndimensionen gegengesteuert wird, kultivieren qualitative Forscher andere Formen von Unaufmerksamkeit. So stehen sie beispielsweise in der Gefahr, die überindividuellen Dimensionen einer Situation durch ein Zuviel an Nähe und Involviertheit zu vernachlässigen und Generalisierungseffekte hintenanzusetzen. Wer nur auf das Subjekt schaut, steht in der Gefahr, die hinter dem Rücken der Akteure wirksamen Vordefinitionen einer Situation auszublenden. Es kann demzufolge nicht nur darum gehen, die Subjekte zum Sprechen zu bringen und zu verstehen. Es gilt die in institutionellen Selbstbeschreibungen abgespeicherten Sinnschablonen mit zu berücksichtigen. Dies spricht in einer sehr eindeutigen Weise für Verfahren, in denen sowohl qualitative als auch quantitative Perspektiven berücksichtigt werden.

Um die Polarisierung zwischen den beiden Wissenschaftsauffassungen aufzuheben, läßt sich wie folgt verallgemeinern: Theorien und Methoden dienen als Sonden, die Wissenschaftler benutzen, um Kenntnisse über spezifische Weltsachverhalte zu gewinnen. Sie sind Hilfsmittel, die Beobachter verwenden, um die Architektur der Realität zu konstruieren. Sie unterscheiden sich dadurch, daß sie die Wirklichkeit – bildlich gesprochen – mit unterschiedlichen Objektiven, Blenden und Lichtstärken ableuchten. Sie ordnen damit die Welt nach eigenen Präferenzen und definieren, was als Problem zu verstehen oder was zu vernachlässigen ist. Und sie bekommen nur das zu sehen, was diese Instrumentarien zu sehen erlauben. Insofern arbeitet jede wissenschaftliche Theorie und Methode gleichzeitig mit spezifischen Möglichkeiten und Blindheiten. Die Kunst der wissenschaftlichen Theorie- und Methodenanwendung besteht nicht nur darin, für die jeweiligen Problemstellungen die passenden «Objektive» zu finden, sondern auch die Existenz korrespondierender blinder Flecken zu akzeptieren.

Diese Relativierung im Hinblick auf Geltungsansprüche gilt es in die Auseinandersetzung zwischen qualitativen und quantitativen Forschungsansätzen einzubauen. Wenn keine Theorie und Methode in der Lage ist, die Welt im Verhältnis 1:1 abzubilden, und es nur darum geht, angemessene und sich selbst relativierende Schlüssel-Schloß-Verhältnisse herzustellen (v. Glasersfeld), kann es sich bei der gegenwärtigen Methodendiskussion nicht um Entweder-oder-Konstellationen handeln. Selbstbeschreibungen, die archimedische Punkte für die eine oder andere Seite zu monopolisieren versuchen, sind mit Vorsicht zu genießen. Fatal wird es allerdings, wenn das Wissenschaftsgeschäft bisweilen darauf reduziert wird, die jeweils andere Seite mit den unterschiedlichsten Zuschreibungen zu stigmatisieren und auszugrenzen. Wer quantitative Verfahren generell auf ein «Fliegenbeinzählen» reduziert oder qualitativen Verfahren generell den Status vor- oder nichtwissenschaftlicher Weltdeutungen gibt, beweist Ignoranz und Arroganz.

Einige Beispiele aus der Forschungspraxis sollen zeigen, wie empirische Sachverhalte beschrieben werden können. Auf die untersuchten Probleme und besonders die Ergebnisse, die im folgenden dargestellt werden, kann nicht näher eingegangen werden. Leserinnen und Leser sollten dazu die Arbeiten im Original studieren.

Verhalten

Reischle (1988) erforscht zum Beispiel mit einem biomechanischen Ansatz u. a. Weg- und Zeitmerkmale von Bewegungsabläufen im Schwimmen. Er beschränkt sich dabei bewußt auf von außen sichtbare Merkmale. Um diese hervorzuheben, werden an Körperoberflächenpunkten von Sportlerinnen und Sportlern Lämpchen befestigt. Mit entsprechender fotografischer Technik lassen sich dann die Spuren der Lichtpunkte in Bewegung aufzeichnen. Eine solche Lichtspuraufnahme eines Delphinschwimmers zeigt Foto 43.

Reischle ist als Biomechaniker natürlich nicht in erster Linie um Beiträge zur Sportpsychologie bemüht. Sein Beispiel wird hier aber deshalb eingebracht, weil es sehr schön zeigen kann, wie für die Erforschung bestimmter Verhaltensaspekte (z. B. Schwimmbewegungen) kognitive Prozesse in der Person nicht berücksichtigt zu werden brauchen. Diese einzubeziehen hieße Schwimmen als Handlung untersuchen, zum Beispiel dadurch, daß man den Schwimmer nach seinen Zielen, Erwartungen und Erlebnissen fragen würde.

Handeln

Handeln zu erforschen bedeutet, kognitive Prozesse der Person-Umwelt-Wechselbeziehung in die Untersuchung einzubeziehen. Ein Beispiel dafür hat Kohl (1956) gegeben. Er untersuchte mit der Methode der experimentellen Erlebnisbeobachtung Zusammenhänge zwischen Wahr-

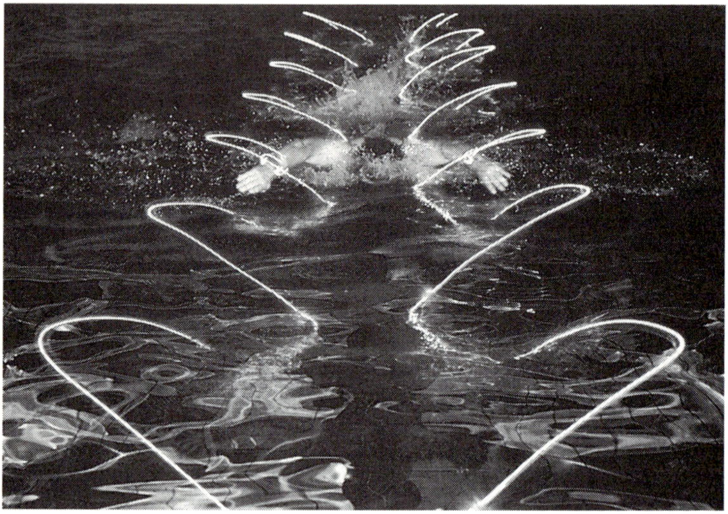

Foto 43: Lichtspur eines Delphinschwimmers

nehmen und Bewegen bei zielgerichteten Handlungen (Wurf nach einer Zielscheibe, Korbwurf im Basketball, Hochsprung und Skilauf) unter verschiedenen Bedingungen. Die Versuchspersonen für das Skilaufen wurden zum Beispiel instruiert: «Stellen Sie sich bitte an der Startlinie auf, und fahren Sie möglichst geradeaus durch das Zieltor. Anschließend wollen Sie mir bitte über alles, was Sie vor, während und nach der Abfahrt erlebt haben, Bericht geben. Lassen Sie sich so lange ausgleiten, bis Sie von selbst zum Halten kommen...» (64).

Die Berichte über kognitive (innere) Prozesse der eigenen Handlungen wurden von den Versuchspersonen spontan dem Versuchsleiter (Forscher) gegenüber geäußert oder von diesem mit Hilfe offener Fragen in einem halbstandardisierten Interview aufgezeichnet. Die Bewegungshandlung wurde also gewissermaßen von innen und von außen beobachtet. Beispiel des Berichts eines Skiläufers (für den Forscher wird er zur Vp = Versuchsperson): «Der Blick war zunächst auf das Tor gerichtet. Nach sechs oder sieben Metern habe ich kurz auf den Boden geschaut, dann wieder passiv laufen lassen... hatte sofort wieder das Tor... Kein Unsicherheitsgefühl... Kleine Unebenheiten sind von außen gekommen, die habe ich mit kleinen Ausschlägen gefaßt, ohne mein Zutun» (65).

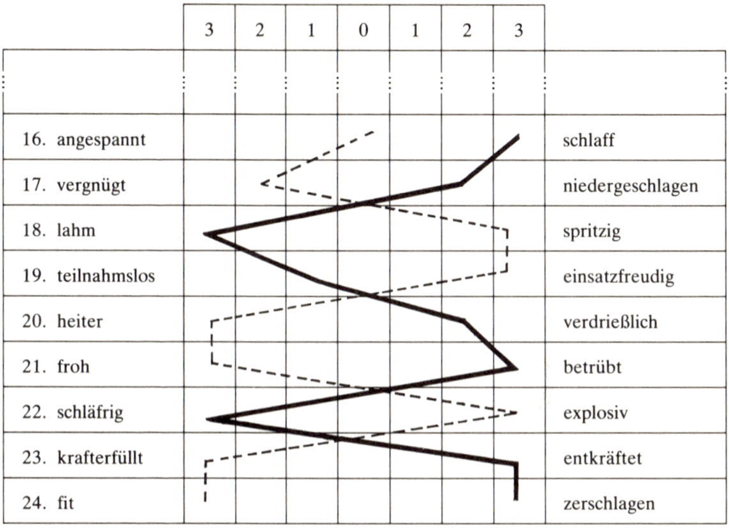

Abb. 63: Ausschnitt aus dem Befund eines Athleten, der am Beginn (----) und am Ende (—) eines Trainingslagers seinen aktuell erlebten Zustand in einer polaren Adjektivliste einschätzte (EBERSPÄCHER 1975 b).

Erleben

EBERSPÄCHER (1975 b) untersuchte, wie Hochleistungsruderer ihr körperliches Befinden, ihre Aktivität und Stimmung bzw. deren Veränderung im Verlauf eines Trainingslagers erleben. Die Athleten beurteilten dazu ihren aktuell erlebten Zustand in einem Fragebogen (nach MATHESIUS 1972) mit jeweils 24 Paaren von gegensätzlichen (polaren) Adjektiven. Abbildung 63 stellt in einem Ausschnitt aus dem Befund eines Athleten die Daten zu Beginn und fünf Tage später am Ende des Trainingslagers gegenüber und veranschaulicht die Veränderung seines erlebten Zustandes, der jeweils nach dem Nachmittagstraining erhoben wurde.

Spuren von Verhalten und Handeln

Spuren von Verhalten und Handeln sind zum Beispiel physische Spuren, wie sie etwa an vielgelesenen Büchern in Form von Abnutzungserscheinungen oder an weniger oft gelesenen als Ablagerungen von Staub zu erkennen sind. Es gibt allerdings noch viele andere Möglichkeiten, Spuren von Verhalten und Handeln zu finden und auszuwerten. So kann man beispielsweise in Zeitungsmeldungen, Gerichtsprotokollen und allen möglichen amtlichen oder privaten Berichten (wie etwa Aufzeichnungen über Trainings- oder Wettkampfleistungen eines Athleten) Spuren von Verhalten und Handeln erkennen. Man spricht in diesem Zusammenhang auch von nichtreaktiven Meßverfahren, weil Information von Personen nicht aus der Reaktion auf einen Reiz (Frage, Aufforderung etc.) gewonnen werden, sondern weil man sich auf natürliche, spontane, nicht eigens zum Zwecke der Erforschung hergestellte Spuren von Verhalten und Handeln bezieht.

MABLEY (1963) wertete zum Beispiel den amtlichen Bericht über den Wasserdruck der Stadt Chicago zum 1. 1. 1963 aus und stellte anhand dieser Daten die Hypothese durch eine Kurve grafisch dar, daß der Druck fällt, weil ein Großteil der Bevölkerung Wasser trinkt und die Toiletten spült: «Es war dies der Tag eines besonders spannenden Football-Spiels der Rose Bowl, und die Kurve zeigte ein gering schwankendes hohes Niveau bis zum Ende des Spiels, nach dem der Wasserdruck rapide absank» (WEBB et al. 1975, 101).

Berichte anderer Art, nämlich Spielberichte von Fußballspielen der 1. und 2. Amateurliga in Schleswig-Holstein wertete VOLKAMER (1972b) aus. Er suchte darin nach Spuren von aggressivem Verhalten der Spieler, und zwar in Form von vermerkten gelben und roten Karten. Auf der Basis dieser Daten fand er u. a. folgende zum Teil abhängige Beziehungen:
- die verlierende Mannschaft tendiert dazu, aggressiver als die gewinnende zu spielen;
- Heimmannschaften verhalten sich weniger aggressiv als die Gäste;
- bei unentschieden endenden Spielen sind die meisten und mit zunehmender Tordifferenz immer weniger Aggressionen zu beobachten;
- Umwelt.

Umwelt

Um die Auswirkung von Hochleistungssport auf Kinder und Jugendliche in ihrer Entwicklung und Sozialisation zu erforschen und um vorteilhafte und nachteilige Folgen identifizieren zu können, führten KAMINSKI und RUOFF (1979) sowie KAMINSKI, MAYER und RUOFF (1984) eine Befragung durch, bei der sie anhand einer Beschreibung der spezifischen Umwelt (des ‹leistungssportlichen Alltags›) von Kindern und Jugendlichen zu beurteilen versuchten, wie diese Hochleistungssport verkraften bzw. welche Probleme sich bei ihnen dabei einstellten.

Speziell interessierende Umweltvariablen waren zum Beispiel Wohnortgröße (Einwohnerzahl); Anzahl und Lage der Trainingsstätten (zum Beispiel am Wohnort oder an einem anderen Ort); besuchte Schulart, Noten, Klasse, Arbeitszeit für Hausaufgaben; Zeitwaufwand für verschiedene Freizeittätigkeiten wie Basteln, Spiele, Lesen, Fernsehen etc. Über diese Variablen wurde die Beanspruchung der Kinder durch den Hochleistungssport bzw. ihre für andere Tätigkeiten verfügbare Zeit ermittelt.

Forschungsprozeß

Empirische Forschung hat prinzipiell vier große **Ziele:**
- die **Beschreibung** von Sachverhalten unserer Welt
- die Aufstellung von Regeln (Hypothesen und Theorien), mit deren Hilfe man zu **Erklärungen** der beschriebenen Sachverhalte kommt, um
- **Vorhersagen** treffen zu können, sowie
- die **Veränderung** der Realität durch entsprechende Verwertung ihrer Ergebnisse. Dies geschieht auch zum Zwecke der Kontrolle der Tauglichkeit von Forschungsergebnissen.

Beim Beschreiben geht es um die möglichst objektive Darstellung von Sachverhalten (*Was* ist der Fall?). Würde man zum Beispiel eine Sportgruppe beschreiben, so würde man u. a. das Verhalten und Handeln der einzelnen Gruppenmitglieder aufzeichnen, ihr mitgeteiltes Erleben etc. Beschreiben ist die Voraussetzung für Erklären (vgl. GROEBEN und WESTMEYER 1975, 78), wo versucht wird, Antworten auf die Frage zu finden, wie bestimmte Bedingungen mit bestimmten Ereignissen zusammenhängen (*Warum* ist etwas der Fall?). Es geht dabei nicht in erster Linie um die Aufklärung von Kausalzusammenhängen (also Ursache-Wirkungs-Zusammenhänge), die zum Beispiel in der Sportpsychologie nur selten möglich sind, sondern um funktionale Wechselbeziehungen. Wollte man bestimmtes Verhalten, Handeln und Erleben in einer Gruppe erklären, so würde man die Frage prüfen, warum sich Gruppenmitglieder so und nicht anders verhalten, so und nicht anders erleben etc.

Aufgrund der Kenntnis von Zusammenhängen zwischen Bedingungen und ihren Wirkungen, also von Erklärungen, läßt sich unter bestimmten Voraussetzungen vorhersagen, wie Sachverhalte beschaffen sein werden, wenn diese Bedingungen eintreten bzw. eingetreten sind. Die sportpsychologische Diskussion in diesem Feld war von Anbeginn eng an die theoretischen Konzepte der jeweils aktuellen Diskussion in der Mutterwissenschaft Psychologie angekoppelt. Heute ist die Theoriediskussion in der

Bundesrepublik durch handlungstheoretisch bezogene Argumente und Modelle bestimmt, die in den folgenden Konzepten ihren Ursprung finden:

- HACKERS Vergleichs-Veränderungs- und Rückkoppelungsmodell (VVR-Modell 1973), mit dem reflextheoretische Konzepte von PAWLOW, THORNDIKE und anderen weitergeführt und über das Regelkreisprinzip erweitert wurden. Auf den Sport transferiert wurde das VVR-Modell u. a. von VOLPERT (1971), NITSCH und UDRIS (1975) und KUNATH & SCHELLENBERGER (1990).
- Das Test-Operation-Test-Exit-Modell (TOTE-Modell) von MILLER, GALANTER und PRIBRAM (1960, dt. 1973), über das KAMINSKI (1972; 1973) als erster sportliche Bewegungsabläufe als Mehrfachhandlung – verstanden als Ketten von Test-Operations-Test-Folgen – beschrieb.
- Die Gestaltpsychologie, deren Fruchtbarkeit für die Analyse sportlichen Handelns von KOHL (1956) gezeigt wurde.

Die über Beschreibung, Erklärung und Vorhersage gesicherten wissenschaftlichen Erkenntnisse können zur Veränderung sozialer Wirklichkeit verwertet werden, etwa mit der Zielsetzung, diese soziale Wirklichkeit zu verbessern. Ein anderes Ziel ist es, die Tauglichkeit der Forschungsergebnisse an der Wirklichkeit zu überprüfen.

In der Sportpsychologie hat in diesem Zusammenhang die psychologisch begründete Entwicklung von Lern-, Trainings- und Therapiestrategien eine Rolle gespielt, u. a.: nichtmotorische Trainingsformen (VOLPERT 1976), Programmierte Instruktion und Programmierter Unterricht (UNGERER 1973; DAUGS 1979; RENZLAND 1985), Methoden und Maßnahmen der Psychoregulation (FRESTER 1976; RUSHALL 1979; TUTKO & TOSI 1976; SONNENSCHEIN 1989, EBERSPÄCHER 1979b; 1990), Sport als Therapie (KIPHARD 1970; RIEDER 1971; RÜMMELE 1990; 1991) und Entwicklungsprogramme für spezifische psychische Prozesse, z. B. Motivationsförderungsprogramme (BAUER 1978; WESSLING-LÜNNEMANN 1985; 1986).

Forschung findet nicht im Elfenbeinturm der Gelehrten statt, sondern ist Handeln in einem jeweils gegebenen gesellschaftlichen System. Politische Entscheidungen in diesem System beeinflussen Forschung in ihrer Wechselbeziehung zwischen Erfahrung und Theorie und, so bleibt zu hoffen, auch umgekehrt. In der DDR ließen sich ehemals schwerlich sportpsychologische Befunde finden, die die politische Zielsetzung der «allseits gebildeten sozialistischen Persönlichkeit» in Frage stellen. In der Bundesrepublik wird man sich gleichfalls schwertun, etwa Forschungsmittel für das Vorhaben zu bekommen, den freiheitlich-demokratisch grundgeordneten Bürger wissenschaftlich in Frage zu stellen. Abbil-

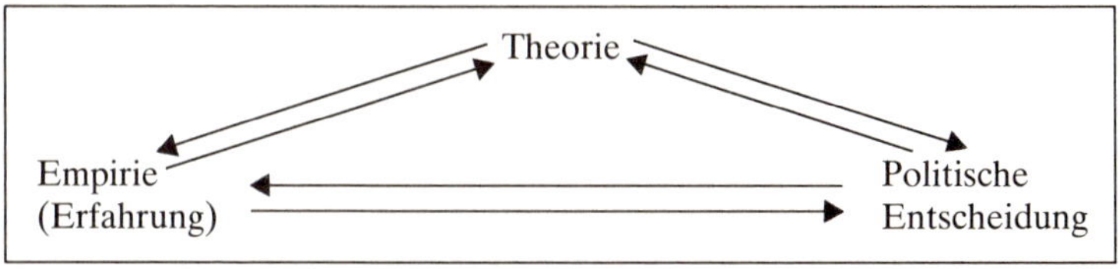

Abb. 64: Bedingungen empirischer Forschung (vgl. auch ROBERTS/ROST 1974, 10)

dung 64 bringt diese Wechselbeziehung zwischen Empirie (Erfahrung), Theorie und politischer Entscheidung zueinander in Beziehung.

Zur Vermittlung eines ersten Einblicks läßt sich jeder empirische Forschungsprozeß vereinfachend in **Phasen** gliedern, die auch die Forschungspraxis bestimmen:

- **Problemstellung**
- **Hypothesenbildung**
- **Untersuchungsplanung**
- **Stichproben**
- **Datenerhebung**
- **Datenverarbeitung**
- **Interpretation**
- **Verwertung.**

Einer wissenschaftlichen **Problemstellung** kann sich ein Forscher aufgrund sehr verschiedener (Erkenntnis-) Interessen und Anlässe zuwenden, zum Beispiel, um eine Theorie zu überprüfen oder um einen praktischen Beitrag zur Lösung eines Problems zu leisten. Schließlich können Forschungsförderungsinstitutionen (zum Beispiel Bundesinstitut für Sportwissenschaft, Deutsche Forschungsgemeinschaft, Stiftung Volkswagenwerk) Aufträge zur Bearbeitung bestimmter Probleme erteilen.

Der nächste Schritt des Forschungsprozesses ist die Überführung der Problemstellung in überprüfbare Aussagen, also das Bilden von **Hypothesen**. Das sind Vorhersagen, die mit tatsächlichen Beobachtungen verglichen und dann evtl. modifiziert werden etc. Sie werden gewöhnlich deduktiv aus Theorien abgeleitet, können aber auch aufgrund von Einzelbeobachtungen induktiv gewonnen werden. Überprüfbar sind Hypothesen unter anderem dann, wenn die darin verwerteten Begriffe operationalisierbar sind. Es gilt also, der Beobachtung zugängliche Indikatoren dieser Begriffe zu finden, sie gewissermaßen auf der Beobachtungsebene festzulegen. Dies ist fraglos eines der schwierigsten Probleme der psychologischen Forschung. «Der größte Teil der psychologischen Forschungsarbeit besteht darin, sich um Begriffe zu bemühen, die einerseits ausreichend gut operationalisiert werden können, die aber andererseits auch noch tatsächlich das meinen, was in den theoretischen Konzepten unter ihnen verstanden wird» (WOTTAWA 1977, 13). Man könnte zum Beispiel, um Kraft zu untersuchen, diesen Begriff operationalisieren über das maximale Gewicht, das jemand über eine Minute halten kann. Ob man damit tatsächlich das erfaßt hat, was der Begriff Kraft meint, ist nicht sehr einfach zu entscheiden. Andere Autoren würden zu anderen Operationalisierungen neigen. Die immer wieder beklagte schlechte Vergleichbarkeit zwischen verschiedenen Forschungsergebnissen dürfte ganz wesentlich auf diesen Punkt zurückzuführen sein, nämlich die unterschiedlichen, vielfältigen Möglichkeiten, Begriffe zu operationalisieren.

Um sein gestelltes Problem erforschen zu können, das heißt seine Hypothese zu überprüfen, wird der Forscher seine **Untersuchungsplanung** entwickeln müssen. Er wird sich entscheiden und entsprechend vorgehen müssen, ob er seine Untersuchung zum Beispiel in einem Labor oder im Feld (das heißt in natürlicher Umgebung) durchführen will. Ferner wird er sich für experimentelles oder nichtexperimentelles Vorgehen entscheiden und festlegen müssen, ob er eine Querschnitts- oder eine Längsschnittuntersuchung anlegen soll u. ä. Bei Querschnittsuntersuchungen wird die gewählte Stichprobe einmal untersucht, bei Längsschnittuntersuchungen zu verschiedenen Zeitpunkten mehrmals hintereinander. Abzustimmen ist die Untersuchungsplanung auf den zeitlichen, organisatorischen und ökonomischen Rahmen des Untersuchungsvorhabens.

Zur Überprüfung von Hypothesen kann man in den seltensten Fällen alle möglichen Beobachtungen tätigen. Dies hat finanzielle, zeitliche und methodische Gründe. Man zieht deshalb **Stichproben**, das heißt, man stellt ein verkleinertes, gleichgestaltetes (isomorphes) Abbild des Problemfeldes her, in dem man forschen, also die Informationen (Daten) beobachten (erheben) will, auf deren Basis die Hypothesen dann überprüft werden. In der Praxis ergeben sich grundsätzlich vier Stichprobenfragen (vgl. v. CRANACH & FRENZ, 1969, 294): die Auswahl der Zeitdauer für jede Beobachtung; die Auswahl der Beobachtungssituationen; die Auswahl des zu untersuchenden Verhaltens und Handelns sowie die Auswahl der Probanden. Ein methodisch interessanter und wissenschaftlich besonders ergiebiger Fall liegt dann vor, wenn nicht Gruppen von Probanden untersucht werden, sondern einzelne, in **Einzelfallanalysen** (vgl. Kasten).

Einzelfallanalysen

von Wolfgang Schlicht

Die Tätigkeit der Sportwissenschaftler zielt allgemein darauf ab, Wissen über Phänomene zu mehren und das sportpraktische Tun zu fundieren. Das geschieht meist mit Untersuchungsstrategien, bei denen Gruppen von Personen verglichen werden. Eine Vielzahl sportlicher Phänomene weist allerdings einige Charakteristika auf, bei denen die geläufigen, an mehr oder minder großen Stichproben durchgeführten wissenschaftlichen Untersuchungen nur unzureichende Befunde liefern. Diese Charakteristika betreffen die Seltenheit der beobachteten Ereignisse, die Veränderlichkeit oder die Individualität der Merkmale.

Sportliche Höchstleistungen sind beispielsweise sehr seltene Phänomene. Will man also die Fähigkeiten und Fertigkeiten analysieren, die derartige Leistungen bedingen, so findet man kaum hinreichend große Stichproben, um einen gruppenstatistischen Vergleich vorzunehmen. Darüber hinaus verändern sie beispielsweise Fähigkeiten und Fertigkeiten im Verlaufe der Zeit und unter dem Einfluß von Training. Und für jeden Lehrer und Trainer ist eine alltägliche Beobachtung, daß die ihnen anvertrauten Personen auf die an sie gestellten Anforderungen ganz unterschiedlich reagieren. Der eine ist früher ermüdet als die andere, und Veränderungen im Niveau der Fähigkeiten und Fertigkeiten differieren oftmals erheblich. Mittelt man die Daten derartiger Beobachtungen aus – wie in einer gruppenstatischen Methode üblich –, dann ist das Resultat die Beschreibung einer fiktiven Durchschnittsperson. Rückschlüsse auf den einzelnen Fall oder gar Empfehlungen für die einzelne Person lassen sich aus solchen Daten grundsätzlich nicht ziehen (vgl. Wottawa 1981).

Einzelfallanalysen sind die geeignete Methode, um Phänomene der beschriebenen Art wissenschaftlich zu untersuchen. Sie betrachten die sich über verschiedene Situationen oder in der Zeit vollziehenden Veränderungen von Merkmalen an einer Untersuchungseinheit (im Sport in aller Regel eine einzelne Person). Die gesammelten Daten werden quantitativ (statistisch) ausgewertet (vgl. Petermann 1981). Eine Sonderform derartiger Analysen ist das **Einzelfallexperiment**, an das die gleichen Anforderungen gestellt werden wie an das Experiment mit Gruppen. Für den Nachweis der Wirksamkeit einer bestimmten Lern-, Trainings- oder Entspannungsmethode beispielsweise sind experimentelle Versuchspläne geeignet, die unter anderem bei Petermann (1982) referiert werden.

An dieser Stelle sollen nur zwei der gebräuchlichsten Pläne zur Illustration des Vorgehens beschrieben werden. Der einfachste Plan wird als A-B-Plan bezeichnet. Er besteht aus einer interventionsfreien Phase (A), auf die nach einiger Zeit eine Behandlungsphase (B) folgt. Die Behandlung kann beispielsweise aus einem Trainingsprogramm oder einem Entspannungstraining bestehen. Die erste Phase (A) wird auch als Base-line bezeichnet. Zweck dieser Phase ist es, den Istzustand einer Variablen zu beobachten. A-B-Pläne lassen nicht zu, die Veränderungen der beobachteten Variable in B kausal zu interpretieren, also die Wirkung ausschließlich der Behandlung zuzuschreiben. Die Veränderung könnte auch ohne äußeren Einfluß eingetreten sein. Möglicherweise war die A-Phase zu kurz gewählt, um diese Eigenveränderung der Variable zu registrieren. Die Veränderung könnte aber auch durch nicht kontrollierte Ereignisse (Störungen) verursacht sein. Der Ausschluß derartiger Störungshypothesen erfordert komplexere Versuchspläne.

Ein noch vergleichsweise einfaches Beispiel komplexer Versuchspläne ist ein A-B-A-B-Plan, bei dem zweimal in das Verhalten des Individuums interveniert wird (B-Phasen) und die Messungen des Verhaltens mit den Messungen der jeweils vorgeschalteten A-Phasen verglichen werden. Forscher, die einen solchen **Umkehrplan** einsetzen, erwarten, daß das beobachtete Verhalten mit dem «Ein-» und «Ausschalten» der Behandlung in den A- und B-Phasen korrespondiert. Eine Reihe weiterer, wesentlich komplexerer Pläne finden interessierte Leser bei Haase (1982) oder Schlicht (in Druck)

Ein gravierendes Problem der Einzelfallanalysen stellt die Auswertung der Daten dar. Diese erfordert besondere und in aller Regel sehr aufwendige mathematische Methoden wie die statistische Zeitreihenanalyse (vgl. Schlicht & Janssen 1990). Mit ihr gelingt es, systematische Trends der Daten im Zeitverlauf, periodische Schwankungen und Zusammenhänge der Daten untereinander (Autokorrelationen) zu entdecken. Liegen derartige systematische «Verhaltensweisen» der Daten vor, lassen sie sich in eine mathematische Formel fassen, die dann wiederum das zukünftige Verhalten der Zeitreihe vorhersagen lassen.

Einzelfallanalysen sind – das sollte deutlich werden – mehr als ein bloßer Ersatz gruppenbezogener Experimente. Sie sind in besonderer Weise geeignet, praktische Tätigkeit zu fundieren. Ein wesentlicher Vorteil liegt in der praktischen Verwertbarkeit der Daten. Die Ergebnisse können direkt in Empfehlungen für die untersuchte Person münden. Gruppenbezogene Daten spiegeln dagegen Verteilungseigenschaften von Individuen wider.

Wenn ein Sportpsychologe zum Beispiel der Frage nachgehen wollte, warum Jazztanz bei Mädchen so beliebt ist, könnte er beim besten Willen nicht alle 4 Millionen 12- bis 20jährigen Mädchen der Bundesrepublik, seine **Grundgesamtheit** (Population), beobachten und befragen, müßte also Probandinnen auswählen (die er tatsächlich untersucht). Er müßte sich in der Zeitdauer beschränken, müßte seine Beobachtungssituationen auswählen und schließlich das untersuchte Verhalten und Handeln (Jazztanz). Diese Auswahl müßte so getroffen werden, daß sie möglichst alle in Frage kommenden Aspekte (Grundgesamtheit) repräsentieren könnte, für sie also gewissermaßen typisch wäre.

Nachdem Hypothesen formuliert und Stichproben gezogen sind, kann die **Datenerhebung** beginnen. Dazu werden mit Hilfe geeigneter Verfahren (Methoden) Informationen über die zu erforschenden Sachverhalte gesammelt. Ziel ist es, zu quantifizieren, zu messen. Messen setzt voraus, daß sich Sachverhalte aufgrund variabler Merkmale unterscheiden und einer Skala zuordnen lassen. Messungen können von unterschiedlichem Informationsgehalt sein, je nach Niveau der verwendeten Skala. Vier Skalenniveaus werden gewöhnlich unterschieden: Nominalskala, Ordinalskala, Intervallskala und Rationalskala (vgl. Tabelle bei FRIEDRICHS 1973, 99).

Die per Messen erhobenen vorliegenden Daten werden dann weiterverarbeitet (Phase der **Datenverarbeitung** im Forschungsprozeß), die gewonnenen Ergebnisse auf die Hypothesen und Theorien zurückbezogen (**Interpretation**) und schließlich **verwertet**. Datenerhebung, Datenverarbeitung, Interpretation und Verwertung sind die vier grundlegenden Stationen im sportpsychologisch-psychologischen Forschungsprozeß.

Datenerhebung

Beobachtung, Befragung, Test und **Experiment** sind die wichtigsten Methoden der Datenerhebung, auf die hier näher eingegangen wird. Das Experiment grenzt sich gegen die anderen Methoden dadurch ab, daß durch einen Forscher Variationen von Bedingungen vorgenommen werden, um die Einwirkung anderer Faktoren auf die abhängigen Variablen zu kontrollieren. Beobachtung, Befragung und Test dagegen sind lediglich beschreibend, verzichten also auf den variierenden Eingriff in ihren Untersuchungsgegenstand. Datenerhebungsmethoden erbringen nur dann brauchbare wissenschaftliche Ergebnisse, wenn sie bestimmten Gütekriterien entsprechen. Dies wird von jeder wissenschaftlichen Messung gefordert; sie muß objektiv, reliabel und valide sein.

Ein objektives Meßverfahren erbringt Ergebnisse, die unabhängig von der Person oder den Personen sind, die das Verfahren anwenden und auswerten. Als Reliabilität eines Meßverfahrens bezeichnet man den Grad seiner Zuverlässigkeit, mit dem es ein bestimmtes Merkmal mißt, gleichgültig, ob es dieses Merkmal auch zu messen beansprucht. Die Validität eines Meßverfahrens gibt den Grad der Genauigkeit an, mit dem dasjenige Merkmal oder diejenigen Merkmale, das (die) es messen soll oder zu messen vorgibt, tatsächlich mißt (LIENERT 1969).

Beobachtung

Beobachtung gilt als die grundlegende erfahrungswissenschaftliche Methode. Man kann aus diesem Grund Befragung, Registrierung von Verhalten und Verhaltenseffekten mittels apparativer Hilfsmittel in Tests etc. als ihr nebengeordnet ansehen. Das Prinzip der Beobachtung besteht darin, sinnlich wahrnehmbare Sachverhalte in der Umwelt (**Fremdbeobachtung**) oder in der eigenen Person (**Selbstbeobachtung**) planmäßig zu erfassen. Dabei nimmt der Beobachter eine rezeptive (aufnehmende) Haltung ein. Durch diese rezeptive Haltung unterscheidet sich die Beobachtung auch grundlegend von anderen Methoden. Sie verzichtet möglichst darauf, Verhalten auszulösen. Hier liegt auch ihr großer Vorteil; sie ist nicht so sehr wie andere Methoden auf das Mitmachen der Beobachteten angewiesen.

Beobachtung als gerichtete, suchende Wahrnehmung spielt auch im Alltag eine Rolle. Der Polizist beobachtet den Straßenverkehr, der Trainer seine Athleten, die Zuschauer den Schiedsrichter. Wissenschaftlich wird Beobachtung dann, wenn sie vier Kriterien entspricht, die u. a. JAHODA, DEUTSCH und COOK (1972, 77) zusammengestellt haben: Sie muß einem bestimmten Forschungszweck dienen und systematisch geplant sein, sie darf nicht dem Zufall überlassen sein. Weiter muß sie systematisch aufgezeichnet und auf allgemeine Urteile bezogen sein, sie darf keine Sammlung von Merkwürdigkeiten sein. Schließlich muß sie wiederholten Prüfungen und Kontrollen hinsichtlich ihrer Objektivität, Reliabilität und Validität unterworfen werden.

Versuche, die große Vielfalt von Arten der Beobachtung zu systematisieren, gibt es einige. Hier wird eine Darstellung von FRIEDRICHS und

	teilnehmend	nichtteilnehmend
standardisiert		
nichtstandardisiert		

Abb. 65: Arten der Beobachtung (nach Friedrichs & Lüdtke 1973, 19)

Lüdtke (1973, 19) übernommen, die die Arten der Beobachtung nach dem Grad ihrer Standardisierung und dem Grad der Teilnahme des Beobachters dimensionieren (Abb. 65).

Der Grad der Standardisierung der Beobachtung bemißt sich nach der Festlegung der Bedingungen der Beobachtung. Am augenscheinlichsten legen Beobachtungskategorien den Beobachter fest, aber auch zeitliche und räumliche Vorgaben. Teilnehmende Beobachter nehmen am zu beobachtenden Prozeß teil. Nichtteilnehmend beobachtet der Forscher Geschehen von außen.

«Was zum Typus der teilnehmenden Beobachtung führte, war die Notwendigkeit, Gruppen zu beobachten, die niemals einen Beobachter in ihrer Mitte geduldet hätten. Ethnische und andere soziale Gruppen... erschließen sich für Beobachtungen unter Umständen nur, wenn es gelingt, von der Gruppe auf- und angenommen zu werden, selbst eine Rolle zugewiesen zu bekommen – und wenn es die des akzeptierten Außenseiters ist – und seine Beobachtungstätigkeit unauffällig zu halten» (Graumann 1966, 94).

Eine wichtige weitere Dimensionierungsmöglichkeit wäre etwa die Direktheit der Beobachtung; man würde dann direkte und indirekte Beobachtung unterscheiden. «Direkte Beobachtung ist damit Verhaltensbeobachtung im engeren Sinne, während sich die ‹indirekte Beobachtung› nicht auf das Verhalten selbst, sondern auf dessen Spuren, Auswirkungen, Objektivationen bezieht» (Graumann 1966, 93).

Teilnehmend-standardisierte Beobachtung

Ein Beobachter, der bereits Mitglied einer Gruppe ist oder in eine Rolle in der Gruppe hineinwächst, beobachtet aufgrund vorgegebener Kategorien zu bestimmten Zeiten Prozesse in der Gruppe. Im Zuge sozialpsychologischer Untersuchungen von Gruppenprozessen in Sportspielmannschaften kann etwa ein Spieler gebeten werden, zu wissenschaftlichen Zwecken Prozesse in der Halbzeitpause oder nach gewonnenen oder verlorenen Spielen zu beobachten und auf diese Weise Informationen sammeln, die dem Außenstehenden (Nichtteilnehmenden) verwehrt bleiben.

Ein Nachteil des Verfahrens ist zweifellos, daß Beobachtungen nachher aus dem Gedächtnis aufgezeichnet werden müssen und daß der Beobachter selbst unter Umständen sehr intensiv in das Gruppengeschehen engagiert ist, was die Objektivität seiner Aufzeichnungen herabsetzen könnte.

Nichtteilnehmend-standardisierte Beobachtung

Hier tritt der Beobachter nicht ins Handlungsgeschehen ein, sondern beobachtet von außen mit Hilfe vorgegebener Kategorien. Hierher gehören die gängigen Verfahren der Unterrichtsbeobachtung mit Kategorienschemata (zum Beispiel EGGER, 1980; HANKE, 1980) sowie der Spiel- und Spielerbeobachtung in Sportspielen (zum Beispiel CZWALINA 1976).

Nichtstandardisiert-teilnehmende Beobachtung

Versucht ein Forscher, ein neues Feld Zug um Zug zu erschließen, wird er sich zunächst mit den Bedingungen vertraut machen müssen, um erste Kenntnisse zu erwerben, Hypothesen zu formulieren und Fragen stellen zu lernen. Da er erst beginnt, sich mit dem Feld auseinanderzusetzen, wird er noch keine Kategorien parat haben, und wenn, dann eventuell solche, die unangemessen sein können. EBERSPÄCHER (1974) hat sich zum Beispiel mit psychologischen Problemen im Hochleistungsrudern auseinandergesetzt. Da er selbst keine Vorerfahrungen im Hochleistungsbereich Rudern mitbrachte, mußte er sich zunächst mit der Materie vertraut machen, um dann die spezifischen Sachverhalte genauer und weiterführend zu untersuchen.

Nichtstandardisiert-nichtteilnehmende Beobachtung

Man könnte hier auch von Alltagsbeobachtung sprechen. In manchen Bereichen, in denen eine Teilnahme am Geschehen nicht möglich ist und trotzdem ein neues Problemfeld erschlossen werden soll, ist dies auch die Methode der Wahl für Wissenschaftler, weshalb sie nicht voreilig als unwissenschaftlich abqualifiziert werden sollte.

Standardisierte Beobachtung, teilnehmend oder nichtteilnehmend, wird möglich durch den Bezug der Beobachtungen auf ein Beobachtungs- und Kategorienschema. Darunter versteht man einen Plan, «der angibt, was und wie zu beobachten ist» (FRIEDRICHS & LÜDTKE 1973, 60), welche Sachverhalte also welcher Kategorie zugeordnet werden sollen. Der Beobachter, der mit Kategorienschemata arbeitet, «sucht das Geschehen daraufhin ab, ob und inwieweit es unter seine Kategorien paßt» (GRAUMANN 1966, 101). Der Beobachtungsvorgang wird also praktisch programmiert, weil die Kategorien vorgeben, was und wie zu beobachten ist. Vorteile von Kategoriensystemen sind die Wiederholbarkeit bei gleichen

Beobachtungssituationen, der Grad an Kontrolle und die Vergleichbarkeit von Beobachtungen zu unterschiedlichen Zeitpunkten. Ein Nachteil ist ihre Festlegung.

Bei der Erstellung und Konstruktion von Beobachtungsschemata kann deduktiv oder induktiv vorgegangen werden. Erstere Vorgehensweise setzt die Existenz einer wissenschaftlichen Theorie voraus, die auf dem Gebiet des Sports nur in sehr wenigen Bereichen gegeben ist, weshalb die Beobachtungsschemata hier oft induktiv erstellt werden. Es werden also aufgrund von Annahmen bzw. implizit theoriegeleitet beobachtungsrelevante Situationen exploriert und dimensioniert sowie schließlich in Zeichen und/oder Kategorienschemata oder Schätzskalen zusammengestellt. Es ist nicht möglich, ohne Annahmen zu beobachten, und seien sie noch so schlicht; der Beobachtung geht immer etwas Theoretisches voraus. Bei der Erstellung solcher Schemata versucht man in einem ersten Schritt zunächst, Sachverhalte zu unterscheiden, das heißt, festzustellen, ob ein Sachverhalt gegeben ist oder nicht. Diese Betrachtungsweise steht somit am Anfang wissenschaftlichen Tuns, sie verlangt eine Kategorisierung. Der zweite Schritt betrifft die Dimensionierung. Ein Sachverhalt wird nach der Identifizierung oder Abhebung unter den Aspekt des Mehr oder Weniger gerückt, das heißt dimensional aufgefaßt (skaliert) (vgl. dazu HELLER & ROSEMANN 1974, 84).

Einen Begriff von einem Beobachtungsbogen mit seinen Kategorien vermag ein Beobachtungsbogen «Spieler Basketball» von CZWALINA (1976, 113) zu geben. Dieser Bogen ermöglicht es, Spielverhalten im Basketball systematisch und nach vorgegebenen Kategorien vergleichbar zu erfassen (Abb. 66).

Die in Kreisen angegebenen Zahlen in Abbildung xy beziehen sich auf operationale Definitionen der einzelnen Kategorien, deren Besprechung und Erklärung zum Beispiel Gegenstand der Beobachterschulung ist. Als Beispiel sei hier die Definition der Kategorie 1 (Zeile 15: Ballgewinn durch Offensivrebound) angegeben: «Offensivrebound bedeutet das Erlangen der Kontrolle über einen Ball, der vom gegnerischen Korb oder Brett abprallt» (47). Zusätzlich muß natürlich noch die Bestimmung der Begriffe «Rebound», «Ballgewinn» und «Ballkontrolle» erfolgen, um dem Beobachter eindeutige Zuordnungen des Geschehens zu ermöglichen.

Grundlegende Voraussetzung für die Durchführung brauchbarer wissenschaftlicher Beobachtung ist, daß die Beobachter einer entsprechenden Schulung unterzogen werden. HEYNS und ZANDER haben ein Grundschema für die Schulung von Beobachtern vorgeschlagen, das sieben Ausbildungsphasen vorsieht. Es wird von GRAUMANN (1966, 90) zitiert:

BEOBACHTUNGSBOGEN SPIELER BASKETBALL

1 Für den Spieler (Name): ______ Spieler-Nr.: ______
2 Auf der Position (Center usw.): ______
3 Dauer des Spieleinsatzes in Minuten: ______
4 Im Spiel ______ gegen ______
5 Am (Datum) ______ um ______ Uhr (Spielbeginn)
6 Spielort (Adresse): ______
7 Besondere Bemerkungen (Turnier-, Freundschafts-, Punkt-, Pokalspiel): ______
8 Beobachter (Name): ______
9 Standort des Beobachters: ______
10 Beobachtungsdauer (Spielabschnitt/Spielminuten): ______

				Summe
11	Korbwürfe	mit Erfolg ⑰		
12		ohne Erfolg ⑱		
13		Freiwurf mit Erf. ⑲		
14		Freiwurf ohne Erf. ⑳		
15	Ballgewinne	Off. rebound ①		
16		Def. rebound ②		
17		gewonnener Zweikampf ③		
18		Abfangen ④		
19	Ballverluste	Off. foul ⑤		
20		Zeitfehler ⑥		
21		Schrittfehler ⑦		
22		Dribbelfehler ⑧		
23		Fehlpaß ⑨		
24		Fangfehler ⑩		
25		verlorener Zweikampf ⑪		
26		Rückspiel ⑫		
27		Halteball ⑬		
28		Ausball ⑭		
29		Einwurffehler ⑮		
30		Verdribbeln ⑯		
31	Defensivfoul ㉑			

32 Sonstige Bemerkungen (Rechts-/Linkshänder u. a.):

Abb. 66: Beobachtungsbogen Spieler Basketball (aus: Czwalina 1976, 113)

«1. Zuerst sollten den Beobachtern Theorie und Zweck der geplanten Untersuchung dargestellt werden, schon um ihnen eine Einsicht in die einzelnen Schritte und Techniken der zu leistenden Arbeit zu vermitteln.
2. Wenn möglich, sollten sich die künftigen Beobachter zunächst in der freien Beobachtung und Beschreibung einer der geplanten Untersuchung ähnlichen Situation versuchen. So lernen sie die Mannigfaltigkeit der Gesichtspunkte und Protokolliermöglichkeiten und erkennen damit die Notwendigkeit der systematischen Zusammenarbeit in einem Beobachtungs-Team.
3. Das Beobachtungs-Schema wird vorgeführt, jede einzelne Kategorie mit Beispielen verdeutlicht.
4. Die erste Anwendung des Kategorien-Systems sollte sich an einer Gruppe vollziehen, die das später zu untersuchende Verhalten in Form eines Spiels mit verteilten Rollen darstellt, so daß Unterbrechungen und Rückfragen möglich sind.
5. Die dabei gemachten Erfahrungen müssen ausführlich diskutiert werden, wobei besonders auf Zuordnungsschwierigkeiten zu achten ist. Bei der Entwicklung eines neuen Kategorien-Systems ist hier der Ort für Verbesserungen.
6. Zur Klärung der restlichen Beobachtungs-Probleme, wie sie die Einführung des Beobachters und die Verhaltensmaßregeln während der Beobachtung mit sich bringen, wäre eine Probebeobachtung an einer der Erstgruppe vergleichbaren zu empfehlen.
7. Hierbei muß sich dann entscheiden, ob die Beobachter im geforderten Sinne verläßlich sind. Stellt sich jedoch erst später heraus, daß ein Beobachter unzuverlässig kategorisiert, so sind bereits wertvolle Beobachtungsdaten verloren.

Zur Schulung tritt – wie bei allen anderen Methoden – die Instruktion, in der dem Beobachter die Beobachtungshinsicht... vorgeschrieben wird.»

Für die sogenannte naive (unwissenschaftliche) Beobachtung bleibt damit wenig Raum; sie kann lediglich eine Vorphase der wissenschaftlichen Verhaltensbeobachtung bilden, in der Auffälligkeiten vielleicht erstmals sichtbar werden und Hinweise für die systematische Beobachtung ergeben.

Befragung

Befragung kann als **Interview** in mündlicher Form oder über einen **Fragebogen** in schriftlicher Form erfolgen. Mit dieser Methode erfaßt man im Gegensatz etwa zur Beobachtung nicht unmittelbar Verhalten, sondern mündlich oder schriftlich geäußertes Verbalverhalten, das sozusagen durch die Filter dessen, der es äußert, verändert wird. Nach SCHEUCH (1973, 70f) ist Befragung mündlich wie schriftlich «planmäßiges Vorgehen mit wissenschaftlicher Zielsetzung, bei dem die Versuchsperson durch eine Reihe gezielter Fragen oder mitgeteilter Stimuli (Reize – H.E.) zu verbalen Informationen veranlaßt werden soll.»

Befragung wird in der methodischen Literatur allgemein als Kommunikationsprozeß eingeordnet, der vom Befrager einseitig, nämlich entsprechend dem Ziel der Befragung, gesteuert wird. Dabei ist zu beachten, daß der Befragte trotz der Steuerung auf die Inhalte seiner Antworten möglichst keine Rückmeldung darüber erhält, wie sie ankommen, um ihn nicht zu vom Befrager bewußt oder unbewußt gewünschten Stellungnahmen zu manipulieren. Die Antworten sollen demnach also zu keiner unmittelbaren Konsequenz für die Befragten führen. «Die Konsequenzlosigkeit der Antwort ergibt sich aus dem fiktiven Charakter des Interviews und aus der fehlenden Sanktionierung durch den Interviewer. Die Teilnahme am Interview kann also nicht mit einem ‹natürlichen› Alltagsgespräch gleichgesetzt werden. Es besitzt einen gewissen formellen Charakter» (FRIEDRICHS 1973, 30).

Mündliche oder schriftliche Befragung kann unter mehr oder weniger festgelegten (standardisierten) Bedingungen erfolgen. Standardisiert ist sie dann, wenn alle Frage- und Antwortmöglichkeiten präzise vorgegeben sind, teilstandardisiert, wenn nicht alle Bedingungen festgelegt sind, und nicht standardisiert ist ein freies Gespräch oder ein Aufsatz mit großem Spielraum für Befrager und Befragte. Anhand dieser Unterscheidungen läßt sich eine Matrix zusammenstellen, die die wichtigsten Arten der Befragung zuordnet (vgl. Abb. 67).

Standardisierte schriftliche Befragung

Fragen- und Antwortalternativen sind in Wortlaut und Reihenfolge für den Befragten genau vorgegeben und müssen unter allen Umständen beibehalten werden. In der APTA-D-Skala zur Messung der Einstellung gegenüber sportlicher Aktivität (SINGER, EBERSPÄCHER, BÖS & REHS 1980) werden zu befragenden männlichen Personen 54 Aussagen vorgegeben, wie zum Beispiel: «Ich betreibe vor allem deshalb Sport, um ge-

	schriftlich	mündlich
standardisiert		
halbstandardisiert		
nichtstandardisiert		

Abb. 67: Arten der Befragung

sund zu bleiben» (165), mit folgender Instruktion: «... Ihre Stellungnahme zu den einzelnen Aussagen tragen Sie bitte nur auf dem Ihnen vorliegenden Antwortbogen ein, und zwar in der Form, daß Sie in das der jeweiligen Aussage entsprechende Kästchen diejenige Ziffer eintragen, die Ihre ganz persönliche Meinung zu dieser Aussage wiedergibt.

Dabei bedeuten: 5 = stimme völlig zu
4 = stimme zu
3 = unentschieden
2 = stimme nicht zu
1 = stimme überhaupt nicht zu

Beispiel: Wenn Sie der Aussage mit der Nr. 1: «Möglichst viele Leute sollten Sport treiben» zustimmen, tragen Sie in dem Kästen mit der Nr. 1 auf Ihrem Antwortbogen eine ‹4› ein!»

Es wird also mit geschlossenen Fragen gearbeitet, die die Antwortalternativen für den Befragten hervorheben.

Halbstandardisierte schriftliche Befragung

Hier wird mit offenen Fragen gearbeitet, das heißt, auf festgelegte Fragen hat der Antwortende relativ freie (offene) Antwortmöglichkeiten. Bei der Standardisierung der ATPA-D-Skalen (vgl. oben) haben die Autoren sich nach den sportlichen Interessen der Befragten erkundigt. Unter anderem wurde gefragt:

«a) Wenn Sie als Zuschauer zu Sportveranstaltungen gehen, wie viele Sportveranstaltungen im Monat besuchen Sie etwa?
ca. . . . . Sportveranstaltungen/Monat

b) Welche Sportveranstaltungen besuchen Sie am häufigsten?

. . . . » (177).

Auf die festgelegten Fragen haben die Befragten also freie Antwortmöglichkeiten.

Nichtstandardisierte schriftliche Befragung

Schriftliche Stellungnahmen einer Person zu offen gestellten Fragen werden bei dieser Befragungsform inhaltsanalytisch ausgewertet. Um zum Beispiel herauszufinden, welche Rollenerwartungen Schüler und Schülerinnen an ihre Sportlehrer bzw. Sportlehrerinnen haben, gingen Müller-Stephan und Messing (1974) mit dieser Methode vor. Sie werteten Schüleraufsätze zu den Themenstellungen «Wie wünschst Du Dir Deine(n) Sportlehrer(in)?» und «Wie wünschst Du Dir Deinen Sportunterricht?» inhaltsanalytisch aus und stellten eine Rangfolge der von den Schülern genannten Eigenschaften wie «nett, freundlich und sympathisch», «nicht zu streng», «kameradschaftlich» etc. auf.

Für die Beantwortung werden dem Befragten also keinerlei Vorgaben gemacht. Hier wird auch deutlich, wann es vor allem angezeigt ist, mit offenen Fragen vorzugehen, nämlich immer dann, wenn Problemfelder neu erschlossen, wenn also besonders zur Findung von Hypothesen zunächst einmal Gesichtspunkte gesammelt werden sollen. Liegen dem Forscher genauere Informationen über ein Problemfeld vor, kann er zunehmend geschlossen fragen. Damit ist natürlich der Vorteil verknüpft, daß solche Befragungen objektiver durchgeführt und vor allem auch ausgewertet werden können. Die Ergebnisse sind sehr gut vergleichbar. Andererseits legen sie den Befragten relativ eng fest. So ist bei der Durchführung von standardisierten schriftlichen Befragungen von den Befragten immer wieder zu hören, daß eigentlich keine der vorgegebenen Alternativen für sie eine genau zutreffende Antwortalternative vorgebe.

Standardisierte mündliche Befragung

Fragen und Antwortmöglichkeiten sind hier (vgl. schriftliche Befragung) präzise vorgegeben, der Interviewer trägt die Antworten des Interviewten in einen vorgegebenen Fragebogen ein, wobei er sich sehr genau an sein vorgegebenes Interviewschema bezüglich der Abfolge der Fragen zu halten hat. Das oben angegebene Item aus der ATPA-D-Skala wäre in einem standardisierten Interview nutzbar: Der Interviewer liest es vor und kreuzt je nach Stellungnahme das entsprechende Kästchen an.

Halbstandardisierte mündliche Befragung

Fragen und vor allem Antwortmöglichkeiten sind nicht strikt vorgegeben. Es wird mit offenen Fragen gearbeitet, so daß Befrager und Befragter einen gewissen Interpretationsspielraum besitzen. Kohl (1956) benutzte unter anderem diese Form der Befragung, um das Wahrnehmen von Skiläufern zu erforschen. Er fragte unter anderem: «Worauf ist der Blick während einer längeren Abfahrt im Gelände gerichtet?» (70) und erhielt als Antwort Aussagen wie «Ich suche den Platz aus, an dem leicht zu schwingen ist... Zunächst Gesamtüberblick über das Gelände... Ich suche zugleich die günstigsten Möglichkeiten im groben...» (70).

Nichtstandardisierte mündliche Befragung
Hierbei handelt es sich um ein Gespräch, das zur Vorklärung und Findung von Hypothesen, mit dem Vertrautmachen in einem ungewohnten Feld begründet werden kann. Auch hier sei davor gewarnt, nichtstandardisierte Befragungen als unwissenschaftlich abzutun, unter Umständen sind sie die Methode der Wahl, besonders dann, wenn Forschung sich an neue, unbekannte Problemfelder begibt. Im Rahmen einer «Voruntersuchung über den Skilauf» zur Bearbeitung der Frage «Wie funktioniert Skilaufen?» benutzte zum Beispiel Kaminski (1972) diese Methode. In einer Untersuchungssituation bewegten sich zwei Versuchspersonen (Skilaufanfänger) im Skigelände. «Dabei wurden sie gebeten, in kurzen Abständen möglichst viel und genau über ihre Erfahrungen und Intentionen zu berichten bzw. auf entsprechende Fragen Auskunft zu geben (Registrierung auf Tonbandgerät)» (54f).

Test

Der Begriff Test ist in unserer Umgangssprache zum Allerweltswort geworden. Wo immer etwas zu erproben, zu prüfen oder zu begutachten ist, wird getestet. Hausfrauen testen Waschmittel, Trainer ihre Spieler vor einem wichtigen Spiel, Athleten ihre Form, und Illustrierte testen ihre Leser, ob sie gute Familienväter sind.

Das alles hat mit dem wissenschaftlichen Test wenig gemein, außer vielleicht dem Anspruch. Im wissenschaftlichen Sprachgebrauch sind besonders zwei Bedeutungen des Begriffs gebräuchlich. Als **Test** werden sowohl das Verfahren als auch seine Durchführung und das notwendige Material bezeichnet:
- **mathematisch-statistisches Prüfverfahren** und
- **wissenschaftliches Beobachtungsverfahren**, mit dem Personen hinsichtlich bestimmter psychischer, sozialer und motorischer Merkmale untersucht werden.

Der folgende Text befaßt sich mit der letzteren Kategorie, die Tests als Verfahren der Datenerhebung und Diagnostik qualifiziert, die auch in der sportwissenschaftlichen Forschung mehr und mehr an Bedeutung gewinnen.

Allgemein läßt sich ein Test als Verfahren definieren, das Personen unter standardisierten Bedingungen zu einer Verhaltensstichprobe provoziert, die einen wissenschaftlich begründeten Rückschluß auf die individuelle Ausprägung eines oder mehrerer Merkmale erlaubt (vgl. LIENERT 1969; BRICKENKAMP 1975).

Standardisierte Bedingungen bedeuten bei einem Test, daß das verwendete Material, die Instruktion sowie Durchführung und Auswertung immer gleich sein sollen. Dies ist eine wichtige Voraussetzung für die Vergleichbarkeit der erhobenen Befunde. In einem Konzentrations-Leistungs-Test ist zum Beispiel die Bearbeitungszeit festgelegt. Wenn der eine Kandidat 20 Minuten, der andere 40 Minuten zur Bearbeitung für dieselbe Aufgabenmenge hätte, so wären natürlich die Ergebnisse nicht vergleichbar. Entsprechendes gilt für die anderen genannten Bedingungen.

Ein Test kann nie alle Verhaltensmöglichkeiten einer Person erfassen, er muß vielmehr aus organisatorischen, methodischen und inhaltlichen Gründen Verhaltensstichproben ziehen, die dann Rückschlüsse auf das oder die untersuchte(n) Merkmal(e) erlauben. Zum Beispiel wird aus der Beantwortung von neun Fragen im ATPA-D (SINGER, EBERSPÄCHER, BÖS & REHS 1980) auf die soziale Einstellung gegenüber sportlicher Aktivität rückgeschlossen.

Die aus der Verhaltensstichprobe gezogenen Rückschlüsse müssen theoretisch begründet sein, was bedeutet, daß sie systematisch nachvollziehbar und kontrolliert im Sinne wissenschaftlicher Dignität sein sollen. Diese Bedingungen lassen sich nur erfüllen, wenn der Test von Experten nach wissenschaftlichen Prinzipien konstruiert wurde. Die individuelle Ausprägung eines oder mehrerer Merkmale wird in einem Zahlenwert (Testwert) festgehalten und soll den Vergleich des Wertes verschiedener Personen mit einer Norm oder mit anderen Personen ermöglichen. Normen geben über die Verteilung von Testwerten innerhalb einer bestimmten Personengruppe Auskunft und ermöglichen damit die Einordnung eines Testwertes. Diese Einordnung erfolgt etwa in Form der Aussage: Mit ihrem Testwert von x Punkten ist die Person A besser als 90 % gleichaltriger Personen (Prozentrang 90).

Möglichkeiten, die Vielzahl der vorliegenden und publizierten Tests zu klassifizieren, werden von einer Reihe von Autoren vorgeschlagen (vgl. dazu BRICKENKAMP 1975/BÖS 1987a). Eine für die Sportpsychologie zweckdienliche inhaltliche Klassifizierung basiert auf den beiden Grundfragen, die man mit Tests in aller Regel beantworten will:
- Wie gut kann eine Person etwas, bzw.
- in welcher Art kann eine Person etwas?

Abb. 68: Ausschnitt aus dem Aufmerksamkeits-Belastungstest d2 von BRICKENKAMP (1978)

Verfahren, denen eher die erste Frage zugrunde liegt, nennt man **Leistungstests**. Die Beantwortung der zweiten Frage ist in aller Regel Gegenstand von **Persönlichkeitstests**, obwohl sie natürlich auch, aber nicht in erster Linie, das Ausmaß von Merkmalsausprägungen quantifizieren (zum Beispiel in Intelligenztests). Leistungstests gelten auch als objektive Tests, weil ihre Aufgaben oft falsch oder richtig, gut oder weniger gut gelöst werden können. Deshalb sind sie – wenigstens prinzipiell – objektiv auswertbar.

Beispiel für einen Leistungstest, der auch in der Sportpsychologie Verwendung finden kann, ist der Aufmerksamkeits-Belastungstest d2 von BRICKENKAMP (1978), der messen soll, wie sich Personen unter starker zeitlicher Belastung gegenüber Aufgaben verhalten, die höchste Aufmerksamkeit erfordern. Hierzu wird ein Testblatt vorgelegt, auf dem 14 Zeilen mit je 47 Zeichen zu sehen sind, entweder ein d oder ein p, die oben und/oder unten mit Strichen versehen sind (vgl. Abb. 68). Aufgabe der Testpersonen ist es nun, unter dieser Vielzahl ähnlicher Zeichen jedes d durchzustreichen, das mit insgesamt zwei Strichen versehen ist. Für jede der 14 Zeilen stehen 20 Sekunden zur Verfügung. Ausgewertet wird der Test d2 hinsichtlich der Gesamtzahl der richtig angestrichenen Zeichen und der Fehlerzahl.

Eine für die sportwissenschaftliche Forschung bedeutsame Klasse von Leistungstests sind **sportmotorische Tests.** Sie messen sportmotorisch-taktische, insbesondere aber allgemeine und spezielle konditionelle und koordinative Fähigkeiten (BÖS 1987a). Charakteristisch für sportmotorische Tests ist, daß immer ein konkreter Bewegungsvollzug als Indikator für die zu diagnostizierende Fähigkeit dient. Ziel ist eine möglichst quantitative Aussage über Testgegenstände. Die Konstruktionsmerkmale sportmotorischer Tests auf der Basis der klassischen Testtheorie werden u. a. bei BALLREICH (1970) und ROTH (1977) diskutiert. Grundlagen- und Anwendungsmöglichkeiten alternativer, sogenannter probabilistischer Skalierungsmodelle für den Bereich des Sports sind bei

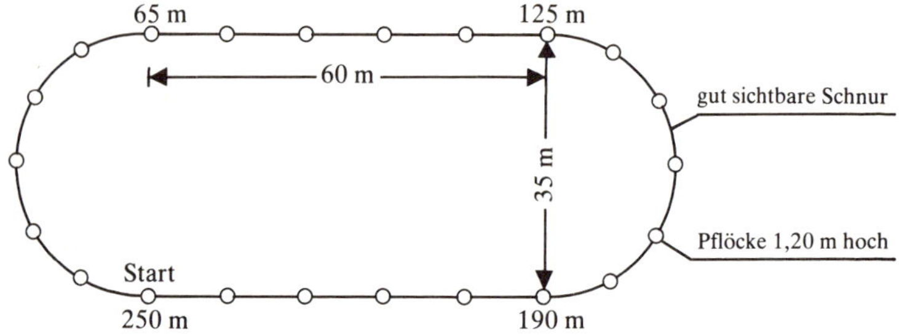

Abb. 69: 250-m-Rundbahn des 6-Minuten-Ausdauerlaufs nach Bös und MECHLING (1980)

Bös und ROTH (1978) dargestellt. Primär für den praktischen Gebrauch zu verwendende Testzusammenstellungen finden sich bei FETZ und KORNEXL (1978), HAAG und DASSEL (1975) sowie RAPP und SCHODER (1977) sowie bei Bös (1987a, b).

Ein Beispiel für einen sportmotorischen Test ist der «6-Minuten-Ausdauerlauf» von Bös und MECHLING (1980). Er soll die kardiopulmonale Ausdauer bei 10jährigen Schülern messen. Dazu wird auf einem geeigneten Gelände eine 250-m-Rundbahn abgesteckt, auf der jeweils Abschnitte von 10 Metern markiert sind (vgl. Abb. 69).

Die Schüler werden instruiert: «Nach dem Startschuß müßt ihr sechs Minuten lang auf dieser abgesteckten 250 m langen Runde laufen. In dieser Zeit sollt ihr eine möglichst lange Strecke laufen; ihr müßt euer Tempo aber auch so einteilen, daß ihr sechs Minuten lang durchhaltet. Nur wenn es unbedingt nötig ist, wenn ihr also gar nicht mehr könnt, dürft ihr auch langsamer gehen. Nach jeder Minute rufen wir euch über ein Mikrofon zu, wie lange ihr noch laufen müßt. Die letzten zehn Sekunden zählen wir mit. Beim Abschluß des Laufens setzt ihr euch genau an der Stelle hin, an der ihr gerade seid.» Auf ein Signal begeben sich 6–12 Schüler ins Rennen.

Persönlichkeitstests werden oft auch als subjektive Tests bezeichnet, weil die hier erforderlichen Antworten nicht richtig oder falsch bzw. gut oder weniger gut sein können, sondern vielmehr subjektive Stellungnahmen, Meinungen und Ansichten zu Sachverhalten wiedergeben. So wird zum Beispiel aus Stellungnahmen zu Fragen wie:

- «Für mich spielen die vielfältigen sozialen Kontakte beim Sporttreiben eine wichtige Rolle» oder
- «Ich betreibe gern Sportarten, die man gemeinsam mit anderen durchführt» u. a.

im sportspezifischen Einstellungstest ATPA-D (SINGER u. a., 1980) geschlossen, welche Einstellungen jemand gegenüber sportlicher Betätigung als sozialem Handeln hat.

Eine Untergruppe des Persönlichkeitstests sind die **projektiven** oder **Entfaltungstests**, die auf einem völlig anderen Konzept als die bisher genannten Tests basieren. Den projektiven Tests liegt die Annahme zugrunde, daß die Art und Weise, in der eine Person ihre Umwelt wahrnimmt und interpretiert, Rückschlüsse auf ihre Persönlichkeit zuläßt. Zum Beispiel erzählt ein Proband zu einem Testbild eine Geschichte und projiziert dabei seine eigenen Probleme in die handelnden Personen hinein, oder er deutet Klecksbilder so, daß man aus der Deutung Informationen über spezifische psychische Merkmale gewinnen kann. Bei diesen Verfahren werden also die Antworten oder allgemeiner die Reaktionen des Probanden gedeutet. Es gibt zahlreiche projektive Tests, die das unterschiedlichste Reizmaterial verwenden.

Zur Messung der individuellen Ausprägung des sportspezifischen Leistungsmotivs entwickelte GABLER (1972) eine Serie von sechs Bildern (vgl. Fotos 44 und 45), die den Probanden jeweils einzeln vorgelegt werden und zu denen er Phantasiegeschichten aufschreiben soll. Diese Geschichten werden dann hinsichtlich ihres «leistungsthematischen Inhalts» ausgewertet, und daraus wird auf die Ausprägung des Leistungsmotivs geschlossen.

Soziomotorische Verfahren schließlich nehmen eine gewisse Sonderstellung unter den Tests ein. Am ehesten sind sie den subjektiven Tests zuzuordnen (vgl. S. 203 ff.).

Bei der Erfassung komplexer Persönlichkeitsmerkmale werden Tests und Testaufgaben oft zu **Testbatterien** zusammengestellt, von denen man sich reliablere und vor allem validere Messungen verspricht als von einzelnen Tests.

Die Ergebnisse von Tests können auch in Form von **Testprofilen** grafisch dargestellt werden, aus denen die Ausprägung einzelner Merkmals- und Funktionsbereiche einer Person ersichtlich wird. Der Vorteil einer solchen Darstellung liegt vor allem in der guten Vergleichbarkeit der Ergebnisse verschiedener Personen «auf den ersten Blick». So hat zum Beispiel KEMMLER (1973) das Profil eines Skispringers und eines Autorennfahrers im Freiburger Persönlichkeitsinventar FPI (FAHRENBERG et al., 1970) dargestellt und diskutiert, in welchen Persönlichkeitsdimensionen sich beide unterscheiden. Die inhaltliche Problematik dieser Vorgehensweise soll an dieser Stelle nicht diskutiert werden, vielmehr geht es um die Veranschaulichung eines Testprofils. Abbildung 70 zeigt den Vergleich dieser Persönlichkeitsprofile.

Fotos 44 und 45: Zwei der sechs Bilder aus der Sportbildserie von GABLER (1972, 64)

Unbestreitbare Vorteile von Tests sind ihre Objektivität und die darauf aufbauende mögliche Reliabilität und Validität. Subjektive Einflüsse durch Anwender und Auswerter werden dadurch in weitem Umfang reduziert. Abhängig von der jeweiligen Fragestellung können dabei **normorientierte** oder **kriteriumsorientierte** Tests Anwendung finden, die jeweils das Bezugssystem für die Bewertung erbrachter Testleistung anders definieren: Normorientierte Tests sollen möglichst gut zwischen den einzelnen getesteten Personen differenzieren. Das individuelle Testergebnis wird in bezug auf den Gruppendurchschnitt, die ‹Norm›, interpretiert. Kriteriumsorientierte Tests messen, ob und wie gut ein Schüler ein Lernziel oder ein Klient ein Therapieziel erreicht. Das individuelle Testergebnis wird hier auf das maximal mögliche Testergebnis bezogen.

Fast alle zur Zeit im Handel befindlichen Tests sind normorientiert.

Unabhängig von der Güte, mit der Tests bestimmte Merkmale erfassen, können die damit erhobenen Befunde verwertet werden. Hier setzt, besonders bei der Verwendung normorientierter Tests, die ja deutlich überwiegt, eine Problematik ein, die aus der Möglichkeit resultiert, damit Personen auszuwählen und zuzuordnen. Sie untersuchen gegebene Unterschiede, ohne nach den Bedingungen für ihr Zustandekommen zu fra-

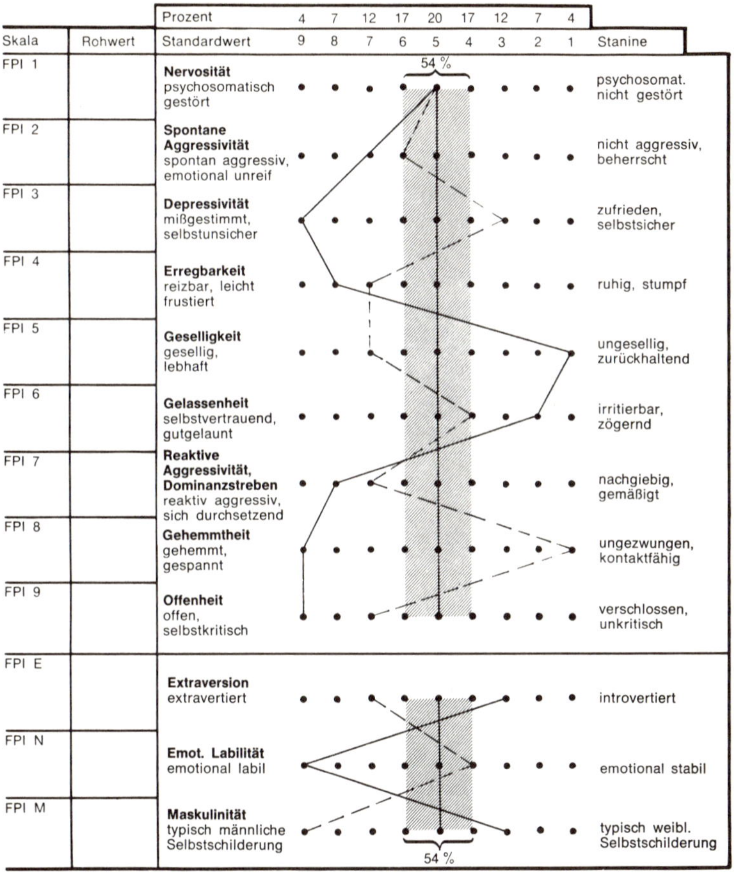

Abb. 70: Persönlichkeitsprofil (FPI) eines Skispringers (.——.) und eines Autorennfahrers (.–––.) (KEMMLER 1973, 44)

gen. Besonders augenscheinlich geschieht dies oft in der Schule und im Berufsleben. Die Entwicklung und besonders die Entfaltungsmöglichkeiten einer Person treten dabei in den Hintergrund. Wenn mit Tests in diesem Verwertungszusammenhang gearbeitet wird, ist die Forderung zu erheben, die erstellte Diagnose und Prognose immer mit der Beratung und Information der betroffenen Person zu koppeln.

Experiment

Um herauszufinden, wie sich Sachverhalte gegenseitig beeinflussen, muß ein Forscher experimentieren. Er muß dazu die untersuchten Sachverhalte nach einem bestimmten Untersuchungsplan (Design) systematisch Einflüssen aussetzen, die er selbst hergestellt oder herbeigeführt hat, und die dabei auftretenden Effekte beobachten. Im Experiment begnügt man sich nicht damit, vorgegebene Merkmale und Sachverhalte zu messen; dies tun nicht-experimentelle Untersuchungen und empirische Erhebungen. Vielmehr werden Sachverhalte manipuliert, also entsprechend den Zielsetzungen des Forschers aufgesucht bzw. variiert. ZIMMERMANN (1972, 37) definiert ein Experiment als «wiederholbare Beobachtung unter kontrollierten Bedingungen, wobei eine (oder mehrere) unabhängige Variable(n) derartig manipuliert wird (werden), daß eine Überprüfungsmöglichkeit der zugrundeliegenden Hypothese... in unterschiedlichen Situationen gegeben ist».

Ziel eines Experiments ist es, zu Wenn-dann-Aussagen zu kommen: Wenn Variable A in dieser Weise manipuliert wird, dann verändert sich Variable B in jener Weise. Kausalzusammenhänge, also Ursache-Wirkung-Zusammenhänge, lassen sich im Experiment, anders als vielfach behauptet, genaugenommen nicht sichern, denn es können theoretisch immer Störfaktoren auftreten, die Einflüsse ausüben und sich der Kontrolle des Forschers entziehen. Die Ursache für eine Wirkung kann also möglicherweise dem Forscher unbekannt bleiben.

Vom Forscher manipulierte **Variablen** bezeichnet man als **unabhängige** Variablen, die beobachtbaren, davon abhängigen, als **abhängige**. Selbstverständlich können in einem Experiment auch mehr als zwei Variablen untersucht werden. Ein Beispiel für ein Experiment in der Sportpsychologie ist die Untersuchung zur Effektivität verschiedener Hochsprungtechniken von MARQUARDT und VOLKAMER (1972). 24 Schüler des 8. und 9. Schuljahres, die im Hochsprung lediglich die Schertechnik beherrschten, wurden anhand einer ihre Sprungkraft sowie ihr Körpergewicht berücksichtigenden Rangliste in zwei gleich starke Teilgruppen A und B aufgeteilt, die zusammen die Versuchsgruppe bildeten. Es sollte überprüft werden, ob und wie sich die Leistung der Schüler im Hochsprung (als abhängige Variable) in Abhängigkeit von den beiden Techniken Flop und Straddle (als unabhängige Variablen) verändert.

Gruppe A wurde zuerst 5 x 45 Minuten im Straddle, anschließend über die gleiche Zeitspanne im Flop unterrichtet, Gruppe B umgekehrt. Damit sollten mögliche Auswirkungen der Reihenfolge des Techniklernens beobachtbar werden (die allerdings nicht eintraten). Die mit den verschiedenen Techniken erzielten Sprunghöhen wurden verglichen. Mit dem Flop ($\bar{x}$ = 135 cm) wurde ein um 6,5 cm höherer Mittelwert erzielt als mit dem Straddle ($\bar{x}$ = 128,5 cm); der Unterschied ist auf dem 1%-Niveau signifikant.

Die Autoren berichteten zwar auch von einem signifikanten Leistungsanstieg durch die beiden neuen Techniken gegenüber dem Schersprung, doch ist dieser Vergleich u. E. weitgehend wertlos, da davon ausgegangen werden kann, daß die Schüler bei solch intensiver Unterweisung (10 x 45 Minuten), verbunden mit gleichzeitiger Sprungschulung, auch mit der Schertechnik höhere Sprungleistungen erzielt hätten. Die Bildung einer Kontrollgruppe, die lediglich Hochsprung, nicht aber Flop und Straddle geübt hätte, würde einem Vergleich mehr Sinn geben.

Im Experiment möchte man möglichst alle wirksamen Bedingungen kontrollieren, das heißt Störfaktoren, die Ergebnisse verfälschen könnten, ausschließen. Dazu bedient man sich verschiedener Kontrolltechniken, auf die hier nicht näher eingegangen wird.

Eine wichtige Unterscheidung, die auch für die sportpsychologische Forschung von Belang ist, ist die zwischen Labor- und Feldexperiment. **Laborexperimente** finden unter künstlichen (Labor-)Bedingungen statt. Dadurch sichert der Forscher grundsätzlich eine bessere Kontrolle von störenden Einflüssen auf seine Messungen und Befunde, deren Übertragung auf natürliche (außerhalb des Labors herrschende) Bedingungen jedoch fragwürdig sein kann. Näher an der Alltagswelt liegt der Forscher in aller Regel mit einem **Feldexperiment**. Hier wird in mehr oder weniger natürlicher Umgebung experimentiert, was natürlich eine größere Zahl von Störeinflüssen zur Wirkung kommen läßt als im Labor. Die so gewonnenen Ergebnisse sind aber andererseits lebensnäher, realistischer.

Ein eindrucksvolles Feldexperiment hat Emerson (1966) publiziert. Er untersuchte die Leistungsmotivation bei Mitgliedern einer Mount-Everest-Expedition in Abhängigkeit vom Grad der Gewißheit, das Ziel zu erreichen. Informationen über den Gewißheitsgrad hatte er u. a. der Kommunikation zwischen den Expeditionsmitgliedern entnommen. Vielleicht hätte man solch ein Experiment auch im Labor einer Universität durchführen können, höchstwahrscheinlich viel besser kontrolliert. Kaum jedoch wäre im Labor die Realistik der Bedingungen am Mount Everest zu simulieren gewesen.

Zum Grundproblem Labor- und Feldexperiment, das nicht nur in der sportpsychologischen Forschung immer wieder diskutiert wird, bemerkte Lenk (1970, 8f), daß Felduntersuchungen und Feldexperimente «... zwar nicht die höchsten Ansprüche an methodische Isolierung und Abgesichertheit noch an die Ausschöpfung aller Experimentiermöglichkeiten ... (erfüllen) ..., doch sie unterliegen nicht der künstlichen Verzerrung durch Laborbedingungen oder fiktive Situationen. Wissenschaftliche Perfektion und ‹Realistik› der Bedingungen sind hier komplementär. In dieser Zwickmühle verdient die ‹Realistik› den Vorzug – gerade auch unter wissenschaftsförderlichen Zwecken.»

Datenverarbeitung

Mit den dargestellten Verfahren der Datenerhebung (Beobachtung, Befragung, Testergebnis und Experiment) erhält der Forscher Daten über die von ihm untersuchten Sachverhalte und deren Zusammenhänge. Mit Hilfe geeigneter Verfahren muß er nun diese Daten weiterverarbeiten. Dazu bedient er sich in der Regel der Mittel der **Statistik**, eines Sondergebietes der angewandten Mathematik. Darauf soll hier jedoch nicht weiter eingegangen werden. Übersichtliche Darstellungen haben z.B. WILLIMCZIK (1975) sowie CLAUS und EBNER (1975) publiziert.

Eine wichtige Unterscheidung, nämlich die zwischen beschreibender (deskriptiver) und schließender Statistik (Interferenzstatistik), sei hier kurz angesprochen.

Beschreibende Statistik ermöglicht die Beschreibung, Ordnung und Zusammenfassung von erhobenen Daten. Darstellungsformen sind zum Beispiel Tabellen, Graphiken, aber auch Kennzahlen. Letztere, zum Beispiel Mittelwerte, Streuungen, «charakterisieren» eine Datenmenge mit wenigen Zahlenwerten. Für WOTTAWA (1977, 141) geht es dabei um die «handliche Wiedergabe der in den Stichprobendaten erhaltenen relevanten Informationen».

Schließende Statistik ermöglicht die Begründung einer Verallgemeinerung, also einen Schluß, von der begrenzten Zahl der untersuchten Sachverhalte (Fälle) auf die Grundgesamtheit, also alle interessierenden Fälle. Ein weiterer wichtiger Problembereich in der schließenden Statistik ist die zufallskritische Überprüfung von Hypothesen. Dabei geht es um die Frage, ob ein bestimmtes Ergebnis nur zufällig zustande gekommen ist oder auf systematischen Einflüssen beruht.

Zur Durchführung der notwendigen statistischen Berechnungen hat sich die elektronische Datenverarbeitung, sei es im Taschenformat, per PC oder im Format eines Rechenzentrums, eingebürgert. Die Durchführung auch umfangreichster Rechenoperationen wird dadurch in erheblichem Maße erleichtert. Allerdings sollte dies nicht dazu verleiten, ohne sorgfältigste theoretische und methodische Vorüberlegungen ans Werk einer wissenschaftlichen Forschungsarbeit zu gehen und erst einmal abzuwarten, was der Computer angibt, um dann zu entscheiden, welche Hypothesen man erstellt und prüft...

Interpretation und Verwertung von Forschungsergebnissen

Zur Interpretation und Deutung seiner Ergebnisse bezieht sich der Forscher auf sein Ausgangsproblem und seine Hypothesen zurück. In dieser Phase des Forschungsprozesses muß er deutlich machen, ob und wie die aufgegriffene Problemstellung gelöst wurde bzw. welche Gründe dafür ausschlaggebend gewesen sind oder sein könnten, daß eine Lösung nicht erreicht wurde.

«Über die unmittelbare Beziehung zur Fragestellung hinaus können auch weitere theoretische Folgerungen aus den Versuchsergebnissen gezogen werden, aus denen sich dann mögliche Fragestellungen neuer Untersuchungen ergeben. Hier sollte das Versuchsergebnis auch mit den Ergebnissen und Deutungsansätzen anderer Untersuchungen verglichen werden; vor allem gehören alle theoretischen Erwägungen in die Diskussion..., die erst aufgrund der Kenntnis der Ergebnisse angestellt werden können. ... Alle theoretischen Überlegungen sind in einer Weise anzustellen, welche die Möglichkeit ihrer empirischen Überprüfung erkennen läßt» (Fisch & Ugarte, 1977, 160f)

In Abhängigkeit vom Erkenntnisinteresse, das den Forscher zum Aufgreifen und Erforschen seines Problems veranlaßte, kann die Verwertung der gefundenen Ergebnisse prinzipiell ein Beitrag zur Grundlagenforschung oder zur angewandten Forschung sein. Ergebnisse der Grundlagenforschung ordnet man eher theoretischen Interessen zu, Ergebnisse der angewandten Forschung eher praktischen. Nun ist aber kaum eine Forschungsarbeit ausschließlich dem einen oder anderen Bereich zuzuordnen. Vielmehr ist meist mehr oder weniger eine Zwischenposition zu erkennen. Wottawa (1977, 203) schlägt daher die Zuordnung in Forschungstätigkeit und wissenschaftlich fundiert angewandte Tätigkeit vor.

Forschung wäre bei dieser Einteilung das Bemühen, zumindest begrenzt verallgemeinerbare Theorien zu erstellen und zu überprüfen. Unter angewandter Tätigkeit versteht WOTTAWA dagegen das Nutzbarmachen der so erstellten Forschungsergebnisse für konkrete praktische Situationen.

Die Darstellung von Forschungsergebnissen in der Öffentlichkeit (Publikation) wendet sich je nach Zielrichtung an die breite (Laien-)Öffentlichkeit oder an die mehr oder weniger umschriebene Fachöffentlichkeit. Verfahren dazu sind im allgemeinen: Bücher, Aufsätze, audiovisuelle Medien, Vorträge.

Die Verwertung der Ergebnisse durch die informierte Öffentlichkeit kann weitere Forschungstätigkeit oder wissenschaftlich fundierte angewandte Tätigkeit anregen.

Zum Standort der Sportpsychologie

Versucht man, Standort und Stellenwert der Sportpsychologie einzuschätzen, so treten die geringsten Schwierigkeiten noch bei der **wissenschaftsorganisatorischen Zuordnung** auf. Sportpsychologie ist in Lehre und Forschung an den Instituten für Sport und Sportwissenschaft der Universitäten und Hochschulen eingegliedert. Arbeitsschwerpunkt in der Lehre ist die Sportlehrer- und die Magisterausbildung, in der Forschung bislang eher die angewandte gegenüber der Grundlagenforschung. An Psychologischen Instituten der Universitäten und Hochschulen ist Sportpsychologie in der Lehre praktisch nicht auszumachen, in der Forschung eher die Ausnahme.

Problematischer zeigt sich das Bild schon bei dem Versuch der **wissenschaftssystematischen Zuordnung** der Sportpsychologie. Sie wird von manchen als Teilgebiet der Angewandten Psychologie gesehen, von anderen als Teilgebiet der Allgemeinen Psychologie oder auch der Sportwissenschaft. Sportpsychologie schließt sowohl angewandtes wie grundlagenorientiertes Forschen ein. Offensichtlich hängt diese Zuordnung vom jeweiligen Selbst- und wissenschaftssystematischen Verständnis des Autors ab.

Tatsächlich scheint im Moment eine eindeutige Zuordnung der Sportpsychologie zu einem Wissenschaftssystem kaum möglich und auch wenig zweckmäßig. Ihre Hauptbezugssysteme sind die **Sportwissenschaft** und die **Psychologie**.

Will man die Sportpsychologie nicht als Konsequenz zum Teil sehr subjektiver Entweder-oder-Forderungen in einem Feld festmachen, sondern dem gegenwärtigen Entwicklungsstand dieser Disziplin Rechnung tragen, dann scheint die Orientierung an beiden Wissenschaftssystemen, je nach Autor mit unterschiedlichem Schwerpunktverständnis, sinnvoll.

Sportpsychologie – Sportwissenschaft

Neben der Psychologie ist die Sportwissenschaft das zentrale Bezugssystem der Sportpsychologie. Mit dem Handlungsfeld Sport besitzt die Sportwissenschaft allerdings einen außerordentlich komplexen und facettenreichen Gegenstand. Dementsprechend beteiligen sich verschiedene Teildisziplinen an dessen Erforschung, so die Sportpädagogik, die Sportgeschichte, die Sportpsychologie, die Sportsoziologie, die Sportmedizin u. a. Im Vordergrund standen bislang im wesentlichen angewandte Erkenntnisinteressen; grundlagenwissenschaftliche Ansätze gewinnen erst in jüngerer Zeit an Bedeutung.

Die Beziehungen zwischen den Teildisziplinen sind noch offen; lediglich wissenschaftsorganisatorisch ist eine stabile Zuordnung zu den Instituten für Sportwissenschaft der Universitäten und Hochschulen geleistet. Wissenschaftssystematisch hingegen imponiert ein einträchtiges Nebeneinander, Probleme werden allenfalls multidisziplinär aufgegriffen, das heißt die Sichtweisen verschiedener Teildisziplinen stehen nebeneinander.

Programmatisch ist allerdings **Interdisziplinarität** das Ziel der Bemühungen. Die Teildisziplinen sollen sich gleichsam in der Sportwissenschaft auflösen. Gegen eine so verstandene Interdisziplinarität sprechen vor allem wissenschaftstheoretische Argumente, die WILLIMCZIK (1979b, 24) umreißt: «Zu den ungelösten methodologischen Problemen gehören vor allem die Fragen nach der Art der Beziehungen, sowohl zwischen den Teildisziplinen innerhalb der interdisziplinären Wissenschaft als auch zwischen den Teildisziplinen und den Mutterwissenschaften..., aus denen die Teilwissenschaften hervorgegangen sind bzw. von denen sie noch eine Untereinheit darstellen, sowie die Frage der Übertragbarkeit von Theorien zwischen Teildisziplinen bzw. die Teildisziplin übergreifende Gültigkeit von Theorien.»

Interdisziplinäre Sportwissenschaft könnte es also letztlich nur geben, wenn es gelänge, eine Theorie der Sportwissenschaft zu entwickeln, die ein umfassenderes Integrationsniveau aufweisen müßte als die Theorieansätze der Teildisziplinen. Sehr pointiert stellt dies HECKHAUSEN (1979, vgl. Kasten) heraus.

Sportpsychologie als Teildisziplin einer interdisziplinären Sportwissenschaft

«Es gibt verschiedene Disziplinen, die Sport als materiales Gegenstandsfeld gemeinsam haben. Aber in dieser äußeren Materialität endet schon die Gemeinsamkeit. Einzeldisziplinen wie Biologie, Soziologie, Psychologie, Geschichtswissenschaft u. a. können sich jeweils auf ihre eigene Sichtweise mit dem Sporttreiben beschäftigen. Aber jede dieser Einzeldisziplinen hat ihr eigenes theoretisches Integrationsniveau, von dem aus sie ihre disziplinspezifischen Fragen stellt und nach Antworten suchen kann. Man kann nicht die Aussagen auf dem theoretischen Integrationsniveau einer dieser Disziplinen überführen auf das theoretische Integrationsniveau einer anderen Disziplin. Es ist unmöglich, etwa sportsoziologische Aussagen in sportpsychologische zu überführen und umgekehrt. Was es dagegen gibt, ist eine Komplementarität in der Zuordnung von disziplinspezifischen Aussagen. So hat etwa eine konkrete Sportleistung, die man im Breiten- oder Spitzensport als einen Ereignisablauf von umschriebener zeitlicher Erstreckung herausgreifen mag, ihre biologischen, physiologischen, psychologischen und soziologischen Aspekte, und jeder disziplinspezifische Aspekt sucht auf seinem theoretischen Integrationsniveau nach Bedingungen, Prozessen und Ergebnissen der in Frage stehenden Sportleistung. Diese Aspekte sind sicherlich nicht unverbunden, aber sie stehen bestenfalls in einer Entsprechungsstruktur, mit der sie aufeinander verweisen, sie lassen sich jedoch weder überführen auf das theoretische Integrationsniveau einer Einzeldisziplin noch zu einem Metaniveau einer vermeintlichen Sportwissenschaft kombinieren. Wenn dergleichen unter der Forderung nach Interdisziplinarität verstanden wird, so handelt es sich um bloßes Gerede, ein verbal beschworenes Phantom.» (HECKHAUSEN 1979, 55).

In der Diskussion seiner Aussagen, die HECKHAUSEN in einem Vortrag zum Thema «Sportpsychologie: auf der Suche nach Identität in einem magischen Dreieck verschiedener Fachöffentlichkeiten» anläßlich der 10-Jahres-Tagung der Arbeitsgemeinschaft für Sportpsychologie (ASP) in Köln 1979 darlegte, konkretisierte er seine Position:

«Was es dagegen gibt – und was häufig auch als Interdisziplinarität bezeichnet wird –, ist, daß sich sehr wohl die einzelnen Disziplinen ergänzen können. Was ich nun ganz richtig finde an der Disziplinarität – das wäre mein Begriff –, daß die Sportstudenten nicht diejenigen sind, die nun von verschiedenen disziplinären Vertretern – hier Psychologe, da Mediziner, da Pädagoge – etwas hören, und man erwartet, daß die betreffenden an- und aufnehmenden Studierenden alles integrieren. Das heißt, es scheint mir ganz wichtig zu sein, daß in den Lehrangeboten diese disziplinären Ansätze, diese Unterschiedlichkeit und trotzdem die gleiche Fokussiertheit begreiflich werden. Dazu gehört natürlich, daß man die gegenseitigen Sichtweisen und Begriffe genau kennenlernt...» (HECKHAUSEN 1979, 85ff).

Gegenwärtig sollte es einer interdisziplinär orientierten Sportwissenschaft primär darum gehen, Sichtweisen verschiedener Teildisziplinen disziplinspezifisch, aber komplementär in die Erforschung ihres Gegenstandes einzubringen. Die Teildisziplinen könnten sich auf diese Weise gegenseitig anregen und ergänzen.

Die dargestellte Problematik um eine interdisziplinäre Sportwissenschaft mit einer Teildisziplin Sportpsychologie könnte die Auffassung nahelegen, daß es die in sich integrierte Teildisziplin Sportpsychologie schon gäbe und in Abhängigkeit zeitlicher Entwicklungen lediglich noch deren Integration in die Sportwissenschaft zur Abklärung anstünde. Dem scheinen gegenwärtig noch interne Entwicklungen der Teildisziplinen entgegenzustehen, die darauf hinauslaufen, aus einer **Psychologie im Sport** eine **Psychologie des Sports** werden zu lassen, eine Unterscheidung, die NITSCH (1978) getroffen hat.

Sportpsychologie als Psychologie im Sport greift psychologische Fragen vor dem Hintergrund psychologischer Teildisziplinen wie Entwicklungspsychologie, Sozialpsychologie, Differentielle Psychologie etc. im sozialen Handlungsfeld Sport auf, die ebensogut auch in anderen Handlungsfeldern auftreten können. Sportpsychologie als Psychologie des Sports betrachtet das soziale Handlungsfeld Sport als einen spezifischen Gegenstand ihrer Forschungsinteressen. Schon 1956 hat RAUSCH in seinem Vorwort zur Dissertation von KOHL in diesem Zusammenhang formuliert: «Es wird streng zwischen Gegenstandsgebieten und Problemgebieten unterschieden. Die Gegenstände, *an* denen Untersuchungen stattfinden, gehören einem praktischen Gebiet, dem Sport, an; die Probleme, **die** untersucht werden, sind von psychologischer Natur, und die Probleme bilden das Thema.» (KOHL, 1956).

Mit der Entwicklung einer Psychologie des Sports wäre eine von vielen Sportwissenschaftlern als wünschenswert angesehene Entwicklungsrichtung eingeschlagen. Von Vertretern der Psychologie allerdings wird diese Entwicklungsrichtung oft sehr skeptisch beurteilt. Es wird befürchtet, daß die Psychologie des Sports ohne Psychologie im Sport der Gefahr der

Provinzialisierung ausgesetzt ist, des Herabgleitens zu einer pragmatischen Branchenlehre. Gleichwohl wird eingeräumt, daß an einer Psychologie des Sports Sportwissenschaft und Praxis weit stärker interessiert seien als die Mutterwissenschaft Psychologie und daß andererseits eine Psychologie im Sport durchaus zur Erweiterung des Grundbestandes der Erkenntnisse der Psychologie allgemein von Interesse sein könne.

Sportpsychologie – Psychologie

Verglichen mit der Diskussion um das Verhältnis zwischen Sportwissenschaft und ihren Teildisziplinen, in unserem Falle der Sportpsychologie, wird die Diskussion um das Verhältnis zwischen Psychologie und Sportpsychologie, zumindest was die Seite der «Mutterwissenschaft» Psychologie anbelangt, weit weniger aufwendig geführt. In Handbüchern, Lexika, Übersichtsdarstellungen und auf Kongressen wird Sportpsychologie zwar zunehmend, aber eher nur am Rande rubriziert.

Ein wesentlicher Grund für diesen Sachstand dürfte darin zu sehen sein, daß die meisten Sportpsychologen in der Sportlehrer- und Magisterausbildung lehren und sportspezifisch forschen. Ihre Fachöffentlichkeit suchen sie dabei meist auf sportwissenschaftlichen Veranstaltungen. Die Erweiterung sportpsychologischer Fachöffentlichkeit in die Psychologie hinein sollte eine wichtige Zukunftsaufgabe bleiben.

Aus der Sicht der meisten Sportpsychologen bedeutet die verbreitet vorgenommene Zuordnung der Sportpsychologie zur Angewandten Psychologie eine Einschränkung, die sachlich kaum zu rechtfertigen ist. Denn fraglos beeinflussen Erfahrungen, Probleme und Erkenntnisse der Angewandten Psychologie das Grundlagenwissen und umgekehrt. Im Sport als sozialem Handlungsfeld werden spezifische Methoden und Erkennntnisse der Psychologie angewandt (Psychologie im Sport). Gleichzeitig erschließt jedoch im Sport wissenschaftliche psychologische, also sportpsychologische Forschung Grundlagenwissen, zum Beispiel im Bereich der Motorik, Gruppendynamik, Motivation u. a., das wiederum den Grundbestand psychologischer Erkenntnis erweitern kann (Psychologie des Sports).

Das Verhältnis zwischen grundlagenwissenschaftlichen und anwendungsorientierten Disziplinen ist auch in der Psychologie nicht nur gegenseitiges Sich-Ausschließen, sondern eher durch gegenseitiges Geben und Nehmen gekennzeichnet. Es ist an der Sportpsychologie und ihren Vertretern, sich in diesen Austauschprozeß einzubringen. Ermutigende Ansätze dazu sind allenthalben zu erkennen.

Zur Geschichte der Sportpsychologie

Das Studium ihrer historischen Entwicklung erweist umgehend, daß sich die Sportpsychologie in Westeuropa und Nordamerika nicht als Teildisziplin der Psychologie angegliedert hat, sondern sich im wesentlichen eher über individuelle Erkenntnisinteressen und Forschungsprogramme konstituierte. Die verbreitete Rede von der «Mutterwissenschaft» Psychologie bedarf also einer Relativierung. Die Sportpsychologie hat sich, von der Psychologie jahrzehntelang fast übersehen, seit Mitte der 20er Jahre dieses Jahrhunderts aus dem Sport, der Theorie der Leibeserziehung und der Sportwissenschaft heraus entwickelt. Der familiäre Status der Sportpsychologie wäre demnach treffender als der des Findelkindes zu kennzeichnen, das sich um familiäre Einbindung bemüht.

Beweggründe für die Beschäftigung mit sportwissenschaftlichen und im besonderen sportpsychologischen Fragen seitens der **Theorie der Leibeserziehung** lagen in Deutschland zunächst in dem Bemühen, Leibeserziehung theoretisch zu durchdringen und sie als wissenschaftliches Fach an den Universitäten und Hochschulen zur Anerkennung zu bringen, als «Beweis» der Wissenschaftlichkeit der Theorie der Leibeserziehung.

Tatsächlich werden in den letzten Jahren verstärkt Anzeichen dafür erkennbar, daß Mutter und Findelkind sich aufeinander zu bewegen: «Sportpsychologie» taucht als Stichwort in psychologischen Handbüchern und Standardwerken auf, einschlägige Fragestellungen finden Raum auf Psychologenkongressen und -konferenzen. Psychologenverbände und Sportpsychologenvereinigungen finden Anknüpfungspunkte etwa über die Erstellung gemeinsamer Curricula und die Durchführung von Fortbildungsveranstaltungen. So haben etwa der Bund Deutscher Psychologen (BDP) und die Arbeitsgemeinschaft für Sportpsychologie (ASP) ein gemeinsames Curriculum zur Weiterbildung von Diplom-PsychologInnen konzipiert und bieten regelmäßig entsprechende Veranstaltungen an.

Bedingt durch gesellschaftspolitisch determinierte grundlegende Unterschiede des Wissenschaftssystems schien allerdings in der ehemaligen Sowjetunion seit der Zeit vor dem Zweiten Weltkrieg und in den früheren sozialistischen Ländern Europas nach 1960 die organisatorische und institutionelle Strukturierung planmäßiger und übersichtlicher verlaufen zu sein als in Westeuropa und in den USA. Die aktuellen Entwicklungen seit der Auflösung der Sowjetunion sind noch nicht recht einzuschätzen.

Überschaut man die historische Genese der Sportpsychologie weltweit, so ist die erste Phase ab Ausgang des 19. Jahrhunderts durch vereinzelte Beiträge und Forschungsarbeiten zu psychologischen Problemen des sportlichen Tuns gekennzeichnet.

Triplett untersuchte zum Beispiel schon 1896, wie sich Konkurrenz auf das Aufwickeln von Schnurrollen auswirkt.

Eine zweite Phase war Mitte der 20er Jahre durch die Einrichtung sportpsychologischer Forschungslaboratorien gekennzeichnet, die im wesentlichen psychophysiologische, vielleicht zutreffender: psychophysikalische Untersuchungen forcierten: in Berlin die Laboratorien der Deutschen und der Preußischen Hochschule für Leibesübungen unter Schulte und Sippel.

In dem früheren Leningrad und heutigen St. Petersburg war es Rudik (1924), der ein sportpsychologisches Laboratorium, und in Illinois Griffith (1926; 1928), der eine solche Einrichtung betrieb, die allerdings in den USA ohne akademische Wirkung geblieben ist, wie eigentlich auch Schulte bei uns, den man als Nestor der deutschen Sportpsychologie bezeichnen kann. Er publizierte in einer Reihe von Monographien (1921; 1925; 1927) seine Vorstellungen und Theorien einer Sportpsychologie, die sehr stark psychotechnisch im Sinne Münsterbergs orientiert war und sich mit der Erklärung gegebener Sachverhalte und der Psychotechnik, das heißt also dem Bemühen, «praktische» Ziele zu erreichen, beschäftigte. Die Vielfalt und der Ideenreichtum seiner Arbeiten und ihr enger Bezug zur sportlichen Praxis bräuchten auch heute noch keinen internationalen Vergleich zu scheuen.

Unter Krueger und Klemm wurden Mitte der 30er Jahre in Leipzig am Psychologischen Institut der Universität eine Reihe von Arbeiten zum Problem der Bewegungsgestalt publiziert. Klemm formulierte auch zwölf Leitsätze zu einer Psychologie der Leibeserziehung, die allerdings auch einen Bezug zur herrschenden Staatsideologie erkennen lassen (Klemm 1938). Nach dem Zweiten Weltkrieg gerieten diese Anfänge der Sportpsychologie vielfach – vielleicht mit Ausnahme der Sowjetunion – in Vergessenheit.

In der Bundesrepublik dominierten in der theoretischen Auseinandersetzung mit Problemen der Leibeserziehung weiter biologisch-medizinische, historische und bildungstheoretische Sichtweisen. Sportpsychologische Ansätze waren vereinzelt erkennbar, wurden aber übersehen. KOHL blieb mit seiner 1956 vorgelegten Dissertation zum Problem der Sensumotorik, einem theoretisch wie praktisch fundamentalen Werk über die Integration von Bewegen und Wahrnehmen, weitgehend ohne Wirkung (KOHL 1956).

Der Beginn einer dritten Phase der Entwicklung der Sportpsychologie datiert von etwa 1960 und war gekennzeichnet durch Organisation, Institutionalisierung und internationale Kommunikation. In der Bundesrepublik wurde 1964 der erste Lehrstuhl für Theorie der Leibeserziehung (Universität Frankfurt/Main) eingerichtet, 1961 wurde in der DDR an der Deutschen Hochschule für Körperkultur in Leipzig ein Institut für Sportpsychologie gegründet. 1965 richtete die Deutsche Sporthochschule in Köln einen Lehrstuhl für Psychologie ein.

Vergleichbare Entwicklungen waren ab Mitte der 60er Jahre mit unterschiedlicher Dynamik weltweit zu beobachten. Im Jahr 1965, dem Gründungsjahr der International Society of Sport Psychology (ISSp), fand in Rom der Erste Internationale Kongreß für Sportpsychologie statt. Kurz danach, 1968, wurde die FEPSAC (Fédération Européenne de Psychologie de Sport et d'Activité Corporelle), im folgenden Jahr bereits die ASP (Arbeitsgemeinschaft für Sportpsychologie) gegründet.

Der eigentliche Aufschwung der Sportpsychologie ab Ende der 60er Jahre scheint international zum einen durch die zunehmend bedeutsamer eingeordnete wissenschaftliche Arbeit zur Förderung sportlicher Höchstleistung eingeleitet worden zu sein, zum anderen spielt wohl der rapide steigende Stellenwert der Sozial- und Verhaltenswissenschaften im Kanon der Wissenschaften generell eine Rolle.

Eine spezifisch bundesrepublikanische Bedingung des Aufschwungs der Sportpsychologie dürfte ohne Frage die wissenschaftliche Vorbereitung der Olympischen Sommerspiele 1972 in München gewesen sein und der stetige Konkurrenzkampf gegen die sportlich und sportwissenschaftlich damals so erfolgreiche DDR.

Heute wird Sportpsychologie in Deutschland von ca. 30 Professoren vertreten und ist in der Mehrzahl der Institute für Sportstudenten verpflichtend, in der Diplom-Psychologen-Ausbildung jedoch nicht verankert. Die ASP hat ca. 250 Mitglieder. Die Anzahl der Monographien, Kongreßberichte und Sammelwerke entwickelte sich nach ESSING (1985) wie folgt:

1950–1959: 31, 1960–1969: 125, 1970–1979: 781, 1980–1984: 429,

1984 wurden ca. 33000 wissenschaftliche Arbeiten in der Psychologie veröffentlicht, 1800 davon in der Sportpsychologie.

Das Image der Sportpsychologie wird auch heute noch in der breiten Öffentlichkeit durch die anfänglichen Forschungsschwerpunkte im Hochleistungssport geprägt, die darin mehr oder weniger geheimnisvolle, wenig durchschaubare Methoden vermutet, um aus Athleten noch mehr Leistung «herauszuholen». Gestützt werden solche Vorstellungen durch Presse- und Mediendarstellungen, die oft eher den sensationellen Effekt bzw. Nicht-Effekt und weniger den sachlichen Hintergrund beleuchten (vgl. Abb. 1, S. 12).

Das Verhältnis der Sportpsychologie zu ihren Bezugswissenschaften Sportwissenschaft und Psychologie läßt sich im Falle der Sportwissenschaft dadurch kennzeichnen, daß sowohl theoretisch als auch – und vor allem – methodisch starke Einflüsse sichtbar sind. Das Verhältnis zur Psychologie in theoretischer und methodischer Hinsicht ist durch die zeitlich verzögerte Übernahme von Positionen gekennzeichnet, die vielfach schlicht auf sportpsychologische Fragestellungen übertragen werden.

Aus diesem Transfer ergibt sich insofern ein Problem, als die theoretischen, methodischen und vor allem inhaltlichen Positionen der Psychologie nur in umschriebenem Maße auf sportpsychologisch relevante Fragen «passen», mit der Konsequenz der Akkumulation intern valider Daten mit fragwürdiger externer Validität. Diese Diskrepanz tritt beispielsweise bei der Applikation sportunspezifischer Persönlichkeitsinventare auf Sportlerstichproben zutage. Bezogen auf diese Ausgangslage kann sich Sportpsychologie nicht – wie dies noch verbreitet der Fall ist – darauf beschränken, sich als angewandte Disziplin zu verstehen, sondern wird sich um den Abbau grundlagenwissenschaftlicher Erkenntnisdefizite bemühen müssen.

Anhang

Literaturverzeichnis

Abele, A. & Brehm, W. (1984). Befindlichkeitsveränderung im Sport. Hypothesen, Modellbilder und empirische Befunde. Sportwissenschaft, 14, 252–275.

Abele, A. & Brehm, W. & Gall, Th. (1991). Sportliche Aktivität und Wohlbefinden. In A. Abele & P. Becker. (Hrsg.), Wohlbefinden. Theorie – Empirie – Diagnostik (pp. 279–296). Weinheim: Juventa.

Abele, A. & Brehm, W. (1993). Mood effects of exercise versus sport games: Findings and implications for well-being and health. European Review of Health-Psychology, Heft 1.

Ach, N. (1921). Über die Begriffsbildung. Bamberg: C. C. Buchner.

Ach, N. (1935). Analyse des Willens. In E. Abderhalden, Handbuch der biologischen Arbeitsmethoden. Abteilung VI: Methoden der experimentellen Psychologie, Teil E. Berlin, Wien: Urban & Schwarzenberg.

Adams, J. A. (1971). A closed-loop theory of motor learning. Journal of motor behavior, 3, 111–149.

Adolph, H. (1979). Talentsuche und Talentförderung im Sport. Frankfurt/M.: Diesterweg.

Ahrens, H. J. (Hrsg.). (1980). Differentielle Psychologie. In R. Asanger & G. Wenninger (Hrsg.), Handwörterbuch der Psychologie (pp. 85–91). Weinheim, Basel: Beltz.

Allmer, H. (1973). Zur Diagnose der Leistungsmotivation. Konstruktion eines sportspezifischen Motivationsfragebogens. Ahrensburg. Czwalina.

Allmer, H. (1978). Handlungszufriedenheit im Sport. Schorndorf: Hofmann.

Allmer, H. (1983). Entwicklungspsychologische Grundlagen des Sports. Köln: bps.

Allmer, H. (1984). Sport und Schule. Reinbek: Rowohlt.

Allmer, H. (1986). Sportlehrerhandeln im Spannungsfeld zwischen subjektiven Theorien und wissenschaftlichen Erkenntnissen. In J. R. Nitsch (Hrsg.), Anwendungsfelder der Sportpsychologie. Köln: bps.

Allport, F. H. (1924). Social psychology. Boston: Houghton Mifflin.

Amelang, M. & Bartussek, D. (1990). Differentielle Psychologie und Persönlichkeitsforschung. 3. Aufl. Stuttgart, Berlin, Köln, Mainz: Kohlhammer.

Argyle, M. (1972). Soziale Interaktion. Köln: Kiepenheuer & Witsch.

Argyle, M. (1979). Körpersprache und Kommunikation. Paderborn: Jungfermann.

Artus, H.-G. (1974). Jugend und Freizeitsport: Ergebnisse einer Befragung. Daten, Fakten, Analysen. Gießen: Achenbach.

Asanger, R. & Wenninger, G. (Hrsg.). (1980). Handwörterbuch der Psychologie. 4. Aufl. 1988. Weinheim, Basel: Beltz.

Atkinson, R. & Shiffrin, R. M. (1986). Human memory: A proposed system and its control processes. In K. W. Spence & T. J. Spence (Eds.), The Psychology of Learning and Motivation: Advances in Research and Theory, Vol. II. New York, London: Academic Press.

Autorengruppe ASP/MV. (1973). Abenteuerspielplatz. Wo verbieten verboten ist. Reinbek: Rowohlt.

Bakker, F. C., Whiting, H. T. A. & Van der Brug, H. (1992). Sportpsychologie: Grundlagen und Anwendungen. Bern: Huber.

Bäumler, G., Rieder, H. & Seitz, W. (1972). Sportpsychologie. Schorndorf: Hofmann.

Ballreich, R. (1970). Grundlagen sportmotorischer Tests. Frankfurt/M.: Limpert.

Baltes, P. B. & Eckensberger, L. H. (Hrsg.). (1979) Entwicklungspsychologie der Lebensspanne. Stuttgart: Klett-Cotta

Bandura, A. (Hrsg.). (1976). Lernen am Modell. Stuttgart: Klett-Cotta.

Bandura, A. (1977). Self-Efficacy: Toward a Unifying Theory of Behavioral Change. Psychological Review, 84, 191–215.

Bandura, A. (1979). Sozial-kognitive Lerntheorie. Stuttgart: Klett-Cotta.

Bartenwerfer, H. & Raatz, U. (1979). Methoden der Psychologie. Bern, Stuttgart, Wien: Huber.

Bartlett, F. C. (1932). Remembering. Cambridge: University Press.

Bastin, G. (1967). Die soziometrischen Techniken. Bern, Stuttgart: Huber.

Bauer, A. (1978). Förderung und Änderung der Leistungsmotivation geistig behinderter retardierter Kinder durch Sport. Schorndorf: Hofmann.

Bauer, W., Allmer, H. & Knobloch, J. (1973). Subjektive Reaktionsänderungen in der Antizipations- und Relaxations-Phase einer Wettkampfsituation. In K. Feige, E. Hahn, H. Rieder & G. Stabenow (Red.), Bericht über den III. Europäischen Kongreß für Sportpsychologie (pp. 40–52). Schorndorf: Hofmann.

Baumann, H. (Hrsg.). (1992). Altern und körperliches Training. Bern u. a.: Huber.

Baumann, S. (1973). Psycho-physiologische Aspekte des Aufwärmens. Praxis der Leibesübungen, 14 (1), 22.

Beck, E. (1979b). Die Organisation der Talentsichtung und Talentförderung in Tauberbischofsheim. In Deutscher Sportbund (Hrsg.), Talentsuche (pp. 58–64). Frankfurt/M.: dsb.

Becker, P. (1976). Veränderung von Einstellungen als Ziel des Schulsports? Sportwissenschaft, 6 (1), 35–54.

Becker, P. (1980). Sozialisation in und durch den Sport. Manuskript unveröffentlicht 1980.

Becker, P. (1982). Aufruf zur Vertreibung aus dem Paradies sportspezifischer Sozialisationsspekulation. In P. Becker (Hrsg.). Sport und Sozialisation. Reinbek: Rowohlt.

Beier, A. (1980). Entwicklung der Leistungsmotivation und der Sportmotorik. Schorndorf: Hofmann.

Berger, P. L. (1979). Einladung zur Soziologie. München: dtv.

Bernstein, N. A. (1967). The coordination and regulation of movement. New York: Pergamon Press.

Berstein, N. A. & Borkovec, T. D. (1975). Entspannungs-Training. Handbuch der progressiven Muskelentspannung. München: Pfeiffer.

Bielefeld, J. (1981). Einstellung zum Sport. Schorndorf: Hofmann.

Bierhoff-Alfermann, D. (Hrsg.). (1976a). Soziale Einflüsse im Sport. Darmstadt: Steinkopff.

Bierhoff-Alfermann, D. (1976b). Sport und soziales Lernen. In D. Bierhoff-Alfermann (Hrsg.), Soziale Einflüsse im Sport (pp. 91–112). Darmstadt: Steinkopff.

Bierhoff-Alfermann, D. (1977). Psychologie der Geschlechtsunterschiede. Köln: Kiepenheuer & Witsch.

Bierhoff-Alfermann, D. (1982). Sozialpsychologische Aspekte des Sport. In A. Thomas (Hrsg.), Sportpsychologie – Ein Handbuch in Schlüsselbegriffen. München: Urban & Schwarzenberg. 109–126.

Bierhoff-Alfermann, D. (1986). Sportpsychologie. Stuttgart: Kohlhammer.

Blödorn, M. & Eberspächer, H. (1978). Sport und Psychologie. Farbtonfilm 45 Min. Norddeutscher Rundfunk.

Blöschl, L. (1974). Grundlagen und Methoden der Verhaltenstherapie. 4. Aufl. Bern, Stuttgart, Wien: Huber.

Bloss, H. et al. (1980). Die Note im Sportunterricht ist nicht mehr haltbar. Plädoyer für die Abschaffung der Sportnote. GEW Lehrerzeitung, 23/24, 631–633.

Bös, K. (1987a). Handbuch sportmotorischer Tests. Göttingen: Hogrefe.

Bös, K. (1987b). Fitness testen und trainieren. Oberhaching: Sportinform.

Bös, K. & Mechling, H. (1980). Dimension der Motorik. Eine empirische Untersuchung zur Dimensionierung motorischer Fähigkeiten und zur Erklärung sportmotorischer Leistungen. Unveröff. Dissertation. Heidelberg.

Bös, K. & Roth, K. (1978). Möglichkeiten der Anwendung probabilistischer Modelle im Bereich sportmotorischer und sportpsychologischer Forschung. In: Sportwissenschaft 8 (1978) 4, 407–421.

Bös, K. & Feldmeier, Ch. (Hrsg.). (1992). Lexikon: Bewegung & Sport zur Prävention & Rehabilitation. Oberhaching: Sportinform.

Boiko, J. I. (1956). Das Problem der Fähigkeiten und Fertigkeiten in der motorischen Psychologie. Fähigkeiten und Fertigkeiten (Informationsmaterial aus der pädagogischen Literatur der Sowjetunion und der Länder der Volksdemokratie), 16, 37–54. Berlin.

Brandstädter, J. (1985). Entwicklungsberatung unter dem Aspekt der Lebensspanne. Zum Aufbau eines entwicklungspsychologischen Anwendungskonzepts. In J. Brandstädter & H. Gläser (Hrsg.), Entwicklungsberatung unter dem Aspekt der Lebensspanne. Göttingen: Hogrefe.

Bredenkamp, J. & Wippich, W. (1977): Lern- und Gedächtnispsychologie, 2 Bde. Stuttgart: Kohlhammer.

Brettschneider, W.-D. (1981). Sportunterricht. Praxis und Theorie des Unterrichtens. München, Wien, Baltimore: U & S Pädagogik.

Brettschneider, W.-D. & Kramer, H.-J. (1978). Sportliche Interessen bei Schülern und Jugendlichen. Berlin, München, Frankfurt/M.: Bartels & Wernitz.

Brickenkamp, R. (1975). Handbuch psychologischer und pädagogischer Tests. Göttingen, Toronto, Zürich: Hogrefe.

Brickenkamp, R. (1978). Test d2. Aufmerksamkeits-Belastungs-Test, 6. Aufl. Göttingen, Toronto, Zürich: Hogrefe.

Bronfenbrenner, U. (1976). Ökologische Sozialisationsforschung. Stuttgart: Klett.

Bronfenbrenner, U. (1980). Die Ökologie der menschlichen Entwicklung. Stuttgart: Klett-Cotta.

Brüggemann, P. & Ernst, H. (1977). Biomechanische Untersuchung des Startverhaltens beim Rennrodeln. Leistungssport 7 (2), 120–128.

Bührle, M. (1971): Die sozialerzieherische Funktion des Sports. Ahrensburg: Czwalina.

Buchmann, K. E. (1979). Kommunikative Bewegungstherapie. In G. Bäumler, E. Hahn & J. Nitsch. (Red.), Aktuelle Probleme der Sportpsychologie. Schorndorf: Hofmann, 230–237.

Busemann, A. (1959). Krisenjahre im Ablauf der menschlichen Jugend. Ratingen: Henn.

Cachay, K. (1978). Sportspiel und Sozialisation. Schorndorf: Hofmann.

Cachay, K. (1979). Strukturelle Konflikte in Sportspielmannschaften. In H. Gabler, H. Eberspächer, E. Hahn, J. Kern & J. Schilling, Praxis der Psychologie im Leistungssport. Berlin: Bartels & Wernitz. 429–443.

Cachay, K. & Kleindienst, Ch. (1975). Soziales Lernen im Sportunterricht. Sportwissenschaft 5 (3–4), 339–367.

Cachay, K. & Fritsch, W. (1983). Überlebensprobleme von Gruppen im Hochleistungssport. In F. Neidhardt. (Hrsg.), Gruppensoziologie. Sonderheft 25 der Kölner Zeitschrift für Soziologie und Sozialpsychologie 1983, 510–531.

Carl, K. (1988). Talentsuche, Talentauswahl und Talentförderung. Schorndorf: Hofmann.

Carl, K.; Kayser, D.; Mechling, H. & Preising W. (Hrsg.). (1984). Handbuch Sport. Wissenschaftliche Grundlagen von Unterricht und Training. Bd. 1 und Bd. 2. Düsseldorf: Schwann.

Cassirer, E. (1944). The concept of group and the theory of perception. Philosophy and Phenomenological Research, 5, 1–36.

Cernikowa, O. & Daskevic, O. (1972). Die aktive Selbstregulierung emotionaler Zustände des Sportlers. Theorie und Praxis der Körperkultur, 21 (9), 811–835.

Claessens, D. (1977). Gruppe und Gruppenverbände. Darmstadt: Wissenschaftliche Buchgemeinschaft.

Clauss, G. & Ebner, H. (1975). Grundlagen der Statistik für Psychologen, Pädagogen, Soziologen, 2. Aufl. Zürich, Frankfurt/M.: Harri Deutsch.

Collins, B. E. & Raven, B. H. (1968). Group structure. In G. Lindzey & E. Aronson (Eds.), The Handbook of Social Psychology, Bd. 4, 2. Aufl. (pp. 102–204). Reading, Mass.: Addison-Wesley.

Cranach, M. von & Frenz, H.-G. (1969). Systematische Beobachtung. In C. F. Graumann (Hrsg.), Handbuch der Psychologie, Bd. 7 (pp. 269–331). Göttingen, Toronto, Zürich: Hogrefe.

Cratty, B. J. (1973). Psychology in contemporary sport: Guidelines for coaches and athletes. New Yersey: Englewood Cliffs.

Csikszentmihalyi, M. (1975). Beyond Boredom and Anxiety. San Francisco: Jossey-Bass. Dt.: Das Flow-Erlebnis. Stuttgart: Klett-Cotta. 1985.

Csikszentmihalyi, M. (1988). Optimal Experience – Psychological Studies of Flow in Consciousness. Cambridge: Cambridge University Press.

Csikszentmihalyi, M. & Csikszentmihalyi, I. S. (Hrsg.). (1992). Optimal experience. Psychological studies of flow in consciouness. Cambridge: University Press.

Czwalina, C. (1976). Systematische Spielerbeobachtung in den Sportspielen. Schorndorf: Hofmann.

Däumling, M., Engler, H.-J., Smieskol, H., Tiegel, G., Triebe, J., Eberhard, U. & Wilke, K. (1973). Beiträge zum Mentalen Training. Frankfurt/M.: Limpert.

Dahrendorf, R. (1969). Homo Sociologicus. Köln, Opladen: Westdeutscher Verlag.

Daugs, R., Blischke, K., Olivier, N. & Marschall, F. (1989). Beiträge zum visuomotorischen Lernen im Sport. Schorndorf: Hofmann.

Davis, J. H. (1969). Group performance. Reading, Mass.: Addison-Wesley.

Deimel, H. (1983). Sporttherapie bei psychotischen Erkrankungen – Entwicklung, Methodik und Ergebnisse. Berlin: Marhold.

Deutsch, M. (1976). Konfliktregelung. München, Basel: Reinhardt.

Deutscher Basketball Bund. (Hrsg.). (1980). Offizielle Basketballregeln für Männer und Frauen. Karlsruhe: Badenia.

Deutscher Bildungsrat. (Hrsg.). (1972). Strukturplan für das Bildungswesen, 4. Aufl. Stuttgart: Klett.

Deutscher Sportbund. (Hrsg.). (1979). Talentsuche. Bundestrainer Seminar des Bundesausschusses Leistungssport vom 2. bis 5. April 1979, Trainerakademie Köln. Frankfurt/M.: Deutscher Sportbund.

De Winter, E. (1968). Entraînement psychotonique et éducation physique. Education physique et sport, 19 (1), 41–45.

Dietrich, K. (1972). Zum Problem der Lehrplanentscheidung: eine Analyse der Reformbestrebungen in der Leibeserziehung. Ahrensburg: Czwalina.

Dietrich, K. (1987). Spiel. In H. Eberspächer. (Hrsg.), Handlexikon Sportwissenschaft. Reinbek: Rowohlt. pp. 341–351.

Digel, H. (1976). Sprache und Sprechen im Sport. Schorndorf: Hofmann.

Digel, H. (1982). Sport verstehen und gestalten. Reinbek: Rowohlt.

Dörner, D. (1979). Problemlösen als Informationsverarbeitung. Stuttgart, Berlin, Köln, Mainz: Kohlhammer.

Eberspächer, H. (1975a). Bericht über eine Explorationsstudie psychologische Probleme im Rudern während der Saison 1974. Rudersport 93 (9, 10), Trainerjournal 40, 41, 42.

Eberspächer, H. (1975b). Psychologische Betreuung im Hochleistungssport – Bericht über ein Forschungsprojekt im Rudern. Unveröff. Manuskript.

Eberspächer, H. (1979a). Kleingruppenforschung im Sport. Gruppendynamik, Forschung und Praxis, 10 (2), 2–18.

Eberspächer, H. (1979b). Psychoregulatives Training. In H. Gabler, H. Eberspächer, E. Hahn, J. Kern & G. Schilling (Hrsg.), Praxis der Psychologie im Leistungssport, 255–298. Berlin, München, Frankfurt/M.: Bartels & Wernitz.

Eberspächer, H. (1983). Probleme des Coaching als praktisch-psychologische Tätigkeit im Sport. In J. P. Janssen, Aktivierung, Motivation, Handlung und Coaching im Sport (pp. 297–303). Schorndorf: Hofmann.

Eberspächer, H. (1985). Soziometrie. In R. Singer & K. Willimczik, Grundkurs Datenerhebung 2, 2. überarb. Aufl. (pp. 165–197). Bad Homburg: Limpert.

Eberspächer, H. (Hrsg.). (1987). Handlexikon Sportwissenschaft, 2. Aufl. 1992. Reinbek: Rowohlt.

Eberspächer, H. (1988). Individuelle Handlungsregulation. Schorndorf: Hofmann.

Eberspächer, H. (1990). Mentale Trainingsformen in der Praxis: Ein Handbuch für Trainer und Sportler. 3. Aufl. 1993. Oberhaching: Sportinform.

Eberspächer, H. & Hortdörfer, B. (1978). Motivationen zum Sportabzeichen – Eitelkeit oder Selbstprüfung? In DSB (Hrsg.), Deutsches Sportabzeichen im Breitensport (pp. 16–25). Frankfurt: DSB.

Eberspächer, H. & Renzland, J. (1985). Leistungsfähig und gesund durch psychologisches Bewegungstraining, 3. Aufl. 1989. Oberhaching: Sportinform.

Eberspächer, H. & Fanck, M. (1985). Streßausgleich und Entspannung durch Bewegungstraining, 3. Aufl. 1989. Oberhaching: Sportinform.

Eberspächer, H. & Hermann, H.-D. (1990). Mentales Fertigkeitstraining im Tennis. Tennissport 1, 6, 15–19.

Eberspächer, H.; Narciss, S.; Reischle, K.; Thomas, C. (1991). Mentales Training als Verfahren zur Optimierung der Informationsverarbeitung im Techniktraining. Unveröffentl. Forschungsbericht für das Bundesinstitut für Sportwissenschaft. Heidelberg.

Eckensberger, L. H. (1978). Die Grenzen des ökologischen Ansatzes in der Psychologie. In C. F. Graumann (Hrsg.), Ökologische Perspektiven in der Psychologie. Bern: Huber.

Edelmann, W. (1978). Einführung in die Lernpsychologie. Bd. 1: Lerntheoretische Grundlagen von Verhaltensänderungen in Schule und Familie. München: Kösel.

Edelmann, W. (1980). Entwicklungspsychologie. Ein einführendes Arbeitsbuch. München: Kösel.

Egger, K. (1975a). Lernübertragungen in der Sportpädagogik. Basel: Birkhäuser.

Egger, K. (1975b). Transfer – ein Beispiel aus dem Geräteturnen. Jugend und Sport 32 (9), 294–295.

Egger, K. (1976). Erziehung zum Sport – Erziehung durch Sport – Erziehung zum Transfer. Jugend und Sport 33 (5), 177–182.

Egger, K. (1980). Beobachtung und Analyse sportunterrichtlicher Interaktionen. Unterrichtsdokumente des Instituts für Sport und Sportwissenschaft der Universität Heidelberg.

Eiben, O. G. (1979). Die körperliche Entwicklung des Kindes. In K. Willimczik & M. Grosser (Hrsg.), Die motorische Entwicklung im Kindes- und Jugendalter (pp. 187–218). Schorndorf: Hofmann.

Eichberg, H. (Hrsg.). (1986). Die Veränderung des Sports ist gesellschaftlich. Münster: Lit.

Ellis, H. (1965). The Transfer of Learning. New York, London: MacMillan.

Eloi, S. & Denis, M. (1987). Imagerie et répétition mentale dans l'acquisition d'une habilité sportive. In Vom Hofe, F. & Simomet, R. (eds.), Recherche en psychologie du sport. (pp. 45–53). Issyles-Moulineaux: E.A.P.

Emerson, R. M. (1966). Eine Fallstudie über Kommunikationsrückfluß und Erhaltung des Zielstrebens von Gruppen. In G. Lüschen (Hrsg.), Kleingruppenforschung und Gruppe im Sport. Kölner Zeitschrift für Soziologie und Sozialpsychologie, Sonderheft 10 (pp. 135–167). Köln, Opladen: Westdeutscher Verlag.

Engels, A. (1981). Zur Bedeutung der Konzepte ‹Gruppe› und ‹Führung› für den Trainer im Sport. Beiheft zu Leistungssport, Informationen zum Training, 25, 60–75.

Erdmann, R. (1976). Einige theoretische Überlegungen zur Motivgenese und weiterführende unterrichtspraktische Gedanken. In D. Bierhoff-Alfermann. (Hrsg.), (1976). Soziale Einflüsse im Sport. 77–90. Darmstadt: Steinkopff.

Erdmann, R. (1979). Ein Verfahren zur Erfassung von sozialisiertem Einflußstreben – Theoretische Überlegungen und erste Befunde. Diss. Deutsche Sporthochschule Köln 1979.

Erdmann, R. (1983). Motiventwicklung als Lernprozeß. In R. Erdmann. (Hrsg.), Motive und Einstellungen im Sport. Schorndorf: Hofmann.

Erdmann, R. (1987). Relativierte Macht. Sankt Augustin: Richartz.

Essing, W. (1971). Empirische Beiträge zur Analyse zwischenmenschlichen Verhaltens in einer interagierenden Gruppe – dargestellt am Beispiel einer Fußball-Bundesligamannschaft. In P. W. Henze (Red.), Sozialisation im Sport (pp. 307–312). Schorndorf: Hofmann.

Essing, W. & Eberspächer, H. (1974). Untersuchungen über Rollendifferenzierungen in Sportgruppen. In W. Decker & M. Lämmer (Hrsg.), Jahrbuch der Deutschen Sporthochschule Köln 1973 (pp. 71–86). Schorndorf: Hofmann.

Essing, W. (1985). Monographien, Kongreßberichte und Sammelwerke zur Psychologie des Sports. Eine Bibliographie. (1977–1984). Münster: Selbstverl.

Fahrenberg, J. & Selg, H. (1970). Freiburger Persönlichkeitsinventar (FPI). Göttingen, Toronto, Zürich: Hogrefe.

Feige, K. (1964). Aufgaben und Bedeutung der Sportpsychologie für die Theorie der Leibeserziehung. Leibeserziehung, 13 (4), 111–125.

Feige, K. (1977). Problematik, Möglichkeiten und Grenzen der Talentauslese und Talentförderung im Sport. In H. Lenk (Hrsg.), Handlungsmuster Leistungssport (pp. 207–218). Schorndorf: Hofmann.

Feige, K., Hahn, E., Rieder, H. & Stabenow, G. (Red.). (1973). Bericht über den III. Europäischen Kongreß für Sportpsychologie. Schorndorf: Hofmann.

Feldhege, F.-J. & Krauthan, G. (1979). Verhaltenstrainingsprogramm zum Aufbau sozialer Kompetenz. Berlin, Heidelberg, New York: Springer.

Feltz, D. L. & Landers, D. M. (1983). The effects of mental practice on motor skill learning and performance: A metaanalysis. Journal of sport psychology, 5, 25–57.

Fetz, F. (1978a). Programmierter Sportunterricht. Wien: Österreichischer Bundesverlag.

Fetz, F. & Kornexl, E. (1978b). Praktische Anleitung zu sportmotorischen Tests. Bad Homburg: Limpert.

Filipp, S.-H. (Hrsg.). (1979a). Selbstkonzept-Forschung. Stuttgart: Klett-Cotta.

Filipp, S.-H. (1979b). Entwurf eines heuristischen Bezugsrahmens für Selbstkonzept-Forschung: Menschliche Informationsverarbeitung und naive Handlungstheorie. In S.-H. Filipp (Hrsg.), Selbstkonzept-Forschung (pp. 129–152). Stuttgart: Klett-Cotta.

Fisch, R. & Ugarte, W. (1977). Richtlinien für die Abfassung einer wissenschaftlichen Arbeit auf dem Gebiet der Psychologie. Psychologische Rundschau, 28 (3), 153–174.

Flitner, A. (Hrsg.). (1978). Das Kinderspiel, 4. Aufl., München: Piper.

French, J. P. R. & Raven, B. (1959). The bases of power. In D. Cartwright (Ed.), Studies in social power (pp. 150–167). Ann Arbor: The University of Michigan.

Frester, R. (1972). Aktivtherapie im Sport. In P. Kunath (Gesamtleitung). Beiträge zur Sportpsychologie 2 (pp. 194–230). Berlin: Sportverlag.

Frester, R. (1974). Ideomotorisches Training im Sport. Ein Beitrag zur Trainingsintensivierung und Erhöhung der Wettkampfstabilität bei Sportlern der technischen und Schnellkraftsportarten. In P. Kunath (Gesamtleitung), Beiträge zur Sportpsychologie 2 (pp. 203–221). Berlin: Sportverlag.

Frester, R. (1976). Psychoregulatives Training. Theorie und Praxis der Körperkultur, 25 (3), 214–216.

Friedrichs, J. (1973). Methoden empirischer Sozialforschung. Reinbek: Rowohlt.

Friedrichs, J. & Lüdtke, H. (1973). Teilnehmende Beobachtung. 2. Aufl. Weinheim, Basel: Beltz.

Fritsch, W. (1983). Gruppen im Sport. Eine Untersuchung der Funktions- und Erhaltungsmechanismen von Sportgruppen am Beispiel einer Rudermannschaft. Dissertationsschrift. Tübingen.

Fürntratt, E. (1976). Wettkampfsport und Aggression. In D. Bierhoff-Alfermann (Hrsg.), Soziale Einflüsse im Sport (pp. 60–76). Darmstadt: Steinkopff.

Gabler, H. (1972). Leistungsmotivation im Hochleistungssport. Schorndorf: Hofmann.

Gabler, H. (1975). Zur Auswirkung des Trainerwechsels im Laufe der Spielsaison von Fußballmannschaften der Bundesliga. Leistungssport, 5, 313–319.

Gabler, H. (1976a). Zur Entwicklung von Persönlichkeitsmerkmalen bei Hochleistungssportlern. Eine empirische Längsschnittuntersuchung im Schwimmsport. Tübingen: Walter Betz.

Gabler, H. (1976b). Aggressive Handlungen im Sport. Schorndorf: Hofmann.

Gabler, H. (1976c). Sportpsychologie. In F. Dorsch (Hrsg.), Psychologisches Wörterbuch (pp. 568–569). Bern, Stuttgart, Wien: Huber.

Gabler, H., Eberspächer, H., Hahn, E., Kern, J. & Schilling, G. (Hrsg.). (1979). Praxis der Psychologie im Leistungssport. Berlin, München, Frankfurt/M.: Bartels & Wernitz.

Gabler, H., Nitsch, J. R. & Singer, R. (1986). Einführung in die Sportpsychologie. Schorndorf: Hofmann.

Gagné, R. M. (1970). Die Bedingungen des menschlichen Lernens, 2. Aufl. Hannover: Schroedel.

Gall, H. (1978). Zur Evaluation im Sport. Ahrensburg: Czwalina.

Gehlen, A. (1980). Anthropologische Forschung, 14. Aufl. Reinbek: Rowohlt.

Genter, D. R., Grudin, J. & Conway, E. (1980). Finger movements in transcription typing. (Tech. Rep. 8001) University of California at San Diego, Center for Human Information Processing.

Gibson, J. J. (1973). Die Sinne und der Prozeß der Wahrnehmung. Bern, Stuttgart, Wien: Huber.

Gibson, J. J. (1977). The theory of affordances. In R. Shaw & J. Bransford (Eds.), Perceiving, acting and knowing: Toward an ecological psychology (67–82). Hillsdale, NJ: Earlbaum.

Gibson, J. J. (1979). The ecological approach to visual perception. Boston: Houghton Mifflin.

Gibson, J. J. (1982). Wahrnehmung und Umwelt: der ökologische Ansatz in der visuellen Wahrnehmung. München, Wien, Baltimore: Urban & Schwarzenberg.

Gissen, L. (1973). Psychologie und Psychohygiene im Sport. Theorie und Praxis der Körperkultur, 22, Beiheft 2.

Glasersfeld, E. von (1987). Wissen, Sprache und Wirklichkeit: Arbeiten zum radikalen Konstruktivismus. Braunschweig: Vieweg.

Glencross, D. J. (1980). Levels and strategies of response organization. In G. E. Stelmach & J. Requin (Eds), Tutorials in motor behavior (551–566). Amsterdam: North-Holland.

Graumann, C. F. (1966). Grundzüge der Verhaltensbeobachtung. In E. Meyer (Hrsg.), Fernsehen in der Lehrerbildung (pp. 86–107). München: Manz.

Griffith, C. R. (1926). Psychology of coaching. New York: Scribner's.

Griffith, C. R. (1928). Psychology and athletics: a general survey for athletes and coaches. New York: Scribner's.

Groeben, N. (1986). Handeln, Tun, Verhalten als Einheiten einer verstehend-erklärenden Psychologie. Tübingen: A. Francke.

Groeben, N. & Westmeyer, H. (1975). Kriterien psychologischer Forschung. München: Juventa.

Groeben, N. & Scheele, B. (1977). Argumente für eine Psychologie des reflexiven Subjekts. Darmstadt: Steinkopff.

Grössing, S. (1977). Einführung in die Sportdidaktik. Bad Homburg: Limpert.

Grupe, O. (Hrsg.). (1980). Sport: Theorie in der gymnasialen Oberstufe; Arbeitsmaterialien für den Sportunterricht, Bd. 1. Schorndorf: Hofmann.

Grupe, O., Gabler, H. & Göhner, U. (Hrsg.). (1982). Spiel – Spiele – Spielen: Bericht über den 5. sportwissenschaftlichen Hochschultag der Deutschen Vereinigung für Sportwissenschaft in Tübingen (1982). Schorndorf: Hofmann.

Grusky, O. (1963). The effects of formal structure on managerial recruitement: a study of baseball organisation. Sociometry, 26, 345–353.

Guthrie, E. R. (1935). The psychologie of learning. New York: Peter Smith.

Haag, H. & Dassel, H. (1975). Fitness-Tests. Schorndorf: Hofmann.

Haase, H. (1982). Einführung in die Forschungsmethoden der Sportpsychologie. In R. Ballreich, W. Baumann, H. Haase, H. V. Ulmer & U. Wasmund-Bodenstedt. (Hrsg.), Trainingswissenschaft 1 (pp. 135–244). Bad Homburg: Limpert.

Habermas, J. (1977). Stichworte zu einer Theorie der Sozialisation. In J. Habermas, Kultur und Kritik, 2. Aufl. (pp. 118–194). 1. Aufl. 1973). Frankfurt/M.: Suhrkamp.

Hacker, W. (1973). Allgemeine Arbeits- und Ingenieurpsychologie. Berlin (OST): Deutscher Verlag der Wissenschaften.

Hacker, W. (1978). Allgemeine Arbeits- und Ingenieurpsychologie. Berlin: VEB Deutscher Verlag der Wissenschaften.

Hackfort, D. (1982). Methodische Ansätze und Probleme in der Angstforschung. In J. P. Jannsen & E. Hahn (Hrsg.). Aktivierung, Motivation, Handlung und Coaching im Sport. Schorndorf: Hofmann.

Hackfort, H. (1986). Theorie und Analyse sportbezogener Ängstlichkeit – ein situationsanalytischer Ansatz. Schorndorf: Hofmann.

Hackfort, D. & Schwenkmezger, P. (1981). Angst und Angstkontrolle im Sport. Sportrelevante Ansätze und Ergebnisse theoretischer und empirischer Angstforschung. Köln: bps.

Hahmann, H. & Zimmer, R. (1980). Bewegungserziehung. Bonn: Dümmlers.

Hahn, E. (1976). Die menschliche Bewegung: Bericht des wissenschaftlichen Kongresses der 6. Gymnaestrada Berlin vom 29. Juni bis 1. Juli 1975. Schorndorf: Hofmann.

Hahn, E. (1977). Talent. In P. Röthig (Red.), Sportwissenschaftliches Lexikon, 4. Aufl. p. 313). Schorndorf: Hofmann.

Hahn, E. (1982). Kindertraining. München, Wien, Zürich: BLV.

Hahn, E. (1984). Sensumotorisches Lernen und Sportspielforschung: Festschrift zum 65. Geburtstag von Prof. Dr. Kurt Kohl. Köln: bps.

Hahn, E., Kalb, G. & Pfeiffer, L. (1978). Kind und Bewegung. Bundesinstitut für Sportwissenschaft 19. Schorndorf: Hofmann.

Hahn, E., Pilz, G. A. & Stollenwerk, H. J. (1988). Fanverhalten, Massenmedien und Gewalt im Sport. Schorndorf: Hofmann.

Halder, P. (1973). Verhaltenstherapie. Stuttgart, Berlin, Köln, Mainz: Kohlhammer.

Hammerich, K. (1971). Bemerkungen zu Thesen über eine Sozialisationsfunktion von Spiel und Sport. In R. Albonico und K. Pfister-Binz (Hrsg.), Soziologie des Sports (pp. 127–136). Basel: Birkhäuser.

Hanke, U. (1980). Training des Lehrverhaltens von Sportstudenten. Unveröff. Diss. Universität Heidelberg.

Hanke, U. (1989). Analyse und Modifikation des Sportlehrer- und Trainerhandelns. Ein Integrationsentwurf. Habilitationsschrift Unversität Heidelberg.

Hanke, U. (1991). Analyse und Modifikation des Sportlehrer- und Trainerhandelns. Göttingen: Hogrefe.

Harre, D. (Red.). (1971). Trainingslehre, Berlin: Sportverlag.

Hartley, E. L. & Hartley, R. I. (1952). Fundamentals of social psychology. New York: Knopf.

Havighurst, R. J. (1956). Research on the Developmental-Task Concept. The School Review, 64, 215–223.

Hebb, D. O. (1949). The organization of behavior. New York: Wiley.

Hecker, G. (1974). Aufgabenkanon für 100 Sportstunden im 1. und 2. Schuljahr. Schorndorf: Hofmann.

Hecker, G. (1976). Der Mensch im Sport: Festschrift zum 70. Geburstag von Prof. Liselott Diem, Hum. D. Schorndorf: Hofmann.

Heckhausen, H. (1964). Entwurf einer Psychologie des Spielens. Psychologische Forschung, 27 (3), 225–243.

Heckhausen, H. (1974a). Entwicklung, psychologisch betrachtet. In F. E. Weinert, C. F. Graumann, H. Heckhausen, M. Hofer (Hrsg.), Pädagogische Psychologie, 2 Bde. (pp. 67 99). Frankfurt/M.: Fischer.

Heckhausen, H. (1974b). Motive und ihre Entstehung. In F. E. Weinert, C. F. Graumann, H. Heckhausen, M. Hofer et al. (Hrsg.), Pädagogische Psychologie, 2 Bde. (pp. 133–171). Frankfurt/M.: Fischer.

Heckhausen, H. (1974c). Faktoren des Entwicklungsprozesses. In F. E. Weinert, C. F. Graumann, H. Heckhausen, M. Hofer et al. (Hrsg.), Pädagogische Psychologie, 2 Bde. (pp. 101–132). Frankfurt/M.: Fischer.

Heckhausen, H. (1977). Kognitionspsychologische Aufspaltung eines summarischen Konstrukts. Psychologische Rundschau, 28, 175–189.

Heckhausen, H. (1978). Entwurf einer Psychologie des Spielens. In A. Flitner (Hrsg.), Das Kinderspiel, 4. Aufl. (pp. 138–155). München: Piper.

Heckhausen, H. (1979). Sportpsychologie: auf der Suche nach Identität in einem magischen Dreieck verschiedener Fachöffentlichkeiten. In J. R. Nitsch (Hrsg.), Bericht über die 10-Jahres-Tagung der Arbeitsgemeinschaft für Sportpsychologie in Köln 1979 (pp. 43–61). Köln: bps.

Heckhausen, H. (Hrsg.). (1980). Fähigkeit und Motivation in erwartungsvoller Schulleistung. Göttingen: Hogrefe.

Heckhausen, H. (1981). Ein kognitives Motivationsmodell und die Verankerung von Motivkonstrukten. In Lenk, H. (Hrsg.). Handlungstheorien interdisziplinär III. München: Wilhelm Fink. 283–355.

Heckhausen, H. (1989). Motivation und Handeln. Lehrbuch der Motivationspsychologie. Berlin, Heidelberg, New York: Springer.

Heckhausen, H. & Rheinberg, F. (1980). Lernmotivation im Unterricht, erneut betrachtet. Unterrichtswissenschaft 8, 7–47.

Heinemann, K. (1974). Sozialisation im Sport. Sportwissenschaft, 4 (1), 49–71.

Heinemann, K. (1980). Einführung in die Soziologie des Sports. Schorndorf: Hofmann.

Heller, K. & Rosemann, B. (1974). Planung und Auswertung empirischer Untersuchungen. Eine Einführung für Pädagogen, Psychologen und Soziologen. Stuttgart: Klett.

Henze, P. W. (Red.). (1971). Motivation im Sport. Schorndorf: Hofmann.

Henze, P. W. (Red.). (1974). Sozialisation im Sport. Schorndorf: Hofmann.

Hermann, H.-D., Eberspächer, H. (1993, in Druck). Psychische Rehabilitation nach Sportverletzungen. In J. R. Nitsch & R. Seiler (Hrsg.), Bericht über den 8. Europäischen Kongreß für Sportpsychologie.

Herrmann, T. (1979). Psychologie als Problem. Stuttgart: Klett-Cotta.

Hetzer, H. (1948). Kind und Jugendlicher in der Entwicklung. Wolfenbüttel, Hannover: Wolfenbütteler Verlags-Anstalt.

Heuer, H. (1983). Bewegungslernen, Stuttgart: Kohlhammer.

Heuer, H. (1985). Wie wirkt mentale Übung? Psychologische Rundschau, Band XXXVI, Heft 3, 191–200.

Heuer, H. (1990). Psychomotorik. In H. Spada (Hrsg.), Lehrbuch allgemeine Psychologie (495–559). Bern: Huber.

Hildenbrandt, G. (1977). Trainingslehre. In O. Grupe (Hrsg.), Einführung in die Theorie der Leibeserziehung, 4. Aufl. (pp. 299–323). Schorndorf: Hofmann.

Hölter, G. (Hrsg.). (1988). Bewegung und Therapie – interdisziplinär betrachtet. Dortmund: modernes lernen.

Hofer, M. (1969). Die Schülerpersönlichkeit im Urteil des Lehrers. Weinheim: Beltz.

Holzkamp, K. (1981). Theorie und Experiment in der Psychologie. Eine grundlagenkritische Untersuchung, 2. Aufl. Berlin: De Gruyter.

Hoffmann, J. (1990). Über die Integration von Wissen in die Verhaltenssteuerung. Schweizerische Zeitschrift für Psychologie, 49, 250–265.

Hofstätter, P. R. (1971). Gruppendynamik. Kritik der Massenpsychologie. Reinbek: Rowohlt.

Holland, J. G. & Skinner, B. F. (1974). Analyse des Verhaltens, 2. Aufl. München: Urban & Schwarzenberg.

Hollmann, W. & Hettinger, T. (1976). Sportmedizin – Arbeits- und Trainingsgrundlagen. Stuttgart: Schattauer.

Huber, G. (1990). Sport und Depression – Ein bewegungstherapeutisches Modell. Frankfurt a. M.: Harri Deutsch.

Hull, C. L. (1943). Principles of behavior. New York: Appleton-Century-Crofts.

Hurlock, E. B. (1972). Die Entwicklung des Kindes, 3. Aufl. Weinheim: Beltz.

Ingenkamp, K.-H. (Hrsg.). (1972). Die Fragwürdigkeit der Zensurengebung. 2. Aufl. Weinheim: Beltz.

Jacobson, E. (1934). You must relax. New York: McGraw-Hill.

Jahoda, M., Deutsch, M. & Cook, S. W. (1972). Beobachtungsverfahren. In R. König (Hrsg.), Beobachtung und Experiment in der Sozialforschung, 8. Aufl. (pp. 77–96). Köln: Kiepenheuer & Witsch.

Janis, I. L. (1972). Victims of groupthink. Boston.

Jütting, D. H. (1976). Freizeit und Erwachsenensport: ein Beitrag zur erziehungswissenschaftlichen Freizeitforschung. München, Basel: E. Reinhardt.

Judd, C. H. (1908). The relation of special training to general intelligence. Educational Review 36, 28–42.

Kähler, R. (1985). Moralerziehung im Sportunterricht: Untersuchung zur Regelpraxis und zum Regelbewußtsein. Frankfurt/M.: Thun.

Kaminski, G. (1972). Bewegung – von außen und von innen gesehen. Sportwissenschaft, 2 (1), 51–63.

Kaminski, G. (1973). Bewegungshandlungen als Bewältigung von Mehrfachaufgaben. Sportwissenschaft, 3 (3), 233–150.

Kaminski, G. & Ruoff, B. A. (1979). Kinder im Hochleistungssport. In H. Gabler, H. Eberspächer, E. Hahn, J. Kern & G. Schilling. (Hrsg.), Praxis der Psychologie im Leistungssport (pp. 200–224). Berlin, München, Frankfurt/M.: Bartels & Wernitz.

Kaminski, G., Mayer, R. & Ruoff, B. A. (1984). Kinder und Jugendliche im Hochleistungssport – eine Längsschnittuntersuchung zur Frage eventueller Auswirkungen. Schorndorf: Hofmann.

Kanfer, F. H. & Goldstein, A. P. (Hrsg.). (1977). Möglichkeiten der Verhaltensänderung. München, Wien, Baltimore: Urban & Schwarzenberg.

Kanfer, F. H. & Goldstein, A. P. (Hrsg.). (1977). Einführung. In F. H. Kanfer & A. P. Goldstein (Hrsg.). Möglichkeiten der Verhaltensänderung. München, Wien, Baltimore: Urban & Schwarzenberg.

Kapustin, P. (Red.). 1980. Senioren und Sport. Bad Homburg: Limpert.

Keele, S. W. (1968). Movement control in skilled motor performance. Psychological Bulletin, 70, 387–403.

Keele, S. W. & Summers, J. G. (1976). Structure of motor programs. In G. E. Stelmach (Ed.), Motor Control: Issues and trends (109–142). New York: Academic Press.

Kelley, H. H. & Thibaut, J. W. (1968). Group problem solving. In G. Lindzey & E. Aronson (Hrsg.), The Handbook of Social Psychology, 5 Bde., 2. Aufl. (pp. 1–101). Reading, Mass.: Addison-Wesley.

Kelso, J. A. S., Tuller, B., Vatikiotis-Bateson, E. & Fowler, C. A. (1984). Functionally specific articulatory cooperation following jaw perturbation during speech: Evidence for coordinative structures. Journal of Experimental Psychology: Human Perception and Performance, 10, 812–832.

Kemmler, R. (1973). Psycholog. Wettkampftraining. München, Bern, Wien: BLV.

Kemper, F. H. & Prenner, K. (1974). Talentförderung und Elternverhalten als Sozialisationsfaktor – Formen außergewöhnlichen Engagements bei Eltern kindlicher Hochleistungssportler. In P. W. Henze (Red.), Sozialisation im Sport (pp. 323–327). Schorndorf: Hofmann.

Kenyon, G. S. (1968). Six scales for assessing attitude towards physical activity. Research Quarterly, 39 (3), 566–574.

Kiphard, E. J. (1970). Leibesübung als Therapie: bewegungspädagogische und heilpädagogische Grundlagen. Gütersloh: Flöttmann.

Kiphard, E. J. (1983a). Mototherapie – Teil I. Dortmund: modernes lernen.

Kiphard, E. J. (1983b). Mototherapie – Teil II. Dortmund: modernes lernen.

Klein, G. D. (1983). Sport und Geschlecht. Reinbek: Rowohlt.

Klein, M. & Christiansen, G. (1966). Gruppenkomposition, Gruppenstruktur und Effektivität von Basketballmannschaften. In G. Lüschen (Hrsg.), Kleingruppenforschung und Gruppe im Sport. Kölner Zeitschrift für Soziologie und Sozialpsychologie, Sonderheft 10 (180–191). Köln, Opladen: Westdeutscher Verlag.

Klein, G. D. & Späte, D. (1981). Täuschungshandlungen im Sportspiel. Leistungssport 11 (6), 450–457.

Kleine, W. (1980). Leistungsmotiv-Schulung im Grundschulsport. Schorndorf: Hofmann.

Kleine, W. (1982). Zur Entwicklung eines Meßverfahrens für das Leistungs-, Macht- und Anschlußmotiv – Das Motiv-Gitter. Sankt Augustin: Richartz.

Klemm, O. (1938). Zwölf Leitsätze zu einer Psychologie der Leibesübungen. Neue Psychologische Studien 9 (4), 387–398.

Knobloch, J. (1979). Überlegungen zur Entwicklung einer durch Sport vermittelten Psychotherapie. In J. R. Nitsch. (Hrsg.), Bericht über die 10-Jahres-Tagung der Arbeitsgemeinschaft für Sportpsychologie. 146–162. Köln: bps.

Köhler, W. (1917). Intelligenzprüfungen an Anthropoiden. Berlin: Königlich-Preußische Akademie der Wissenschaften.

Köhler, W. (1933). Psychologische Probleme. Berlin: Springer.

Köhler, W. (1947). Gestalt Psychology: An introduction to new concepts in modern psychology. New York: Lieveright Publ. Corp.

König, R. (Hrsg.). (1973). Handbuch empirischer Sozialforschung, 3. Aufl., Bd. 2: Grundlegende Methoden und Techniken. Erster Teil. Stuttgart: Enke.

Körndle, H. (1989). Psychologische Aspekte des Techniktrainings – dargestellt am Beispiel des Ruderns. Sportpsychologie, 6, 20–24.

Körndle, H. (1983). Motorisches Lernen als kognitiver Prozeß: Die Beziehungen der internen Repräsentation zur Ausführung von Bewegungen. In H. Rieder, K. Bös, H. Mechling & K. Reischle. (Hrsg.), Motorik- und Bewegungsforschung (pp. 178–182). Schorndorf: Hofmann.

Körndle, H. & Rak, A. (1991). Die Wirkung des Verbalisierens auf das Erlernen gelenkschonender Bewegungen von Rheumapatienten. In U. Ungerer-Röhrich. (Hrsg.). Sport und Bewegung in Therapie und Rehabilitation (p. 55–58). Darmstadt: Schriftenreihe des Instituts für Sportwissenschaft der TH Darmstadt.

Körndle, H., Narciss, S. & Weitzer, K. (1993). Der Einfluß kognitiver Aufgaben auf das Erlernen von Bewegungen. Zur Veröffentlichung eingereicht.

Koffka, K. (1935). Principles of Gestalt Psychology. New York: Harcourt, Brace & World, Inc.

Koffka, K. (1962). Principles of Gestalt Psychology, 5. Aufl. London: Routledge & Kegan Paul Ltd.

Kohl, K. (1956). Zum Problem der Sensumotorik. Frankfurt/M.: Kramer.

Kohl, K. (1979). Psychologische Erkenntnis und Sportpraxis. Ahrensburg: Czwalina.

Konzag, G. (1972). Aufmerksamkeit und Sport. Theorie und Praxis der Körperkultur, 21 (11), 997–1005.

Konzag, I. & Konzag, G. (1980). Anforderungen an die kognitiven Funktionen in der psychischen Regulation sportlicher Spielhandlungen. Theorie und Praxis der Körperkultur, 1, 20–31.

Kosel, H. (1981). Behindertensport. München: Pflaum.

Krappmann, L. (1971). Soziologische Dimensionen der Identität. Stuttgart: Klett.

Krappmann, L. (1974). Neuere Rollenkonzepte als Erklärungsmöglichkeit für Sozialisationsprozesse. In b:e Redaktion (Hrsg.), Familienerziehung, Sozialschicht und Schulerfolg, 4. Aufl. Weinheim, Basel: Beltz.

Krappmann, L. (1978). Entwicklung und soziales Lernen im Spiel. In A. Flitner (Hrsg.), Das Kinderspiel, 4. Aufl. (pp. 168–184). München: Piper.

Kratzer, H. (1991). Psychische Belastung und Belastbarkeit im Sport. In P. Kunath & H. Schellenberger. (Hrsg.), Tätigkeitsorientierte Sportpsychologie (pp. 235–264). Frankfurt a. M.: Harri Deutsch.

Kratzer, H. (1991). Psychische Belastung und Belastungswirkungen im Sport. In H. Kratzer & R. Mathesius (Hrsg.), Beiträge zur psychischen Regulation sportlicher Handlungen. Köln: bps.

Kratzer, H. & Mathesius, R. (Hrsg.). (1991). Beiträge zur psychischen Regulation sportlicher Handlungen. Köln: bps.

Kraus, U. (1976). Zur Analyse sozialpsychologischer Beziehungen in Sportgruppen. Leistungssport, 6, 428–432.

Kröner, S. (1976). Sport und Geschlecht. Ahrensburg: Czwalina.

Krueger, F. & O. Klemm (Hrsg.). (1933). Motorik. Neue Psychologische Studien. Sonderband 9, Heft 1–4.

Kruber, D. (1976). Sport. Standardwerk des Lehrers, 2. Aufl. Bochum: Kamp.

Kultusministerium des Landes Baden-Württemberg. (1971). Kultus und Unterricht. Amtsblatt des Kultusministeriums Baden-Württemberg, 20, Sondernummer 5.

Kultusministerium des Landes Nordrhein-Westfalen. (1990). Ein Versuch hat sich gelohnt – das Teilzeitinternat für Leichtathletik – Modellversuch zur Talentsuche und Talentförderung in Bochum-Wattenscheid. Frechen: Verlagsgesellschaft Ritterbach.

Kunath, P. (Gesamtleitung). (1972). Beiträge zur Sportpsychologie 1. Berlin: Sportverlag.

Kunath, P. (Gesamtleitung). (1974). Beiträge zur Sportpsychologie 2. Berlin: Sportverlag.

Kunath, P. (1987). Die Vermittlungsfunktion des Psychischen in der biopsychosozialen Einheit des Menschen. Theorie und Praxis der Körperkultur, 36 (2), 89–92.

Kunath, P. & Schellenberger, H. (Hrsg.). (1991). Tätigkeitsorientierte Sportpsychologie: eine Einführung für Sportstudenten und Praktiker. Frankfurt/M.: Harri Deutsch.

Landau, G. Sozialisationsmechanismen im Sportunterricht. In P. W. Henze (Red.), Sozialisation im Sport (pp. 161–169). Schorndorf: Hofmann.

Lange, A. (1990). Die Sozialstruktur der bundesdeutschen Olympiamannschaft 1988 in Seoul. Leistungssport 20, 5, 21–24.

La Pierre, R. T. (1934). Attitudes versus actions. Social Forces, 13, 230–237.

Lashley, K. S. (1930). Basic neural mechanisms in behavior. Psychological Review, 37, 1–24.

Lashley, K. S. (1938). Factors limiting recovery after central nervous lesions. Journal of Nervous and Mental Disease, 88, 733–755.

Laucken, U. (1974). Naive Verhaltenstheorie. Stuttgart: Klett.

Laucken, U. & Schick, A. (1978). Einführung in das Studium der Psychologie, 4. Aufl. Stuttgart: Klett-Cotta.

Lawther, J. D. (1972). Sport Psychology. Englewood Cliffs, N. J.: Prentice-Hall Inc.

Lazarus, R. S. (1966). Psychological Stress and the coping process. New York: McGraw Hill.

Lazarus, R. S. & Averill, J. R. (1972). Emotion and Cognition: with special Reference to Anxiety. In C. D. Spielberger (Ed.), Anxiety. Current Trends in Theory and Research, vol. 2 (pp. 241–283). New York, London: Academic Press.

Lazarus, R. S. & Launier, R. (1981). Streßbezogene Transaktionen zwischen Person und Umwelt. In J. R. Nitsch (Hrsg.), Streß – Theorien, Untersuchungen, Maßnahmen (pp. 213–159). Bern, Stuttgart, Wien: Huber.

Lefrançois, G. R. (1976). Psychologie des Lernen. Berlin, Heidelberg, New York: Springer.

Legewie, H. & Nusselt, T. (Hrsg.). (1975). Biofeedback-Therapie. Lernmethoden in der Psychosomatik, Neurologie und Rehabilitation. München, Berlin, Wien: BLV.

Lehr, U. (1972). Das Problem der Sozialisation geschlechtsspezifischer Verhaltensweisen. In C. F. Graumann (Hrsg.), Handbuch der Psychologie, Bd. 7, Sozialpsychologie (pp. 886–954). Göttingen, Toronto, Zürich: Hogrefe.

Leist, K.-H. (1982). Motorisches Lernen im Sport. In A. Thomas (Hrsg.). (1982). Sportpsychologie. Ein Handbuch in Schlüsselbegriffen. 71–90. München, Wien, Baltimore: Urban & Schwarzenberg.

Lenk, H. (1970). Leistungsmotivation und Mannschaftsdynamik. Schorndorf: Hofmann.

Letzelter, M. (1978). Trainingsgrundlagen. Reinbek: Rowohlt.

Lewin, K. (1917). Kriegslandschaft. Zeitschrift für angewandte Psychologie, 12, 440–447.

Lewin, K. (1926). Untersuchungen zur Handlungs- und Affektpsychologie. Vorbemerkungen über die psychischen Kräfte und Energien und über die Struktur der Seele. Psychol. Forschung, 7, 294–329.

Lewin, K., Lippitt, R. & White, R. K. (1939). Patterns of aggressive behavior in experimentally created ‹social climates›. Journal of social Psychology, 10, 271–299.

Lienert, G. A. (1969). Testaufbau und Testanalyse. Weinheim: Beltz.

Lindemann, H. (1958). Als Arzt allein im Serienfaltboot über den Atlantik. Münchner Medizinische Wochenschrift, 100 (2), 70–73.

Lindemann, H. (1975). Überleben im Streß. Autogenes Training, 2. Aufl. München: Mosaik.

Lindzey, G. A. & Aronson, E. (Eds.) (1968). The Handbook of Social Psychology, 5 Bde. Reading, Mass.: Addison-Wesley.

Lindzey, G. A. & Byrne, D. (1968). Measurement of social choice and interpersonal attractiveness. In G. A. Lindzey & E. Aronson (Eds.), The Handbook of Social Psychology, 5 Bde. (pp. 452–525). Reading, Mass.: Addison-Wesley.

Loy, J. W. & Sage, J. N. (1970). The effects of formal structure on organisational leadership: an investigation of interscholastic baseball teams. In G. S. Kenyon & T. M. Grogg (Eds.), Contemporary psychology of sport (pp. 363–373). Chicago: The Athletic Institute.

Loy, J. W.; McPherson, B. D. & Kenyon, G. S. (1978). Sport and social systems. A Guide to the Analysis, Problems, and Literature. London: Addison-Wesley.

Ludwig, K. (1975). Aufgaben und Bedeutung der Sportpsychologie. In W. Doll (Gesamtleitung), Sportpsychologie – Lehrmaterial für Trainer, Übungsleiter, Sportfunktionäre, Sportlehrer und Sportärzte. Leipzig: Deutsche Hochschule für Körperkultur.

Lüschen, G. (Hrsg.). (1966). Kleingruppenforschung und Gruppe im Sport. Kölner Zeitschrift für Soziologie und Sozialpsychologie, Sonderheft 10. Köln, Opladen: Westdeutscher Verlag.

Mabley, J. (1963). Mabley's Report. Chicago American, 22 (3), 62.

Mahoney, M. & Avener, M. (1977). Psychology of the Elite Athlete: An Exploratory Study. Cognitive Therapy and Research, 1 (2), 135–141.

Markus, R. & Peterson, J. A. (1976). Group cohesiveness as a determinant of success and member satisfaction in team performance. In C. A. Fisher (Hrsg.), Psychology of Sport (pp. 44–59). Palo Alto: Mayfield.

Marquardt, U. & Volkamer, M. (1972). Untersuchung zur Effektivität verschiedener Hochsprungtechniken. In M. Volkamer, Experimente in der Sportpsychologie, Bd. 59 (pp. 113–115). Schorndorf: Hofmann.

Martens, R. (1975). The Paradigmatic Crisis in American Sport Personology. Sportwissenschaft, 5 (1), 9–24.

Martin, D. (1977). Grundlagen der Trainingslehre, Teil I: Die inhaltliche Struktur des Trainingsprozesses. Schorndorf: Hofmann.

Martin, D. (1980). Grundlagen der Trainingslehre, Teil II: Die Planung, Gestaltung, Steuerung des Trainings und das Kinder- und Jugendtraining. Schorndorf: Hofmann.

Maritn, D. (1988). Training im Kindes- und Jugendalter. Schorndorf: Hofmann.

Martin, D., Carl, K., Lehnertz, K. (Hrsg.). (1991). Handbuch Trainingslehre. Schorndorf: Hofmann.

Mateef, D. (1966). Bekämpfung der Alterserscheinungen. Wege und Perspektiven. In H. Ries (Hrsg.), Sport und Körperkultur des älteren Menschen (pp. 97–110). Leipzig: Johann Ambrosius Barth.

Mathesius, R. (1972). Methoden zur Erfassung aktuell erlebter Zustände. In: P. Kunath (Gesamtleitung), Beiträge zur Sportpsychologie I (pp. 99–131). Berlin: Sportverlag.

Mathesius, R., Müller, S. & Schellenberger, B. (1974). Leistungserwartung und Leistungserleben. In P. Kunath (Gesamtleitung), Beiträge zur Sportpsychologie 2 (pp. 66–152). Berlin: Sportverlag.

Maxeiner, J. (1989). Wahrnehmung, Gedächtnis und Aufmerksamkeit im Sport. Schorndorf: Hofmann.

Maxeiner, J. & Pitsch, W. (1992). Selektivität und Elaboriertheit informationsverarbeitender Netzwerke: Studien zur Wahrnehmung und Handlung im Sport. (In Druck).

McDavid, J. W. & Harari, H. (1969). Social Psychology. London, New York: Harper & Row.

McMillan, D. L. (1975) Verhaltensmodifikation. München: Kösel.

Meinel, K. & Schnabel, G. (Gesamtleitung). (1976). Bewegungslehre. Berlin: Volk und Wissen.

Meinel, K. (1966). Bewegungslehre. 3. Aufl. Berlin: Volk und Wissen.

Messing, M. & Voigt, D. (1980). Bedingungen außerschulischen Sportengagements. In: M. Quell (Hrsg.), Sport, Soziologie und Erziehung (pp. 83–95). Berlin, München, Frankfurt/M.: Bartels & Wernitz.

Metzger, W. (1963). Psychologie. Darmstadt: Steinkopff.

Metzger, W. (1975). Gesetze des Sehens, 3. Aufl. Frankfurt/M.: Kramer.

Meusel, H. (1980): Dokumentationsstudie Sport im Alter. Schorndorf: Hofmann.

Meyer, W.-U. (1973). Leistungsmotiv und Ursachenerklärung von Erfolg und Mißerfolg. Stuttgart: Klett.

Miller, G. A., Galanter, E. & Pribram, K. H. (1960). Plans and structure of behavior. New York: Holt, Rinehart & Winston.

Miller, G. A., Galanter, E. & Pribram, K. H. (1973). Strategien des Handelns, Pläne und Strukturen des Verhaltens. Stuttgart: Klett.

Mills, T. M. (1971). Soziologie der Gruppe, 3. Aufl. München: Juventa.

Müller-Stephan, M. & Messing, M. (1974). Sportlehrer und Sportunterricht im Wunschbild von Schülern – Ergebnisse einer Untersuchung. In P. W. Henze (Red.), Sozialisation im Sport (pp. 340–342). Schorndorf: Hofmann.

Mueller, E. F. & Thomas, A. (1974). Einführung in die Sozialpsychologie. Göttingen, Toronto, Zürich: Hogrefe.

Mumford, B. & Hall, C. (1985). The effects of internal and external imagery on performing figures in figure skating. Canadian Journal of Applied Sport Sciences, 10, 171–177.

Mummendey, A., Bornewasser, M., Löpscher, G. & Linneweber, V. (1982). Aggressiv sind immer die anderen. Plädoyer für eine sozialpsychologische Perspektive in der Aggressionsforschung. Zeitschrift für Sozialpsychologie, 13, 177–193.

Munhall, K. G. & Kelso, J. A. S. (1985). Phase dependent sensivity to perturbation reveals the nature of speech coordinative structures. Journal of the Accoustical Society of America, 78 (Suppl. 1), S. 38.

Mussen, P. H., Conger, J. J. & Kagan, J. (Hrsg.). (1976). Lehrbuch der Kinderpsychologie. Stuttgart: Klett.

Narciss, S. (1992). Quasi-experimentelle Untersuchungen zur Wirkung des Mentalen Trainings. Abschlußbericht für das Bundesinstitut für Sportwissenschaft. Universität Heidelberg, Institut für Sport und Sportwissenschaft.

Narciss, S. (1993). Empirische Untersuchungen zur kognitiven Repräsentation bewegungsstruktureller Merkmale. Unveröffentl. Dissertation, Universität Heidelberg.

Nehnevasja, J. (1973). Soziometrie. In R. König (Hrsg.), Handbuch empirischer Sozialforschung, 3. Aufl., Bd. 2/1 (pp. 260–299). München: dtv.

Neidhardt, F. (1979). Das innere System sozialer Gruppen. Kölner Zeitschrift für Soziologie und Sozialpsychologie 31 (1979), 4, 639–660.

Neidhardt, F. (unter Mitarbeit von K. Cachay). (1978). Zeitknappheit, Umweltspannungen und Anpassungsstrategien im Hochleistungssport. Sportwissenschaft 8 (1978), 333–349.

Neisser, U. (1979). Kognition und Wirklichkeit. Stuttgart: Klett-Cotta.

Neuberger, O. (1985). Führung. Stuttgart: Ferdinand Enke.

Neumaier, A. (1988). Bewegungsbeobachtung und Bewegungsbeurteilung im Sport, St. Augustin: Richarz.

Neumaier, A. (1991). Bedeutung, Funktionen und Schulung der visuellen Wahrnehmung im Techniktraining. In R. Daugs, H. Mechling, K. Blischke & N. Olivier. (Hrsg.), Sportmotorisches Lernen und Techniktraining. Band 2, Schorndorf: Hofmann, 57–60.

Neumann, O. (1956). Sport und Persönlichkeit. München: Barth.

Neumann, O. (1964). Die leibseelische Entwicklung im Jugendalter. München: Barth.

Neumann, O. (1973). Der Beitrag der Leibeserziehung zum Aufbau der Person. In H. Plessner, H. E. Bock & O. Grupe (Hrsg.), Sport und Leibeserziehung, 3. Aufl. (pp. 202–216). München: Piper.

Nideffer, R. (1976). The inner athlete: Mind plus muscle for winning. New York: Crowell.

Nideffer, R. (1981). The Ethics and Practice of Applied Sport Psychology. Ann Arbor, Michigan: Mc Naughton & Gunn.

Nideffer, R. (1989). Mental-Training: der Weg zum Erfolg. Rüschlikon-Zürich: A. Müller.

Nitsch, J. R. (1980). Sportpsychologie. In R. Asanger & G. Wenninger (Hrsg.), Handwörterbuch der Psychologie (pp. 468–473). Weinheim, Basel: Beltz.

Nitsch, J. R. (1982). Handlungspsychologische Ansätze im Sport. In A. Thomas, Sportpsychologie. Ein Handbuch in Schlüsselbegriffen. 26–41. München, Wien, Baltimore: Urban & Schwarzenberg.

Nitsch, J. R. & Udris, I. (1975). Beanspruchung im Sport. Bad Homburg: Limpert.

Nitsch, J. R. (1978). Sportpsychologie und Praxis – Eine Standortbestimmung. In A. H. Trebels, G. A. Pilz & G. Anders (Red.), Sportwissenschaft auf dem Weg zur Praxis (pp. 23–43). Schorndorf: Hofmann.

Nitsch, S. & Nitsch, J. R. (1979). Psychotherapie und Sport. In G. Bäumler, E. Hahn & J. R. Nitsch (Red.), Aktuelle Probleme der Sportpsychologie (pp. 218–229). Schorndorf: Hofmann.

Nitsch, J. R. & Hackfort, D. (1979). Naive Techniken der Psychoregulation im Sport. In H. Gabler, H. Eberspächer, E. Hahn, J. Kern & G. Schilling, Praxis der Psychologie im Leistungssport (pp. 299–311). Berlin, München, Frankfurt.

Nixon, H. L. (1976). Team orientations, interpersonal relations and team success. Research Quarterly, 47, 429–435.

Norman, D. A. (1981). Categorization of action slips. Psychological Review, 88, 1–15.

Oerter, R. (1973). Moderne Entwicklungspsychologie, 13. Aufl. Donauwörth: Auer.

Oerter, R. (1977). Entwicklung und Sozialisation. Donauwörth: Auer.

Oerter, R. (Hrsg.). (1978). Entwicklung als lebenslanger Prozeß. Hamburg: Hoffmann und Campe.

Oerter, R. (1979). Lernerfahrungen im Jugendalter. In Unterrichtswissenschaft, 7, 97–100.

Olbrich, E. & Todt, E. (Hrsg.). (1984). Probleme des Jugendalters. Neuere Sichtweisen. Berlin: Springer.

Opaschowski, H. W. (1979). Einführung in die freizeit-kulturelle Breitenarbeit. Methoden und Modelle der Animation. Bad Heilbrunn: Klinkhardt.

Opaschowski, H. W. (1987). Sport in der Freizeit. Hamburg: BAT, Freizeit-Forschungsinstitut.

Opaschowski, H. W. (1988). Psychologie und Soziologie der Freizeit. Opladen: Leske & Budrich.

Opaschowski, H. W. (1990). Pädagogik und Didaktik der Freizeit, 2. Aufl. Opladen: Leske & Budrich.

Overing, L. R. & Travers, R. M. W. (1966). Effect upon transfer of variations in training conditions. Journal of Educational Psychology, 57, 179–188.

Parzikowa, J. (1973). Body composition and exercise during growth and development. In G. L. Rarick. (Hrsg.), Physical activity, human growth and development. New York.

Pauligan, L., Marteniuk, R. G., MacKenzie, C. L. & Jeannerod, M. (1991). Selective perturbation of visual input during prehension movements. 1. The effect of changing object position. Experimental Brain Research, 83, 502–512.

Pawlow, I. P. (1927). Conditioned reflexes. London: Oxford University Press.

Pawlow, I. P. (1953). Ausgewählte Werke. Berlin (OST): Akademie-Verlag.

Peiper, A. (1961). Die Eigenart der kindlichen Hirntätigkeit. Leipzig: Thieme.

Petermann, F. (1981). Möglichkeiten der Einzelfallanalyse in der Psychologie. Psychologische Rundschau, 32, 31–48.

Petermann, F. (1982). Einzelfalldiagnose und klinische Praxis. Stuttgart: Kohlhammer.

Pfetsch, F. R., Beutel, P., Stork, H.-H. & Treitlein, G. (1975). Leistungssport und Gesellschaftssystem. Schorndorf: Hofmann.

Pfister, G. (1983). Geschlechtsspezifische Sozialisation und Koedukation im Sport. Berlin: Bartels & Wernitz.

Piaget, J. (1967). Psychologie der Intelligenz. Zürich, Stuttgart: Klett.

Piaget, J. (1969). Nachahmung, Spiel und Traum. Stuttgart: Klett.

Piaget, J. (1976). Psychologie und Intelligenz. München: Kindler.

Piaget, J. & Inhelder, B. (1978). Das symbolische Spiel. In A. Flitner (Hrsg.), Das Kinderspiel, 4. Aufl. (pp. 103–132). München: Piper.

Pilz, G. & Trebels, A. H. (1976). Aggression und Konflikt im Sport. Ahrensburg: Czwalina.

Pilz, G. et al. (Hrsg.). (1982). Sport und Gewalt. Schorndorf: Hofmann.

Pöhlmann, R. (1980). Zum Stand einiger lernpsychologischer Probleme im Sport. In Theorie und Praxis der Körperkultur 29 (9), 659–665.

Pöhlmann, R. (1986). Motorisches Lernen. Berlin: Sportverlag.

Popper, K. R. (1976). Logik der Forschung, 6. Aufl. Tübingen: Mohr.

Powell, E. G. (1973). Negative and positive mental practice in motor skill acquisition. Perceptual and motor skills, 37, 312.

Puni, A. Z. (1961). Abriß der Sportpsychologie. Berlin: Sportverlag.

Quell, M. (Hrsg.). (1980). Sport, Soziologie und Erziehung. Berlin, München, Frankfurt/M.: Bartels & Wernitz.

Rapp, G. & Schoder, G. (1977). Motorische Testverfahren. Stuttgart: CD-Verlagsgesellschaft.

Rauh, H. (1979). Zusammenhangsmuster in der frühkindlichen Entwicklung. In L. Montada. (Hrsg.). Brennpunkte der Entwicklungspsychologie (pp. 119–143). Stuttgart: Kohlhammer.

Rausch. (1956): Vorwort zur Diss. von K. Kohl. In K. Kohl, Zum Problem der Sensumotorik. Frankfurt/M.: Kramer.

Reason, J. (1988). Framework models of human performance and errors: a consumer guide. In L. P. Goodstein, H. B. Andersen & S. E. Olsen (Eds.), Tasks, Errors and Mental Models (35–49). London, New York: Taylor & Francis.

Recla, J. & Koch, K. (Hrsg.). (1973). Sportunterricht auf neuen Wegen. Schorndorf: Hofmann.

Rehbein, J. (1977). Komplexes Handeln. Elemente zur Handlungstheorie der Sprache. Stuttgart: Metzler.

Reischle, K. (1988). Biomechanik des Schwimmens. Bockenem: Sport Fahnemann.

Remplein, H. (1958). Die seelische Entwicklung des Menschen im Kindes- und Jugendalter. München: Reinhardt.

Renzland, J. (1985). Überlegungen zur Programmierung von Lehr- und Lernprozessen im Sportunterricht. Sportunterricht 34 (1), 12–19.

Renzland, J. & Eberspächer, H. (1988). Regeneration im Sport. Köln: bps.

Rethorst, S. (1992). Kognitionen und Emotionen in sportlichen Leistungssituationen. Eine Überprüfung einer attributionalen Theorie von Emotionen. Köln: bps.

Retter, H. (1969). Zum gegenwärtigen Stand der Lehre von den Entwicklungsphasen in der Leibeserziehung. Die Leibeserziehung, 18 (1), 4–11.

Rheinberg, F. (1982). Jahrbuch für Empirische Erziehungswissenschaft 1982, Schnelleistungsbewertung. Düsseldorf. Schwann.

Rheinberg, F. (1989). Zweck und Tätigkeit: motivationspsychologische Analysen zur Handlungsveranlassung. Göttingen: Hogrefe.

Rheinberg, F. (1991). Flow-Experience when motorcycling: A study of a special human condition. In R. Brendicke (Hrsg.). Safety, environment, future. Proceedings of the 1991 International Motorcycle Conference. Bochum: IFZ. 349–362.

Rheinberg, F. (1993). Flow-Erleben, Freude an riskantem Sport und andere «unvernünftige» Motivationen. In H. Heckhausen & J. Kuhl (Hrsg.), Kognition, Motivation und Handlung. Enzyklopädie der Psychologie. Göttingen: Hogrefe.

Rheinberg, F., Krug, S., Lübbemann, E. & Landscheid, K. (1980). Beeinflussung der Leistungsbewertung: Motivationale Auswirkungen eines Interventionsversuchs. Unterrichtswissenschaft, 1980, 8, 48–60.

Rieckert, H., Bruns, B., Bruhn, L., Kleine, D., Schnitzer, W. & Schwalm, U. (1978). Schulsport für Behinderte. Sportwissenschaft 8, (2–3), 283–292.

Rieder, H. (1971). Sport als Therapie; Psychomotorische und soziometrische Unterschungen an verhaltensgestörten Kindern. Berlin: Bartels und Wernitz.

Rieder, H., Eberspächer, H., Feige, K. & Hahn, E. (Red.). (1975). Empirische Methoden in der Sportpsychologie. Schorndorf: Hofmann.

Ritzdorf, W. (1982). Visuelle Wahrnehmung und Antizipation. Eine theoretische und experimentelle Studie zum Entscheidungs- und Blickverhalten beim Betrachten von Tennisgrundschlägen. Schorndorf: Hofmann.

Roberts, K. H. & Rost, D. H. (1974). Analyse und Bewertung empirischer Untersuchungen. Weinheim, Basel: Beltz.

Röhrer, M. & Veltrup, U. (1980). Kreative Selbständigkeit im Sportunterricht – Beispiel: Frisbee. Sportunterricht, 29 (6), 231–239.

Rosenbaunm, D. A. (1985). Motor Programming; A Review and Scheduling Theory. In H. Heuer, U. Kleinbeck & K.-H. Schmidt (Hrsg.), Motor Behavior (1–33). Berlin: Springer.

Ross, D., Bird, A. M., Doody, S. G. & Zoeller, M. (1985). Relative effects of KR modelling and videotape feedback on motor performance. Human Movement Science, 4, 149–158.

Roth, H. (1969). Begabung und Lernen. Stuttgart: Klett.

Roth, K. (1977). Sportmotorische Tests. In K. Willimczik (Hrsg.), Grundkurs Datenerhebung 1 (pp. 95–147). Bad Homburg: Limpert.

Rothstein, A. L. & Arnold, R. K. (1976). Bridging the gap: Application of research on video-tape feedback and bowling. Motor Skills: Theory into Practice, 1, 35–62.

Rudik, P. A. (1924). Reaktionsuntersuchungen zu grundlegenden Fragen der Körperkultur. In Arbeiten des GZ/FK, Körperkultur in wissenschaftlicher Beleuchtung. Moskau.

Rudik, P. A. (1925). Der Einfluß der Muskelarbeit auf den Reaktionsprozeß. In

Arbeiten des GZ/FK, Körperkultur in wissenschaftlicher Beleuchtung, Ausgabe 2: Praktische Medizin. Leningrad.

Rudik, P. A. (1963). Psychologie. Ein Lehrbuch für Turnlehrer, Sportlehrer und Trainer. Berlin: Volkseigener Verlag.

Rudinger, G. (1981). Tendenzen und Entwicklungen entwicklungspsychologischer Versuchsplanung. Psychologische Rundschau, 32, 118–136.

Rudolph, E. (1975). Psychologische Probleme der langfristigen und unmittelbaren Wettkampfvorbereitung. In Deutsche Hochschule für Körperkultur (Hrsg.), Sportpsychologie. Lehrmaterial (pp. 309–328). Leipzig: Deutsche Hochschule für Körperkultur.

Rümmele, E. (Hrsg.). (1990a). Spektrum der Bewegungspsychotherapie. Ausgewählte Behandlungsbeispiele, Bd. 1 u. 2. Frankfurt: Harri Deutsch.

Rümmele. E. (Hrsg.). (1990b). Beiträge zur Bewegungspsychotherapie. Bd. I. Frankfurt a. M.: Harri Deutsch.

Rümmele, E. (Hrsg.). (1991). Beiträge zur Bewegungspsychotherapie. Bd. II. Frankfurt a. M.: Harri Deutsch.

Rüssel, A. (1976). Psychomotorik. Darmstadt: Steinkopff.

Ruoff, B. A. (1979). Zum Problem der Talentsuche und -förderung. In H. Gabler, H. Eberspächer, E. Hahn, J. Kern & G. Schilling (Hrsg.), Praxis der Psychologie im Leistungssport (pp. 160–172). Berlin, München, Frankfurt/M.: Bartels & Wernitz.

Ryan, E. D. (1968). Reaction to «Sport and Personality Dynamics». Proceedings of the National College Physical Education Associations for Men, 7, 70–75.

Sacks, M. H. & Sachs, M. L. (1981). Psychology of Running. Champaign, Illinois: Human Kinetics.

Sachs, M. L. & Buffone, G. W. (1984). Running as therapy. An integrated approach. London: Lincoln.

Sack, H.-G. (1980). Zur Psychologie des jugendlichen Leistungssportlers. Schorndorf: Hofmann.

Salmela, J. H. (1992). The World Sport Psychology Sourcebook. Champaign, Illinois: Human Kinetics Books.

Samulski, D. (1986). Selbstmotivierung im Sportunterricht. Köln: bps.

Schachter, S. & Singer, J. E. (1962). Cognitive, social and physiological determinants of emotional state. Psychological Review 69 (5), 379–399.

Schaller, H. J. (1975). Spielerziehung: Gegenstand und Programmatik eines sportpädagogischen Begriffes. Schorndorf: Hofmann.

Seiffge-Krenke, I. & Olbrich, E. (1982). Psychosoziale Entwicklung im Jugendalter. In W. Wieczerkowski & H. zur Oeveste (Hrsg.), Lehrbuch der Entwicklungspsychologie (pp. 99–145). Düsseldorf. Schwann.

Scheler, M. (1928). Die Stellung des Menschen im Kosmos. Darmstadt: Reichl.

Schenk-Danzinger, L. (1959). Begabung und Entwicklung. In H. Thomae (Hrsg.), Handbuch der Psychologie, Bd. 3: Entwicklungspsychologie (pp. 358–403). Göttingen, Toronto, Zürich: Hogrefe.

Schenten, D. (1984). Frauen im Leistungssport. Ihr Körper, ihre Sexualität. Unveröffentl. Diplomarbeit. Deutsche Sporthochschule Köln.

Scherler, K. (1975). Sensomotorische Entwicklung und materiale Erfahrung. Schorndorf: Hofmann.

Scherler, K. (1977). Die Regelung von Bewegungsspielen als Thema des Sportunterrichts. Sportwissenschaft, 7 (4), 341–360.

Scheuch, E. K. (1973). Das Interview in der Sozialforschung. In R. König (Hrsg.), Handbuch empirischer Sozialforschung, 3. Aufl., Bd. 2: Grundlegende Methoden und Techniken. Erster Teil (pp. 66–190). Stuttgart: Enke.

Schlagenhauf, K. (1977). Sportvereine in der Bundesrepublik Deutschland. Teil 1: Strukturelemente und Verhaltensdeterminanten im organisierten Freizeitbereich. Schorndorf: Hofmann.

Schlicht, W. (i. Dr.). Einzelfallpläne. In: H. Haag & B. Strauß (Hrsg.), Grundlagen zum Studium der Sportwissenschaft. Bd. 2. Schondorf: Hofmann.

Schlicht, W. & Janssen, J.-P. (1990). Der Einzelfall in der empirischen Forschung der Sportwissenschaft: Begründung und Demonstration zeitreihen-analytischer Methoden. Sportwissenschaft 29, (3), 263–280.

Schlosberg, H. (1952). The description of facial expressions in terms of two dimensions. Journal of experimental Psychology, 44, 229–237.

Schlosberg, H. (1954). Three dimensions of emotion. Psychological Review, 61 (2), 81–88.

Schmidt, H.-D. (1970). Allgemeine Entwicklungspsychologie. Berlin (OST): Deutscher Verlag der Wissenschaften.

Schmidt, R. A. (1975). A schema theory of discrete motor skill learning. Psychological Review, 82, 225–260.

Schmitz-Scherzer, R. (1974). Sozialpsychologie der Freizeit. Stuttgart, Berlin, Köln, Mainz: Kohlhammer.

Schmitz-Scherzer, R. (Hrsg.). (1977). Aktuelle Beiträge zur Freizeitforschung. Darmstadt: Steinkopff.

Schneider, H.-D. (1975). Kleingruppenforschung. Stuttgart: Teubner/Teubner.

Schulte, R. W. (1921). Leib und Seele im Sport. Einführung in die Psychologie der Leibesübungen. Berlin. Hackebeil.

Schulte, R. W. (1925). Eignungs- und Leistungsprüfung im Sport. Berlin.

Schulte, R. W. (1927). Leistungssteigerung in Turnen, Spiel und Sport. Grundlinien einer Psychologie der Leibesübungen, 3. Aufl. Oldenburg.

Schultz, J. H. (1976). Das autogene Training: konzentrative Selbstentspannung. Versuch einer klinisch-praktischen Darstellung, 15. Aufl. Stuttgart: Thieme.

Schwäbisch, L. & Siems, M. (1976). Anleitung zum sozialen Lernen für Paare, Gruppen und Erzieher, 7. Aufl. Reinbek: Rowohlt.

Schwenkmezger, P. (1985). Welche Bedeutung kommt dem Ausdauertraining in der Depressionstherapie zu? Sportwissenschaft, 15 (2), 117–135.

Schwenkmezger, P. (1986). Aspekte gelernter Hilflosigkeit im Freizeitsport. In J. R. Nitsch. (Hrsg.), Anwendungsfelder der Sportpsychologie. 119–127. Köln: bps.

Schwenkmezger, P. (Hrsg.). (1988). Sportpsychologische Diagnostik, Intervention und Verantwortung. Bericht über die Tagung der Arbeitsgemeinschaft für Sportpsychologie (ASP) vom 28. bis 30. Mai 1987 in Trier. Köln: bps.

Seitz, W. (1975). Über den Einsatz von Persönlichkeitsfragebogen in der sportpsychologischen Forschung. In H. Rieder, H. Eberspächer, K. Feige, E. Hahn (Red.), Empirische Methoden in der Sportpsychologie (pp. 27–35). Schorndorf: Hofmann.

Seitz, W. & Rieder, H. (1972). Aufgabengebiete der Sportpsychologie. In G. Bäumler, H. Rieder & W. Seitz, Sportpsychologie (pp. 9–25). Schorndorf: Hofmann.

Seybold, A. (1967). Die Prinzipien der modernen Pädagogik in der Leibeserziehung, 5. Aufl. Schorndorf: Hofmann.

Shaw, R. E. (1971). Cognition, simulation and the problem of complexity. Journal of structural Learning, 2, 31–44.

Sherif, M. (1966). Group Conflict and Co-operation. Their Social Psychology. London: Routledge Kegan Paul.

Sherif, M. (1968). Group formation. In D. L. Sills (Ed.), International Encyclopedia of the Social Sciences, vol. 6 (pp. 276–283). New York, London: MacMillan & Free Press.

Sherif, C. W. (1973). Intergroup Conflict and Competition. Sportwissenschaft 3 (2), 138–153.

Sherif, M. & Sherif, C. W. (1964). Reference Groups, Exploration into Conformity and Deviation of Adolescents. New York: Harper & Row.

Simons, H. (1984). Sport und Persönlichkeit – nichts Genaues weiß man nicht. Sportwissenschaft 14 (1), 86–91.

Singer, R. (1981 a). Allgemeine methodische Probleme der Talentbestimmung. In D. Augustin & N. Müller (Hrsg.), Leichtathletiktraining im Spannungsfeld von Wissenschaft und Praxis (pp. 14–27). Niedernhausen: Schors.

Singer R. (Hrsg.). (1981 b). Alterssport. Versuch einer Bestandsaufnahme. Schondorf: Hofmann.

Singer, R. & Haase, H. (1975). Sport und Persönlichkeit. Sportwissenschaft 5 (1), 25–38.

Singer, R. & Willimczik, K. (Hrsg.). (1978). Grundkurs Datenerhebung 2. Bad Homburg: Limpert.

Singer, R. & Wagner, W. (1979). Trainerwechsel und Mannschaftserfolg. In Albrecht, D. (Hrsg.), Fußballsport (pp. 170–195). Berlin: Bartels & Wernitz.

Singer, R., Eberspächer, H., Bös, K. & Rehs, H.-J. (1980). Die ATPA-D-Skalen. Bad Homburg: Limpert.

Singer, R. & Wessling-Lünnemann, G. (1986). Schulsport – ein vernachlässigtes Forschungsfeld der Sportpsychologie. In J. R. Nitsch (Hrsg.), Anwendungsfelder der Sportpsychologie. 39–58. Köln: bps.

Skinner, B. F. (1972). Futurum II. Die Vision einer aggressionsfreien Gesellschaft. Reinbek: Rowohlt.

Skinner, B. F. (1974). Die Funktion der Verstärkung in der Verhaltenswissenschaft. München: Kindler.

Smith, D. (1987). Conditions that faciltate of development of sport imagery training. The Sport Psychologist, 1, 237–247.

Sonnenschein, I. (1988). Wahrnehmen und taktisches Handeln im Sport. Entwicklung von Konzepten zur Verbesserung der Wahrnehmungsfähigkeit. Köln: bps.

Sonnenschein, I. (1989). Das Kölner Psychoregulationstraining. Ein Handbuch für Trainingsleiter, 3. Aufl. Köln: bps.

Spielberger, C. D. (Hrsg.). (1972). Anxiety. Current Trends in Theory and Research, vol. 2. New York, London: Academic Press.

Sportwissenschaft. (1977). Schwerpunktheft «Bewegungserziehung», 7 (3).

Steinbach, M. (1968). Über den Vorstartzustand. Praxis der Leibesübungen 9 (11), 203–204.

Steinbach, M. (1973). Psychologische Vorbereitung des Wettkampfs. In K. Carl (Red.), Psychologie in Training und Wettkampf (pp. 119–128). Berlin, München, Frankfurt/M.: Bartels & Wernitz.

Stelmach, G. E. & Diggles, V. A. (1982). Control theories in motor behavior. Acta Psychologica, 50, 83–105.

Stemmler, R. (1968). Kennziffern der physischen Entwicklung der jungen Generation in der Deutschen Demokratischen Republik und ihre Bedeutung für die Festlegung von Leistungsnormen. Theorie und Praxis der Körperkultur 17 (6), 557–582.

Tannenbaum, R. & Schmidt, W. H. (1973). How to Choose a Leadership Pattern. Harvard Business Review 5/6.

Tanner, J. M. (1962). Wachstum und Reifung des Menschen. Stuttgart: Thieme.

Tanner, J. M. & Taylor, G. R. (1970). Wachstum. Reinbek: Rowohlt.

Tausch, A., Tausch, R. & Fittkau, B. (1967). Merkmalszusammenhänge der verbalen Interaktion und kritische Überprüfung typologischer Verhaltenskonzepte. Zeitschrift für experimentelle und angewandte Psychologie, 14, 522–541.

Tausch, A., Barthel, A., Fittkau, B., Langer, I. & Thenissen, R. (1969). Die Auswirkungen ermutigender Lehräußerungen auf die Leichtathletikleistungen von Schülern. Zeitschrift für Entwicklungs- und Pädagogische Psychologie, 1 (4), 241–248.

Tausch, R. & Tausch, A. (1971). Erziehungspsychologie, 6. Aufl. Göttingen, Toronto, Zürich: Hogrefe.

Tholey, P. (1980). Erkenntnistheoretische und systemtheoretische Grundlagen der Sensumotorik aus gestalttheoretischer Sicht. Sportwissenschaft 10 (1), 7–35.

Thomae, H. (1959). Entwicklungsbegriff und Entwicklungstheorie. In H. Thomae (Hrsg.), Handbuch der Psychologie. Bd. 3: Entwicklungspsychologie (pp. 3–20). Göttingen, Toronto, Zürich: Hogrefe.

Thomae, H. (1978). Zur Problematik des Entwicklungsbegriffs im mittleren und höheren Erwachsenenalter. In R. Oerter (Hrsg.), Entwicklung als lebenslanger Prozeß (pp. 21–32). Hamburg: Hoffmann und Campe.

Thomae, H. (Hrsg.). (1982). New perspectives on old age. New York: Springer.

Thomas, A. (1978). Einführung in die Sportpsychologie. Göttingen, Toronto, Zürich: Hogrefe.

Thorndike, E. L. (1913). Educational Psychology, vol. 2: The psychology of learning. New York: Columbia University Press.

Thorndike, E. L. (1922). Psychologie der Erziehung. Jena.

Thorndike, E. L. (1932). The fundamentals of learning. New York: AMS Press.

Thorndike, E. L. (1970). Psychologie der Erziehung. Darmstadt: WBG.

Timaeus, E. & Lück, H. E. (1978). Sozialpsychologie der Erziehung. Neuwied, Darmstadt: Luchterhand.

Tittel, K. & Wutscherk, H. (1972). Sportanthropometrie. Leipzig: Barth.

Tomovic, R. & Bellmann, R. (1970). A system approach to muscle control. Mathematical Bioscience (pp. 265–277).

Trautner, H. M. (1978). Lehrbuch der Entwicklungspsychologie. Göttingen, Toronto, Zürich: Hogrefe.

Tuckmann, B. W. (1965). Developmental sequences in small groups. Psychological Bulletin 63 (6), 384–399.

Turvey, M. T. (1977). Preliminaries to a theory of action with reference to vision. In R. Shaw & J. Bransford (Eds.), Perceiving, acting and knowing: Toward an ecological psychology, (211–266). Hillsdale, N. J.: Earlbaum.

Turvey, M. T., Shaw, R. E. & Mace, W. (1978). Issues in the theory of action: degrees of freedom, coordinative structures and coalitions. In J. Requin (Ed.), Attention and Performance (557–595). Hillsdale, N. J.: Earlbaum.

Tutko, Th. & Tosi, U. (1976). Sports Psyching – Playing your best game all of the time. Los Angeles: Tarcher.

Ulich, E. (1968). Über die Bedeutung verschiedener Trainingsmethoden für industrielle Anlernverfahren. In Zweiter Kongreß der Gesellschaft für Arbeitshygiene und Arbeitsschutz (pp. 193–197). Berlin.

Ungerer-Röhrich, U. (Hrsg.). (1991). Sport und Bewegung in Therapie und Rehabilitation. Bericht über den ASP-Workshop in Darmstadt. Schriftenreihe des IfS der TH Darmstadt 1991.

Vanek, M. (1975). Die Persönlichkeit des Sportlers. In H. Rieder, H. Eberspächer, K. Feige & E. Hahn (Red.), Empirische Methoden in der Sportpsychologie. Schorndorf: Hofmann.

Voigt, D. (1978). Soziale Schichtung im Sport. Berlin: Bartels & Wernitz.

Volkamer, M. (1971). Zur Aggressivität in konkurrenzorientierten sozialen Systemen. Sportwissenschaft 1 (1), 33–64.

Volkamer, M. (Hrsg.). (1972a). Experimente in der Sportpsychologie. Schorndorf: Hofmann.

Volkamer, M. (1972b). Aggressives Verhalten im Sport. In M. Volkamer (Hrsg.), Experimente in der Sportpsychologie (pp. 43–69). Schorndorf: Hofmann.

Volkamer, M. (1978). Messen und Zensieren im Sportunterricht. Schorndorf: Hofmann.

Volpert, W. (1971). Sensumotorisches Lernen: Zur Theorie des Trainings in Industrie und Sport. Frankfurt/M.: Limpert.

Volpert, W. (1976). Optimierung von Trainingsprogrammen. Lollar: Achenbach.

Watson, J. B. (1913). Psychology as the Behaviorist Views it. Psychological Review, 20, 158–177.

Watson, J. B. (1976). Behaviorismus, 2. Aufl. Frankfurt/M.: Fachbuchhandlung für Psychologie, Verlagsabteilung.

Watzlawik, P., Beavin, J. & Jackson, D. (1974). Menschliche Kommunikation. Bern, Stuttgart, Wien: Huber.

Webb, E. J., Campbell, D. T., Schwartz, R. D. & Sechrest, L. (1975). Nichtreaktive Meßverfahren. Weinheim, Basel: Beltz.

Weber, A. (1982). Laufen – Motive und Wirkungen. Sportwissenschaft 12 (2), 174–184.

Weber, A. (Hrsg.). (1985). Gesundheit und Wohlbefinden durch regelmäßiges Laufen. Paderborn: Jungfermann.

Weber, A. (1986). Seelisches Wohlbefinden durch Laufen. Oberhaching: Sportinform.

Weber, A. (1990). Bewegung braucht der Mensch. Langsamer Dauerlauf als Vehikel für gesünderes Leben? Erkrath: Spiridon.

Wechsler, D. (1964). Die Messung der Intelligenz Erwachsener, 3. Aufl. Bern, Stuttgart: Huber.

Weinberg, P. (1978). Handlungstheorie und Sportwissenschaft. Köln.

Weineck, K. (1980). Optimales Training. Erlangen: perimed.

Weiner, B., Frieze, I., Kukla, A., Reed, L., Rest, S. & Rosenbaum, R. M. (1971). Perceiving the causes of success and failure. New York: General Learing Press.

Weiner, B. (1972). Theories of motivation. Chicago: Markham.

Weiner, F. E. (1978). Lernen. In C. Wulf (Hrsg.), Wörterbuch der Erziehung, 4. Aufl. (pp. 389–395). München, Zürich: Piper.

Weinert, F. E. (1974). Lernübertragung. In F. E. Weiner, C. F. Graumann, H. Heckhausen, M. Hofer. (Hrsg.), Pädagogische Psychologie, Bd. 2 (pp. 685–709). Frankfurt/M.: Fischer.

Weiner, F. E., Graumann, C. F., Heckhausen, H., Hofer, M. (Hrsg.). (1974). Pädagogische Psychologie, 2 Bde. Frankfurt/M.: Fischer.

Wertheimer, M. (1912). Experimentelle Studien über das Sehen von Bewegung. Zeitschrift für Psychologie, Bd. 61, 161–265.

Wertheimer, M. (1945). Productive Thinking. New York: Harper.

Wertheimer, M. (1964). Produktives Denken, 2. Aufl. Frankfurt/M.: Kramer.

Wertheimer, M. (1967). Drei Abhandlungen zur Gestalttheorie.

Wessling-Lünnemann, G. (1982). Individuelle Bezugsnormorientierung: Ein didaktischer Grundsatz für Sportunterricht. In F. Rheinberg, Bezugsnormen zur Schulleistungsbewertung. Düsseldorf: Schwann.

Wessling-Lünnemann, G. (1983). Motivationsförderung im Unterricht. In R. Erdmann. (Hrsg.), Motive und Einstellungen im Sport. Schorndorf: Hofmann.

Wessling-Lünnemann, G. (1985). Motivationsförderung im Unterricht. Göttingen: Hogrefe.

Wessling-Lünnemann, G. (1986). Förderung der Leistungsmotivation und des sozialisierten Leistungsstrebens. In J. R. Nitsch. (Hrsg.), Anwendungsfelder der Sportpsychologie. Köln: bps.

Widmer, K. (1978). Entwicklungspsychologische Fragestellungen im Sportunterricht. In Sportunterricht 27 (10), 371–375.

Wiegand, M. (1978). Schülerbeurteilung und Schülerverhaltensweisen. Schorndorf: Hofmann.

Wiegersmaa, P. H. (1972). Psychomotorik, Körperschema und Körpererleben. In D. Eggert & E. J. Kiphard (Hrsg.), Die Bedeutung der Motorik für die Entwicklung normaler und behinderter Kinder (pp. 98–120). Schorndorf: Hofmann.

Wilhelm, H. (1980). Fachstudienführer Psychologie. Teil A. Studium und Beruf. Weil der Stadt: Lexika.

Wilke, E., Hölter, G. & Petzold, H. (1991). Tanztherapie – Theorie und Praxis: Ein Handbuch. Paderborn: Junfermann.

Willimczik, K. (1975). Grundkurs Statisik. Frankfurt/M.: Limpert.

Willimczik, K. (1979a). Möglichkeiten wissenschaftlicher Begleitung der Talentsuche – Ansatz, Untersuchungsplan, erste Ergebnisse. In Deutscher Sportbund (Hrsg.), Talentsuche (pp. 12–18), Frankfurt/M.: dsb.

Willimczik, K. (1979b). Der Entwicklungsstand der sportwissenschftlichen Wissenschaftstheorie – Eine historisch vergleichende Analyse. Unveröffentlichtes Vortragsmanuskript.

Willimczik, K. et al (1979c). Die motorische Entwicklung im Kindes- und Jugendalter. Schorndorf: Hofmann.

Willimczik, K. & Singer, R. (1978). Einführung in die Versuchsplanung. In R. Singer & K. Willimczik (Hrsg.), Grundkurs Datenerhebung 2 (pp. 155–183). Bad Homburg: Limpert.

Willimczik, K. & Roth, K. (1983). Bewegungslehre. Reinbek: Rowohlt.

Winter, R. (1969). Untersuchungen zur Ontogenese der allgemeinen sportlichen Gewandtheit vom 8. bis 18. Lebensjahr (1. bis 11. Schuljahr). Körpererziehung 19 (1), 23–32.

Wischmann, B. (1977). Sport nach 35. Praxiserprobte Programme für Geübte und Ungeübte. Berlin: Bartels & Wernitz.

Wolpe, J. (1974). Praxis der Verhaltenstherapie. Bern: Huber.

Woolfolk, R., Murphy, S., Gottesfeld, D. & Aithen, D. (1985). Effects of mental rehearsal of task motor activity and mental direction of task outcome on motor skill performance. Journal of Sport Psychology, 7, 191–197.

Wottawa, H. (1977). Psychologische Methodenlehre. München: Juventa.

Wottawa, H. (1981). Allgemeine Aussagen in der psychologischen Forschung: Eine Fiktion. In W. Michaelis (Hrsg.), Bericht über den 32. Kongreß der DGfPs in Zürich 1980, Bd. 1 (S. 131–136). Göttingen: Hogrefe.

Zajonc, R. B. (1966). Social psychology: An experimental approach. Belmont: Brooks/Cole.

Zeller, W. (1952). Konstitution und Entwicklung. Göttingen, Toronto, Zürich: Hogrefe.

Zielinski, W. (1974). Die Beurteilung von Schülerleistungen. In F. E. Weinert, C. F. Graumann, H. Heckhausen, M. Hofer. (Hrsg.), Pädagogische Psychologie, Bd. 2 (pp. 879–900). Frankfurt/M.: Fischer.

Zimmer, A. C. (1990). Der Erwerb komplexer motorischer Fertigkeiten. In C. Graf Hoyos & B. Zimolong (Hrsg.), Enzyklopädie der Psychologie. Serie: Wirtschafts-, Organisations- und Arbeitspsychologie, Bd. 2: Ingenieurpsychologie (148–177). Göttingen: Hogrefe.

Zimmer, A.C. & Körndle, H. (1988). A model for hierarchically ordered schemata in the control of motor action. Gestalt Theory, 10, 85–102.

Zimmer, A.C. & Körndle, H. (1993). A Gestalt-theoretic account for the coordination of perception and action in motor learning. Philosophical Psychology. To appear.

Zimmermann, E. (1972). Das Experiment in den Sozialwissenschaften. Stuttgart: Teubner.

Über den Verfasser

Professor am Institut für Sport und Sportwissenschaft der Universität Heidelberg. Dipl.-Sportlehrer, Dipl.-Psychologe, Dr. rer. nat. (Psychologie, Zoologie, Philosophie).

Wissenschaftliche Arbeitsschwerpunkte: Sportpsychologie. Beanspruchung und Regeneration. Seit 20 Jahren Zusammenarbeit als Sportpsychologe mit Trainern und Medaillengewinnerinnen und -gewinnern auf Olympischen Spielen, Weltmeisterschaften und Europameisterschaften, mit Berufssportlerinnen und -sportlern in vielen Disziplinen (u. a. Ski alpin, Judo, Volleyball, Bogenschießen, Radsport, Tennis, Motorsport). Als Psychologe bei Olympischen Spielen akkreditiert. Früher aktiv als Leichtathlet, Boxer, Handballspieler und Leichtathletiktrainer (DMM-Sonderklasse, heute Bundesliga). Heute aktiver Freizeitausdauersportler: Radfahren, Laufen.

8 Jahre im Präsidium der Deutschen Vereinigung für Sportwissenschaft (dvs). Bis 1989 im Vorstand der Arbeitsgemeinschaft für Sportpsychologie (ASP). Mitbegründer der Zeitschrift «Sportpsychologie».

Neben zahlreichen Fachbeiträgen in Zeitschriften Herausgeber und Autor von 13 Monographien, u. a.:

Eberspächer, H. (1988). Individuelle Handlungsregulation. Schorndorf: Hofmann.

Eberspächer, H. & Fanck, M. (1985). Streßausgleich und Entspannung durch Bewegungstraining, 3. Aufl. 1989. Oberhaching: Sportinform.

Eberspächer, H. & Renzland, J. (1985). Leistungsfähig und gesund durch psychologisches Bewegungstraining. Oberhaching: Sportinform. 3. Aufl. 1989.

Eberspächer, H. (Hrsg.). (1987). Handlexikon Sportwissenschaft, 2. Aufl. 1992. Reinbek: Rowohlt.

Eberspächer, H. (1990). Mentale Trainingsformen, 3. Aufl. 1993. Oberhaching: Sportinform.

Medien

Monographien und Sammelwerke zur Sportpsychologie

Bakker, F. C., Whiting, H. T. A. & Van der Brugg, H. (1992). Sportpsychologie: Grundlagen und Anwendungen. Bern–Göttingen–Toronto: Hans Huber.

Baumann, S. (1986). Praxis der Psychologie: Unterricht – Training – Wettkampf. München, Wien, Zürich: BLV.

Bäumler, G., Rieder, H. & Seitz, W. (1972). Sportpsychologie. Schorndorf: Hofmann.

Bierhoff-Alfermann, D. (1986). Sportpsychologie. Stuttgart: Kohlhammer.

Carl, K. (Red.). (1973). Psychologie in Training und Wettkampf. Berlin: Bartels & Wernitz.

Cratty, B. J. (1984). Psychological preparation and athletic intelligence. New York: Movement Publications.

Essing, W. (1980). Empirische Methoden in der Sportpsychologie. Opladen. Westdeutscher Verlag.

Gabler, H., Eberspächer, H., Hahn, E., Kern, J. & Schilling, G. (Hrsg.). (1979). Praxis der Psychologie im Leistungssport. Berlin, München, Frankfurt/M.: Bartels & Wernitz.

Gabler, H., Haase, H. & Hug, O. (1986). Psychologische Diagnostik und Beratung im Leistungssport. Frankfurt: DSB.

Gabler, H., Nitsch, J. R. & Singer, R. (1986). Einführung in die Sportpsychologie. Schorndorf: Hofmann.

Garfield, Ch. A. & Benett, H. Z. (1985). Peak Performance: Mental training techniques of the world greatest athletes. Los Angeles: Tarcher.

Geron, E. (Ed.). (1982). Introduction to sport psychology. Tel-Aviv: Wingate Institute.

Gorbunow, G. D. (1988). Der erfolgreiche Sportler: Psychopädagogik des Sports. Berlin: Sportverlag.

Harris, D. V. & Harris, B. L. (1984). The Athlete's Guide to Sport Psychology: Mental Skills for Physical People. New York: Leisure Press.

Janssen, J. P. & Hahn, E. (Hrsg.). (1983). Aktivierung, Motivation, Handlung und Coaching im Sport. Schorndorf: Hofmann.

Kemmler, R. (1973). Psychologisches Wettkampftraining. München, Bern, Wien: BLV.

Kohl, K. (1979). Psychologische Erkenntnis und Sportpraxis. Ahrensburg: Czwalina.

Kunath, P. (1972). (Gesamtleitung). Beiträge zur Sportpsychologie, Bd. 1. Berlin: Sportverlag.

Kunath, P. (1974). (Gesamtleitung). Beiträge zur Sportpsychologie, Bd. 2. Berlin: Sportverlag.

Kunath, P. & Schellenberger, H. (Hrsg.). (1991). Tätigkeitsorientierte Sportpsychologie. Frankfurt a. M.: Harri Deutsch.

Nitsch, J. R. & Allmer, H. (1978). Sportpsychologie – eine Standortbestimmung. Köln: bps.

Nitsch, J. R. & Udris, I. (1976). Beanspruchung im Sport. Bad Homburg.

Orlick, T. (1986). Psyching for sport: mental training for athletes. Champaign, III.: Leisure Press.

Orlick, T., Partington, J. T. & Salmela, J. H. (1972). Mental Training for Coaches and Athletes. Ottawa: National Sport and Recreation Center.

Puni, A. Z. (1961). Abriß der Sportpsychologie. Berlin: Sportverlag.

Rokusfalvy, P. (1980). Sportpsychologie. Bad Homburg: Limpert.

Rudik, R. A. (1963). Psychologie. Ein Lehrbuch für Turnlehrer, Sportlehrer und Trainer. Berlin: Volkseigener Verlag.

Salmela, J. H. (1992). The World Sport Psychology Sourcebook. Champaign, III.: Human Kinetics.

Schellenberger, H. (Gesamtleitung). (1981). Psychologie im Sportspiel. Berlin: Sportverlag.

Silva, J. M. & Weinberg, R. S. (1984). Psychological foundations of sport. Champaign, III.: Human Kinetics.

Smyth, M. M. (1984). The Psychology of Human Mouvement. New York, London: Academic Press.

Thomas, A. (1978). Einführung in die Sportpsychologie. Göttingen, Toronto, Zürich: Hogrefe.

Thomas, A. (Hrsg.). (1982). Sportpsychologie: Ein Handbuch in Schlüsselbegriffen. München: Urban & Schwarzenberg.

Bibliographien

Essing, W., Bertram, W. & Meckbach, Ch. (1969). Bibliographie zur Psychologie des Sports. Dokumentation zum Leistungssport 8, Sondernummer 14. Köln.

Essing, W., Bertram, W. & Meckbach, Ch. (1972). Bibliographie zur Psychologie des Sports 1968–1971. Bonn: Deutscher Bundesverlag.

Essing, W., Bertram, W. & Meckbach, Ch. (1976). Bibliographie zur Psychologie des Sports 1972–1975. Schorndorf: Hofmann.

Essing, W. & Meckbach, Ch. (1979). Bibliographie zur Psychologie des Sports 1976–1977, 2 Bde. Köln: Bundesinstitut für Sportwissenschaft.

Essing, W. & Meckbach, Ch. (1981). Bibliographie zur Psychologie des Sports 1978–1980. Köln: Bundesinstitut für Sportwissenschaft.

Essing, W., Bertram, W. & Meckbach, Ch. (1977). Monographien, Kongreßberichte und Sammelwerke zur Psychologie des Sports. Eine Bibliographie (Anfänge bis 1977). Münster: Westfälische Wilhelms-Universität.

Essing, W., Bertram, W. & Meckbach, Ch. (1985). Monographien, Kongreßberichte und Sammelwerke zur Psychologie des Sports. Eine Bibliographie (1977–1984). Münster: Westfälische Wilhelms-Universität.

Essing, W. (Hrsg.). (1988). Bibliographie zur Psychologie des Sports unter besonderer Berücksichtigung gesundheitswissenschaftlicher Aspekte (1980–1987/88). Münster: Selbstverlag.

Wörterbücher, Lexika

Beyer, E. (Red.). (1987). Wörterbuch der Sportwissenschaft. Schorndorf: Hofmann.

Cuddon, J. A. (1980). The Macmillan dictionary of sports and games. London, Basingstoke: Macmillan Press.

Eberspächer, H. (Hrsg.). (1992). Handlexikon Sportwissenschaft, 2. Aufl. Reinbek: Rowohlt.

Röthig, P. u. a. (Hrsg.). (1991). Sportwissenschaftliches Lexikon, 6. Aufl. Schorndorf: Hofmann.

Thiess, G., Schnabel, G. & Baumann, R. (Red.). (1978). Training von A–Z. Berlin: Sportverlag.

Dokumentationen

Sport-Dokumentation. Bundesinstitut für Sportwissenschaft. Köln.

Completed Research in Health Physical Education and Recreation.

Dissertation Abstracts International. Ann Arbor, USA. Früherer Titel: Dissertation Abstracts.

Dokumentation der Zentralstelle für Psychologische Information und Dokumentation. Universität Trier.

Sport and Recreation Index. Ottawa, Kanada.

Sportdokumentation. Magglingen, Schweiz.

Zeitschriften mit sportpsychologischen Beiträgen

International Journal of Physical Education, Internationale Zeitschrift für Sportpädagogik.

Official magazine of the International Council on Health, Physical Education and Recreation. Schorndorf: Hofmann.

International Review for the Sociology of Sport. International Committee for Sociology of Sport (ICSS). München: Oldenbourg.

International Review for the Sociology of Sport. Committee Sociology of Sport of the International Council of Sport and Physical Education (UNESCO) & International Sociological Association. Warschau. Von 1966 bis 1983. Erscheinen eingestellt. Früherer Titel: International Review of Sport Sociology.

Journal of Motor Behavior. College Park, Md. (USA).

Journal of Physical Eduation and Recreation and Dance. American Alliance for Health, Physical Education and Recreation. Washington, DC: Alliance. Früherer Titel: Journal of Physical Education and Recreation (JOPER).

Leibesübungen, Leibeserziehung. Wien: Verlag für Jugend und Sport.

Leipziger Sportwissenschaftliche Beiträge. Sankt Augustin: Akademia Verlag. Früherer Titel: Wissenschaftliche Zeitschrift der Deutschen Hochschule für Körperkultur (DHfK).

Leistungssport. Münster: Phillipika.

Zeitschrift für Motopädagogik und Mototherapie. Offizielles Organ des Aktionskreises Psychomotorik e. V. Schorndorf: Hofmann.
Perceptual and Motor Skills. Missoula, USA.
Physical Education Review. Publications for the North Western Counties Physical Education Association. Driffield: Physical Education Review.
Research Quarterly for Exercise and Sport. Washington, DC. Früherer Titel: American Alliance for Health, Physical Education.
Revue de l'Education Physique et Sports. Organe de la Fédération Belge d'Education et des Groupements des Professeurs d'Education Physique. Brüssel.
Sportpädagogik. Zeitschrift für Sport-, Spiel- und Bewegungserziehung. Seelze: Friedrich. Ahrensburg: Czwalina. Früherer Titel: Zeitschrift für Sportpädagogik.
Sportunterricht. Monatsschrift zur Wissenschaft und Praxis des Sports. Hrsg.: Deutscher Sportlehrer Verband (DSLV). Schorndorf: Hofmann.
Sportwissenschaft. Schorndorf: Hofmann.
Sports. Science Periodical On Research And Technology In Sports. Gloucester, Ont.: The Coaching Ass. of Canada.
Sports Science Review. Champaign, Ill.: Human Kinetics.
Theorie und Praxis der Körperkultur. Wissenschaftliches Organ des Staatlichen Komitees für Körperkultur und Sport beim Ministerrat der DDR. Berlin (Ost): Sportverlag. Erscheinen eingestellt.
Theorie und Praxis der Leibesübungen. Schriftenreihe der Bundesanstalten für Leibeserziehung. Wien, Graz, Innsbruck: Österreichischer Bundesverlag.
Zeitschrift für Entwicklungspsychologie und pädagogische Psychologie. Göttingen: Hogrefe.

Sportpsychologische Periodika

International Journal of Sport Psychology. Rom.
Journal of Sport Psychology. Champaign, ILL. (USA): Human Kinetics.
Journal of Sport Behavior. Mobile, USA.
Sportpsychologie. Münster: Philippika.
Sport and Exercise Psychology. Champaign, Ill. (USA): Human Kinetics.
The Sport Psychologist. Champaign, Ill. (USA): Human Kinetics.

Organisationen

Association Internationale Écoles Superieures Éducation Physique AIESEP)
Präs.: M. Piéron
Université de Liege du Sart Tilman
B-4000 Liege (Belgien)

Arbeitsgemeinschaft für Sportpsychologie (ASP)
D. Hackfort (1. Vorsitzender)
Universität der Bundeswehr
Werner v. Heisenberg Weg 39
8014 Neubiberg

Deutsche Vereinigung für Sportwissenschaft (dvs)
Präs. K.-H. Scherler
Geschäftsstelle: Dr. F. Bockraht
Jahnstr. 41
4500 Osnabrück

Fédération Européenne de Psychologie des Sports et des Activités Corporelles (FEPSAC)
S. J. H. Biddle
University of Exeter
Heavitree Road, Exeter
England

International Association of Applied Psychology (IAAP)
C. J. de Wolff
Montessorilaan 3
6526 Nijungen (Niederlande)

International Society of Sport Psychology (ISSP)
C. G. Roberts
Department of Kinesiology
University of Illinois
906 S. Goodwin, Urbana ILL. (USA)

North American Society for the Psychology of Sport and Physical Activity (NASPSPA)
M. R. Weiss
Department of Physical Education, University of Oregon
Eugene OREG. (USA)

Schweizerische Arbeitsgemeinschaft Sportpsychologie (SASP)
Katrin Herren
Sekretariat Eidgenössische Turn- und Sporthochschule
CH-2532 Magglingen

Kongresse

Sportpsychologische Kongresse

Arbeitsgemeinschaft für Sportpsychologie (ASP)

1974 Heidelberg

Rieder, H., Eberspächer, H., Feige, K. & Hahn, E. (Red.). (1975). Empirische Methoden in der Sportpsychologie. Schorndorf: Hofmann.

1978 München

Bäumler, G., Hahn, E. & Nitsch, J. R. (Red.). (1979). Aktuelle Probleme der Sportpsychologie. Schorndorf: Hofmann.

1979 Köln

Nitsch, J. R. (Hrsg.). (1979). Bericht über die 10-Jahres-Tagung der Arbeitsgemeinschaft für Sportpsychologie. Köln: bps.

1982 Kiel

Janssen, J. P. & Hahn, E. (Hrsg.). (1983). Aktivierung. Motivation, Handlung und Coaching im Sport. Schorndorf: Hofmann.

1984 Bielefeld

Hahn, E. (Hrsg.). (1985). Beiträge zur Kognition und Motorik. Köln: bps.

1985 Köln

Nitsch, J. R. (Hrsg.). (1986). Anwendungsfelder der Sportpsychologie. Köln: bps.

1986 Kiel

Janssen, J. P., Schlicht, W. & Strang, H. (Hrsg.). (1987). Handlungskontrolle und soziale Prozesse im Sport. Köln: bps.

1987 Trier

Schwenkmezger, P. (Hrsg.). (1988). Sportpsychologische Diagnostik, Intervention und Verantwortung. Köln: bps.

1988 Heidelberg

Eberspächer, H. & Hackfort, D. (Hrsg.). (1989). Entwicklungsfelder der Sportpsychologie. Köln: bps.

1989 Regensburg

Körndle, H., Luther, H. & Thomas, A. (Hrsg.). (1990). Der Beitrag der Sportpsychologie zur Zielbestimmung einer modernen Erziehung und Ausbildung im Sport. Köln: bps.

1990 Darmstadt

Singer, R. (1991). Sportpsychologische Forschungsmethodik – Grundlagen, Probleme, Ansätze. Köln: bps.

Fédération Européenne de Psychologie des Sports et des Activités corporelles (FEPSAC)

1970 Varna

Geron, E., Parvanov, B. & Dimitrova, S. (Hrsg.). (1970). Conférence internationale scientifique sur les problèmes de la préparation psychique du sportif. Sofia.

1972 Köln

Feige, K., Hahn, E., Rieder, H. & Stabenow, G. (Red.). (1973). Bericht über den 3. Europäischen Kongreß für Sportpsychologie. Schorndorf: Hofmann.

1975 Edinburgh

Anderson, G. J. & Tildesley, D. A. (1975). British Proceedings of Sports Psychology. The British Society of Sports Psychology. Edinburgh.

1979 Varna

Proceedings of the Vth European Congress of Sport Psychology, 2 Bde. Varna.

1983 Magglingen

Schilling, G. & Herren, K. (Hrsg.). (1985). Bericht zum 6. FEPSAC-Kongreß 1983; Bd. 1: Angst, Freude und Leistung im Sport, Bd. 2: Zum Stand der Sportpsychologie. Magglingen: Eidgenössische Turn- und Sportschule.

1987 Blankenburg

Kunath, P., Müller, S. & Schellenberger, H. (Red.), (1988). 7th Congress of the European Federation of Sports Psychology, Proceedings, 3 Bde. Leipzig: Deutsche Hochschule für Körperkultur.

1991 Köln

(Bericht in Vorbereitung)

International Society of Sport Psychology (ISSP)

1965 Rom

Antonelli, F. (Hrsg.). (1965). Psicologia dello Sport. Rom.

1968 Washington

Kenyon, G. S. & Grogg, T. M. (Hrsg.). (1970). Contemporary Psychology of Sport. Chicago: The Athletic Institute.

1973 Madrid

Instituto Nacional de Educación Física (Hrsg.). (1975). 3. Congreso mundial de la sociedad internacional de psicologia de deporte. 2 Bde. Madrid: I.N.E.F.

1977 Prag

Vanek, M. (Hrsg.). (1978). Das Sammelbuch der Arbeiten. Prag: Olympia.

1981 Ottawa

Parlington, J. T., Orlick, T. & Salmela, J. H. (1982). Sport in Perspective. Ottawa: National Sport and Recreation Center.

1989 Singapur

Giam, C. K. (Hrsg.). Sport Psychology and Human Performance. 7th World Congress on Sport Psychology of ISSP.

1993 Lissabon

(Bericht in Vorbereitung)

Kongresse und Tagungen mit sportpsychologischen Themen

Ausschuß Deutscher Leibeserzieher (ADL)

1958 Osnabrück
Diem, L. (Red.) (1959.) Das Spiel. Frankfurt/M.: Limpert.
1961 Göttingen
Henze, P. W. (Red.). (1962). Der Wetteifer. Frankfurt/M.: Limpert.
1964 Wiesbaden
Henze, P. W. (Red.). (1964). Die Leistung. Schorndorf: Hofmann.
1967 Stuttgart
Henze, P. W. (Red.). (1967). Die Gestaltung. Schorndorf: Hofmann.
1970 Münster
Henze, P. W. (Red.). (1971). Motivation im Sport. Schorndorf: Hofmann.
1973 Oldenburg
Henze, P. W. (Red.). (1974). Sozialisation im Sport. Schorndorf: Hofmann.
1976 München
Henze, P. W. (Red.). (1976). Sport – Lehren und Lernen. Schorndorf: Hofmann.
1979 Berlin
Henze, P. W. (Red.). (1980). Theorie in der Sportpraxis. Schorndorf: Hofmann.
1983 Bielefeld
Kuhlmann, D. & Kurz, D. (Red.). (1984). Schüler im Sport, Sport für Schüler. Schorndorf: Hofmann.
1986 Kiel
Haag, D. (Red.). (1987). Sport – Planen, Durchführen, Auswerten. Schorndorf: Hofmann.
1990 Bayreuth
(Bericht in Vorbereitung)

Deutsche Vereinigung für Sportwissenschaft (dvs)

1977 Göttingen
Trebels, A. H., Pilz, G. A., Adams, G. (Red.). (1978). Sportwissenschaft auf dem Weg zur Praxis. 1. Hochschultag der dvs. Schorndorf: Hofmann.
1978 Heidelberg
Eberspächer, H., Trebels, A. H. (Red.). (1979). Sportwissenschaftliche Forschung als Praxisproblem. 2. Hochschultag der dvs. Bad Homburg: Limpert.
1980 Köln
Kreiter, C., Willimczik, K. (Red.). (1982). 3. Sportwissenschaftlicher Hochschultag 1980. Clausthal-Zellerfeld: dvs.
1981 Würzburg
Kapustin, P., Kreiter. C. (Red.). (1982). 4. Sportwissenschaftlicher Hochschultag 1981. Clausthal-Zellerfeld: dvs.
1982 Tübingen
Göhner, U., Karl, H. (Red.). (1983). 5. Sportwissenschaftlicher Hochschultag 1982. Clausthal-Zellerfeld: dvs.

1984 Berlin

Hagedorn, G., Karl, H., Bös, K. (Red.). (1985). Handeln im Sport. 6. Sportwissenschaftlicher Hochschultag 1984. Clausthal-Zellerfeld: dvs.

1985 Mainz

Letzelter, M., Steinmann, W., Freitag, W. (Red.). (1986). Angewandte Sportwissenschaft. 7. Sportwissenschaftlicher Hochschultag 1985. Clausthal-Zellerfeld: dvs.

1987 Paderborn

Brettschneider, W.-D,, Baur, J., Bräutigam, M. (Red.). (1989). Bewegungswelt von Kindern und Jugendlichen. 8. Sportwissenschaftlicher Hochschultag 1987. Schorndorf: Hofmann.

1989 Freiburg

Bührle, M., Schurr, M. (Red.). (1991). Leistungssport: Herausforderung für die Sportwissenschaft. 9. Sportwissenschaftlicher Hochschultag 1989. Schorndorf: Hofmann.

1991 Oldenburg

Dieckert, J. (Red.). (im Druck). Sportwissenschaft im Dialog. 10. Sportwissenschaftlicher Hochschultag 1991.

1993 Potsdam

(geplant)

Fotonachweis

Bongarts 14 (o.), 23, 40, 47, 48, 56, 58, 61, 147, 188, 189, 191, 199, 213, 215, 227, 271, 272
dpa 14 (u.)
Pressefoto Baumann 53, 170, 171, 180, 254, 255
Walter Fogel 324
Heiner Köpcke 133
Horst Lichte/Rowohlt 278, 279
Rowohlt 118
Margarete Ruthardt 138

Information und Theorie

Handlexikon Sportwissenschaft
herausgegeben von Hans Eberspächer
(rororo sport 7000)

Sportmedizin
von Peter Markworth
(rororo sport 7049)

Sportsoziologie
von Bero Rigauer
(rororo sport 7045)

Sportpädagogik
von Knut Dietrich / Gerhard Landau
(rororo sport 8623)

Biomechanik der Sportarten
herausgegeben von Klaus Willimczik
(rororo sport 8601)

Bewegungslehre
von Klaus Willimczik / Klaus Roth
(rororo sport 7048)

Sport und Freizeit
herausgegeben von Elk Franke
(rororo sport 7613)

Die SPORTS-Interviews
von Arno Luik
(rororo sport 8668)

Das F.A.Z.-Sportbuch 1992/93
Albertville, Barcelona, Fußball-EM u.v.m. (Großformat)
herausgegeben von J. Jürgen Jeske
(rororo sport 8699)

Birdie, Bully, Bananenflanke
Sportregeln und Begriffe
von Rolf Scheunig / Helmuth Poppen
(rororo sport 8669)

rororo sport

Doping
Von der Forschung zum Betrug
von Brigitte Berendonk
(rororo sport 8677)

Lernfeld Sport
Perspektiven der Bewegungskultur
von Karl-Heinz Leist
(rororo sport 8624)

Sportspsychologie
Vollständig überarbeitete und erweiterte Neuausgabe
von Hans Eberspächer
(rororo sport 9405)

rororo sport wird herausgegeben von Bernd Gottwald. Ein Gesamtverzeichnis der Reihe finden Sie in der *Rowohlt Revue*. Jedes Vierteljahr neu. Kostenlos. In Ihrer Buchhandlung.

3422/2

Ballspiele

Fußball-Funktionsgymnastik
von Karl-Peter Knebel / Bernd Herbeck / Gerhard Hamsen
(rororo sport 8631)

Fußball-Jugendtraining
von Gerhard Hamsen / Jörg Daniel
(rororo sport 8645)

Konditionstraining Fußball
von Norbert Auste
(rororo sport 8605)

Fußball
von Gero Bisanz / Gunnar Gerisch
(rororo sport 7039)

Spieltraining Fußball
von Rolf Mayer
(rororo sport 8674)

Fußball Lesebuch
von Jürgen Stark / Klaus Farin
(rororo sachbuch 8596)

Jonglieren mit dem Fußball
von Mark Steiger
(rororo sport 9404)

Basketball-Handbuch
von G. Hagedorn / D. Niedlich / G. Schmidt
(rororo sport 7624)

Basketball-Technik
von G. Hagedorn
(rororo sport 8685)

Basketball
von Lothar Waldowski
(rororo sport 7023)

Volleyball-Handbuch
von E. Christmann / K. Fago / DVV
(rororo sport 7640)

rororo sport

Volleyball
von Günter Blume
(rororo sport 7011)

Volleyball und Handball
von Günter Blume / Klaus Lange
(rororo sport 7034)

Handball
von Hans-Dieter Trosse
(rororo sport 7004)

Handball-Praxis
von Hans-Dieter Trosse
(rororo sport 8630)

rororo sport wird herausgegeben von Bernd Gottwald. Ein Gesamtverzeichnis der Reihe finden Sie in der *Rowohlt Revue*. Jedes Vierteljahr neu. Kostenlos. In Ihrer Buchhandlung.

Berg- und Wintersport

Die neue Skitechnik
von Walter Kuchler
(rororo sport 8680)

Skiwandern
von Wolf Hellwing / Walter Kuchler
(rororo sport 8692)

Skilanglauf
von Manfred Vorderwülbecke
(rororo sport 7002)

Eltern-Skibuch
von Hubertus Müller
(rororo sport 8638)

Snowboard
von Pius Disler
(rororo sport 8667)

Monoski
von Herbert Heckers
(rororo sport 8665)

Ski-Tricks
von Walter Kuchler
(rororo sport 8666)

Skitouren
von Günter Frey
(rororo sport 8653)

Skifahren
von Walter Brehm
(rororo sport 8602)

Skifahren für Kinder und Jugendliche
von Walter Brehm
(rororo sport 7026)

Skigymnastik
von Walter Brehm
(rororo sport 8649)

Ski-Fitness
von Andreas Gams
(rororo sport 8633)

Eishockey
von Ulrich Horsch / Josef Capla
(rororo sport 8620)

Bergsport-Handbuch
von Gustav Harder / Dieter Elsner
(rororo sport 8606)

Bergwandern
von Gustav Harder
(rororo sport 8635)

rororo sport wird herausgegeben von Bernd Gottwald. Ein Gesamtverzeichnis der Reihe finden Sie in der *Rowohlt Revue*. Jedes Vierteljahr neu. Kostenlos. In Ihrer Buchhandlung.

rororo sport

Freizeitsport und Leichtathletik

Akrobatik
von Bennie und Gerard Huisman
(rororo sport 8628)

Rock'n'Roll
von Bärbel Siemsen
(rororo sport 7639)

Jazztanz
von Inge Mißmahl
(rororo sport 7025)

Bewegungsspiele
von Andreas Brinckmann / Uwe Treeß
(rororo sport 7043)

Rhythmische Sportgymnastik
von Sibylle Gienger
(rororo sport 8610)

Bewegung von Kopf bis Fuß
Fitness für Körper und Sinne
von Dorothea Jöllenbeck
(rororo sport 8670)

Radsport
von Henk Zorn
(rororo sport 7618)

Einradfahren
von Sebastian Höher
(rororo sportbuch 8654)

Reiter-Handbuch
von Mary Gordon-Watson
(rororo sport 8613)

Military
von Heinz von Opel
(rororo sport 8647)

Bergwandern
von Gustav Harder
(rororo sportbuch 8635)

Birdie, Bully, Bananenflanke
Sportregeln und Begriffe
von Rolf Scheunig / Helmuth Poppen
(rororo sport 8669)

3426/3

rororo sport

Leichtathletik
Die offiziellen Lehrbücher des Weltleichtathletik-Verbandes IAAF
Ulrich Jonath / Rolf Krempel / Eduard Haag / Harald Müller
Band 1 Laufen
(rororo sport 8660)
Band 2 Springen
(rororo sport 8661)
Band 3 Werfen und Mehrkampf
(rororo sport 8662)

Laufen, Springen, Werfen
von G. Frey / D. Kurz / E. Hildenbrandt
(rororo sport 7616)

rororo sport wird herausgegeben von Bernd Gottwald. Ein Gesamtverzeichnis der Reihe finden Sie in der *Rowohlt Revue*. Jedes Vierteljahr neu. Kostenlos. In Ihrer Buchhandlung.

Golf. Ball und Schläger

Golf-Handbuch
von Alex Hay
(rororo sport 8616)

Golf: Der neue Weg
von Les Bolland
(rororo sport 8682)

Besser Golf spielen
von Johnny M. Anderson
(rororo sport 8684)

Golf – der perfekt geregelte Wahnsinn *Regeln leicht verständlich*
von Erich Helmensdorfer
(rororo sport 8689)

Meistergolf
Die Erfolgsstory vom natürlichen Schwung
von Kjell Enhager
(rororo sport 8673)

Putten leicht gemacht
von Bernhard Langer
(rororo sport 8676)

Tenniskurs
von Klaas Bohlens/Rainer Hamann
(rororo sport 7022)

Tennis-Praxis
von Horst Kreussler
(rororo sport 8617)

Tennis-Funktionsgymnastik
von Karl-Peter Knebel/Bernd Herbeck/Susanne Schaffner
(rororo sport 8621)

Tischtennis
von H.Giesecke/H.Harst/J.Schlaf
(rororo sport 7013)

Tischtennis-Praxis
von Bernd-Ulrich Groß
(rororo sport 8615)

Badminton
von Hans Werner Niesner/Jürgen H. Ranzmayer
(rororo sport 7042)

Badminton-Praxis
von Martin Knupp
(rororo sport 8629)

Squash
von Cornelius Hasselbach/Niels Härtel
(rororo sport 7040)

Besser Squash spielen
von Jahangir Khan
(rororo sport 8671)

rororo sport wird herausgegeben von Bernd Gottwald. Ein Gesamtverzeichnis der Reihe finden Sie in der *Rowohlt Revue*. JedesVierteljahr neu. Kostenlos. In Ihrer Buchhandlung.

rororo sport

3418/3

Im und auf dem Wasser

Schwimmen
von Werner Freitag
(rororo sport 7003)

Anfängerschwimmen
von Kurt Wilke
(rororo sport 7032)

Schwimmsport-Praxis
Offizielles Lehrbuch des dsv
herausgegeben von Kurt Wilke
(rororo sport 8608)
Ein Buch für Übungsleiter, Trainer, Sportlehrer und Autodidakten mit konkreten Anleitungen, praktischen Hilfen und Übungssammlungen zum Lehren, Lernen, Üben und Trainieren aller schwimmsportlichen Disziplinen.

Wassergymnastik
von Karen Beigel / Andreas Brinckmann
(rororo sport 8639)
Dieses Buch stellt ein umfassendes und vielfältiges Angebot vor und bietet für jeden etwas: sanfte Beweglichkeitsübungen, Powergymnastik als Fitnesstraining, schwimmerische Ausdauergymnastik, Spaß und Geselligkeit bei vielseitiger Belastung u.v.m.

Aqua -Training
von Margot Zeitvogel
(Großformat)
(rororo sport 8698)

Tauchen und Schnorcheln
von Erhard Schulz
(rororo sport 7020)

Segeln
von Horst Schlichting
(rororo sport 8643)

rororo sport

Rudern
von Walter Schröder
(rororo sport 7010)

Kajak und Kanadier
von H. Obstoj / K. Knap / H.-G. Suchotzki
(rororo sport 7018)
Die Schar derer, die aus den verschiedensten Motiven zum Kanusport finden, wird immer größer. Das Buch bietet Freizeitsportlern eine Fülle technischer Tips und hilft Leistungssportlern zusätzlich mit Hinweisen zum Training.

rororo sport wird herausgegeben von Bernd Gottwald. Ein Gesamtverzeichnis der Reihe finden Sie in der *Rowohlt Revue*. Jedes Vierteljahr neu. Kostenlos. In Ihrer Buchhandlung.

3424/2

Training

Aufwärmen im Sport
von Jürgen Freiwald
(rororo sport 8642)

Prävention und Rehabilitation im Sport
von Jürgen Freiwald
(rororo sport 8626)

Lexikon Trainingslehre
herausgegeben von Ulrich Jonath
(rororo sport 7638)

Konditionstraining
von Ulrich Jonath / Rolf Krempel
(rororo sport 7038)

Circuittraining
von Ulrich Jonath
(rororo sport 7625)

Funktionsgymnastik
von Karl-Peter Knebel
(rororo sport 7628)

Krafttraining
von Helga und Manfred Letzelter
(rororo sport 7621)

Trainingsgrundlagen
von Manfred Letzelter
(rororo sport 7024)

Psychotraining für Sportler
von John Syer / Christopher Connolly
(rororo sport 8614)

Teamgeist
von John Syer
(rororo sport 8656)

Sportverletzungen
von Hans-Uwe Hinrichs
(rororo sport 8604)

Besser laufen
von Jack Heggie
(rororo sport 8664)

Aqua-Training
von Margot Zeitvogel / Erika Müller
(rororo sport 8698)

Handbuch Sportlerernährung
von Kurt-Reiner Geiß / Michael Hamm
(rororo sport 8672)

rororo sport wird herausgegeben von Bernd Gottwald. Ein Gesamtverzeichnis der Reihe finden Sie in der *Rowohlt Revue*. Jedes Vierteljahr neu. Kostenlos. In Ihrer Buchhandlung.

rororo sport

3420/1